Hans-Walter Herrmann (Hg.)

# Zwischen demokratischem Aufbegehren und industrieller Revolution

## August Ferdinand Culmann (1804–1891)

Jan Thorbecke Verlag Sigmaringen
1993

Die Deutsche Bibliothek – CIP-Einheitsaufnahme

*Zwischen demokratischem Aufbegehren und industrieller Revolution:* August Ferdinand Culmann (1804–1891) / Hans-Walter Herrmann (Hg.). – Sigmaringen: Thorbecke, 1993

(Schriften der Siebenpfeiffer-Stiftung; Bd. 2)
ISBN 3-7995-4902-1

NE: Herrmann, Hans-Walter [Hrsg.]; Siebenpfeiffer-Stiftung: Schriften der Siebenpfeiffer-Stiftung e.V.



Dieses Buch ist aus säurefreiem Papier hergestellt und entspricht den Frankfurter Forderungen zur Verwendung alterungsbeständiger Papiere für die Buchherstellung.

Gesamtherstellung: M. Liehners Hofbuchdruckerei GmbH & Co. Verlagsanstalt, Sigmaringen
Printed in Germany · ISBN 3-7995-4902-1

# Inhalt

Geleitwort . . . . . . . . . . 7

*Hans-Walter Herrmann*
August Ferdinand Culmann – Anwalt, Abgeordneter, Unternehmer (1. August 1804 – 13. September 1891). Eine Einführung des Herausgebers . . . . . 9

*Fritz Jacoby*
Politische, wirtschaftliche und soziale Zustände in der Westpfalz 1816–1848 . . . . 17

*Alfred Hans Kuby*
Die Familie Culmann . . . . . . . . . . 37

*Günther Volz*
Die Bergzaberner Linie der Familie Culmann. Vom Ende des Alten Reiches bis zum Beginn der bayerischen Herrschaft . . . . . . . . . . 45

*Hans Kirsch*
»Jene Zeit der schönen Träume ...« Christian Culmann – Advokat und liberaler Politiker des Vormärz . . . . . . . . . . 63

*Silvia Altemoos*
Die Spaltung der pfälzischen Opposition unter dem Einfluß der Presse beim Sturmlandtag 1831 . . . . . . . . . . 93

*Karl Lillig*
Culmann als pfälzischer »Advocat-Anwalt« . . . . . . . . . . 107

*Martin Baus*
August Ferdinand Culmann als Abgeordneter zur Paulskirche . . . . . . . . . . 121

*Bernhard Becker*
Der widerwillige Revolutionär . . . . . . . . . . 135

*Martin Baus*
Die Verfassungsbewegung von 1849: Voraussetzungen und Verlauf des revolutionären Aufstandes im saarpfälzischen Raum ........ 147

*Martin Baus*
»... schätze ich mich glücklich, aus dem Zweibrücker Schlendrian herausgerissen zu sein«. August Ferdinand Culmann im französischen Exil ........ 163

*Wolfgang Müller*
Valmy versus Leipzig.
Culmann und die 50-Jahr-Feier der Leipziger Völkerschlacht ........ 171

*Rainer Slotta*
Die Grube Frankenholz – eine Gründung August Ferdinand Culmanns ........ 181

*Hans-Werner Krick*
Bergarbeiter in der Grube Frankenholz ........ 205

Bildtafeln ........ 229

Ortsregister ........ 245

Personenregister ........ 249

Abbildungsnachweis ........ 255

Verfasserverzeichnis ........ 256

# Geleitwort

Anliegen der Siebenpfeiffer-Stiftung, die sich 1989 konstituierte und von den Städten Homburg, Zweibrücken und Rastatt, den Landesverbänden Baden-Württemberg, Rheinland-pfalz und Saarland des Deutschen Journalistenverbandes, vom Landkreis Bad Dürkheim sowie vom Saarpfalz-Kreis getragen wird, ist die Erforschung von Geschehensabläufen und Strukturen des Vormärz und der sie tragenden oder bestimmenden Persönlichkeiten. Ich freue mich, daß in der Schriftenreihe der Siebenpfeiffer-Stiftung zwei Jahre, seitdem der erste der namengebenden Persönlichkeit gewidmete Band erschienen ist, nun ein zweiter Band der Öffentlichkeit vorgelegt werden kann, der sich wiederum mit einem Freiheitskämpfer aus der Pfalz befaßt. August Ferdinand Culmann (1804–1891) trat als Anwalt jener Persönlichkeiten auf, die wegen ihrer aktiven Beteiligung am Hambacher Fest vor Gericht gestellt wurden, und verteidigte sie mutig und erfolgreich, nicht nur infolge seiner meisterhaften Beherrschung der noch aus der Zeit der Zugehörigkeit des linken Rheinufers zu Frankreich herrührenden Strafprozeßordnung, sondern auch, vielleicht sogar noch mehr, aufgrund seiner eigenen liberal-demokratischen Vorstellung von Recht und Freiheit, die ihn mit seinen Mandanten verband.

Sechzehn Jahre später beteiligte er sich dann als Abgeordneter der Paulskirche an den Debatten um die Gestaltung eines freiheitlichen deutschen Nationalstaates und trat für ihn auch dann noch ein, als der Sieg der Reaktion abzusehen war. Sein Engagement für demokratische Prinzipien zwang ihn nach dem Zusammenbruch der Revolution im Sommer 1849 zur Emigration nach Frankreich. In Abwesenheit verurteilte ihn ein bayerisches Gericht zum Tode, erst 1865 wurde das Urteil aufgehoben. Im Exil vertiefte er zunächst seine Kenntnisse von Geologie und Bergrecht, dann bemühte er sich, die unternehmerische Voraussetzung für den Abbau von Steinkohlen im Höcherberggebiet, der ihn schon in den 1840er Jahren interessiert hatte, zu schaffen. Am 15. Juli 1862 gründete er von dem französischen Forbach aus die Frankenholzer Bergwerksgesellschaft. Nach längeren Schwierigkeiten wurde die Förderung dort am 16. Dezember 1881 aufgenommen. Noch ein Jahrzehnt konnte er die Entwicklung des Unternehmens zur größten privaten Steinkohlengrube des Saarreviers verfolgen.

Der vorliegende Band beleuchtet und erhellt in einer Reihe von Aufsätzen die Persönlichkeit des Advokaten, Politikers und Unternehmers August Ferdinand Culmann, nachdem der 100. Wiederkehr seines Todestages im Jahre 1991 durch eine Festveranstaltung und eine

Ausstellung in Frankenholz gedacht worden war. Ich danke den Damen und Herren, die die Ausstellung und den vorliegenden Sammelband gestaltet haben, insbesondere Herrn Prof. Dr. Hans-Walter Herrmann, Mitglied des Kuratoriums der Siebenpfeiffer-Stiftung, für seine Arbeit als Herausgeber. Ebenso danke ich Herrn Martin Baus, der über seine eigenen Beiträge hinaus durch das Aufspüren und die Beschaffung von Quellen das Zustandekommen der Veröffentlichung tatkräftig unterstützt hat, und dem Thorbecke Verlag für die gediegene Ausstattung des Bandes.

Homburg, Dezember 1992

*Clemens Lindemann*
Landrat
1. Vorsitzender der Siebenpfeiffer-Stiftung

# August Ferdinand Culmann – Anwalt, Abgeordneter, Unternehmer (1. August 1804 – 13. September 1891)

## Eine Einführung des Herausgebers

Die Siebenpfeiffer-Stiftung, getragen vom Kreis Bad Dürkheim, dem Saarpfalz-Kreis, den Städten Homburg, Rastatt und Zweibrücken und den Landesverbänden Baden-Württemberg, Rheinland-Pfalz und Saarland des Deutschen Journalistenverbandes, hat sich als Aufgabe gestellt, Persönlichkeiten aus der deutschen Einheits- und Freiheitsbewegung, vornehmlich aus dem Vormärz, durch geeignete Medien einem größeren Kreis von Bürgerinnen und Bürgern bekannt zu machen und ihre Verdienste um unsere heutige parlamentarisch-demokratische Grundordnung zu würdigen. Nach eingehender Beschäftigung mit Philipp Jakob Siebenpfeiffer[1] sollte August Ferdinand Culmann vorgestellt werden in einer Wanderausstellung, die im Sommer 1991 von Frankenholz ihren Ausgang nahm, in Vorträgen[2] und in einem Buch.

Das Angebot des Landrates des Saarpfalz-Kreises, die Herausgeberschaft eines Sammelbandes zu übernehmen, reizte mich insofern, als in Anbetracht der zwei deutlich sich unterscheidenden Lebensabschnitte Culmanns als Anwalt und Abgeordneter des Paulskirchenparlamentes einerseits und als Unternehmer im saarländischen Steinkohlebergbau andererseits sich die Möglichkeit zu eröffnen schien, der Frage nach politischer Kontinuität oder Wandlung über die Zäsur von 1848/49 hinaus nachzugehen und seine sozialpolitischen Aussagen als Politiker der 1840er Jahre in Beziehung zu setzen zu seinem unternehmerischen Verhalten in höherem Lebensalter.

Sehr bald zeigte sich, daß für eine biographische Studie vorrangige Quellen – Tagebücher, andere autobiographische Aufzeichnungen, Korrespondenzen – nicht mehr vorhanden sind, abgesehen von einigen Briefen an den Speyerer Verleger und Publizisten Georg Friedrich Kolb[3] und an den Zweibrücker Fabrikanten Christian Dingler[4], und daß seine publizistische Tätigkeit auf wenige Schriften beschränkt blieb. Eine Annäherung an August Ferdinand Culmann konnte daher nur so erfolgen, daß die noch faßbaren Äußerungen seines beruflichen, politischen und unternehmerischen Wirkens in sein verwandtschaftliches und zeitgeschicht-

1 Ein Leben für die Freiheit. Philipp Jakob Siebenpfeiffer (1789–1845), hg. vom Saarpfalz-Kreis, Konstanz 1989; Elmar WADLE (Hg.), Siebenpfeiffer und seine Zeit im Blickfeld der Rechtsgeschichte, Sigmaringen 1991 (= Schriften der Siebenpfeiffer-Stiftung Band 1).

2 Martin BAUS, August Ferdinand Culmann. Vortrag zum 100. Todestag am 13. September 1991, Hg. von der Siebenpfeiffer-Stiftung, 6650 Homburg 1991, 20 S.; DERS., Zwischen demokratischem Aufbegehren und industrieller Revolution: August Ferdinand Culmann (1804–1891), Begleitheft zur Ausstellung, hg. von der Stadt Bexbach und der Siebenpfeiffer-Stiftung 1991, 12 S.

3 BA Außenstelle Frankfurt FN 9 Nachlaß Kolb.

4 Sammlung Ketterl, Landstuhl.

liches Umfeld eingebettet wurden. Mit Unterstützung des Saarpfalz-Kreises gelang es, ein Team von Mitarbeitern/Innen zusammenzubringen, die Teilbereiche des Wirkens von August Ferdinand Culmann und seine Zeit aus verschiedenen Blickwinkeln in den nachfolgenden Beiträgen betrachten; dennoch bleibt eine Reihe von Fragen zu seiner Persönlichkeit offen.

Es bot sich an, die Geschichte des Steinkohlenbergwerkes Frankenholz, eine der beiden einzigen Privatgruben im Saarkohlerevier, deren Eröffnung und Entwicklung er fast ein halbes Jahrhundert lang beharrlich trotz aller Schwierigkeiten betrieben hatte, über seinen Tod hinaus bis in das frühe 20. Jahrhundert herein zu verfolgen.

In Kindheit, Jugend und Studienzeit, über die Alfred Hans Kuby und Günther Volz in diesem Band schreiben, hat er prägende Erfahrungen und Eindrücke aufgenommen, die in seinem späteren Denken und Handeln immer wieder zutagetreten:

- das Bewußtsein der Sicherheit durch die Einbettung in das soziale Netz einer Großfamilie,
- eine durch den aufkommenden deutschen Nationalismus nicht geminderte Hochschätzung Frankreichs und seiner freiheitlichen Traditionen,
- eine liberale Grundhaltung gegenüber den politischen und gesellschaftlichen Problemen seiner Zeit.

Die Unterstützung durch die älteren Geschwister muß ihm, der vierzehnjährig seinen Vater verlor, die Fortsetzung der Ausbildung am Gymnasium in Zweibrücken und das Universitätsstudium erlaubt haben, vielleicht kam auch die Anregung zum Studium der Rechtswissenschaften aus der Familie. Zwei seiner Brüder waren Advokaten, zwei seiner Schwäger Friedensrichter, die Anfänge seiner selbständigen Tätigkeit als Advokat können in Anlehnung an seinen Bruder Christian gesehen werden. Auch in fortgeschrittenem Lebensalter konnte er gerade bei seinen unternehmerischen Planungen auf Unterstützung aus der eigenen Familie und der seiner Frau rechnen. Einige seiner Neffen und Großneffen begegnen in der Frankenholzer Bergwerksgesellschaft als Teilhaber oder in der Unternehmensleitung.

Seine Kindheitserinnerungen reichen in die Zeit zurück, als sein Geburtsort Bergzabern politisch-territorial gesehen zum französischen Département Bas-Rhin innerhalb des napoleonischen Kaiserreiches gehörte. Es darf angenommen werden, daß er sich durchaus an die Übergangsjahre 1815/16 erinnern konnte, als die Bevölkerung seiner Vaterstadt die Abtrennung von Frankreich, die Ungewißheit über die künftige staatliche Zugehörigkeit und schließlich die Zuweisung an das Königreich Bayern eifrig diskutiert und keineswegs nur freudig begrüßt hatte. Verwandtschaftliche Bande liefen auch später über die Grenze. Sein zweitältester Bruder Friedrich Jakob[5] war französischer Offizier, stieg als Ballistik-Fachmann 1830 in den Generalstab auf und vertrat 1848/49 das Département Bas-Rhin in der französischen Nationalversammlung. Wie viele seiner Standes- und Zeitgenossen war August Ferdinand Culmann ein ausgezeichneter Kenner des französischen Rechtes und ein glühender Verfechter seiner möglichst uneingeschränkten Fortgeltung in dem bayerisch gewordenen Teil der ehemaligen vier linksrheinischen französischen Départements. So richteten sich, als er nach dem Zusammenbruch des badisch-pfälzischen Aufstandes in die Maschinerie der reaktio-

5 Alphonse HALTER, Frédéric Jacques Culmann, in: Nouveau Dictionnaire de biographie alsacienne No. 6, S. 557, o. J.

nären Verfolgung geriet, seine Gedanken fast automatisch auf Frankreich als Zufluchtsland. Dort ergaben sich neue Bekanntschaften, die auch zu Geschäftsbeziehungen führten[6].

Liberales Gedankengut könnte er schon im Elternhaus aufgenommen haben, eher dann im Zweibrücker Gymnasium, gewiß aber an den Universitäten Göttingen und Würzburg. Von den zehn besten seines Zweibrücker Abiturientenjahrganges sind sieben einige Jahre später im Vormärz engagiert. Als er nach Göttingen kam, waren gerade drei Jahre vergangen, seit dort der hannoversche Verfassungsbruch und der beherzte Einspruch von Professoren, der ›Göttinger Sieben‹, die Blicke des gesamten freiheitlich denkenden und hoffenden Deutschland auf die Universität gezogen hatten. Die liberale Gesinnung Würzburger Professoren und dort studierender Pfälzer belegt Günther Volz im einzelnen.

Schlecht sind die Anfänge einer politischen Betätigung August Ferdinand Culmanns zu fassen. Freilich dürfte ihn nach Abschluß des Studiums die Gründung einer beruflichen Existenz und eines eigenen Hausstandes vorrangig beansprucht haben. Im Jahre 1828 wurde er als Anwalt an den Bezirksgerichten Kaiserslautern und Zweibrücken zugelassen, zwei Jahre später auch am Appellationsgericht in Zweibrücken. Am 24. Februar 1829 vermählte er sich mit Emilie, einer Tochter des Zweibrücker Kaufmanns Johann Daniel Froelich, deren ältere Schwester Louise bereits seit 1820 mit August Ferdinands Bruder Christian verheiratet war. Der Gedanke, die Ehe der jüngeren Geschwister sei von den älteren angeregt worden, liegt nahe, zumal sich ja auch beruflich eine engere Zusammenarbeit zwischen den Brüdern Christian und August Ferdinand ergab.

Die Zeit zwischen der Besitznahme der Pfalz durch Bayern im Jahre 1816 und dem Ausbruch der Revolution im Jahre 1848 ist reich an politischen Spannungen, wirtschaftlichen Schwierigkeiten und sozialen Belastungen. Erst vor diesem Hintergrund, den Fritz Jacoby beschreibt, erhält das Wirken der Culmann-Brüder Relief. Der ältere Christian ist es, der zunächst politisch aktiv wird als Abgeordneter im Landrat der Pfalz und im bayerischen Landtag. Hans Kirsch schildert ausführlich sein Agieren im Landtag in der Session 1831. Mit deutlich antiklerikalem Ressentiment griff er die Pressezensur und die Kirchen- und Schulpolitik des Ministers Schenk an und trug durch seine heftigen Vorwürfe gegen Schenk wegen Verletzung der Verfassung zu dessen Rücktritt bei. Die Art und Weise, wie er seine Kritik vorbrachte, erschien manchen seiner Pfälzer Landsleute zu lasch. Dadurch kam es zu der Spaltung der pfälzischen Opposition, die Silvia Altemoos behandelt. Von den auf dem Boden des Konstitutionalismus stehenden Liberalen, repräsentiert durch Christian Culmann, den Speyerer Publizisten Georg Friedrich Kolb und den Frankenthaler Advokat Willich, trennte sich eine radikale Gruppe unter Führung von Friedrich Schüler aus Zweibrücken. Einen der Anlässe lieferte die Diskussion um die Institution des Friedensrichters. Nach französischem Vorbild wurde er auf die Dauer von zehn Jahren vom Volk gewählt, er mußte kein Jurist sein. Christian Culmann, als Advokat auch mit den Nachteilen des Wahlverfahrens und der Amtsführung von Nicht-Juristen bekannt, schlug die künftige Verbeamtung der Friedensrichter durch den König vor. Dadurch löste er den Widerspruch Schülers und auch Siebenpfeiffers aus[7].

6 In der Denkschrift über das Frankenholzer Bergwerk (vgl. Anm. 9), S. 12 tituliert Culmann einen »Herrn Wohlwerth von Weißenburg Direktor dieses Bergwerks (Stieringen) bei Kleinrosseln« als »unser eigener Mitgewerker«. Wohlwerth leitete das Bergwerk Kleinrosseln von 1859–1870.

7 Heike Jung, Siebenpfeiffer und das Friedensgericht, in: Elmar Wadle (Hg.), (wie Anm. 1), S. 61.

Dieser Dissens könnte dazu beigetragen haben, daß die Culmann-Brüder sich nicht am Hambacher Fest beteiligten, keine Quelle erwähnt ihre Mitwirkung oder Anwesenheit. Er hielt sie aber nicht ab, als im Jahre 1833 vor dem Landauer Assisengericht ein Strafprozeß gegen die Hambacher Organisatoren und Hauptredner eröffnet wurde, als Verteidiger tätig zu werden. Der 29jährige August Ferdinand Culmann übernahm die Verteidigung des Pfarrers Hochdörfer aus Sembach. Karl Lillig würdigt August Ferdinand Culmanns Einsatz für seinen Mandanten als »Glanzstück advokatorischer Argumentierkunst« und arbeitet heraus, wie stark Culmann von dem Recht auf Gedankenfreiheit und freie Meinungsäußerung durchdrungen war. Sein engagiertes Plädoyer trug ihm den Vorwurf der Beleidigung des ehemaligen Regierungspräsidenten von Stichaner ein – ein Vorwurf, der infolge der nicht unanfechtbaren Protokollierung durch den Stenographen Gabelsberger aber nicht nachgewiesen werden konnte. Bezeichnend für das politische Klima dieser Wochen und Monate sind die Gerüchte einer bevorstehenden Verhaftung, die Christian und August Ferdinand Culmann veranlaßten, in einen lothringischen Grenzort zu flüchten und von dort aus die weitere Entwicklung abzuwarten.

Hatte August Ferdinand Culmann also im Landauer Assisengerichtsprozeß gleich zweimal die Aufmerksamkeit auf sich gezogen, so konnte er einige Jahre später bei einem der bedeutendsten Zivilprozesse durch seine ausgezeichnete Kenntnis des Bergrechtes brillieren, als der Fürst Erwin von der Leyen auf Rückgabe seines Eigentums an den Kohlevorkommen bei St. Ingbert gegen den bayerischen Staat klagte. Auch hier zog er sich wieder den Vorwurf der Beleidigung des bayerischen Fiskus oder des Gerichtes zu. Die Zurückweisung der aus seiner Sicht sorgfältig begründeten und gut fundierten Appellation durch das Gericht erregte in ihm erhebliche Zweifel an der Unparteilichkeit der Richter in einem Verfahren, an dem der Fiskus beteiligt war. In privaten Briefen an Kolb unterstellte er den Richtern Rechtsbeugung. Ganz gleich, ob dieser Vorwurf begründet war oder nicht, die Äußerung zeigt, wie Culmann die wirkliche Unabhängigkeit der Richter und die Möglichkeiten der Beeinflussung der Rechtsprechung durch staatliche Organe einschätzte.

Das Jahr 1849 brachte den Höhepunkt von Culmanns politischen Aktivitäten, zugleich aber auch deren Ende. Schon im April 1848 hatte er im Bezirk Bergzabern kandidiert, war vom Zentralausschuß des Pfälzer Volksvereins »besonders empfohlen«, aber doch nicht gewählt worden. Nachdem im Herbst 1848 die Wähler des Bezirkes Landau ihren Abgeordneten zum Rücktritt gezwungen hatten, übernahm Culmann in den letzten Novembertagen 1848 dessen Funktion als Abgeordneter der deutschen Nationalversammlung. Hier schloß er sich der äußersten Linken an, zu der auch die Pfälzer Nikolaus Schmitt, Friedrich Schüler und Ludwig Simon gehörten, während Culmanns Neffe Gustav Adolph Gulden aus Zweibrücken, schon seit 18. Mai 1848 Abgeordneter, zur gemäßigten Linken zählte. Culmanns Tätigkeit im Paulskirchen-Parlament wird ausführlich von Martin Baus beschrieben.

Seine Haltung in der letzten Phase der Revolution – nach der Ablehnung der Reichsverfassung durch den König von Bayern und in dem dann ausbrechenden Pfälzischen Aufstand – erscheint in den spärlichen und widersprüchlichen Quellen, mit denen sich Bernhard Becker eingehend auseinandersetzt, in diffusem Licht. Mir scheint, daß Culmann dem Grundsatz der Gewaltverneinung, den er schon 1833 bei der Verteidigung Hochdörfers vertreten hatte, treu geblieben ist. Dem entspricht auch, daß er das ihm angebotene Amt in der provisorischen Regierung der Pfalz wegen der ihr fehlenden Legalität nicht annahm, vielmehr seinen Platz weiterhin im parlamentarischen Bereich – nun im Stuttgarter Rumpfparlament, bis zu dessen Auflösung am 22. Juni 1849 – sah. Infolgedessen hatte er nicht unmittelbar teil an dem Pfälzischen Aufstand, mit dessen Verlauf in der Westpfalz Martin Baus sich detailreich befaßt.

Während die bayerische Regierung versuchte, die ihm nachgesagten Verhandlungen mit der Französischen Regierung im Auftrag des Verteidigungsausschusses der Pfalz aufzuklären und über seinen Aufenthaltsort Auskünfte zu erhalten, stand Culmann von Bitsch aus mit seinem Neffen Gustav Adolph Gulden in Verbindung zur Vertretung seiner Interessen in dem gegen ihn anhängigen Verfahren zur Aberkennung seiner Zulassung als Anwalt. Die Entziehung der Zulassung, die praktisch einem Berufsverbot gleichkam, war der erste Schlag der Reaktion gegen ihn, im April 1851 folgte der zweite: das Todesurteil wegen bewaffneter Rebellion gegen die öffentliche Gewalt. Wenn auch durch seine Flucht nach Frankreich das Urteil nicht vollstreckt werden konnte, so hatte er sich nun auf ein längeres Exil in Frankreich einzustellen, sich im Gastland jeder politischen Betätigung zu enthalten und für sich und seine Familie eine neue Existenz aufzubauen. Gesundheitliche Beschwerden, wohl psychosomatisch bedingt, sprechen für die schwierige Phase des Übergangs und der Umstellung.

Die bisher bekannt gewordenen Nachrichten über sein Leben im Exil in Lothringen geben nur wenige Hinweise auf seine berufliche Beschäftigung und seine wirtschaftlichen Verhältnisse. Nach den Forschungen von Martin Baus betätigte er sich am Aktienmarkt. Dafür war freilich ein gewisses Einstiegskapital erforderlich, über dessen Herkunft nur Vermutungen angestellt werden können. Ich denke hier vor allem an das Vermögen seiner Frau[8] und an die Beziehungen zu ihren Brüdern, der eine Gründer des ersten Bankhauses in Zweibrücken, der andere Weingutsbesitzer in Edenkoben. Wenn Culmann damals gelegentlich als »Rentner« tituliert wird, so ist dieses Wort nicht in dem heute geläufigen Sinne zu verstehen, vielmehr bezeichnete es im Sprachgebrauch des 19. Jahrhunderts jemanden, der von den Erträgen seines Kapitals lebte.

In den 1850er Jahren vollzog er die für seinen weiteren Lebensweg entscheidende Verlagerung seiner Aktivitäten, aus dem erfolgreichen, politisch engagierten Anwalt wurde ein Unternehmer in der Montanindustrie, Teilhaber und Generaldirektor des größten privaten Steinkohlebergwerks im Saarrevier. Diese Umorientierung ergab sich nicht zufällig, sondern unter dem Zwang der Emigration und des Berufsverbots, unter Ausnutzung seiner juristischen Kenntnisse im Bergrecht und schon früher erworbener Beteiligungen.

Zu der Zeit, als Culmann den Fürsten von der Leyen in seinem Prozeß gegen das Königreich Bayern wegen Rückgabe der Grube St. Ingbert vertreten hatte, war er einem Konsortium beigetreten, das die Ausbeutung der Steinkohlevorkommen im Höcherberggebiet, östlich des Feldes der Fiskalgrube Bexbach, anstrebte und 1845 eine Konzession erhalten hatte. Von Lothringen aus betrieb Culmann die Angelegenheit weiter, verstand es, den Zweibrücker Fabrikanten Christian Dingler dafür zu interessieren und konnte schließlich 1862 die »Frankenholzer Bergwerksgesellschaft« gründen. Seine Veröffentlichung zum neuen bayerischen Bergbaugesetz und seine Denkschrift über das Frankenholzer Bergwerk vom Jahre 1867 qualifizieren ihn nicht nur als Spezialisten des alten und neuen Bergrechtes, sondern auch als exzellenten Kenner sowohl der einschlägigen geognostischen Literatur über

8 Unter den Teilhabern der am 15. Juni 1862 gegründeten Frankenholzer Bergwerksgesellschaft fungiert August Ferdinand Culmann im Namen seiner Gattin Emilie Fröhlich.

das Saarkohlerevier als auch der in den französischen Kohlerevieren der Départements Nord, Pas-de-Calais und Moselle praktizierten Konzessionspolitik. Von seinem damaligen Wohnort Forbach aus konnte er sich leicht über die Rechts- und Betriebsverhältnisse der ostlothringischen Gruben in Stieringen, Schönecken, Spittel usw. informieren. Seine betriebswirtschaftlichen Ausführungen in der Denkschrift gipfeln darin, daß ein rentabler Kohleabbau im Höcherberggebiet nicht in einem auf Schürfrechten beruhenden Stollenbau, sondern nur im Tiefbau betrieben werden könne, dazu aber ein großzügig zugeschnittener Konzessionsdistrikt in Händen einer kapitalkräftigen Aktiengesellschaft unabdingbar sei[9].

Dem bayerischen Staat versuchte er die Erweiterung des Konzessionsfeldes mit der zu erwartenden reichen Förderung schmackhaft zu machen: Es könne dadurch eine Kohleproduktion erreicht werden, die den bayerischen Rheinkreis (= Pfalz) für alle Zukunft von einem Kohlebezug aus dem Ausland – darunter verstand er wohl auch den preußischen Teil des Saarreviers – unabhängig mache[10]. Seinem Gesuch um Erweiterung der Konzession wurde im Juli 1870 stattgegeben, »wenn auch nicht in vollem Umfange«, wie es in der Jubiläumsschrift zum 25jährigen Bestehen der Grube rückblickend heißt, »so doch für die Gesellschaft in befriedigender Weise.«[11]

Rainer Slotta zeichnet ein eindrucksvolles Bild von dem Durchhaltevermögen Culmanns, der immer wieder auftretende technische Schwierigkeiten überwinden konnte, so daß am 16. Dezember 1881 endlich mit der Förderung auf Grube Frankenholz begonnen wurde. Slotta schildert auch die weitere Entwicklung des Bergwerkes nach dem Tod Culmanns bis ins frühe 20. Jahrhundert. Wenn auch die Erwartungen, daß Frankenholz zusammen mit den beiden Fiskalgruben den gesamten Kohlebedarf der Rheinpfalz decken würde, nicht in Erfüllung gingen, so überrundete es doch in Förderzahlen und Stärke der Belegschaft die beiden Staatsgruben St. Ingbert und Bexbach.

Direkte Aussagen über Culmanns Selbstverständnis als Arbeitgeber sind bisher nicht bekannt geworden. Seinen Antrag auf Vergrößerung des Konzessionsfeldes untermauerte er mit nationalökonomischen Argumenten, insbesondere der besseren Kohleversorgung der Pfalz. Die Schaffung neuer Arbeitsplätze spricht er nicht an, gerade dies erstaunt, hatte er doch als Abgeordneter der Paulskirche das Recht auf Arbeit als eines der Grundrechte des Menschen postuliert. Tatsächlich hat er durch das beharrliche Vorantreiben der Pläne zum Kohleabbau am Höcherberg bis zur Aufnahme der Förderung und anschließend durch den Ausbau der Grube zu einem Großbetrieb eine stattliche Anzahl von Arbeitsplätzen in dem bis dahin vorwiegend agrarisch strukturierten Bezirksamt Homburg geschaffen.

Mit besonderem Interesse fragt man nach seinem Verhalten als Arbeitgeber gegenüber den Bergleuten. Auch darüber sind keine unmittelbaren Zeugnisse erhalten. Die Tatsache, daß er nicht in der Nähe der Grube wohnte, sondern in dem einige Wegstunden entfernten Niederwürzbach, übrigens in einem ehemaligen Wohnbau der Grafen von der Leyen, steht im

9 Denkschrift über das Frankenholzer Kohlenbergwerk, insbesondere die Vernichtung der Abgrenzung des bisherigen und die Bildung eines neuen Grubenbezirks für den Betrieb desselben betreffend, Dezember 1867, Straßburg, S. 12 (Faksimile, Nachdruck Bexbach 1991).

10 Ebd., S. 11.

11 Die Steinkohlengrube Frankenholz. Frankenholz (Pfalz). Zur Erinnerung an das 25jährige Bestehen der Grube und die 100ste Wiederkehr des Geburtstages ihres Begründers August Ferdinand Culmann. 1. August 1904, Homburg (1904), S. 4.

Gegensatz zu den Usancen der meisten anderen saarländischen Unternehmer seiner Zeit, die in Werksnähe wohnten. Verhandlungen mit den Bergleuten in Krisenzeiten, zum Beispiel in den Streikjahren 1889/91, führte nicht er als Generaldirektor und Präsident des Verwaltungsrates, sondern überließ sie einem Großneffen, der als technischer Direktor in Frankenholz amtierte.

Hans-Werner Krick hat die wirtschaftliche und soziale Situation der Frankenholzer Bergleute untersucht. Im Vergleich mit den beiden staatlichen Steinkohlegruben der Westpfalz stellt er fest, daß in Frankenholz unter schwierigeren Bedingungen und für weniger Lohn gearbeitet wurde, daß aber die dortigen Bergleute »bereits zehn Jahre vor Einführung der gesetzlichen Krankenversicherung und fast 20 Jahre vor der Einrichtung staatlicher Pensionskassen auf ein zwar bescheidenes, aber im Bedarfsfall funktionierendes Versicherungssystem zurückgreifen konnten.»

Über Culmanns Anteilnahme an den großen politischen Veränderungen in der zweiten Hälfte seines Lebens liegen kaum Zeugnisse vor. Dies sollte nicht als Desinteresse oder bewußte Abkehr von einer Betätigung, die ihn einmal fast das Leben gekostet hätte, gedeutet werden, sondern sie erklärt sich aus der durch das Exil gebotenen Zurückhaltung und durch das Fehlen geeigneter Quellen. Eine kleine Druckschrift vom November 1863 über die Beteiligung oder Nichtbeteiligung rheinischer Städte an der Jubelfeier zum 50. Jahrestag der Völkerschlacht von Leipzig, deren Inhalt Wolfgang Müller referiert und in einen größeren Zusammenhang einordnet, zeigt den sechzigjährigen Culmann immer noch als Bewunderer der Errungenschaften der Französischen Revolution und als Verehrer Napoleons. Seine Ausführungen spiegeln ein zu »demokratisch« gefärbtes Napoleonbild und eine deutliche Ablehnung der Restauration, sowohl in Frankreich als auch in den Staaten des Deutschen Bundes – Gedanken, wie sie im Vormärz in der Pfalz häufig geäußert worden waren, aber in den 1860er Jahren in Deutschland hinter einem aufblühenden Nationalgefühl zurücktraten. Culmann schrieb aber aus dem bonapartistischen Frankreich, dort behielt er seinen Wohnsitz, auch als 1865 der König von Bayern in einer Generalamnestie die vor vierzehn Jahren in contumacia verhängten Todesurteile aufhob.

Deutliche Vorbehalte gegen Preußen enthält die Frankenholzer Denkschrift von 1867. Zunächst kritisiert er hier die Ausbeutung der Kohlevorkommen im preußischen Teil des Saarreviers allein durch den Staat. Die Verweigerung einer Konzession an Private, auch dort, wo eine Konzessionsgewährung Untersuchungen über die Fortsetzung des Kohlengebirges anregen könne, könne nur entweder in dem bekannten Prinzip des »beschränkten Unterthanen-Verstandes« gesucht werden, das auch im Bergbau nur dem Staate und nicht den Privatgesellschaften die Fähigkeit zutraue, einen größeren Concessionsdistrikt in rationeller Weise abbauen zu können, oder er liege, was wohl das Richtige sei, in dem preußischen Fiskalinteresse, das nicht dulde, »daß neben der großen Staatsexploitation sich große und mächtige Privatgesellschaften bilden, welche dem Publikum ebenfalls bedeutende Qualitäten Kohle zum Verkaufe darzubieten im Stande sind.« In der Verleihung größerer Konzessionsbezirke im bayerischen Teil des Reviers und in deren Ausbeutung durch private Gesellschaften sieht er eine Abwehrmaßnahme gegen den preußischen Fiskus und fordert dann zum Protest auf, »daß jetzt schon alle nationalökonomischen Interessen der Pfalz dem preußischen Fiskus zum

Opfer gebracht werden.«[12] Er verbindet also hier seine grundsätzliche Ablehnung eines Staatsbergbaus mit der Kritik an der Konzessionspolitik des preußischen Fiskus im Saarrevier und warnt vor den daraus resultierenden wirtschaftlichen Folgen für die Pfalz. Mit dem eingeschobenen Kausalsatz »weil der Pfalzkreis noch nicht annectirt ist«[13], spielt er auf die Gebietserweiterungen Preußens nach dem Krieg von 1866 an und gibt zu erkennen, daß er sich eine weitere Expansion Preußens durch die Annektion der Pfalz durchaus vorstellen könne.

Die beiden Äußerungen Culmanns – die in der Stellungnahme zur 50. Jahresfeier der Leipziger Völkerschlacht bekundete Anhänglichkeit an Frankreich und der Verdacht preußischer Expansionsgelüste in der Frankenholzer Denkschrift – lassen kaum die Vorstellung zu, daß Culmann die Reichsgründung unter preußischer Hegemonie begrüßt haben könnte. Vielleicht erklärt sich daraus – wenn man dazu das argumentum ex silentio akzeptiert – seine politische Zurückhaltung in seinen beiden letzten Lebensjahrzehnten. Bei welcher Reichstagspartei hätte ein protestantischer Pfälzer Unternehmer mit viel Sympathie für Frankreich und deutlicher Ablehnung des preußischen Führungsanspruches eine politische Heimstatt haben sollen?

Einzelne Felder oder Zeitabschnitte im Leben, Wirken und Denken August Ferdinand Culmanns haben eine Reihe von Autoren in diesem Band aus verschiedenen Blickwinkeln behandelt. Trotz der teilweise spärlichen und schmalen Quellenbasis fügen sich ihre Beiträge zu einer facettenreichen Biographie zusammen. Daß sie durch eine fortschreitende Forschung ergänzt und berichtigt werden möge, ist der Wunsch aller an dieser Veröffentlichung Beteiligten.

*Hans-Walter Herrmann*

12 Denkschrift (wie Anm. 9), S. 15f.
13 Ebd., S. 16.

# Politische, wirtschaftliche und soziale Zustände in der Westpfalz 1816–1848

VON FRITZ JACOBY

## *Neuaufbau der Verwaltung in Staat und Kirche*

Nach der Niederwerfung Napoleons gelangten die linksrheinischen Gebiete südlich der Mosel unter die provisorische Verwaltung Österreichs und Bayerns, die zu diesem Zweck eine gemeinschaftliche Landes-Administrationskommission errichteten. Mit dem Münchner Vertrag vom 14. April 1816 erwarb Bayern die später als Rheinkreis beziehungsweise Rheinbayern bezeichneten linksrheinischen Gebiete, die 1838 in Anknüpfung an die wittelsbachische Tradition den Namen Pfalz erhielten[1]. Fünfzehn Jahre hatte dieses Gebiet an den modernen Errungenschaften des französischen Staates teilgehabt, deren Inhalte, als *Institutionen* bezeichnet, auf der Gleichheit und Freiheit aller Staatsbürger beruhten. Das bedeutete Freiheit von Handel und Gewerbe, Aufhebung des Feudalsystems, Gleichheit vor dem Gesetz, Trennung von Verwaltung und Justiz und das öffentliche und mündliche Gerichtsverfahren, um nur einige davon anzudeuten[2]. Im Gegensatz zu Preußen entschloß sich Bayern dazu, den Neubürgern die Beibehaltung der *Institutionen* zu garantieren. Aus dieser Tatsache und den Versuchen, später daran Abstriche zu machen, gingen die politischen Bewegungen und Konflikte bis 1848 hervor.

Zugleich hatte die französische Herrschaft tiefgehend die wirtschaftlichen Verhältnisse geprägt. Nach der Zugehörigkeit zu dem großen einheitlichen Wirtschaftsraum des napoleonischen Kaiserreichs machten sich die 1816 neu entstandenen Grenzen zu Frankreich und Preußen schmerzlich bemerkbar. Die sozialen Verhältnisse der Bevölkerung leiteten sich aus den Umbrüchen der französischen Modernisierung her, die eine neue Führungsschicht, die sogenannten *Notabeln*, als Folge der sozialen Veränderungen hervorgebracht hatte. Aus dieser sozialen Gruppe stammten viele derjenigen, die in den kommenden Auseinandersetzungen mit der bayerischen Regierung das Wort führten. Darüberhinaus darf vermutet werden, daß auch die Verwaltung eine starke personelle Kontinuität in die bayerische Zeit fortführte. Am

1 Vgl. K.-G. Faber, Die südlichen Rheinlande 1816–1956, in: Rhein. Geschichte, hg. v. F. Petri u. G. Droege, Bd. 2, Düsseldorf 1976, S. 371–374. H. Haan, Die Eingliederung der Pfalz in die bayerische Verwaltungsorganisation (1816–1870), in: MittHVPfalz 77, 1979, S. 253–267. F. L. Wagner, Territoriale Neuordnung, Verfassung und Verwaltung des pfälzischen Raumes nach Beendigung der französischen Herrschaft (1814–1840), in: Jb. z. Gesch. v. Stadt u. Lkrs. Kaiserlautern 18/19, 1980/81, S. 13–86.

2 K.-G. Faber, Die Rheinlande zwischen Restauration und Revolution, Wiesbaden 1966, S. 110–114. H.-J. Becker, Die bayerische Rheinpfalz und das rheinische Recht, in: E. Wadle (Hg.), Philipp Jakob Siebenpfeiffer und seine Zeit im Blickfeld der Rechtsgeschichte, Sigmaringen 1991, S. 23–28.

neuen, für den Rheinkreis zuständigen Appellationsgericht in Zweibrücken überwogen bei weitem diejenigen, die schon unter Napoleon im öffentlichen Dienst gestanden hatten. An prominentester Stelle fand sich der Gerichtspräsident Rebmann, der eine längere Laufbahn im französischen Justizdienst hinter sich hatte[3]. Das Lehrpersonal des Gymnasiums Zweibrücken stammte in seiner Gesamtheit aus der Zeit vor 1816, und auch bei den Spitzen der kommunalen Verwaltung scheint die Fortführung des Amtes sehr verbreitet gewesen zu sein[4].

In ihren westlichen Teilen ging die Neuerwerbung über die Grenzen des ehemaligen französischen Donnersberg-Departements hinaus und umfaßte mit den Kantonen Waldmohr und Blieskastel Teile des Saar-Departements. In Fortführung der französischen Verwaltungseinteilung blieben die Arrondissements zunächst erhalten und wurden lediglich in Kreise umbenannt. 1818 schritt die bayerische Regierung zu einer Neuorganisation, die als unterste staatliche Verwaltungsbehörde unterhalb der Regierung in Speyer Landkommissariate errichtete, die 1862 den Namen Bezirksämter erhielten. In der Westpfalz entstanden die Landkommissariate Zweibrücken mit den Kantonen Blieskastel, Neuhornbach und Zweibrücken und Homburg mit den Kantonen Waldmohr, Landstuhl und Homburg[5].

Zugleich galt es, die Kirchenverhältnisse der napoleonischen Zeit aufzuheben und neu zu gestalten. Dem ging eine durchaus im Rahmen der protestantischen Entwicklung in weiten Teilen Deutschlands verlaufende Einigungsbewegung von Lutheranern und Reformierten voraus, die unter dem Namen Union bestrebt war, das Trennende in den Hintergrund zu setzen und vor allem das Gemeinsame des kirchlichen Lebens zu betonen. Im Zuge dieser Bewegung, deren Beeinflussung durch die protestantische Union im preußisch gewordenen Saarbrücken nicht zu verkennen war, gingen die Initiativen durchaus von unten, von Gemeinden und einzelnen Pfarrern aus, so daß die Generalsynode für den Rheinkreis im August 1818 in Kaiserslautern lediglich einen Abschluß für die neue protestantische Landeskirche besiegelte. Westpfälzische Kirchengemeinden und Pfarrer hatten mit ihren Lokalunionen, von denen die wohl bedeutendsten aus Zweibrücken und Limbach kamen, einen eigenständigen Rang und trugen Wesentliches zur pfälzischen Union bei. Unter den prominenten Wortführern befanden sich die reformierten Pfarrer Phil. Casimir Heintz aus Zweibrücken, später Oberkonsistorialrat in München, und P. D. Müller aus Mimbach[6]. Im Ganzen gesehen aber handelte es sich um eine durch formale Abstimmungen bekräftigte Bewegung auch der Laien, die am Anfang einer Entwicklung steht, in deren Zuge der pfälzische Protestantismus sich den Fragen des öffentlichen Lebens gegenüber offen zeigte und die etliche seiner Mitglieder in Konflikte mit der Obrigkeit trieb. Für den innerkichlichen Frieden hatte die Union segensrei-

3 K. Baumann, Das pfälzische Appellationsgericht in der Zeit von 1815 bis 1871, in: Fschr. zum 150jährigen Bestehen des Pfälz. Oberlandesgerichts, Zweibrücken 1966, S. 8 u. 11. K.-G. Faber, Andreas Georg Rebmann (1768–1824), in: Pfälzer Lebensbilder, Bd. 1, Speyer 1964, S. 210–214.

4 J. Kopp, Der Neuhumanismus in der Pfalz, Berlin 1928, S. 29 u. LA Speyer, H 46, Nr. 3, Bl. 22. »Zur Ortsgeschichte von Niedergailbach«, in: Westpfälz. Ztg., Nr. 62 v. 15. 3. 1938, u. J. Fath, Der alte Kanton Zweibrücken, in: Aus heimatl. Gauen, Nr. 44 v. 30. 10. 1928. Vgl. die dort gen. Bürgermeister mit den bei der Eidesleistung an Bayern 1816 erwähnten (LA Speyer, H 46, Nr. 3, Bl. 23 f.).

5 A. Doll, Vom Landkommissariat zum Landratsamt, in: Pfälzer Heimat 16, 1965, S. 13.

6 J. Müller, Die Vorgeschichte der Pfälzischen Union (Untersuchgg. z. Kirchengesch. 3), Witten 1967, S. 295 f., 327, 341 f., 373 f., 381, 397, *66–*70, *73 f. F. G. Goeters, Die Einführung der Union im Bereich der alten Kreissynode Saarbrücken, in: Die Ev. Kirche an der Saar gestern und heute, Saarbrücken 1975, S. 227 f.

che Auswirkungen, wenn auch da und dort, etwa in der Abendmahlsfrage, Reibungen blieben[7]. Die theologische Einheit öffnete ferner den Weg zum verwaltungsmäßigen Neuaufbau der Landeskirche, in dessen Verlauf die mit den Landkommissariaten sich deckenden Dekanate gegründet wurden, also zwei in Zweibrücken und Homburg für die beiden westlichen Verwaltungsbezirke, und die Grenzen der Pfarreien neu festgesetzt wurden[8]. Dieser stabile Neuaufbau erfuhr erst ab 1860 mit der Gründung der protestantischen Pfarrei St. Ingbert Änderungen, die der Bevölkerungsverschiebung im Zuge der Industrialisierung Rechnung trugen.

In der Übergangszeit von 1815 bis zur Errichtung des den ganzen Rheinkreis umfassenden Bistums Speyer gehörten die Katholiken in den Orten der Kantone Waldmohr und Blieskastel noch zur Diözese Trier, die östlich davon im ehemaligen Donnersbergdepartement lebenden zur Diözese Mainz. Die geistliche Verwaltung oblag bis 1822 den 1816 bestellten Provikaren, zu denen der bemerkenswerte Zweibrücker Pfarrer Piblinger zählte, ehemaliger Ortspfarrer von Kleinblittersdorf, der es 1816 vorzog, diese Stelle aufzugeben, um nicht sein Amt unter den Preußen als neuen Landesherrn ausüben zu müssen. 1822 wurden die katholischen Dekanate, auch sie in den Grenzen der Landkommissariate, errichtet. Für die Westpfalz waren es ebenfalls Zweibrücken und Homburg. Für letzteres wird allerdings erst 1846 ein Dekan erwähnt. Die Zahl der Pfarreien blieb auch in der katholischen Kirche längere Zeit unverändert. Erste Neugründung in der Westpfalz war 1862 Niederwürzbach, auch sie im Zusammenhang mit der Bevölkerungsverschiebung in der Anfangsphase der Hochindustrialisierung[9].

In den ersten Jahren nach der bayerischen Besitzergreifung durchlief die katholische Kirche eine mühsame Phase des Neuaufbaues und – angesichts des staatskirchlichen Geistes, der die weltliche Verwaltung prägte – der Selbstbehauptung. Einer der Exponenten der von der Staatsaufsicht auf die katholische Kirche überzeugten Beamtenschaft war der später in der Hambacher Bewegung berühmt gewordene Landkommissär von Homburg, Philipp Jakob Siebenpfeiffer. Dieser forderte, daß Gesuche von Geistlichen in kirchlichen Angelegenheiten an ihre Vorgesetzten über ihn als Vertreter der staatlichen Verwaltung einzureichen seien. Sein Benehmen gegenüber dem noch zuständigen Bischof von Mainz, Colmar, bei dessen Besuch Homburgs im Jahre 1818 war ein jeder üblichen Höflichkeit barer Affront. Zu dem streitbaren katholischen Stadtpfarrer Jackel von Homburg entwickelte sich ein durch häufige Meinungsverschiedenheiten gekennzeichnetes Verhältnis. So hintertrieb Siebenpfeiffer den bereits genehmigten Neubau eines katholischen Pfarrhauses, mischte sich in die Verteilung der Besoldung zwischen Pfarrer und Kaplan in bezug auf die Versorgung der mitverwalteten Pfarrei Kirrberg ein und ließ die Lehrerstelle in Kirrberg ein Jahr lang unbesetzt, weil er den von Pfarrer Jackel und Bezirksschulinspektor Klemp von Landstuhl vorgesehenen Kandidaten

7 Für Limbach s. B. H. Bonkhoff, Kirchengesch. v. Limbach, in: BllpfälzKG 45, 1978, S. 23.

8 G. Biundo, Die Entstehung der vereinigten protestantischen Kirche der Pfalz, in: BllpfälzKG 10, 1934, S. 34–40.

9 L. Stamer, Kirchengesch. d. Pfalz, Bd. 4, Speyer 1964, S. 21, 67, 71f., 226. F. Haffner, Karte der modernen Kircheneinteilung: Das Bistum Speyer, in: Pfalzatlas. Textband, Speyer 1965, S. 44 u. 47. K.-H. Debus, Fortbestehen und Reorganisation der Katholischen Kirche im Raum Kaiserslautern, in: Jb. z. Gesch. v. Stadt u. Lkrs. Kaiserslautern 18/19, 1980/81, S. 231–268, insbes. S. 246–260 über die Pfarreien des Dekanates Homburg. Zu Piblinger vgl. H. Klein, Die Saarlande im Zeitalter der Industrialisierung, in: Zschr. f. d. Gesch. d. Saargegend 29, 1981, S. 99.

nicht akzeptierte. Bei der Neufestsetzung der Pfarrsprengel 1823 versuchte der Landkommissar möglichst ungünstige Grenzen festzusetzen, die den Besuch von den Filialorten aus erschweren sollten. Entscheidend für die Verhältnisse war jedoch, daß Siebenpfeiffers Verhalten sogar gegen bischöfliche Beschwerden bis hin zum Innenministerium bei den Vorgesetzten mehr oder weniger Unterstützung fand, so daß der Homburger Stadtpfarrer sich zeitweise mit dem Gedanken trug, sich versetzen zu lassen und – in Erinnerung an die römischen Christenverfolgungen – Siebenpfeiffer mit dem Kaiser Domitian verglich[10].

Das Verhältnis von Katholiken und Protestanten ließ, entgegen den Schilderungen der staatlichen Behörden vom harmonischen Zusammenleben der Konfessionen, schon frühzeitig die Richtung der Konflikte späterer Jahre erkennen. Mit der Errichtung von Simultanschulen waren die katholischen Bestrebungen für konfessionell getrennte Schulen wie in Limbach, Dietschweiler und Wiesbach unvereinbar. Zu unerquicklichen Zuständen führte die nach Konfession alternierende Besetzung der Lehrerstelle in Sand. Dekan Thinnes aus Blieskastel im bayerischen Landtag und Dekan Kremp in Landstuhl waren die eifrigsten Vorkämpfer für die Konfessionsschule und gegen die ungeliebte Simultanschule. Andere Anlässe, den konfessionellen Frieden zu zerrütten, boten Mischehen, Simultankirchen und -friedhöfe, schließlich die Feier katholischer Feiertage und die Durchführung von Prozessionen, die als Provokationen der vom Protestantismus geprägten Umwelt gedeutet wurden[11].

## *Die Hambacher Bewegung*

Die Jahre von 1816 bis 1829 waren in erster Linie dem Wiederaufbau und der Landesentwicklung gewidmet. Die dabei erzielten Erfolge lassen sich daran messen, daß zum Beispiel um 1830 die Kriegsschulden im Landkommissariat Homburg abgetragen waren[12], ferner an einer beachtlichen Aufwärtsentwicklung des Schulwesens[13], die äußerlich bereits in zahlreichen Neu- und Umbauten deutlich wurde. Politisch waren es ruhige Jahre, und doch wäre der Eindruck, die politische Bewegung von 1831 und 1832 sei plötzlich hervorgetreten und von außen hereingetragen gewesen, irrig. Bereits 1829, als Landkommissär Siebenpfeiffer sich noch veranlaßt fühlte, seinem Talent in einem Festgedicht auf das die Pfalz bereisende bayerische Königspaar Ausdruck zu verleihen, boykottierten die drei Advokaten Schüler, Savoye und Geib den Empfang des Appellationsgerichts Zweibrücken durch die hohen Herrschaften und

10 L. Stamer (wie Anm. 9), S. 105 u. 111f. A. Doll, Philipp Jakob Siebenpfeiffer (1789–1845). Johann Georg August Wirth (1798–1848), in: K. Baumann (Hg.), Das Hambacher Fest. 27. Mai 1832. Männer und Ideen, Speyer, 2. Aufl., 1982, S. 14ff.

11 L. Stamer (wie Anm. 9), S. 128ff., 140ff., 144f. mit Beispielen aus Oberbexbach, Neuhornbach und Contwig. L. Eid, Blick auf die katholischen Schulen der Pfalz vor hundert Jahren, in: Kath. Lehrerzeitung, Nr. 71 v. 17. 10. 1925, S. 952. H. Schneider, Die Schule im Spannungsfeld zwischen Kirche, Staat und Gesellschaft im 19. Jh., dargest. am Problem der Simultanschule in der Pfalz, in: BllpfälzKG 35, 1968, S. 256. Berr. d. OB v. Zweibrücken v. 29. 11. 1817 u. d. Landkommissars v. Zweibr. v. 31. 10. 1827 (LA Speyer, H 46, Nr. 40 I). Zu den Simultankirchen s. B. H. Bonkhoff, Die Simultankirchen im Herzogtum Pfalz-Zweibrücken, in: Saarpfalz, H. 14, 1987, mit Verz. S. 30ff.

12 LA Speyer, H 35, Nr. 419 (Verw.-Bericht d. Landkommissars v. Homburg f. 1830 bis 1833), Bl. 75.

13 W. Weidmann, Das Schulwesen in der ersten bayerischen Zeit und der schulpolitische Umschwung seit Hambach, in: Jb. z. Gesch. v. Stadt und Lkrs. Kaiserslautern 18/19, 1980/81, S. 169–173. Allein zwischen 1830 u. 1833 wurden im Landkommissariat Homburg 15 Schulhäuser neuerbaut oder hergerichtet (Verwaltungsbericht des Landkommissars Homburg [wie Anm. 12], Bl. 78v).

lenkten damit frühzeitig die Aufmerksamkeit auf die Wende der bayerischen Politik in der Pfalz hin zu einem Abbau der überkommenen *Institutionen*[14]. Wirtschaftliche und soziale Mißstände beeinflußten verstärkt die öffentliche Stimmung, da die 1829 eingeführte Maut die Pfalz über bereits bestehende Zollschwierigkeiten hinaus nun ganz durch eine Zollinie von den Nachbarstaaten trennte. Beredte Klage darüber und über die schikanöse Handhabung dieser Maßnahmen ist im Situationsbericht der St. Ingberter Hüttenbesitzer Krämer, die doch offensichtlich davon profitierten, nachzulesen[15]. Die als unangemessen hart empfundenen Strafen für Forstfrevel waren ein weiterer zur Unzufriedenheit beitragender Mißstand, der den Blick auf die Lage des ärmeren Teils der Bevölkerung lenkt[16].

1830 riefen die Auswirkungen der französischen Julirevolution über die nahe Grenze hinweg die Entstehung eines Oppositionsforums in Form der von Siebenpfeiffer herausgegebenen Zeitschrift *Rheinbayern* hervor. Der Landkommissär geriet daraufhin in Auseinandersetzungen mit seinem Dienstherrn. Nach der Dienstentlassung widmete er sich ganz der liberalen Publizistik mit seinem ab 12. März 1831 erscheinenden Blatt *Der Bote aus Westen*[17]. Am 15. Dezember 1831 zog der von der bayerischen Politik enttäuschte Journalist Johann Georg August Wirth als zweite führende Gestalt der westpfälzischen Publizistik aus München nach Homburg zu, und gab dort seine *Deutsche Tribüne* weiter heraus[18].

1831 griff die politische Bewegung aus Begeisterung für die aufständischen Polen auf breitere Bevölkerungskreise über. Sie drückte sich in zahlreichen Orten der Westpfalz in Sammlungen von Geld und Verbandszeug aus[19]. In dieser politischen Lage entsandte die Westpfalz 1831 statt unpolitischer Stützen des Regierungskurses mit den Advokaten Schüler und Christian Culmann zwei ausgeprägte Oppositionelle in den Landtag[20].

Das Jahr 1832 begann mit einem in Homburg am 8. Januar von zahlreichen Honoratioren für Wirth veranstalteten Festbankett, das als Protest gegen die kürzlich vom Staatsprokurator verfügte Versiegelung der Wirthschen Presse gedacht war[21]. Diese Veranstaltung steht in der

14 W. Weber, Siebenpfeiffers Homburger Zeit, in: Ein Leben für die Freiheit: Philipp Jakob Siebenpfeiffer (1789–1845). Hg.: Saarpfalz-Kreis, Konstanz 1989, S. 68ff. K. Baumann, Friedrich Schüler 1791–1873. Joseph Savoye 1802–1869. Daniel Pistor 1807–1886, in: Das Hambacher Fest (wie Anm. 10), 103.

15 H. Gruber, Die Entwicklung der pfälzischen Wirtschaft 1816–1834 unter bes. Berücksichtigung der Zollverhältnisse (Veröff. d. Inst. f. Landeskde. d. Saarlandes 6), Saarbrücken 1962, S. 143–153. F. Jacoby, Zwei Berichte zum Fabrikenwesen in St. Ingbert um 1830, in: Zschr. f. d. Gesch. d. Saargegend 30, 1982, S. 112f.

16 Verw.-Berichte d. Landkommissars v. Zweibrücken f. 1827/28 u. 1829/30 (LA Speyer, H 46, Nr. 40 II, Bl. 379 u. 383).

17 A. Doll (wie Anm. 10), S. 21f., 33–42.

18 Ebd., S. 42f.

19 J. Kosmin, Zur Geschichte der Vereine zur Unterstützung der Polen in Deutschland unter Berücksichtigung der Bayerischen Pfalz und der Landgrafschaft Hessen-Homburg, in: JbwestdtLG 4, 1978, S. 320, 329, 334f., 342ff. A. Zink, Zweibrücken unterstützt polnische Freiheitskämpfer, in: Aus heimatl. Gauen 12, 1951, Nr. 44 v. 3. Nov. H. Asmus, Philipp Jakob Siebenpfeiffer, Johann Georg August Wirth und die rheinbayerische Polenfreundschaft in den Jahren 1831 und 1832, in: Ein Leben für die Freiheit (wie Anm. 14), S. 242–263.

20 W. Marx, Die pfälzischen Abgeordneten im bayerischen Landtag, insbesondere beim ersten Landtag der Reaktionszeit 1849/50, mschr. Diss. München 1954, S. IX.

21 F. Jacoby, Ein Bericht zum Begrüßungsfest der Homburger für Johann Georg August Wirth am 8. Januar 1832, in: Saarpfalz, H. 9, 1986, S. 33–37.

Reihe der als Fest wie als politische Demonstration gedachten geselligen Ereignisse[22], die im Hambacher Fest ihren Höhepunkt fanden. Am 29. Januar 1832 ehrten die Zweibrücker den Abgeordneten Schüler in einem großen Bankett in Bubenhausen. Hier wurde der Preßverein gegründet, der sich auch auf das Umland der Städte Zweibrücken und Homburg ausbreitete[23]. Durch die zahlreichen Pressenotizen über örtliche Aktivitäten und einzelne Beitritte läßt sich die Politisierung der Bevölkerung bis in die Schicht der Tagelöhner und Handwerker hinein erkennen. Das Schwergewicht, so zeigt die örtliche Verteilung der Beiträge, lag in den östlichen Teilen der Landkommissariate, und der Bliesgau mit seiner überwiegend katholischen Bevölkerung blieb nahezu unberührt[24]. Bemerkenswert ist der ungewöhnlich hohe Beitrag von 4 fl. 40 Kreuzer des Landwirts Felix Villeroy auf dem Rittershof bei Hassel, der die Spende mit einem scharfen Protest gegen die pressefeindlichen Regierungsmaßnahmen verband[25].

In Anknüpfung an Traditionen aus der Französischen Revolution wurden – ausgehend von Homburg im März – zahlreiche Freiheitsbäume gepflanzt, darunter in Blieskastel, Lautzkirchen und Höchen[26]. Ferner kam es in dieser Zeit in Homburg und Zweibrücken zu Aufläufen und Unruhen, die zum Teil im Zusammenhang mit der Verhaftung Wirths und seinem Freispruch von der Anklage, den Umsturz geplant zu haben, standen. Flugblätter und Versammlungen beförderten statt der nun verbotenen Oppositionszeitungen die Ausbreitung des Preßvereins, der in Neuhornbach, Ixheim und Zweibrücken Filialkomitees begründete[27]. Bevor die Bewegung ihren Höhepunkt in der Massenversammlung auf dem Hambacher Schloß erreichte, bei der auch Teilnehmer aus Homburg, Zweibrücken, Landstuhl und Steinwenden nachzuweisen sind, veranstalteten die Zweibrücker am 6. Mai im Tivoli-Saal ein weiteres Fest für den Abgeordneten Schüler, an dem auch Abordnungen aus Homburg und Blieskastel teilnahmen[28]. Während des Hambacher Festes setzte sich die Bewegung in der Westpfalz fort. Ein Zug durch Zweibrücken proklamierte mit den Parolen *Freiheit und Gleichheit* und *Gleiche Güterverteilung* den sozialen Aspekt der Bewegung. Der Sturm einer Menge auf die Kaserne in Zweibrücken nach durch Provokationen ausgelösten Schlägereien zwischen Zivil und Militär konnte mit Mühe durch das Eingreifen des Bürgermeisters abgewendet werden[29].

Im Zuge der nach dem Hambacher Fest ins Werk gesetzten Unterdrückung der politischen Bewegung wurden Siebenpfeiffer und Wirth verhaftet, Schüler und Savoye flohen nach

22 Dazu Cornelia Foerster, Der Preß- und Vaterlandsverein von 1832/33 (Trierer historische Forschungen 3), Trier 1982, S. 99–102.

23 Ebd., S. 102–105.

24 Ebd., S. 198.

25 Deutsche Tribüne, Nr. 52 v. 27. 2. 1832.

26 Unvollständige Liste bei H. G. Haasis, Volksfest, sozialer Protest und Verschwörung. 150 Jahre Hambacher Fest, Heidelberg 1981, S. 116f. Zu Höchen s. L. Stamer (wie Anm. 9), S. 155. Näheres zu einzelnen Freiheitsbaumsetzungen bei J. Hannig, »Freitheitsbäume« im Umkreis des Hambacher Festes, in: Ein Leben für die Freiheit (wie Anm. 14), S. 289–319.

27 Korrespondenz d. Landkomm. v. Homburg (LA Speyer, H 1, Nr. 1036, Bl. 11–19). A. Doll (wie Anm. 10), S. 51. C. Foerster (wie Anm. 22), S. 81 ff. u. 194f.

28 C. Foerster (wie Anm. 22), S. 105–110.

29 A. Sahrmann, Beiträge zur Geschichte des Hambacher Festes 1832, Landau/Pf. 1930, S. 106f. W. Herzberg, Das Hambacher Fest, Ludwigshafen/Rh. 1908, S. 142.

Frankreich[30]. Als Protest gegen den Reaktionskurs, den die militärische Besetzung der Pfalz unter dem Oberkommando des Feldmarschalls von Wrede allen sichtbar machte, unterzeichneten zahlreiche Einwohner eine Petition des Lehrers Knöbel, darunter der Erbauer der ersten deutschen Eisenbahn, Camille Denis aus Zweibrücken, und der Kaufmann Christian Scharpff d. Ä. aus Homburg[31]. Zur Beseitigung der liberalen Bewegung bediente sich die bayerische Regierung in erster Linie der Justiz. Gegen die Führer der Bewegung wurde am 29. Juli 1833 ein Schwurgerichtsverfahren in Landau eröffnet, das – von großer Aufmerksamkeit der Öffentlichkeit begleitet – am 16. August des Jahres mit dem Freispruch der Angeklagten ausging. So griff die Justiz auf Verfahren vor Zuchtpolizeigerichten ohne Geschworene zurück und gelangte erst dadurch zur Verurteilung der Angeklagten, darunter Wirth und Siebenpfeiffer, die die Höchststrafe von zwei Jahren erhielten[32]. In kleineren Verfahren wurden andere oppositionelle Äußerungen verhandelt, zum Beispiel die dem Sohn Karl des protestantischen Pfarrers Aulenbach zu Homburg vorgeworfene Verunglimpfung der Staatsregierung und angeblich beleidigende Reden des Notariatsschreibers Sturm zu Landstuhl[33]. Die Regierung überzog mit Disziplinarmaßnahmen die in die Bewegung von 1832 verwickelten öffentlichen Bediensteten. Zwar ging die Untersuchung gegen den protestantischen Dekan Weber zu Homburg zu dessen Gunsten aus, doch verloren die Bürgermeister Drumm von Reichenbach und Haeberle von Steinwenden ihr Amt. Den ausgeschiedenen Oppositionellen Christian Culmann im Landtag und Camille Denis im pfälzischen Landrat folgten ein in der Opposition Unbekannter und mit Bürgermeister Rüb aus Hütschenhausen ein ausgewiesener Gegner der Bewegung von 1832[34].

Die Unzufriedenheit mit den politischen Zuständen trug zu einer ansonsten von der Notlage weiter Bevölkerungskreise hervorgerufenen Auswanderungsbewegung bei, die in der Bevölkerungsstatistik ablesbar ist und etwa im Landkommissariat Homburg Grund für den geringen Anstieg von 41 658 auf lediglich 41 692 Personen zwischen 1830 und 1833 ist. Nicht nur aktive Gegner der Regierungspolitik im Jahre 1832 sahen sich zu Flucht und Emigration gezwungen, auch ein Vertreter einer eher zurückhaltenden politischen Einstellung wie der Zweibrücker Advokat Theodor Hilgard zog die Auswanderung dem Verbleiben in der reaktionär-bedrückenden Atmosphäre vor[35].

In oft anonymen Äußerungen zeigten sich noch bis mindestens 1834 die Sympathien mit der Opposition von 1832. Auch offene Kritik wagte sich hervor, etwa als am 14. Juli 1834

30 W. Herzberg (wie Anm. 29), S. 146–157. K. Baumann (wie Anm. 14), S. 134 ff.

31 E. Süss, Friedrich Wilhelm Knöbel 1802–1872, in: Das Hambacher Fest (wie Anm. 10), S. 193 f. Ders., Die Pfälzer im »Schwarzen Buch«, Heidelberg 1956, S. 46, 65, 100, 114.

32 A. Doll (wie Anm. 10), S. 66–74.

33 LA Speyer, H 1, Nrn. 1040 u. 1042.

34 H. Kimmel, Der Anteil der pfälzischen Geistlichen an den Ereignissen der Jahre 1832 und 1849. Einige Ergänzungen, in: BllpfälzKG 20, 1953, S. 3. R. Paul, Liberale Volksbewegung in Steinwenden, in: Schon pflanzen sie frech die Freiheitsbäume. 150 Jahre Hambacher Fest. Hg.: W. Rothley u. M. Geis, Neustadt/W. 1982, S. 155 f. Ber. d. Landkomm. Homburg v. 20. 1. 1834 (LA Speyer, H 1, Nr. 1036, Bl. 22 f.). W. Marx (wie Anm. 20), S. 33 u. IX f. F. Dereser, Der Landrat der Pfalz im Vormärz, mschr. Diss. Mainz 1954, S. 189 f.

35 Verw.-Ber. d. Landkomm. Homburg (wie Anm. 12), Bl. 71 r. Verw.-Ber. d. Landkomm. Zweibrücken (wie Anm. 16), Bl. 387. Th. Hilgard d. Ä., Meine Erinnerungen, PD Heidelberg 1859, S. 268 f.

Handwerker im Gasthaus Hellwig in Homburg Freiheitslieder sangen[36]. Dem fortdauernden Ansehen Wirths verdankte dessen in Not geratene Familie die vielfach erfahrene Unterstützung vornehmlich im östlichen Teil des Landkommissariats Homburg[37]. In der Nacht vom 22. auf den 23. April 1834 versuchten Homburger Handwerker unter Führung des Theologiestudenten Friedrich Kurtz sogar, den vom Zweibrücker in das Kaiserslauterer Gefängnis transportierten Wirth zwischen Homburg und Bruchmühlbach zu befreien, was aber an der Weigerung Wirths, auf diesem Wege in Freiheit zu gelangen, scheiterte[38].

### *Die Anfänge der Revolution von 1848*

Nach zwei Jahren war es der Regierung schließlich gelungen, die offene Opposition in der Westpfalz für einige Zeit zum Schweigen zu bringen. Der nachfolgenden Zeit bis zur Revolutionsbewegung von 1848 fehlt es an politisch bemerkenswerten Ereignissen. 1839 trat jedoch mit dem katholischen Stadtpfarrer von Zweibrücken, Franz Tafel, wieder ein ausgeprägter Vertreter der Opposition in den bayerischen Landtag ein. Ab 1845 wirkte dort der Appellationsgerichtsrat Karl Friedrich Heintz aus Zweibrücken in ähnlicher Weise[39]. 1846 setzte sich eine Adresse von Zweibrückern Einwohnern an die Ständeversammlung für die Beihaltung des öffentlichen Gerichtsverfahrens ein, und die Bestrebungen, 1847/48 in Zweibrücken einen Turnverein zu gründen, dürfen ebenfalls zu einem wiedererwachenden Interesse an politischen Fragen gezählt werden[40].

Das erste Ereignis, das auf die 1848er Bewegung in der Westpfalz hindeutete, war der Fastnachtsbesuch junger Männer aus Lothringen in Habkirchen, die dort die Nachrichten von den politischen Bewegungen im benachbarten Frankreich überbrachten[41]. Größeres Interesse fand allerdings die Rückkehr der Homburger und Zweibrücker Teilnehmer an der pfälzischen Deputation nach München[42]. Durch königliche Entschließung entstanden in Zweibrücken und Homburg sowie einigen größeren Orten wie in Altenkirchen Bürgerwehren, die im politischen Leben des Jahres 1848 eine große Bedeutung gewinnen sollten[43]. Von einer *Märzrevolution* mit Aufläufen und Exzessen kann man jedoch in der Westpfalz nicht sprechen. In den im März formulierten Beschwerden[44] stehen wirtschaftliche und soziale Gründe im Vordergrund. So waren die Folgen der Mißernte von 1847 noch zu spüren, es mangelte an Streuwerk aus den Wäldern, vor allem in den westlichen Teilen des Landkommissariats Homburg, und die harte Bestrafung der Forstfrevel war ein fortdauernder Grund zur

36 Ber. d. Landkomm. Homburg v. 15.7.1834 (LA Speyer, H 1, Nr. 1036, Bl. 28).

37 Ber. d. Landkomm. Homburg v. 20.1.1834 (ebd., Bl. 22f.). A. DOLL (wie Anm. 10), S. 81.

38 Ebd., S. 80f.

39 W. MARX (wie Anm. 20), S. 35, 130–135. A. HOFFMANN, Franz Tafel als Mensch und Priester (1799–1869), in: ArchmrhKG 15, 1963, S. 180–207.

40 H. RENNER, Die pfälzische Bewegung in den Jahren 1848/49 und ihre Voraussetzungen, mschr. Diss. Marburg 1955, S. 63, 65. LA Speyer, H 3, Nr. 158, Bl. 45, 51, 61f.

41 Ber. d. Landkomm. Zweibrücken v. 11.3.1848 (LA Speyer, H 46, Nr. 290).

42 H. RENNER (wie Anm. 40), S. 77f.

43 LA Speyer, H 35, Nr. 136. E. DRUMM, Zweibrücken in den Jahren 1848–49, in: Aus heimatl. Gauen, Nr. 24 v. 18.6.1929.

44 S. den aufschlußreichen Bericht d. Landkomm. Homburg v. 16.3.1848 (LA Speyer, H 35, Nr. 250, Bl. 3), als Quelle benutzt bei K. FISCHER, in: 150 Jahre Landkreis Homburg/Saar 1818–1968, 1968, S. 51.

Unzufriedenheit. Etliche Kritikpunkte hingen mit kommunalpolitischen Mißständen zusammen, so die Klagen über die Tierarztkosten zur Überwachung des Faselviehs, die Gemeindebeiträge zum Kantonsgefängnis und die höhere Patent- und Häusersteuerbelastung in den Städten. Andererseits äußerte sich der Wunsch nach größerer Selbständigkeit der Gemeinden gegenüber den Einmischungen der Staatsbehörden auch bei der Verwaltung der kommunalen Waldungen. Sozialen Zündstoff bot ferner die Arbeitslosigkeit, von der etwa in Steinbach 69 aus Frankreich zurückgekehrte Arbeiter und eine Anzahl von Mittelbexbacher Einwohnern betroffen waren, die beim Eisenbahnbau Beschäftigung suchten[45].

Die politische Bewegung begann im größeren Stil mit einer Volksversammlung am 12. April in Zweibrücken, auf der die Wahlen zu einer Nationalvertretung und zum Landtag Gegenstand der Verhandlungen waren[46]. Am 30. April wählten die Wahlkreise Homburg und Zweibrücken mit Anwalt Gulden und Pfarrer Tafel zwei Kandidaten in die Nationalversammlung, die dort zur Linken zählten[47].

Gestört nur von vereinzelten Zwischenfällen kennzeichnen ruhige politische Verhältnisse die Lage in der westlichen Pfalz bis in den Herbst 1848 hinein. Die politischen Interessen traten im Sommer in der Petitionsbewegung an die Frankfurter Nationalversammlung zutage, die sich vorwiegend überörtlichen und nationalen Problemen zuwandte[48]. In diesem Zusammenhang artikulierten sich die katholischen Interessen auch auf örtlicher Ebene, so in Bliesmengen und St. Ingbert. Sie benutzten die politische Bewegung, um größere Unabhängigkeit der Kirche vom Staat zu fordern, und verfügten in dem 1848 gegründeten *Christlichen Pilger* über ein Kampfblatt[49].

Erst nach dem Erstarken der Reaktion in Wien und Berlin regte sich in der Westpfalz die politische Aktivität wieder in den Volksvereinen und den demokratischen Märzvereinen. Die Diskussion über die Fragen der Reichsverfassung, die von der bayerischen Regierung nicht anerkannt wurde, radikalisierte die Bewegung, die schließlich im Pfälzischen Aufstand von 1849 ihren Höhepunkt erreichte[50].

## *Wirtschaftliche Verhältnisse*

### *Rahmenbedingungen*

Der Anfall an Bayern schuf auch für die Wirtschaft der Pfalz Verhältnisse, in denen rechtliche und soziale Strukturen des französischen Einheitsstaates weithin wirksam blieben. Beim Zusammenwachsen der unterschiedlichen Systeme erwuchsen Nachteile und Probleme.

45 LA Speyer (wie Anm. 44), Bl. 44, 46, 49, 66f. H. Renner (wie Anm. 40), S. 221 Anm. 2. K. Fischer (wie Anm. 44), S. 50.

46 Vormerkung des Landkomm. Zweibrücken, nach d. 12.4.1848, undat. (LA Speyer, H 46, Nr. 290). E. Drumm (wie Anm. 43).

47 H. Renner (wie Anm. 40), S. 87–90.

48 R. Moldenhauer, Die aus den zum heutigen Saarland gehörenden Bezirksämtern der ehemaligen bayerischen Pfalz, den heute saarländischen Orten des Fürstentums Birkenfeld und des Landkreises Trier ergangenen Petitionen an die deutsche Nationalversammlung 1848/49, in: Zschr. f. d. Gesch. d. Saargegend 22, 1974, S. 158–223, für Homburg und Zweibrücken ebd., S. 166–172 u. 176–179.

49 Ebd., S. 166–168. »Der Christliche Pilger«, Nr. 23, 26 und 28 v. 3. 6., 24. 6. u. 8. 7. 1848.

50 S. dazu den Beitrag v. M. Baus in diesem Band.

Die Neuerwerbung rückte, insbesondere in ihren westlichen Teilen, in eine ausgeprägte Randlage, die durch die protektionistische Haltung Frankreichs und die Zollgrenze zum preußisch gewordenen Kern des entstehenden Montanindustriegebietes gekennzeichnet war. Auch die pfälzischen Handelsbeziehungen in das rechtsrheinische Bayern unterlagen dem Zoll. Aus dem französischen Rechtssystem blieben die Gewerbefreiheit mit Abschaffung der Handwerkszünfte und die unbeschränkte Teilbarkeit der Bodengüter bei Erbschaften erhalten. Von starkem Nachteil waren die den Gemeinden auferlegten Kriegsschulden aus der Zeit seit 1793. Außerdem blieb das französische Recht mit seiner starken Besteuerung in Kraft, während der bayerische Staat verhältnismäßig unbedeutende Aufwendungen für den Regierungsbezirk zur Verfügung stellte. Seit 1816 entwickelte sich ein nachteiliges Steuerwesen, das in der Pfalz jeweils die höheren Steuern aus dem französischen Steuerrecht oder dem des rechtsrheinischen Bayern zu Geltung brachte. Zu den schwierigen Finanzverhältnissen trugen außerdem die ungenügende Befriedigung der Schuldforderungen von Pfälzern an die französische Regierung aus der Zeit vor 1815 und die Eintreibung von Schulden der ehemaligen Kurpfalz an Bewohner der Rheinpfalz bei[51].

*Landwirtschaft*

Im Wirtschaftsleben spielte die Landwirtschaft noch eine überragende Rolle. In ihr betätigte sich der weit überwiegende Teil der Bevölkerung, für die gesamte Pfalz 81 Prozent[52]. Die Landkommissariate Homburg und Zweibrücken waren als Teil des Westrich im Ganzen weniger von der Natur gesegnet als die Vorderpfalz mit günstigem Klima und besseren Böden. Intensiverer Ackerbau wurde auf der Sickinger Höhe und im Zweibrücker Hügelland betrieben, daneben Pferdezucht, die im Zweibrücker Gestüt ihren Mittelpunkt hatte. Der Bliesgau mit seinem Anteil an der lothringischen Muschelkalklandschaft erzeugte auf guten Böden reiche Weizenernten und galt als die Kornkammer der Pfalz. Nördlich der Sickinger Höhe zwischen Homburg und Landstuhl erstreckte sich eine erst in diesem Jahrhundert kultivierte Bruchlandschaft, die lediglich der Torfgewinnung diente. Im nördlich daran anschließenden Teil des Landkommissariats Homburg, dem westlichen Bereich des nordpfälzischen Berglandes, herrschte eine entwickelte Viehzucht vor, der gegenüber der Ackerbau an Bedeutung zurücktrat[53].

Neben zahlreichen Klein- und Nebenerwerbswirtschaften gab es – vornehmlich im Landkommissariat Zweibrücken – zahlreiche große Einzelhöfe, deren Gründung zum Teil auf eine gezielte Politik der Herzöge von Pfalz-Zweibrücken zurückging[54]. Unter den größeren Hofbesitzern ist der Landwirt Felix Villeroy vom Rittershof bei Hassel besonders zu erwähnen, ein durch seine Musterwirtschaft und durch etliche Abhandlungen hervorgetretener Mann, der zu den bedeutendsten Vertretern der saarländischen Landwirtschaft im

51 H. GRUBER (wie Anm. 15), S. 16–30.

52 W. WEIDMANN, Die pfälzische Landwirtschaft zu Beginn des 19. Jahrhunderts. Von der Französischen Revolution bis zum Deutschen Zollverein (Veröff. d. Inst. f. Landeskde. d. Saarlandes 14), Saarbrücken 1968, S. 31 f.

53 Ebd., S. 21 ff.

54 Ebd., S. 21.

19. Jahrhundert zählt. Von seinen zahlreichen Initiativen ist die Anschaffung der ersten Dreschmaschine in der Pfalz zu nennen[55].

Auf dem Gebiet der Betriebstechnik und der Betriebsformen sind für die ersten Jahrzehnte der bayerischen Herrschaft drei Dinge bemerkenswert: die langsam, um 1833 im Landkommissariat Homburg ganz durchgeführte Fruchtwechselwirtschaft, die – verbunden mit Stallfütterung, Kleeanbau und Hackfruchtbau – die überkommene Dreifelderwirtschaft allmählich ablöste und zu verbesserten Ergebnissen führte, ferner die vornehmlich in kleinen und mittleren Wirtschaften verbreitete Verwendung von Ochsen und Kühen als Zugvieh, der in der Glan-Rasse zu diesem Zweck das geeignete Rindvieh zur Verfügung stand, schließlich bemerkenswerte Ansätze zur Verbesserung der Düngung und zur Verwendung neuer Düngerarten wie Kalk, Gips, Knochenmehl und ausgelaugte Asche[56].

Hauptanbauprodukt war um 1815 Getreide, dessen Bedeutung für die lokale und regionale Versorgung in den Teuerungs- und Notjahren 1816/17 und 1832 noch deutlich wird. Vom ausgeführten Getreide ging der überwiegende Teil nach Frankreich, dessen Preise in den zwanziger Jahren über denen der Pfalz lagen und den Export anregten. Unter den angebauten Getreidearten breiteten sich Weizen und Roggen auf Kosten von Spelz und Dinkel aus, welche allerdings um 1830 noch immer zu den Hauptgetreidearten im Landkommissariat Homburg zählten und erst allmählich verschwanden. Um die Verbreitung neuer Getreidesorten machte sich vor allem Villeroy auf dem Rittershof verdient[57]. Schon seit Jahrzehnten war der Kartoffelanbau allgemein eingeführt, und schon in der Hungersnot von 1816/17 hatte sich seine Bedeutung bei der Volksernährung erwiesen. Erst recht wirkte sich dieser Umstand in den Krisenjahren 1846/47 aus, als die Kartoffelfäule die aktuelle Not verschärfte[58]. Im Umland von Zweibrücken wurde die Kartoffel das wichtigste landwirtschaftliche Produkt. In größerem Stil verwertete die Schnapsbrennerei Kartoffeln. Ihre Erzeugnisse wurden nicht nur pur in ziemlich großen Mengen getrunken und zählten als Branntweinsuppen zur Nahrung, sondern waren auch bei der Viehzucht von Bedeutung. Bemerkenswert sind ferner die erfolgreichen Versuche der Witwe Krämer in St. Ingbert, aus Kartoffeln Stärke zu gewinnen[59].

An landwirtschaftlichen Sonderkulturen ist der Zuckerrübenanbau zu erwähnen, auf den die zwischen 1830 und etwa 1832 auf dem Gelände des Schlosses Karlsberg bei Homburg bestehende Zuckerfabrik verweist[60]. Gegenüber anderen Gebieten der Pfalz wurde auf der Sickinger Höhe und um Zweibrücken der Anbau von Ölpflanzen wie Raps nur in geringem

55 W. Dändliker, Felix Villeroy und Adam Müller. Ein Meister und sein Schüler, in: Jb z. Gesch. v. Stadt u. Lkrs. Kaiserslautern 14/15, 1976/77, S. 195–204. [K. Fischer], Ein Pionier der Landwirtschaft, in: Saarbr. Ztg., Homburger Rundschau, Nr. 73 v. 27. 3. 1981, S. 12. G. Müller, Die Familien Villeroy und de Galhau im Saarland, Saarlouis 1991, S. 32–41. H.-W. Herrmann, Der Siegeszug der Dampfmaschine in der Saarindustrie, in: Zschr. f. d. Gesch. d. Saargegend 29, 1981, S. 201 Anm. 212.

56 W. Weidmann (wie Anm. 52), S. 76–80, 85–89. Verw.-Ber. d. Landkomm. Homburg f. 1830–1833 (LA Speyer, H 35, Nr. 419, Bl. 99v u. r).

57 W. Weidmann (wie Anm. 52), S. 112–116. Verw.-Ber. (wie Anm. 56), Bl. 99v.

58 W. Weidmann, Die wirtschaftlich-sozialen Hintergründe der Pfälzer Revolution von 1849 und die sozialrevolutionären Umsturzversuche, in: Jb. z. Gesch. v. Stadt u. Lkrs. Kaiserslautern 22/23, 1984/85, S. 25 f.

59 W. Weidmann (wie Anm. 52), S. 119–122. Verw.-Ber. (wie Anm. 56), Bl. 98r, 100r.

60 W. Weidmann (wie Anm. 52), S. 198.

Maße betrieben[61]. Bis zur Verbreitung des synthetischen Rotfarbstoffes Alizarin um 1860 spielte der Krappanbau in der Gegend um Zweibrücken eine bedeutende Rolle[62]. Schließlich sei noch auf den heute ganz verschwundenen Weinbau verwiesen, der an einigen Orten des Bliesgaues in der ersten Hälfte des 19. Jahrhunderts, vor allem um Gräfinthal sowie bei Contwig, zu finden war und sich nach 1850 noch einmal von Bliesmengen-Bolchen aus ausbreitete[63].

Auf dem Gebiet der Viehzucht bestand eine von den letzten Herzögen von Pfalz-Zweibrücken begründete Tradition der Pferdezucht mit einem Gestüt, dessen 1793 unterbrochene Entwicklung 1806 mit der Neugründung durch Napoleon I. fortgesetzt wurde. Auch der bayerische Staat ließ sich den Wiederaufbau nach den Schädigungen der Kriegsjahre 1814 und 1815 angelegen sein. Das gesteckte Ziel der Verwaltungskommission wurde um 1828 mit einem Bestand von 40 bis 45 Hengsten und 12 bis 15 Stuten erreicht. In der Westpfalz war Zweibrücken der bedeutendste Pferdemarkt, der der auf der Sickinger Höhe auf beachtlicher Höhe betriebenen bäuerlichen Zucht Absatz bot[64].

Auch die Rinderzucht beruhte auf entscheidenden Fortschritten, die bereits Ende des 18. Jahrhunderts zu bemerken und dem gezielten Einsatz von Zuchtstieren aus der Schweiz zu verdanken waren. Daraus entstand die später berühmte Glan-Rasse, die zunächst im Glantal und um Zweibrücken zu finden war und sich zunehmend nach Norden ausbreitete. Dieses Vieh zeichnete sich durch gute Verwendung als Zugtier, durch Mästungsfähigkeit und Milchergiebigkeit aus. Der Aufschwung der west- und nordpfälzischen Rinderzucht fällt sowohl in qualitativer Hinsicht als auch in bezug auf die Anzahl zum größten Teil in die frühe bayerische Zeit seit 1816. Während Zweibrücken in der napoleonischen Zeit eine gewisse Bedeutung auch als Rindviehmarkt besaß, entwickelte sich nach 1816 Quirnbach im Landkommissariat Kusel zum bedeutendsten Rindviehmarkt der Pfalz überhaupt, der bis zu 16 Termine im Jahr hatte. Der Bartholomäus-Markt am 24. August zog die meisten Besucher an, die aus den angrenzenden preußischen Regierungsbezirken Koblenz und Trier, aus Baden, Hessen, dem Elsaß und aus Lothringen und sogar aus Innerfrankreich kamen. Nach 1825 brachte die Zollabschnürung Frankreichs für die Vieheinfuhr manchen Züchter und Viehhändler in Schwierigkeiten, doch setzte sich der Absatz von Mastochsen trotz dieser Beschränkungen durch[65].

Die Aufzucht von Schweinen war nicht auf die Landwirtschaft beschränkt, sondern in zahlreichen Haushaltungen zu finden. Besonders die Westpfalz in ihren waldreicheren Teilen bot zur Mast gute Bedingungen. Erst in den Jahren ab 1825 trat anstelle der Eichel- und Bucheckermast allmählich die Stallfütterung mit Kartoffeln. Die gewerbsmäßige Zucht war teilweise stark auf die Ausfuhr nach Frankreich orientiert. Aus dem Landkommissariat Homburg gingen vor allem in den Jahren um 1830 große Herden ins Oberelsaß. Die seit 1825

61 Ebd., S. 200.

62 Ebd., S. 219ff.

63 D. Hemmerling, Der Rebanbau im saarländischen Teil des Saar-Blies-Gaues (Gersheimer Hefte 4), Gersheim 1987, S. 33–39, 44–52, 57–66, 72f. Ber. d. Landkomm. Zweibrücken v. 28. 10. 1826 (LA Speyer, H 46, Nr. 40I, Bl. 88).

64 W. Weidmann (wie Anm. 52), S. 227–231, 238.

65 Ebd., S. 238f., 243ff., 248f. Verw.-Ber. (wie Anm. 56), Bl. 73r.

erhobenen hohen Einfuhrzölle nach Frankreich machten sich hier nur in unbedeutendem Maße nachteilig bemerkbar[66].

Die Schafzucht, im 18. Jahrhundert ein bedeutender Zweig der westpfälzischen Viehwirtschaft, ging gegen Ende des Jahrhunderts durch die Ausweitung der Ackerbaufläche und veränderte Anbaumethoden spürbar zurück. In die französische Zeit fallen Bemühungen, die Zucht durch Merinoschafe zu veredeln, um die englische Wolle im Zuge der Kontinentalsperre zu verdrängen. Doch verminderte sich anschließend unter bayerischer Herrschaft unter den besagten Umständen und wegen erschwerter Weidemöglichkeiten die Zucht weiter. Sie blieb in den Wirtschaften einer Reihe von Gutsbesitzern von Bedeutung. Eine Herde veredelter Tiere wurde auf dem Karlsberg bei Homburg gehalten. Im Landkommissariat Zweibrücken hatte der Friedensrichter Hettinger in Neuhornbach 300 Merinoschafe spanischer Rasse, dieselbe Anzahl der auf so vielen Gebieten landwirtschaflicher Tätigkeit bekannte Felix Villeroy aus Hassel, und eine weitere Herde stand im Besitz des Adjunkten Mayer zu Ommersheim. Wie bei Rinder- und Schweinezucht spielte die Ausfuhr nach Frankreich auch bei der Schafzucht – sowohl im Hinblick auf die Fleisch- als auch auf die Wollerzeugung – eine Rolle[67].

Ohne die Förderung des Staates, wie sie in napoleonischer Zeit zuteil wurde, setzte sich in den ersten Jahrzehnten der bayerischen Herrschaft der Wandel der westpfälzischen Landwirtschaft auf der Grundlage moderner Rechtsformen aus der Zeit der französischen Revolution und technischer Neuerungen fort.

### *Frühindustrielles Fabrikenwesen und Gewerbe*

In bayerischer Zeit entwickelte sich St. Ingbert zu einem Hauptstandort der Montanindustrie[68] in einem Kohlerevier mit – wie sich zeigen sollte – großer Zukunft, dessen Löwenanteil 1815 an Preußen gefallen war. Der Steinkohlenbergbau ging auf Anfänge im 18. Jahrhundert und eine Fortentwicklung unter französischer Herrschaft zurück. Entscheidend wirkte sich aus, daß der bayerische Staat die dort bestehende wie auch die 1816 in Mittelbexbach eröffnete Steinkohlengrube in Staatsbesitz nahm und dies auch gegen die Ansprüche des ehemaligen Landesherrn von St. Ingbert, des mediatisierten Fürsten von der Leyen, gerichtlich durchsetzte[69]. Somit wurde auf längere Zeit bis zur Konzession des Grubenfeldes Frankenholz 1845 und deren Übergang an die unter Führung von August Ferdinand Culmann stehende Gesellschaft im Jahre 1865 die gewinnträchtige Betätigung privatwirtschaftlicher Bergbauun-

66 W. Weidmann (wie Anm. 52), S. 257f. Verw.-Ber. (wie Anm. 56), Bl. 73f.

67 W. Weidmann (wie Anm. 52), S. 250–257. Ber. d. Landkomm. Zweibrücken v. 1. 8. 1830 (LA Speyer, H 46, Nr. 40 II, Bl. 337).

68 J. Kluding, Die geschichtliche Entwicklung des Steinkohlenbergbaues in der Pfalz bis 1920, ND 1981 der Diss. Würzburg 1923. W. Krämer, Geschichte des Steinkohlen-Bergbaues zu St. Ingbert (Veröff. d. Pfälz. Ges. z. Förd. d. Wiss. 9), Speyer 1930. Ders., Geschichte des Eisenwerkes zu St. Ingbert mit besonderer Berücksichtigung der Frühzeit (Veröff. d. Pfälz. Ges. z. Förd. d. Wiss. 22), Speyer 1933. B. Cloer u. U. Kaiser-Cloer, Eisengewinnung und Eisenverarbeitung in der Pfalz im 18. u. 19. Jahrhundert (Mannheimer geogr. Arbb. 18), Mannheim 1984.

69 Zur Entwicklung nach 1816 s. J. Kluding (wie Anm. 68), S. 89ff., dem W. Krämer (wie Anm. 68), S. 199ff. folgt. A. Hasslacher, Geschichtliche Entwicklung des Steinkohlenbergbaues im Saargebiet, Berlin 1904, S. 125. Zum Technischen s. die Arbeit des Bergamtmannes A. Bockhardt, Der Steinkohlenbergbau der Pfalz während der Jahre 1821–1880. Bearb. u. Hg.: W. Rosenberger, o. O. 1974.

ternehmer unterbunden. Die rechtliche Grundlage des staatlichen Grubenbetriebes blieb bis zum bayerischen Berggesetz von 1869 das französische Bergrecht, der *Code des mines*. 1825 regulierte ein Reskript des Königs das Grubenfeld St. Ingbert auf eine Fläche von 461 Hektar. Das Grubenfeld in Mittelbexbach wurde auf ein Gebiet von 383 Hektar festgelegt, 1846 in südlicher und südöstlicher Richtung erweitert, aber 1852 und 1867 auf Drängen der Privatinteressenten an dem Frankenholzer Feld wieder verkleinert. Die Grube St. Ingbert nahm nach 1816 einen langsamen, aber stetigen Aufschwung. Die durchschnittlichen Fördermengen stiegen von 14687 Tonnen zu Anfang der 1820er Jahre auf 48773 jährlich, die von einer anwachsenden Belegschaft – 70 im Schnitt um 1816/20 und 407 zwischen 1840 und 1850 – gefördert wurden, so daß sich zwar die Fördermenge pro Kopf nicht sonderlich erhöhte, aus den Zahlen der Produktion aber der günstige Absatz auch außerhalb der Pfalz zu erkennen ist. In Mittelbexbach sind diese Zahlen alle niedriger, da die Verhältnisse ungünstiger waren. Die Fördermenge stieg hier im bereits für St. Ingbert erwähnten Zeitraum von 5480 Tonnen pro Jahr im Durchschnitt auf 16671 bei einer Belegschaft von 20 beziehungsweise 176. In den technischen Neuerungen folgte der bayerische Staatsbetrieb im Abstand einiger Jahre dem preußischen Bergbaubetrieb. St. Ingbert ging 1834, acht Jahre nach Einführung dieser Technik auf der preußischen Grube Kronprinz bei Schwalbach, zum Tiefbau mit der Anlage eines Kunst- und Wasserhaltungsschachtes über. 1838 wurde die erste Tiefbausohle in Betrieb genommen. 1838 wurde der Tiefbau in Bexbach eingeführt. Damit verbunden war der Einsatz einer Dampfmaschine mit einer Leistung von 18 PS. Die Grube Bexbach stellte 1848 die erste Dampfmaschine von 20 PS auf. Ein neuer englischer Koksofen wurde 1832 zuerst in St. Ingbert eingeführt. Wegen der wachsenden Bedeutung der Stadt kam 1840 der Sitz des pfälzischen Bergamtes von Kaiserslautern nach St. Ingbert[70].

Die Eisenhütte in St. Ingbert, einer der bedeutendsten, wenn nicht der bedeutendste Betrieb der Westpfalz in der frühindustriellen Phase, sah wie die Grube auf im 18. Jahrhundert festzustellende Anfänge zurück[71]. 1804 erwarb die Witwe Sophie des letzten Pächters Philipp Heinrich Krämer das Werk, 1805 den nahebei gelegenen, bisher gepachteten Rentrischer Hammer. In der Zeit der Zugehörigkeit zu Frankreich gelang es der Familie Krämer, die Produktion so zu steigern, daß ihr Werk zugleich mit denen der Gebrüder Stumm als Hauptlieferanten in das Innere Frankreichs genannt wurde[72]. Der Anfall an Bayern behinderte zunächst die günstige Lage des Werkes insofern, als der preußisch gewordene Rentrischer Hammer zum Zollausland wurde und die von Preußen gewährten Erleichterungen unzureichend blieben. Die Jahre der Zollabtrennung waren für die Produktion von der ständigen Suche nach Absatzmärkten bis hin in die Schweiz gekennzeichnet. Erst der Zollverein von 1834 schaffte diese Schwierigkeiten aus der Welt, setzte das Krämersche Werk allerdings der ungehinderten Konkurrenz der preußischen Saareisenindustrie aus[73]. In den ersten Jahren der bayerischen Herrschaft standen Holz- und Erzbezug als Aufgabe des Betriebes obenan. Bis zum Erwerb des St. Ingberter Waldes 1843 durch das Werk gestaltete sich der Holzkauf, vor

70 J. Kluding (wie Anm. 68), S. 92, 97f., 102f., 110f. A. Hasslacher (wie Anm. 69), S. 90.

71 W. Krämer, Geschichte des Eisenwerkes (wie Anm. 68). B. Cloer u. U. Kaiser-Cloer (wie Anm. 68), S. 369–393.

72 B. Cloer (wie Anm. 68), S. 393.

73 Eisenwerk St. Ingbert 1733–1913, Aachen [1913], S. 12. Vgl. auch die Berichte der Gebr. Krämer bei F. Jacoby (wie Anm. 15), S. 110ff.

allem in den Staatsforsten bis nach Homburg und Zweibrücken, nicht einfach[74]. Seit 1816 deckten Eisenerzkonzessionen in der Umgebung und bei dem preußischen Lebach noch längere Zeit den größten Bedarf für das Werk, doch unterlag die Ausbeutung der St. Ingberter Felder Beschränkungen, die der bayerische Staat in Befürchtung, daß sein Grubenbetrieb behindert werden könnte, auferlegte, wie auch aus diesem Grunde 1828 der Antrag der Krämers auf eine Eisenerzkonzession in Mittelbexbach abgelehnt wurde. Daher ersetzte der Bezug von der Lahn, der schon zu Beginn des Jahrhunderts eine Rolle gespielt hatte, zunehmend das nur noch in unzureichender Menge zur Verfügung stehende einheimische Eisenerz[75]. 1833 wurde nach längeren Planungen der erste Puddelofen aufgestellt, wodurch die Steinkohle die Holzkohle ersetzte, welche allerdings noch bis 1852 beim Betrieb des St. Ingberter Hochofens verwendet wurde. Ebenfalls 1833 wurde ein Walzwerk in Betrieb genommen, das an eine in Aachen gebaute Dampfmaschine, die erste in der Eisenindustrie des Saarreviers eingesetzte, angeschlossen war. Dies und die Einführung des Puddelverfahrens zeigen, daß das St. Ingberter Eisenwerk den technischen Fortschritt gezielt einsetzte und eine für das gesamte pfälzische Fabrikenwesen bedeutsame Pionierfunktion hatte. Der weitgereiste technische Direktor des Unternehmens, Friedrich Krämer, dürfte als treibende Kraft bei der Modernisierung gelten, mit der in den folgenden Jahren eine starke Ausweitung der Produktionsanlagen einherging. Schon 1843 war die Zahl der Puddelöfen auf zehn gestiegen. Mitte der 1840er Jahre kamen Dampfhämmer im Schmiedebetrieb zum Ersatz der Wasserkraft zum Einsatz, wahrscheinlich auch zum ersten Male in der Saarindustrie[76]. In den Jahren bis 1850 befand sich das St. Ingberter Eisenwerk somit in ständiger Aufwärtsentwicklung. Das Interesse an der Schienenproduktion für den beginnenden Eisenbahnbau bestand schon 1835 bei Planung der Strecke von Nürnberg nach Fürth. 1847, beim Neubau des Walzwerkes, errichtete das Werk ein Schienenwalzwerk, dessen Produkte zwar noch nicht beim Bau der Ludwigsbahn von der Rheinschanze nach Bexbach 1848 verwendet wurden, jedoch ab 1854 beim weiteren bayerischen und dem preußischen Eisenbahnbau im Saarrevier guten Absatz fanden[77] und von da an einen wesentlichen Anteil der St. Ingberter Eisenerzeugung darstellten.

Durch die Grenzziehung 1816 kamen zwei Glashütten zu Bayern, die als Ausgangspunkt einer aufstrebenden Glasindustrie in St. Ingbert ein drittes *Standbein* industrieller Entwicklung bildeten. Die Mariannenthaler Hütte, eine landesherrliche Gründung von 1784, lag nordöstlich, die 1810 von dem Glasunternehmer Carl Philipp Vopelius gegründete Schnappacher Hütte lag südlich des Ortsausganges von Schnappach, nahe bei der Grenze zu Preußen, die sie von ihren in französischer Zeit zugeteilten und 1817 vom preußischen Staat eingezogenen Kohlefeldern trennte. 1828, nach dem Tode des Gründers Carl Phil. Vopelius, wurden die Schnappacher und die Mariannenthaler Glashütte zusammen mit der im preußischen Louisenthal zur Firma Vopelius & Wagner zusammengeschlossen. Diese Firma wurde 1846 erneut

74 B. CLOER (wie Anm. 68), S. 394f.
75 Ebd., S. 406–411.
76 Ebd., S. 395ff. W. KRÄMER (wie Anm. 68), S. 132. H.-W. HERRMANN (wie Anm. 55), S. 185, 187. H. HAAN, Zur historischen Wirtschaftskarte des bayerischen Rheinkreises 1820, in: Geschichtl. Landeskunde 5, T. 1, Wiesbaden 1968, S. 278
77 B. CLOER (wie Anm. 68), S. 398f.

getrennt, wonach Carl Vopelius Schnappach und Adolf Wagner Mariannenthal übernahm[78]. Wie die Glasfabrikation der an Preußen gefallenen Gebiete hatte auch die im bayerischen St. Ingbert Einbußen durch die neuen Zollgrenzen zu Frankreich hinzunehmen und konnte wegen hoher Zölle auch nach Preußen kaum absetzen, so daß die ersten Jahre der bayerischen Herrschaft durch die Suche nach neuen Absatzmärkten geprägt waren. Der Zollverein und bereits die ihm vorausgehenden Handelsverträge verbesserten die Absatzchancen erheblich[79].

Die 1829 zur Stadt erhobene Gemeinde St. Ingbert nahm in den ersten Jahrzehnten der bayerischen Herrschaft einen Aufschwung als Standort zukunftsträchtiger Industrien. Dazu sind noch die schon längere Zeit vor 1827 stillgelegte Alaun- und Bittersalzfabrik auf der Rothell, zwei Tabakfabriken, zwei Rußhütten und eine der bedeutendsten Branntweinbrennereien der Pfalz – die der Familie Krämer – zu erwähnen.

Im übrigen Landkommissariat Zweibrücken waren um 1820 ferner von Bedeutung eine Papiermühle in Schwarzenacker, die Baumwollspinnerei von Rossi in Zweibrücken, Gerbereien im Kanton Zweibrücken, zwei Tabakfabriken in Zweibrücken und eine in Gräfinthal. 1830 wurden die Zichorienfabrik von Chr. Knorr und zwischen 1843 und 1851 drei Webereien in Zweibrücken gegründet, 1843 die Drahtstiftenfabrik von Roth, Heck & Schwinn in Ixheim. Die schon im 18. Jahrhundert aufgekommene Papierdosenfabrikation in Ensheim wurde zunächst noch in Heimarbeit betrieben und erlitt zwischen 1815 und 1840 einen Niedergang. In dieser Zeit verließen zahlreiche Dosenmacher den Ort und siedelten sich zum Teil an weit entfernten Orten wie St. Petersburg, Odessa, Wien und Mailand an. Die örtliche Papierdosenherstellung erhielt mit der Gründung der ersten Fabrik in der ehemaligen Probstei der Abtei Wadgassen in Ensheim durch Peter Adt 1839 eine neue Grundlage. Der Aufschwung zeigte sich bald an den Beschäftigtenzahlen, die von 40 bis 50 im Jahre 1839 über 150 1850 auf 300 im Jahre 1851 stiegen. 1849 kam die erste Dampfmaschine zum Einsatz. 1844 wurde im lothringischen Forbach ein Nebenbetrieb der Fa. Adt für den französischen Markt gegründet, der am Anfang der wirtschaftlichen Betätigung der Familie Adt jenseits der Grenze steht[80].

In der Phase der Frühindustrialisierung hat ferner der später zu großer Bedeutung gelangte Maschinenbau im Saarrevier seinen Ursprung. Auch der bayerische Teil des Industriegebietes

78 W. Lauer, Die Glasindustrie im Saargebiet. Ein Beitrag zur Wirtschaftsgeschichte des Saargebiets, Diss. Tübingen 1922, S. 60–63, 94, 101f. W. Krämer, Geschichte der Stadt St. Ingbert, Bd. 2, St. Ingbert, 2. Aufl. 1955, S. 82–85. Eine technische Beschreibung der Schnappacher Glashütte findet sich in: Reiseberichte eines westfälischen Glasindustriellen. Die Briefe Theodor Müllensiefens von seinen Auslandsreisen in den Jahren 1823–25 und 1828–29. Bearb.: H. Vollmerhaus, Dortmund 1971, S. 8f. Die Einrichtung der Glashütte wird danach als »Im ganzen sehr kostbar, fast verschwenderisch schön angelegt« bezeichnet.

79 Reiseberichte (wie Anm. 78), S. 15. F. Jacoby (wie Anm. 15), S. 112.

80 H. Haan, Industriekarte der Pfalz um 1820, in: Pfalzatlas. Textband, Speyer 1970, S. 435f. Ders., Zur historischen Wirtschaftskarte des bayerischen Rheinkreises 1820 (wie Anm. 76), S. 272. L. Neumüller, Die wirtschaftliche Entwicklung Zweibrückens mit bes. Berücksichtigung des Bankwesens, in: Westpfälz. Geschichtsblätter 21, 1919, Nr. 2. Zur Maschinenfabrik von Dingler s. S. H. Adt, Aus meinem Leben und aus der Geschichte der Firma Gebr. Adt, Bad Orb 1978, S. 14f. J. Grentz, Die Familie Adt und die Papier-Lackwaren-Industrie, Forbach 1889, S. 15. Ders., Ensheim vor 60 Jahren. Bilder aus dem hinterpfälzischen Dorfleben, Forbach 1894, S. 8. H. Willmin, Die Familie Adt und ihre Industriebetriebe. Die Familie Adt in Forbach, Bad Orb 1979, S. 9f. A. Hasslacher, Das Industriegebiet an der Saar und seine hauptsächlichsten Industriezweige (Mitt. d. Hist. Ver. f. d. Saargeg. 12), Saarbrücken 1912, S. 167ff.

hatte daran teil. Der Kesselschmied Lausmann begann den Betrieb seiner Dampfkesselwerkstätte, bevor er in das preußische Neunkirchen übersiedelte, in St. Ingbert. Hier entstand aus der 1838 gegründeten Kohlengroßhandlung Lamarche & Schwarz eine Maschinenbaufabrik, deren Existenz 1847 durch die Lieferung eines Dampfkessels nach Saarbrücken belegt ist.

1851 firmierte sie durch Zutritt eines weiteren Gesellschafters als Weyland, Lamarche & Schwarz und zeichnete sich bereits zu dieser Zeit durch ein breites Angebot von Erzeugnissen aus. Schon 1827 hatte Christian Dingler in Zweibrücken eine Werkstätte zur Herstellung von Mahl-, Öl- und Schneidemühlen, dann auch von Buchdruckerpressen, gegründet. 1840 ging eine zum Unternehmen gehörende Gießerei in Betrieb, eine Dampfmaschine wurde beschafft. Bereits 1843 begann mit dem ersten selbstverfertigten Modell die erfolgreiche Produktion von Dampfmaschinen[81].

Die frühindustrielle Entwicklung der Westpfalz hatte ihren Schwerpunkt im Landkommissariat Zweibrücken mit dem Mittelpunkt St. Ingbert. Dagegen blieb das Landkommissariat Homburg, abgesehen von der staatlichen Grube in Mittelbexbach und den von Privaten betriebenen minderbedeutenden Gruben des Breitenbacher Flözes um Breitenbach, Altenkirchen, Steinbach und Brücken[82] vom industriellen Wandel nahezu unberührt und hatte seine wirtschaftliche Grundlage in der Landwirtschaft. Lediglich die 1759 in Homburg in Verbindung mit dem Waisenhaus gegründete Tuchmanufaktur bestand 1816 noch als Siamoisfabrik und verwertete Hanf und Flachs aus dem Umland. 1822 ging die Manufaktur an einen Privatmann, der ihren Betrieb vor 1833 einstellte[83].

### *Bevölkerungswachstum*

Wenngleich das Bevölkerungswachstum zwischen 1816 und 1849 sich nicht mit dem rasanten Anwachsen in der Phase der Hochindustrialisierung zwischen 1850 und 1910 vergleichen läßt, so nahm die Einwohnerzahl der ehemals bayerischen Teile des heutigen Saarlandes – also grob gesagt der Bereich, der im heutigen Saarpfalz-Kreis zusammengefaßt ist – doch absolut zu, und zwar auf der Basis der Zahl 25 804 im Jahre 1815 um 33,4 Prozent auf 34 478 im Jahr 1830, während 1840 37 583 Einwohner, das heißt 41,4 Prozent mehr als 1815, und 1855 38 296, das heißt 48,4 Prozent mehr als 1815, in diesem Raum wohnten[84]. Diese Durchschnittswerte jeweils für den ganzen Kreis erlauben, verglichen mit den Zahlen der einzelnen Gemeinden[85], Beobachtungen zur Bevölkerungsentwicklung in kleineren Räumen. Dabei ist auch zugleich die unterschiedliche Wirtschaftsstruktur im gesamten Raum zu erkennen. Zunächst ist festzuhalten, daß nahezu alle Gemeinden, die um die Grubenstandorte Bexbach und St. Ingbert liegen, ein überdurchschnittliches Bevölkerungswachstum aufweisen. Zwar nahm in den im Einzugsbereich von St. Ingbert liegenden Dörfern Hassel und Oberwürzbach die Bevölkerung mit knapp 40 Prozent zwischen 1816 und 1849 nur unterdurchschnittlich zu, doch bietet

81 H.-W. Herrmann (wie Anm. 55), S. 208ff., 213f.
82 J. Kluding (wie Anm. 68), S. 143–148.
83 B. H. Bonkhoff, Das Waisenhaus in Homburg, in: Zschr. f. d. Gesch. d. Saargegend 38/39, 1990/91, S. 83. Verw.bericht (wie Anm. 56), Bl. 107.
84 Grundlage ist J. Karbach, Bevölkerungszahlen des Saarlandes 1800–1910, in: Zeitschr. f. d. Gesch. d. Saargegend 34/35, 1986/87, S. 223.
85 Ebd., S. 244–247.

Rohrbach mit 76 Prozent Anstieg der Bevölkerungszahlen einen weit höheren Wert. Dasselbe läßt sich für den Grubenstandort Mittelbexbach und die umliegenden Orte Nieder- und Oberbexbach, Frankenholz, Höchen und Kleinottweiler aussagen, wo die Bevölkerungszahlen 1849 zum Teil über 100 Prozent der Werte von 1815 aufweisen. Alle bisher genannten Orte liegen nicht weit von der damaligen bayerisch-preußischen Grenze entfernt, so daß neben denen auf bayerischen Gruben auch die Erwerbsmöglichkeiten im Montanbereich auf preußischer Seite als Faktoren beim Bevölkerungswachstum anzusetzen sind. Auch St. Ingberts Bevölkerung selbst wuchs im genannten Zeitraum um über das Doppelte von 1905 auf 4223 Personen und läßt dadurch den Aufstieg der 1829 zur Stadt erhobenen Gemeinde zum Schwerpunkt der frühindustriellen Produktion in der Pfalz erkennen. Auch die Stadt Homburg hat mit 62,1 Prozent – unter Einschluß von Erbach und Beeden – überdurchschnittlich am Bevölkerungswachstum teilgenommen. In diesem Zusammenhang sind ferner Niederwürzbach, Kirrberg, Altstadt, Limbach, Aßweiler, Einöd, Bierbach und Kirkel-Neuhäusel zu nennen. Letzteres ist ein Ort, dessen soziale Verhältnisse näher bekannt sind[86]. Die unzureichenden Erwerbsmöglichkeiten auf kargem Boden hinderten nicht den Anstieg der Bevölkerungszahlen von 412 auf 990, also um 140 Porzent, so daß es den Anschein hat, daß die Vermehrung der Bevölkerung im Zusammenhang mit gewissen Erwerbsstrukturen stand, in der die Landwirtschaft nicht oder nicht mehr von überragender Bedeutung war. Demgegenüber blieben nahezu alle Gemeinden des von ergiebiger Landwirtschaft geprägten Bliesgaues im Bevölkerungswachstum unter dem Durchschnitt für den gesamten Raum. Auch die von der aufkommenden Papierdosenfabrikation in Heimarbeit geprägten Orte Ensheim und Eschringen zählen dazu[87]. Lediglich Blickweiler, Böckweiler, Breitfurt und Habkirchen folgten in etwa dem durchschnittlichen Wachstum des Raumes und erreichten an die 50 Prozent Vermehrung der Bevölkerung bis zur Jahrhundertmitte. Am geringsten war der Anstieg der Bevölkerungszahlen in Altheim, Neualtheim, Gersheim, Peppenkum, Walsheim und Erfweiler-Ehlingen. Überall dort blieb er unter 10 Prozent.

Bezieht sich das bisher Gesagte nur auf die Zahlen von 1816 und 1849, so entsteht unter Berücksichtigung der Einwohnerzahlen in den einzelnen Orten in den Jahren 1830 und 1840 ein noch differenzierteres Bild. Dabei zeigt sich, daß innerhalb des gesamten Zeitraumes in zahlreichen Orten in den genannten Jahren die Bevölkerung sogar abnahm und erst 1849 die frühere Zahl wieder erreichte und somit – auf 1815 bezogen – absolut zugenommen hatte. Eine stetig wachsende Bevölkerung in allen Zählungsjahren weisen vor allem die Grubenstandorte St. Ingbert und Mittelbexbach mit den umliegenden Ortschaften auf mit Ausnahme von Niederbexbach und Hassel. Demgegenüber nahmen zahlreiche vornehmlich von der Landwirtschaft lebende Orte im Bliesgau zu irgendeinem Zeitpunkt zwischen 1816 und 1849 in der Bevölkerungszahl ab. Dazu sind auch Blieskastel, der städtische Mittelpunkt dieser Landschaft, Ensheim und Eschringen zu zählen. Auffallend ist in vielen dieser Orte ein Bevölkerungsrückgang zwischen 1830 und 1835. Stetiges Bevölkerungswachstum hatten lediglich Alschbach, Ballweiler, Bebelsheim, Blickweiler, Bliesmengen-Bolchen, Böckweiler, Reinheim und Wittersheim zu verzeichnen. Das Bevölkerungswachstum und seine unter-

86 Vgl. S. Wagner, Armut und Armenpflege im 19. Jahrhundert, dargestellt am Beispiel des Dorfes Kirkel, in: Saarpfalz, H. 3, 1984, S. 7–21.
87 J. Karbach (wie Anm. 84), S. 236.

schiedliche Ausprägung läßt bereits in der frühindustriellen Phase Ansätze der künftigen Entwicklung des Raumes erkennen. Auch die verkehrsgünstige Lage Homburgs als Hauptstadt des Landkommissariats ist darin erkennbar. Schließlich zeigen die Bevölkerungszahlen der landwirtschaftlich geprägten Bliesgauorte eine Tendenz, die auch noch in der Zeit nach 1850 gültig blieb.

### *Soziale Verhältnisse*

Die sozialen Verhältnisse der westpfälzischen Landkommissariate sind nicht annähernd so gut bekannt wie etwa diejenigen des Landkommissariats Kaiserslautern[88]. So sind darüber vorerst nur einige Bemerkungen statthaft, die durch vertiefte Forschungen zu begründen wären. Immerhin erlaubt die bereits erwähnte Darstellung über den Kaiserslauterer Raum, verbunden mit Hinweisen in der Literatur und den Berichten der zeitgenössischen Beamten, einige Aussagen zur Lage im Raum Homburg/Zweibrücken.
Die von Weidmann geschilderte *Strukturschwäche* des westpfälzischen Raumes gegenüber der Vorderpfalz[89] mit allen ihren Folgen für Wohlstand und Erwerb der breiten Bevölkerung gilt sicher auch für weite Teile der Landkommissariate Zweibrücken und Homburg, wenngleich die Frühindustrialisierungsphase in St. Ingbert Ansätze zu neuen Erwerbsmöglichkeiten bot. Zur neuen Schicht von sogenannten *Notabeln* aus napoleonischer Zeit mit ihrer in bayerischer Zeit fortlebenden führenden Rolle in Wirtschaft und Gesellschaft sind nicht nur die Vertreter der aufstrebenden Industrie zu zählen. Mit dem Aufschwung der Adtschen Papierdosenfabrikation in Ensheim gelangte später die Familie Adt auch in öffentliche Ämter wie das des Bürgermeisters in ihrem Heimatort. Sie belegt somit die auch andernorts anzutreffende Verbindung von Wirtschaftskraft und öffentlicher Funktion[90]. In Blieskastel amtierte jahrzehntelang der durch Erwerb von Gütern der Grafen von der Leyen wohlhabend gewordene Peter Hoffmann als Bürgermeister und gab das Amt an seinen Schwiegersohn weiter[91]. In Zweibrücken gehörten zur Führungsschicht die Angehörigen des Appellationsgerichtes und die dort bestellten Advokaten. Aus der vermögenden Klasse rekrutierten sich die Vertreter der Westpfalz im bayerischen Landtag und im pfälzischen Landrat. Inwieweit in ländlichen Orten die begüterten Landwirte das öffentliche und gesellschaftliche Leben dominierten, bliebe zu untersuchen. Im mehr von der Landwirtschaft geprägten Landkommissariat Homburg beschränkte sich die Führungsschicht auf solche im größeren Stil wirtschaftenden Landwirte, die Beamten und einige wenige Kaufleute, zu denen Weidmann die Familien Didier und Benzino in Landstuhl und Kusel zählt[92]. Sie alle gelten als *herrschender Stand*, wobei für den Homburger Bezirk die *Praeponderanz* im wirtschaftlichen Bereich beim protestantischen Bevölkerungsteil lag[93]. Nur unklar ist demgegenüber die Einschätzung der Lage der anderen

88 W. WEIDMANN, Wirtschaftliche und soziale Verhältnisse 1816–1840, in: Jb. z. Gesch. v. Stadt u. Lkrs. Kaiserslautern 18/19, 1980/81, S. 329–335.
89 Ebd., S. 329.
90 Ebd., S. 330.
91 W. MARX (wie Anm. 20), S. VII u. XII. F. DERESER (wie Anm. 34), S. 235.
92 W. WEIDMANN (wie Anm. 88), S. 330. Verw.-Ber. (wie Anm. 56), Bl. 77v.
93 Verw.-Ber. (wie Anm. 56), Bl. 77v.

Bevölkerungsschichten[94]. Schwieriger als die Situation der vermögenden Klasse, die durch Ausweis ihrer Steuerkraft in politische Funktionen gelangte, ist die Verbreitung des Wohlstandes und das Ausmaß der Armut zu erfassen, da die offiziell als Arme registrierten Personen einen ganz geringen Bruchteil ausmachten. Zum *Mittelstand* im Homburger Bezirk darf man vielleicht die durchschnittliche Landwirtschaft zählen, die aber mit ziemlicher Mühe im Familienbetrieb nur mäßige Einkünfte hatte, ferner die an Kapitalarmut leidenden Gewerbetreibenden.

Für das Landkommissariat Homburg galten im Jahr 1833 1324 Personen als arm, davon 713 *Erwerbsunfähige* und 611 *Erwerbsbeschränkte*, bei einer Gesamtbevölkerung von 41692 Einwohnern also gerade knapp über drei Prozent. Das scheint nicht übermäßig viel zu sein, doch stellt man die allgemeinen Lebensumstände dem gegenüber, so entsteht ein viel weniger positives Bild. Allein die gängige Ernährung erläutert einiges, denn Kartoffeln, mit Milch genossen, galten als Hauptnahrungsmittel. Wenn dieses fehlte, wie in der Krisenzeit von 1846/47, befand die große Masse sich in Existenznöten. Eine gute Bucheckerernte zur Ölgewinnung konnte die Lage der Armen nach Meinung der Behörden erheblich verbessern. Die Tatsache, daß Teuerungen wie 1831/32 sofort den großen Teil der Bevölkerung trafen, weist auf die dürftigen Vermögensumstände der Masse. Feld- und Walddiebstähle waren verbreitet, während Diebstähle in Häusern sehr selten und Einbrüche *etwas Unerhörtes* waren, so daß auch die Eigentumskriminalität einen Hinweis auf die dringendsten Bedürfnisse erlaubt. Die ärztliche Versorgung lag in den Händen von nur wenigen Vertretern des Standes, die sich ihre Leistungen nach amtlicher Ansicht zu teuer bezahlen ließen und den Zulauf zu Wunderkuren und Quacksalbern bewirkten. Selbst die Versorgung der offiziell deklarierten Armen war, auch nach amtlicher Ansicht, ungenügend. Die wenigen vorgestellten Beispiele lassen erwarten, daß nähere Untersuchungen der sozialen Verhältnisse ein ähnliches Bild ergeben dürften, wie es Weidmann für den Raum Kaiserslautern vermittelt, auch wenn die Berichte über Kirkel und Bierbach[95] außerhalb des üblichen liegende Umstände schildern sollten. Es wäre ferner zu untersuchen, inwieweit sich das vorwiegend landwirtschaftlich geprägte Landkommissariat Homburg und die ähnlich strukturierten Teile des Landkommissariats Zweibrücken von dem von der Frühindustrialisierung erfaßten Raum unterschieden und wie die Fabrikarbeit sich auswirkte. In manchen Bereichen dürfte die allmählich zurückgehende Heimarbeit als Übergangsstufe anzusehen sein, etwa bei der Dosenfabrikation in Ensheim und den Webereien in Zweibrücken[96].

94 Die nachstehenden Bemerkungen beruhen auf Ausführungen im Verw.-Ber. (wie Anm. 56), Bl. 73v, 79, 81v, 83f., 89r, 93r, 96ff., 108v.

95 Vgl. Anm. 86.

96 L. Neumüller (wie Anm. 80), S. 6. J. Grentz, Ensheim vor 60 Jahren (wie Anm. 80), S. 8

# Die Familie Culmann

VON ALFRED HANS KUBY

Handelt es sich um eine Familie? Vermutlich nein. In dem einbändigen Deutschen Namenslexikon von Hans Bahlow[1] ist zu lesen, daß Kullmann, Cuoleman, Culman und ähnlich spätestens ab 1300 im Rhein-Main-Gebiet als beliebte und häufige Koseformen zu Kunrad, Cuonrat bezeugt sind. Im pfälzischen Raum begegnen wir dem Namen außer im ländlich-bäuerlichen Bereich[2] zuerst in einer kurpfälzischen Beamtenfamilie: Johann C., 1509 Sekretär in Heidelberg, Sohn Adam 1541/1550 in kurpfälzischen Diensten, Enkel Ludwig starb 1606 als Vizekanzler in Heidelberg[3]. Zur selben Familie dürfte Johann Heinrich Culmann gehört haben, der Zollbereiter für die Ämter Neustadt a. d. Haardt, Kaiserslautern und Böckelheim gewesen und 1688 in Neustadt verstorben ist[4].

Besonderes Interesse verdient eine Culmann-Linie in Speyer. Dort wird 1565 Symon Culmann als Ratmann genannt; 1576 wird Christmann Culmann, ein Bürgersohn, als Bürger angenommen[5]. So erscheint es durchaus als möglich, ist jedoch nicht zu belegen, daß die Dichterin, Übersetzerin und Sprachvirtuosin Elisabeth Kulmann (1808–1825) dieser Familie entstammte, denn es heißt, daß ihre Vorfahren, die schon im 17. Jahrhundert nach Rußland auswanderten, aus Speyer stammten[6].

Da aber August Ferdinand Culmann in einer zweibrückischen Pfarrerfamilie geboren wurde, wollen wir uns nun dieser Sippe zuwenden und zunächst den ersten Pfarrer dieses Familiennamens vorstellen. Es handelt sich um Michael Culmann, geboren 1553 in Annweiler als Sohn des dortigen Stadtschreibers. Er besuchte von 1560 bis 1566 die Schule in seiner Heimatstadt und wurde 1566 als Stipendiat in das Gymnasium Hornbach aufgenommen.

1 Hans BAHLOW, Deutsches Namenslexikon (München 1967, hier zitiert aus der Taschenbuchausgabe Frankfurt 1972), S. 302.

2 Z. B. 1609 in Walsheim an der Blies: »Culmanns Gerhart, Ackersmann« mit Ehefrau und Sohn Hans (Erwin Friedrich SCHMIDT, Untertanenliste des Oberamtes Zweibrücken Anno 1609, in: Pfälzische Untertanen-, Huldigungs- und Musterlisten …, Ludwigshafen 1981, S. 46ff., hier S. 80).

3 Hierzu: Kurt STUCK, Personal der kurpfälzischen Zentralbehörden in Heidelberg 1475–1685, Ludwigshafen 1986, S. 24.

4 Kurt STUCK, Personal der Oberämter Neustadt, Germersheim, Kaiserslautern, Alzey, Oppenheim vor 1685, Ludwigshafen 1988, S. 43.

5 Ratsprotokolle im Stadtarchiv Speyer.

6 Über Elisabeth Kulmann siehe: Hellmut CULMANN, Das Wundermädchen – Eine europäische Erinnerung, Pirmasens 1925/26, und zuletzt Otfried CULMANN, Elisabeth Culmann – Homers Tochter (in: Stimme der Pfalz 1/1991, S. 9ff.), und Hanspeter BRUPPACHER, Erinnerung an Elisabeth Kulmann (in: Neue Zürcher Zeitung vom 31. 8./1. 9. 1991, S. 65f.). – Noch (oder wieder?) 1742/43 gab es in Speyer einen Notar namens Kuhlmann.

Nach dem Abitur 1572 wurde er gleich in Hagenau zum Kirchendienst ordiniert und heiratete eine Tochter des Pfarrers Paul Ernst in Sessenheim, dessen Adjunkt er wurde. Schon 1574 wurde er zum Pfarrer in Kirkel ernannt. 1580 übernahm er die Pfarrei Rott im Amt Cleeburg. 1588/89 weigerte er sich, den Wechsel von der lutherischen zur reformierten Konfession mitzuvollziehen und mußte 1590 das Land verlassen, um sich andernorts auf eine Pfarre bestellen zu lassen[7].

Damit verliert sich für uns sein Weg im dunkeln. Er dürfte kaum als Stammvater all der späteren reformierten Pfarrer namens Culmann anzusprechen sein. Ab 1584 erscheint im evangelischen Taufregister von Zweibrücken[8] ein Weißgerber mit dem Vornamen Hans. Als jüngstes Kind wurde am 18. April 1602 ein Söhnlein Philip getauft. Fünfzehn Jahre später, bei der Immatrikulation in Hornbach erfahren wir erst den Familiennamen: *Johannes Philippus Culmann Bipont. beneficio Collegii donatur 25. Octob. 1617, ex Schola Bipont. ad Quartam classem translatus*[9]. Über die weitere Laufbahn dieses jungen Mannes unterrichtet uns das pfälzische Pfarrerbuch:[10] 1624 bis 1632 Schulmeister in Konken, 1633 bis 1651 Pfarrer in Niederkirchen im Ostertal, seit 1638 auch zuständig für die Pfarreien Achtelsbach, Wolfersweiler und Konken.

1651 wechselte Culmann auf die Pfarrei Ulmet im Glantal, wo er 1673 zum Inspektor befördert wurde, was nicht verwundert, da ihm amtlich *bonum ingenium et diligentia* bescheinigt wurden. Er starb im Oktober 1687, nachdem er schon zuvor zugunsten seines Sohnes Sebastian auf die Pfarrei verzichtet hatte. Seit 1647 war er mit der Pfarrerstochter Anna Elisabetha Schwab (Suevus) verheiratet.

Wie wenig gesichert die vorstehenden Angaben im einzelnen sind, mag der Leser erkennen, wenn wir ihnen gegenüberstellen, was acht Jahre nach Erscheinen des Pfarrerbuches an Ergänzungen und Korrekturen veröffentlicht wurde[11]: ab 1625 Schulmeister in Niederkirchen, ab 1632 Pfarrer in Wolfersweiler; die Heirat mit Anna Elisabetha Schwab war schon die zweite Ehe; Johann Philipp Culmann starb bereits 1684, wie es im Kirchenbuch Ulmet heißt *nach 59 Jahren Dienstzeit.*

Er hatte einen gleichnamigen Sohn, der in Duisburg drei Jahre lang Theologie studierte, aber als 25jähriger 1681 an der *Lungensucht* starb. Bei der weiteren Darstellung der Vorfahren von August Ferdinand Culmann werden wir darauf verzichten, widersprüchliche Angaben zu zitieren und uns bemühen, den jeweils neuesten Forschungsstand darzustellen.

Johann Sebastian Culmann also war 1660 in Ulmet geboren. Er studierte in Heidelberg, mußte oder durfte schon 1685 die Nachfolge seines Vaters antreten, was ihm auch erlaubte,

7 Bernard VOGLER, Die pfalz-zweibrückischen und sponheimischen Pfarrer und Lehrer im Jahre 1577 (in: Blätter für pfälzische Kirchengeschichte und religiöse Volkskunde, Jahresband 1969, S. 32 ff., hier S. 38).

8 Stadtarchiv Zweibrücken.

9 Die Matrikel des Hornbacher Gymnasiums 1559–1630, hrsg. von Rudolf BUTTMANN, Zweibrücken 1904, fol. 124b. Von einem in dieser Matrikel ebenfalls genannten (fol. 321a) Georgius Culmann aus Limbach, der 1605 von der Quinta in die Quarta aufrückte, war sonst nichts zu erfahren. – In dem von mir mitherausgegebenen Buch Ermittlungen über die Taufpaten im ersten evangelischen Kirchenbuch Zweibrücken 1564–1607 (Saarbrücken 1972), S. 201, ist als Familienname irrig »Calmar« angegeben.

10 Georg BIUNDO, Die evangelischen Geistlichen der Pfalz seit der Reformation, Neustadt a. d. Aisch 1968, S. 75, Nr. 851.

11 Blätter für pfälzische Kirchengeschichte und religiöse Volkskunde, Jahresband 1976, dort S. 75.

mit einer Tochter des Bierbrauers Emmerich aus Kusel in den Ehestand zu treten. Er blieb bis zu seinem Tod im Jahre 1739 Pfarrer in Ulmet, wo sein Schwiegersohn Johann Heinrich Abel der Nachfolger wurde. Der erstgeborene Sohn Johann Philipp (1686–1761) begann 1704 sein Theologiestudium in Herborn. Der zweite, Johann Abraham, geboren 1688, kehrte zum Beruf des Urgroßvaters zurück und wurde Weißgerber in Annweiler, wo er die Tochter des Ratsherrn Pasquay heiratete. Der 1693 geborene Sohn Johann Casimir Marcus starb 1735 als Pfarrer in Baumholder. Drei Töchter von Sebastian Culmann heirateten Pfarrer – außer dem schon genannten Abel hießen die Schwiegersöhne Johannes Roth und Johann Philipp Hoffmann –, eine verheiratete sich nach Baumholder (Heintz), und die jüngste wurde die Frau des Schultheißen Hertel in Ulmet[12].

Johann Philipp Culmann der Jüngere wurde nach Abschluß seiner Studien 1713 Pfarrer in Hornbach und heiratete 1714 eine Tochter des Zweibrücker Apothekers Hans Balthasar Meyer. 1730 übernahm er die Pfarrei Ernstweiler, wo er 1749 zugunsten seines Schwiegersohnes Johann Christian Schmidt resignierte. Er starb 1761 in Baumholder im Hause seines ältesten Sohnes Philipp Friedrich, der von 1756 bis 1791 dort Pfarrer war.

Eine Tochter heiratete 1738 den Pfarrer Balthasar Isemann von Rieschweiler und eine andere 1745 den Gerber Gottfried Verseveaux in Zweibrücken[13].

Von Philipp Friedrich Culmann (1715–1791) war schon die Rede. Er hatte in Bern und Marburg studiert, wurde 1743 ordiniert, war dann zunächst Vikar in Wolfersweiler und 1746 bis 1756 Pfarrer in Altenglan, bevor er für 35 Jahre als Pfarrer nach Baumholder ging. Im Jahre 1748 heiratete er Juliane Dorothea Scholler (1725–1799), Tochter eines Schuhmachers und Kirchenältesten.

Mit ihr hatte er zehn Kinder. Drei Söhne wurden wieder Pfarrer, darunter Philipp Friedrich junior, der Vater von August Ferdinand, dann Friedrich Jacob (1757–1840) und Ludwig Peter (1763–1848). Zwei Söhne wurden Kaufleute in Baumholder, einer – Johann Christian – studierte in Göttingen Medizin, war eine Zeitlang Hofmeister im Haag und starb als Lic. med. 1783 in Annweiler im Hause des Bruders Philipp Friedrich. Die Tochter Marie Susanne heiratete einen Pfarrer Raquet, zwei Töchter verheirateten sich nach Kusel, eine an einen Metzger Grimm, die andere an den Apotheker Michaelis. Die jüngste Tochter wurde die Frau des Steuereinnehmers Friedrich Hanitz in Hornbach und heiratete damit in eine in mancher Hinsicht interessante Familie ein[14].

Philipp Friedrich der Jüngere war am 7. Oktober 1752 in Altenglan geboren. Er besuchte von 1763 bis 1767 die Lateinschule Kusel, danach bis 1769 das Gymnasium in Zweibrücken. Er studierte Theologie in Göttingen, machte 1773 in Zweibrücken Examen und wurde dort auch ordiniert. Bis 1781 mußte er sich mit Vikarsstellen begnügen. In diesem Jahr wurde ihm die zweite Pfarrstelle in Annweiler verliehen. Nun konnte er heiraten, und zwar Juliane Henriette Dell aus Bergzabern (1765–1829), eine Tochter von Heinrich Adam Dell, der in die eingesessene Hugenottenfamilie Tison eingeheiratet hatte. 1793 wurde Culmann auf die erste Pfarrstelle in Annweiler befördert, und 1794 wurde er reformierter Inspektor, später Lokal-

12 Georg BIUNDO a. a. O., S. 75, Nr. 852, und: Blätter für pfälzische Kirchengeschichte …, 1976, S. 76.
13 Georg BIUNDO a. a. O., S. 75, Nr. 853, und: Blätter für pfälzische Kirchengeschichte …, 1976, S. 76.
14 Georg BIUNDO a. a. O., S. 76, Nr. 856, und: Blätter für pfälzische Kirchengeschichte …, Jahresband 1976, S. 76; Karl ALTHOFF, Dr. med. August Wilhelm Hannitz – Der Lebensweg eines Hornbacher Bürgers, in: Pfälzer Heimat 1967, S. 148 ff.

konsistorialpräsident, in dem von der Französischen Revolution stark beeinflußten Bergzabern. In dieser Stellung blieb er bis zu seinem am 5. August 1818 erfolgten Tod.

Daß er keineswegs, wie gelegentlich behauptet[15], ein Gegner der Vereinigung der reformierten und lutherischen Gemeinden in der Pfalz war, belegt seine wohl letzte schriftliche Äußerung vom 28. Juli 1818, eine Eingabe an die *wegen Vereinigung der beiden protestantischen Religions-Parthien in eine einzige evangelisch christliche* zu Kaiserslautern versammelte General-Synode, überschrieben *Schärflein eines Kranken am Rande des Grabes schwankenden Mitbruders.* Sie endet mit der *frohen Aussicht* auf ein Gelingen des *heiligen Vereinigungswerkes*[16].

Als ein Kind der Aufklärung war Culmann Mitglied der Gesellschaft für Wissenschaft und Ackerbau in Straßburg und schrieb unter anderem über den Klee- und Hopfenanbau im Departement Bas Rhin. Er bewältigte aber auch die nächste politische Wende, wie wir aus seiner *Predigt am Krönungsfest Ihro K.K.M. unsers erlauchten Kaisers Napoleon,* gehalten am 1. Dezember 1811 in Bergzabern und gedruckt in Straßburg, entnehmen können. Culmann verlor sich jedoch nicht in einer Lobhudelei, sondern sprach ganz pointiert über das Bibelwort: *So bestehet nun in der Freiheit, damit uns Christus befreiet hat* (Galaterbrief Kap. 5, V. 1)[17].

Im folgenden soll von den zehn Kindern die Rede sein, von denen August Ferdinand das jüngste war. Er wurde zweifellos von den älteren Geschwistern miterzogen, sie haben, wie man heute sich ausdrückt, »zu seiner Sozialisation beigetragen«. Henriette Juliane Philippine, geboren 1784, wurde 1804 die Frau des damaligen Pfarrers zu Offenbach bei Landau, Johann Jacob Gulden, der 1805 als Lokalkonsistorialpräsident nach Mörzheim kam. Ihr 1808 geborener Sohn Gustav Adolf wurde Rechtsanwalt in Zweibrücken.

Von dem 1786 geborenen Sohn Philipp ist mir nur bekannt, daß er schon 1812 als angehender Notar in Sulz unterm Wald gestorben ist. Sein 1787 geborener Bruder Friedrich Jacob lebte ebenfalls in Frankreich, und zwar als Artillerie-Offizier in Metz und Straßburg. Er war 1848 Deputierter des Departements Bas-Rhin in der Pariser Nationalversammlung. Gestorben ist er im folgenden Jahr 1849[18]. Marie Amalie Culmann war 1789 geboren und heiratete 1810 den Friedensrichter Jakob Umpfelbach, dessen Mutter – wie die ihre – eine geborene Dell gewesen war. Die 1791 geborene Schwester Caroline Louise hatte schon ein Jahr früher ebenfalls einen Friedensrichter und Cousin geheiratet, nämlich Karl Raquet in Baumholder, Sohn ihrer Tante Marie Susanne Culmann[19].

Mit dem 1793 geborenen Karl Wilhelm wurde die Reihe der Theologen dieser Linie der Familie fortgesetzt: er studierte in Straßburg und Göttingen. Sein Vater erlebte noch

15 So Bernhard Bonkhoff, in: Blätter für pfälzische Kirchengeschichte und religiöse Volkskunde 1977, S. 94, unter Verweis auf Johannes Müller, Die Vorgeschichte der pfälzischen Union (Witten 1967).

16 Ich danke Herrn Martin Baus, daß er mich auf dieses – in Privatbesitz befindliche – Dokument aufmerksam gemacht und mir eine Kopie überlassen hat.

17 Georg Biundo a. a. O., S. 76, Nr. 857, und Blätter für pfälzische Kirchengeschichte ..., Jahresband 1977, S. 94; Günter Volz, Zeugnisse des Napoleonkultes in der evangelischen Kirche, in: Blätter für pfälzische Kirchengeschichte ..., 1959, S. 31 ff.

18 Georg Biundo a. a. O., S. 76, Nr. 857.

19 Georg Biundo (wie Anm. 16); Hans Ziegler, Das Justizwesen in der Pfalz im 19. Jahrhundert (in: Mitteilungen des Historischen Vereins der Pfalz, 86. Bd., 1988, S. 183 ff.), hier: S. 303, Nr. 558.

seine Aufnahme in den Kirchendienst 1817, und nach des Vaters Tod wurde er selbst Pfarrer in Bergzabern, später in Speyer, wo er 1844 verstarb.

Verheiratet war er mit einer Tochter des Weißenburger Gerichtspräsidenten Caspar Böll. Von den Kindern sei nur der Sohn Karl (1821–1881) erwähnt, der die Technische Hochschule in Zürich begründet hat[20].

Christian Culmann, geboren 1795, wurde Rechtsanwalt, Mitglied des pfälzischen Landrates und der bayerischen Abgeordnetenkammer, in der er 1831 scharfe Kritik an der Kirchenpolitik übte und in einen »Federkrieg« mit Joseph Görres geriet. Er starb 1837 in Zweibrücken[21].

Der Bruder Ludwig, geboren 1798, wurde ebenfalls Jurist, bis 1833 als Advokat, dann bis zu seiner Quieszierung im Jahre 1853 Richter in Landau, wo er 1858 verstarb[22].

Carl Theodor war 1801 geboren. Er wandte sich dem Forstdienst zu, starb schon 1839 in Münchweiler a. d. Rodalb[23].

In der vorstehenden knappen Familiengeschichte mußten viele verwandte Namensträger unberücksichtigt bleiben, so Friedrich Wilhelm Culmann, geboren 1793 als Pfarrersohn in Niederkirchen im Ostertal und gestorben 1883 als französisch-reformierter Pfarrer in Bischweiler[24], oder Philipp Theodor Culmann (1824–1863), Theologe und Philosoph, der ein Sohn des Pfarrers Carl Wilhelm Culmann und also ein Neffe von August Ferdinand war[25]. Diese Familie hat zahlreiche bedeutende Persönlichkeiten hervorgebracht. August Ferdinand konnte auf seine Verwandtschaft stolz sein, so wie sie auf ihn[26].

20 Georg Biundo a. a. O., S. 76, Nr. 860.

21 Bernhard Bonkhoff, in: Blätter für pfälzische Kirchengeschichte ..., Jahresband 1977, S. 94; dort auch zitiert aus Görres Gesammelten Werken: »Vier Sendschreiben an Herrn Culmann, Secretär der Ständeversammlung« (München 1831). Siehe auch Leonhard Lenk, Deutschlands ältestes Parlament – Die Pfälzer Abgeordneten im Bayerischen Landtag 1819–1918, in: Stimme der Pfalz 1/1969, S. 4ff.; S. 9 wird Christian August Culmann, Advokat in Zweibrücken, neben seinem Kollegen Friedrich Schüler als »Korpsführer der Opposition« erwähnt, S. 11 findet sich sein Bild.

22 Hans Ziegler (wie Anm. 17), S. 210, Nr. 82.

23 Georg Biundo (wie Anm. 16).

24 Über ihn u. a. Marie-Joseph Bopp, in: Die evangelischen Geistlichen und Theologen in Elsaß und Lothringen von der Reformation bis zur Gegenwart, Neustadt a. d. Aisch 1959, S. 108f., Nr. 886.

25 Über ihn zuletzt: Bernhard Bonkhoff, Der pfälzische Theologe Philipp Theodor Culmann und die philosophischen Voraussetzungen seiner »Christlichen Ehtik«, in: Blätter für pfälzische Kirchengeschichte ..., Jahresband 1989, S. 29ff., und Jahresband 1991, S. 43ff.

26 Als jüngste Veröffentlichung zur Familien- bzw. Sippengeschichte ist zu nennen: Pierre Schneider, Les Ancetres du Professeur Oscar Cullmann, in: Cercle Généalogique d'Alsace, Bulletin No. 97 (1992), S. 1ff. Als ältester gesicherter Vorfahre des nun 90jährigen Theologen wird hier »Jean Culmann, mégissier« genannt, verstorben zu Zweibrücken am 16. August 1617. Der gleichnamige Sohn ist von 1612 bis 1620 als Einnehmer und Notar der Herren von Fleckenstein in Sulz unterm Wald bezeugt (a. a. O., S. 4).

# ANHANG

## Die Familie Froelich in Zweibrücken

August Ferdinand Culmann heiratete in Zweibrücken am 24. Februar 1829 Emilie Froelich, eine Tochter des dortigen Kaufmanns Johann Daniel Froelich des Jüngeren (1772–1827) und dessen in Moskau geborener Ehefrau Louisa Hättiger. Schon seit 1820 war Christian Culmann mit der älteren Schwester Emilies, mit Louise, verheiratet. Der älteste Bruder war schon im Alter von drei Jahren verstorben. Doch die übrigen Geschwister waren alle im kaufmännischen und wirtschaftlichen Bereich mit Erfolg tätig, so daß die Vermutung naheliegt, sie hätten den Schwager August Ferdinand bei seinem späten und erfolgreichen wirtschaftlichen Unternehmen unterstützt und beraten.

Heinrich Carl Adolph Froelich (1805–1889) war Eisenhändler in Zweibrücken und Gründer des ersten dortigen Bankhauses[27]. Von 1870 bis 1875 war er Bürgermeister der Stadt Zweibrücken, wo heute noch eine Straße nach ihm benannt ist. Sein Bruder Friedrich August (1810–1870) erwarb kurz vor der Jahrhundertmitte ein Weingut in Edenkoben, wo vor allem seine Nachkommen als Rebzüchter sich einen Namen machten. Die jüngste Schwester, Friedericke Karolina Christiana, wurde die Ehefrau des Notärs Franz Blaise in Bitche. Wie für die Bergzaberner Culmann, so war auch für die Zweibrücker Froelich (und andere pfälzische Bürgerfamilien jener Zeit) die bayerisch-französische Grenze kein wesentliches Hindernis für geschäftliche und familiäre Verbindungen.

Das »Bürgeraufnahmebuch der Stadt Zweibrücken von 1716 bis 1805«[28] gibt Auskunft über die Herkunft der Familie Froelich in dieser Stadt. Als erster Namensträger wurde am 30. Oktober 1732 der aus Kreuznach gebürtige Küfer und Wirt »Zum Lamm« Johannes Froelich, reformierter Religion, als Bürger aufgenommen. Später begegnet er als Gastgeber »Zum Goldenen Engel«, Postmeister und Ratsverwandter, verheiratet mit einer Kaufmannstochter Foltz aus Straßburg. Seine Lebenszeit: 1705–1785[29].

Am 31. Oktober 1774 erlangte sein Sohn Johann Daniel, von Beruf Kaufmann, mit seiner Familie das Bürgerrecht. Familie hieß: die Ehefrau Maria Elisabetha Cullmann, lutherischer Konfession, Tochter des Rotgerbermeisters Daniel C. in Albersweiler, und ein 1¾ Jahre altes, in Saarbrücken geborenes Söhnlein Johann Daniel. Über die Herkunft der Ehefrau erhalten wir Auskunft aus der gedruckt vorliegenden Ortsgeschichte von Albersweiler[30]. Dort wird der Name Culmann durchgängig mit einem »l« geschrieben. Diese ein oder zwei »l« im Namen sind also kein Unterscheidungsmerkmal der verschiedenen Linien, jedenfalls nicht für die Zeit vor 1800. Wörtlich heißt es in der Ortsgeschichte[31]: *Im Jahre 1745 ist nach Albersweiler eingewandert Johann Daniel Culmann, Rotgerber (* 8.3.1715, † 28.1.1786) aus Herrstein in der Vorderen Grafschaft Sponheim, Sohn des Johann Tobias und der Maria Tesch. Am 17.5.1746 hat Johann Daniel … Maria Elisabetha Eberhard von Rhodt, * 1717, † 1793,*

27 Siehe Westpfälzische Geschichtsblätter, XXI. Jahrgang (Zweibrücken 1919), S. 17f.

28 Hrsg. Zweibrücker Arbeitsgemeinschaft für Familienforschung, Zweibrücken 1990.

29 Für Auskünfte zur Familiengeschichte Froelich habe ich meinem Freund Konrektor i. R. Fritz Leonhardt in Zweibrücken und der Familie Husfeld-Froelich in Edenkoben sehr zu danken.

30 Karl Hamm, Albersweiler – Beiträge zur tausendjährigen Geschichte eines pfälzischen Dorfes (Albersweiler 1968).

31 Ebd., S. 238.

*geheiratet. Zwei Töchter heirateten nach Speyer und Saarbrücken, zwei Söhne begründeten zwei Culmann-Linien im Ort,* deren soziale Entwicklung dann recht anschaulich dargestellt wird. Bei der nach Saarbrücken verheirateten Tochter handelt es sich also um die schon erwähnte Maria Elisabetha Froelich. Daß sie lutherischer Konfession war, erklärt sich aus der Herkunft ihres Vaters aus der Vorderen Grafschaft Sponheim und ihrer Mutter aus dem baden-durlachischen Rhodt, wo jeweils das Luthertum die »religio dominans« war.

Eine besondere Erwähnung verdienen vielleicht noch zwei Brüder Froelich, die protestantische Pfarrer wurden[32]. Es handelt sich um Söhne von Johann(es) Froelich, eines Bruders des jüngeren Daniel, verheiratet mit Maria Catharina Näher aus Birkenfeld und seit 1786 im Zweibrücker Bürgerrecht. Adam August, der ältere (1788–1853), war unter anderem Pfarrer in Mörzheim (1831–1842) und Dekan in Bergzabern (1845–1852), Peter, der jüngere (1790–1862), war Pfarrer in Trippstadt und Wolfstein. An der Series Pastorum von Mörzheim läßt sich anschaulich demonstrieren, wie eine Pfarrei mehr als hundert Jahre lang im »Besitz« von Vertretern einer bestimmten rationalistisch-liberal-bürgerlichen Tradition und von diesen geprägt sein konnte. Das beginnt 1741 mit Ludwig Friedrich Culmann, setzt sich fort in den Namen Antz, Wolf, Gulden, Froelich bis zu Konrad Schmitt, der 1857 wegen seines Protestes gegen ein neues Gesangbuch vom Amt suspendiert wurde.

32 Georg BIUNDO, a. a. O., Nr. 1445 und 1446.

# Die Bergzaberner Linie der Familie Culmann
## Vom Ende des Alten Reiches bis zum Beginn der bayerischen Herrschaft

VON GÜNTHER VOLZ

### *Philipp Friedrich Culmann*

*1752–1773*

Philipp Friedrich Culmann wurde am 7. Oktober 1752 in Altenglan geboren. Er war das dritte Kind des Pfarrers Johann Philipp Friedrich Culmann und seiner Ehefrau Juliana Dorothea, einer Tochter des Kaufmanns Valentin Scholler aus Kusel[1]. Nach dem Besuch der Lateinschule Kusel trat er 1768 in das Gymnasium Bipontinum ein, dessen Leitung Georg Christian Crollius vor einem Jahre von seinem Vater übernommen hatte[2]. Die meisten Mitschüler kamen aus den Zweibrücker Landen; mit einigen sollte er über viele Jahre in Verbindung bleiben, so mit Johann Philipp Schmelzer[3], der 1791 Pfarrer der Reformierten von Bergzabern wurde, wie mit Karl Philipp Schmidt[4], der Arzt in Annweiler wurde. Er war auch in ein engeres Verhältnis zur Familie Ehrmann aus Zweibrücken gekommen; über Jahre pflegte er die Beziehungen mit Johann Elias Ehrmann, dem Besitzer eines Frankfurter Handelshauses[5]. Der junge Culmann verließ 1770 das Gymnasium in der Absicht, das Studium der Theologie in Göttingen zu beginnen.

Am 2. Mai 1770 wurde Philipp Friedrich Culmann an der Göttinger Hochschule eingeschrieben, die einen großen Aufschwung nach der Mitte des Jahrhunderts genommen hatte[6]. Die Hochschule besuchten vor allem Studenten aus den norddeutschen Gebieten, unter ihnen viele aus dem niederen und hohen Adel. Der junge Culmann sah an der Georgia Augusta bald zwei Mitschüler wieder: Johann Nikolaus Müller[7] aus Leitersweiler und Johann Christian

1 G. Biundo, Die evangelischen Geistlichen der Pfalz seit der Reformation, Neustadt a. d. Aisch 1968, Nr. 857.

2 F. Vogelgesang, Die Zweibrücker Matrikel des Herzog-Wolfgang-Gymnasiums 1631–1811, Speyer 1967, Nr. 350/581.

3 Ebd., Nr. 355/554; G. Biundo (wie Anm. 1), Nr. 4742.

4 Ebd., Nr. 578; Vater J. Chr. Schmidt = G. Biundo (wie Anm. 1), Nr. 4764.

5 Ph. Fr. Culmann hielt vor der Frankfurter Reformierten Gemeinde zwei Predigten, *bei Gelegenheit eines Besuchs, den derselbe wegen einem totkranken Bruder in der Ehrmännischen Handlung daselbst gemacht, beide wurden auf Begehren des Reformierten Frankfurter Kirchenvorstands zum Druck* gebracht. LKA Speyer, Personalakt Ph. Fr. Culmann.

6 G. von Selle, Die Matrikel der Georg-August-Universität zu Göttingen 1734–1837. Text, Hildesheim und Leipzig 1937, S. 183.

7 F. Vogelgesang (wie Anm. 2), Nr. 351/576; G. von Selle (wie Anm. 6), S. 185.

Schmidt[8] aus Albersweiler. Zwei Bipontiner sollten sich in Göttingen einen Namen machen: Karl August Wilhelm von Closen[9] und Johann Friedrich Hahn[10]. Der erste gehörte *durch gleiche Gesinnung* zum *Göttinger Hain*, einem Bunde von Dichtern, die sich 1772 um Heinrich Christian Boie versammelt hatten. Der zweite war ein Mitbegründer des Bundes, der die entschiedene patriotische Richtung vertrat. Philipp Friedrich Culmann hatte von Göttingen schon Abschied genommen, als seine Brüder Johann Christian[11] und Friedrich Jakob[12] ihre Studien an der Georgia Augusta begannen.

Der junge Culmann hörte an der Göttinger Hochschule die Vorlesungen der Professoren Leß, Michaelis, Müller und Walch[13]. Die Exegese des Alten und Neuen Testamentes hatten wie üblich die Professoren der Philosphischen Fakultät übernommen, unter denen der Orientalist Johann David Michaelis[14] herausragte. Er hatte neue Wege in der Exegese des Alten Testamentes eingeschlagen, als er zur Erklärung der Texte das Arabische mitheranzog. Die Professoren der Theologischen Fakultät lagen auf einer mittleren kirchenpolitischen Linie, wie sie die Politik des welfischen Hauses bestimmte. Ihr Programm entwickelte vor allem Lorenz von Mosheim, der als der letzte große Calixtiner gilt[15]. Ein namhafter Gelehrter war der Kirchenhistoriker Christian Wilhelm Franz Walch[16]. Der Rationalismus sollte erst 1784 die Führung übernehmen, als der Kirchenhistoriker Gottlieb Jakob Planck[17] in die Fakultät eintrat. Er gehört zu den Mitbegründern der historischen Theologie. Planck entwikkelte zum einen die Kirchenrechtstheorie des Kollegialismus und wies zum anderen die Wege für eine Union: die Vereinigung der beiden evangelischen Konfessionen. Seine Gedanken bestimmten auch die Diskussionen über eine kirchliche Neuordnung, die pfälzische Kirchenmänner schon vor der Großen Revolution begonnen hatten[18].

*1773–1793*

Im Jahr 1773 wurde Philipp Friedrich Culmann vom Inspektor in Kusel ordiniert, nachdem er sein Examen vor dem reformierten Ober-Konsistorium abgelegt hatte. Er versah dann das Amt eines Vikars in Hornbach (1773/75) und in Wilgartswiesen (1775/80). 1780 sollte er Vikar bei der Inspektion zu Bergzabern werden. Sein Mentor war hier der Pfarrer Karl Philipp Wernher[19], der 1753 erster reformierter Pfarrer geworden war. Er ist auch der Verfasser einer

8 Ebd., Nr. 353/563; G. von Selle (wie Anm. 6), S. 188; G. Biundo (wie Anm. 1), Nr. 4769.

9 F. Vogelgesang (wie Anm. 2), Nr. 357/563; G. von Selle (wie Anm. 6), S. 201; A. Kelletat (Hg.), Der Göttinger Hain, Stuttgart 1972, S. 377f.

10 F. Vogelgesang (wie Anm. 2), Nr. 352/546; G. von Selle (wie Anm. 6), S. 188; A. Kelletat (wie Anm. 9), S. 381.

11 F. Vogelgesang (wie Anm. 2), Nr. 360/588; G. von Selle (wie Anm. 6), S. 212.

12 F. Vogelgesang (wie Anm. 2), Nr. 371/589; G. von Selle (wie Anm. 6), S. 229; G. Biundo (wie Anm. 1), Nr. 858.

13 LKA Speyer, Personalakt Ph. Fr. Culmann.

14 Die Religion in Geschichte und Gegenwart (3. Auflage, Tübingen 1957ff. = RRG), 4. Bd., Sp. 934f.; G. Meinhardt, Die Universität Göttingen. Ihre Entwicklung und Geschichte von 1734–1974, Göttingen 1977, S. 20.

15 RGG (wie Anm. 14), 4. Bd., Sp. 1157f.

16 Ebd., 6. Bd., Sp. 1529f.

17 Ebd., 5. Bd., Sp. 403f.

18 J. Müller, Die Vorgeschichte der Pfälzischen Union, Witten 1967, S. 149ff.

19 G. Biundo (wie Anm. 1), Nr. 5882.

Kirchengeschichte des Herzogtums Zweibrücken, die 1782 in Hanau erschienen ist[20]. Der junge Culmann lernte in dem Städtchen Bergzabern die Frau kennen, die ihm eine treue Gefährtin werden sollte: Henriette Margarete Dell[21]. 1783 wurde die Ehe der beiden geschlossen. Ihr Vater war der Krämer Heinrich Adam Dell, der Sohn eines reformierten Lehrers aus dem kurpfälzischen Edenkoben[22]. Er heiratete 1764 Anna Margarete Thyson, die Tochter des verstorbenen Friedrich Jakob Thyson, des Metzgers und Gastwirts *Zum Goldenen Roß*[23]. Heinrich Adam Dell starb 1766 im Alter von 25 Jahren als ein Opfer der Ruhr. Die Thysons waren die Nachfahren von Hugenotten, die nach 1685 in das Zweibrückische eingewandert waren. Ihre Heimat war Nîmes, wie die Chronik der Familie überliefert[24].

Der Stammvater der Bergzaberner Linie der Familie war Johann Jakob Thyson, der dem Zweibrücker Herzog als Amtsschultheiß von Barbelroth diente[25]. Die Thysons besaßen seit dem Anfang des 18. Jahrhunderts das Gasthaus *Zum Goldenen Roß*, am östlichen Ende der Mittelgasse gelegen[26]. Sie gehörten zu den begüterten Reformierten von Bergzabern, aus deren Reihen die Kirchenältesten und die Ratsverwandten kamen.

Philipp Friedrich Culmann wurde 1781 zum zweiten Pfarrer der reformierten Gemeinde von Annweiler berufen. 1788 wechselte er auf die erste Pfarrstelle in der Stadt, nachdem sein Amtsbruder Christian Friedrich Wecker[27] eine Berufung nach Bergzabern erhalten hatte.

Der neue Pfarrer traf auf verwickelte konfessionelle Verhältnisse. Am Ende des 16. Jahrhunderts wurden viele Exulanten aus Frankreich und den Niederlanden in Annweiler aufgenommen, die die französisch-reformierte Gemeinde bildeten. Diese ging 1688 in der deutschreformierten Gemeinde der Stadt auf. Die Spitalkirche war im Besitz der Lutheraner; die Katholiken benutzten seit 1681 die reformierte Stadtkirche mit. Die Gerechtsame der Konfessionen regelte ein Statut von 1785, das die Zustimmung des Herzogs erhalten hatte[28]. Das Statut sicherte den Katholiken auch die Mitbenutzung der neuen Stadtkirche, die die reformierte Gemeinde 1788 bezogen hatte. Sie ist ein Werk des Zweibrücker Baumeisters Friedrich Georg Wahl[29].

Die Predigt zur Einweihung der Kirche hielt der erste reformierte Pfarrer Philipp Friedrich Culmann[30]. Er nutzte die Gelegenheit, um seine Vorstellungen von Kirche darzulegen: Die Kirche ist ein Haus, wo die Menschheit göttliche Belehrung erhält, als Mittel zu ihrer Vervollkommnung und Glückseligkeit. Das Elend des Menschengeschlechts ist eine Folge der

20 Entwurf einer Kirchen- und Religions-Geschichte des Herzogthums Zweibrücken, Hanau 1782.

21 Geboren am 20. 10. 1765 in Bergzabern, Tochter von Heinrich Adam Dell, Bürger und Krämer, und Anna Margarete Thyson. Ref. Kirchenbuch Bergzabern.

22 Gestorben am 30. 8. 1766 in Bergzabern, 25 Jahre. Ref. Kirchenbuch Bergzabern. Über den Vater, Samuel Dell, siehe A. H. Kuby, Geschichte der evangelisch-reformierten Gemeinde in Speyer, in: Blätter für Pfälzische Kirchengeschichte, 57. Jg., 1990, S. 62.

23 Gest. am 8. 2. 1757 in Bergzabern, 44 Jahre. Ref. Kirchenbuch Bergzabern.

24 E. Gummi-Culmann, Chronik der Bergzaberner Linie der Familie Culmann, Straßburg 1898, S. 2f.

25 Schon 1681 als Amtsschultheiß von Barbelroth nachweisbar; HSTA München, Kasten blau 390/3 II.

26 Nr. 239 (Plan von 1786), Nr. 260 (Kataster von 1844); 1840 von August Culmann und Consorten an Gastwirt und Bierbrauer Karl Jäger verkauft, bis 1944 Gasthaus »Zum Schwanen«.

27 G. Biundo (wie Anm. 1), Nr. 5764.

28 G. Biundo und H. Hess, Annweiler, Geschichte einer alten Reichsstadt, Annweiler 1968, S. 54ff.

29 A. Eckardt, Die Kunstdenkmäler der Pfalz IV. Bezirksamt Bergzabern, München 1937, S. 16ff.

30 Einweyhungs-Reden. Gehalten den 19ten October 1788 bey Einweyhung der Evangelisch Reformirten Kirche zu Annweiler von Herrn Amtmann Sprenger und Pfarrer Culmann, Frankenthal 1790.

Irrtümer, der Schwärmerei und des Aberglaubens. Der Jammer wird ein Ende haben, wenn die Wahrheit auf den Thronen, bei den Richtern wie bei den Pfarrern und den Lehrern einkehrt. Die christlichen Tempel werden als Pflanzschulen der echten Tugenden angesehen. Sie sind die Stätten, wo sich Gott durch Ausbreitung der Wahrheit und Förderung der Tugend offenbart. Der Redner brachte am Ende zum Ausdruck, daß die Anwesenden das Glück hätten, in einem Lande und unter einem Fürsten zu leben, dem die Rechte des Gewissens heilig sind, der den Gottesdienst nicht behindert. Wollte der Prediger auf diese Weise dem Regenten schmeicheln? Mußten denn die Zweibrücker Reformierten nicht befürchten, daß ihre Rechte wieder von dem katholischen Landesherren eingeschränkt würden? Die Zuhörer konnten auch die Predigt als Mahnung verstehen: Die Glaubensfreiheit ist eines der Menschenrechte, das die Herrschenden zu schützen verpflichtet sind.

Doch die Beziehungen zwischen den einzelnen Religionsparteien Annweilers sollten gespannt bleiben. Die Reformierten der Stadt protestierten bei jeder Gelegenheit gegen die Beschränkung ihrer Rechte. Das Presbyterium sprach 1790 von einer Verletzung der Religionsverfassung des Herzogtums, als die Katholiken eine Prozession durch die Stadt unternahmen, nachdem der Speyerer Bischof den Innenraum und den Altar der Stadtkirche konsekriert hatte[31]. Die Reformierten und die Lutheraner dagegen kamen sich näher, da beide eine Ausweitung des landesherrlichen Kirchenregiments verhindern wollten. Philipp Friedrich Culmann hatte nicht nur ein gutes Verhältnis zu dem lutherischen Amtsbruder; er stand auch auf der Seite der Kirchenmänner, die ein gemeinsames Bekenntnis für die evangelischen Kirchen des Landes anstrebten. Im Jahre 1787 begann in den beiden Ober-Konsistorien die Diskussion über einen gemeinsamen Katechismus für die zweibrückischen Protestanten. Das Projekt sollte vor allem am Widerstand der Reformierten scheitern, die den Heidelberger Katechismus als symbolisches Buch beibehalten wollten[32]. Es kam auch nicht zur Einführung des gemeinsamen Gesangbuches, das 1791 von beiden Ober-Konsistorien angenommen worden war[33]. Für dieses Projekt trat vor allem Johann Christian Schmidt ein, der Bergzaberner lutherische Inspektor[34]. Die Revision des Katechismus wie des Gesangbuches sollte vor allem zur Aufklärung des gemeinen Mannes beitragen, wie der reformierte Konsistorialassessor Johann Georg Faber schrieb[35]. Er war einer der Wortführer der kirchlichen Reformer des Herzogtums, zu denen der Annweilerer Pfarrer Philipp Friedrich Culmann wie der Bergzaberner reformierte Inspektor Johann Nikolaus Helmes[36] und der Meisenheimer Pfarrer Johann Friedrich Schuch[37] zählten.

Die Ereignisse des Jahres 1789 bei dem französischen Nachbarn lösten eine allgemeine Diskussion in den linksrheinischen Ländern des Reiches aus. Die Südpfälzer konnten aus

31 Kirchenschaffneiarchiv Zweibrücken, Rep. VI Nr. 55; Schreiben von Helmes, Leinsweiler, 11. 4. 1790.

32 J. MÜLLER (wie Anm. 18), S. 80ff.

33 Ebd., S. 110ff.

34 G. BIUNDO (wie Anm. 1), Nr. 4764.

35 J. MÜLLER (wie Anm. 18), S. 116. Über J. G. Faber siehe G. BIUNDO (wie Anm. 1), Nr. 1230; H. APFFEL, Man muß Philosoph sein …, in: Herzog-Wolfgang-Gymnasium 1559–1984, Zweibrücken 1984, S. 75ff.

36 G. BIUNDO (wie Anm. 1), Nr. 2036.

37 A. ROSENKRANZ, Das Evangelische Rheinland. Ein rheinisches Gemeinde- und Pfarrerbuch, Bd. 2: Die Pfarrer, Düsseldorf 1958, S. 469.

nächster Nähe die Aufstände beobachten, die das Feudalsystem im Nachbarland zu Fall brachten. Im August und September 1789 kam es zur Erhebung von Landleuten in den Gebieten von Reichsfürsten, in der Kurpfalz wie im Fürstbistum Speyer und im Zweibrückischen. Neben den Landleuten traten auch die Bürger der Städte Annweiler und Bergzabern auf den Plan. Die Bewohner von Annweiler beklagten, daß der Stadtrat von einer versippten Minderheit beherrscht sei, der Bürgerausschuß kaum noch ein Mitspracherecht habe[38]. Die Bergzaberner kritisierten nicht nur die Cliquenwirtschaft des Stadtrates, sondern auch die Behandlung der Untertanen durch die Beamten des Oberamtes. Die Regierung konnte durch ihre vagen Versprechungen nicht die Gemüter beruhigen. Sie wußte von den geheimen Zusammenkünften der Opposition, die von dem *neufränkischen Freiheitsschwindel* erfüllt war. Sie teilte auch das Gift unter der Hand den Bürgern mit, wie der Zweibrücker Regierungsrat Klick aus Bergzabern berichtete[39].

Als 1792 der Krieg mit dem revolutionären Frankreich begann, blieb der Zweibrücker Herzog zwar neutral. Er mußte aber mit dem Schlimmsten rechnen, als die verbündeten Preußen und Österreicher nach der Schlacht von Valmy den Rückzug antraten. Französische Truppen stießen aus dem Elsaß vor und nahmen die Festung Mainz ein. Die Stadt wurde nun zum Zentrum des Versuchs, die Bewohner im Linksrheinischen für die Ideen der Revolution zu gewinnen. Träger der politischen Agitation wurden die *Gesellschaften der Freunde der Freiheit und Gleichheit*, die die Patrioten zwischen Bingen und Landau errichteten[40]. Eine wichtige Rolle bei der Revolutionierung der Südpfalz spielte der Klub von Landau[41]. Die Landauer hatten den kurpfälzischen und zweibrückischen Orten Beistand versprochen, die ihre Feudalrechte abwerfen und eine freiheitliche Ordnung erlangen wollten. Sie unterstützten offen die Rebellion der Bergzaberner, die jede Bindung an ihre alte Obrigkeit lösen und ihren Anschluß an die französische Republik beantragen wollten. Patrioten der Stadt errichteten eine *Gesellschaft der Freunde der Konstitution*, die einen engen Kontakt mit den Straßburger und Weißenburger Jakobinern hatte.

Es gab in der Südpfalz eine Reihe protestantischer Pfarrer, die ihre Sympathien für die Revolution offen bekundeten. Sie traten als Festredner bei der Errichtung von Freiheitsbäumen auf, wo sie für die neufränkische Staatsverfassung warben[42]. Die Zweibrücker Regierung ging auch gegen mehrere Geistliche vor, die Kritik an dem herzoglichen Regime wagten. Als Förderer der Revolution betrachtete sie den Pfarrer von Kandel, Albert Lucius[43]. Dieser hatte Kontakte mit einem Weißenburger Kollegen, Gotthard Grimmer[44], einem der führenden Patrioten des Distrikts. Als Jakobiner wurde auch der reformierte Pfarrer Philipp Jakob

38 W. Müller, Munizipalrevolution und Stadtrevolte. Die Auswirkungen der Französischen Revolution in der französischen Festungsstadt Landau und dem pfalz-zweibrückischen Vogteisitz Annweiler, in: K. O. von Aretin und K. Härter (Hg.), Revolution und konservatives Beharren, Mainz 1990, S. 98.

39 LA Speyer, B 2 Nr. 5524; Bericht Klicks, Bergzabern, 23. 7. 1792.

40 F. Dumont, , Die Mainzer Republik von 1792/93. Studien zur Revolutionierung in Rheinhessen und der Pfalz, Alzey 1982, S. 105 ff.

41 W. Müller (wie Anm. 38), S. 101.

42 B. H. Bonkhoff, Pfälzische Pfarrer als Betroffene und Akteure der Französischen Revolution, in: Blätter für Pfälzische Kirchengeschichte, 56. Jg., 1989, S. 26 f.

43 G. Biundo (wie Anm. 1), Nr. 3231.

44 Nouveau dictionnaire de biographie alsacienne (Strasbourg 1984 ff.), S. 1286 f.

Römmich[45] von Wörth angesehen; 1790 wurde er vom Herzog wegen seiner patriotischen Gesinnungen in das Innere des Landes versetzt. Die Mehrzahl der Geistlichen hatte allerdings dem Herzog die Treue gehalten[46]. Manche verurteilten in Predigten oder in Flugschriften die Leute, die zum Aufstand gegen die von Gott eingesetzte Obrigkeit verleiteten. *Erinnerung der wahren Christus – Religion an ihre Verehrer bei Gelegenheit des Bürgeraufstandes in dem Herzoglich-Pfalzzweibrückischen Oberamt Bergzabern* ist der Titel einer Flugschrift, die 1792 in der Südpfalz verbreitet wurde[47]. Der Verfasser bedauert, daß sich einige Orte des Oberamtes Bergzabern verleiten ließen, gegen ihre *gütige und gelinde Landesobrigkeit* aufzustehen. Er bezeichnete die Patrioten als eidbrüchige, die ihre Mitbürger ins Verderben stürzten. Die Pfarrer von Bergzabern waren voller Mißtrauen gegen die Pläne der Klubisten, die die Kirche nach demokratischen Prinzipien umgestalten wollten. Sie verweigerten auch die Eidesleistung vor der Munizipalität, so lange sie der Landesherr nicht von ihren Verpflichtungen entbunden habe[48].

Die aufständischen kurpfälzischen und zweibrückischen Orte der Südpfalz bildeten am 10. November 1792 einen eigenen Freistaat: die Südpfälzer Republik. Eine Deputation sollte beim Nationalkonvent ihren Anschluß an die französische Republik beantragen. Ihr Sprecher war Georg Friedrich Dentzel[49], einer der führenden Südpfälzer Jakobiner. Er war von 1783 bis 1793 Pfarrer der Lutheraner von Landau. Am 14. März 1793 beschloß der Konvent die Reunion von 31 südpfälzischen Orten, unter ihnen alle Gemeinden der Südpfälzer Republik.

Die Orte gehörten nun zum Landauer Distrikt des Departements Niederrhein[50]. Die Südpfälzer Gebiete gingen im Herbst 1793 der Republik wieder verloren, als die Verbündeten die französische Rheinarmee hinter die Weißenburger Linien zurückdrängen konnten. Die Bergzaberner mußten unter den Ausschreitungen der Soldateska leiden. Jeder Bewohner mußte mit Mißhandlung oder Verhaftung rechnen, der als Anhänger der Republik galt. Und manche Unschuldige mußten mehr als die frechen Wühler leiden, wie der Kommissär Hoffmann aus Bergzabern berichtete[51]. Unter ihnen war auch der Pfarrer Christian Friedrich Wecker, den kroatische Soldaten schwer mißhandelt hatten[52]. Die Zweibrücker Beamten konnten im Oberamt Bergzabern wieder ihre Tätigkeit aufnehmen; die Bewohner mußten aufs neue dem Herzog huldigen. Am 3. November wurden auf Befehl des Herzogs in allen Kirchen der Stadt Gottesdienste abgehalten, zum Dank für die Befreiung von der Herrschaft der Franzosen. Die Pfarrer priesen nicht nur die Vorzüge der alten Staatsverfassung, sie schärften den Bürgern auch den Gehorsam gegenüber ihren Regenten ein. Ihre Predigten

45 G. Biundo (wie Anm. 1), Nr. 4422; K. Baumgart, Die Amtszeit des reformierten Pfarrers Philipp Jacob Roemmich in Wörth und seine Versetzung nach Gangloff im Jahre 1790, in: Blätter für Pfälzische Kirchengeschichte, 50. Jg., 1983, S. 52 ff.

46 B. H. Bonkhoff (wie Anm. 42), S. 18 ff.

47 Erinnerung der wahren Christus Religion an ihre Verehrer bei Gelegenheit des Bürgeraufstandes in dem Herzoglich-Pfalzzweibrückischen Oberamt Bergzabern, 1792. UB Heidelberg, Hs. 745/2.

48 Kirchenschaffneiarchiv Zweibrücken, Rep. VI Nr. 83; Bericht Hepps, Bergzabern, 22. 1. 1793.

49 G. Biundo (wie Anm. 1), Nr. 926; H. Hess, G. F. Dentzel, in: Pfälzer Lebensbilder, 3. Bd., Speyer 1977, S. 169 ff.; O. Mehringer, G. F. Dentzel, Speyer 1983.

50 F. Dumont (wie Anm. 40), S. 453.

51 LA Speyer, B 2 Nr. 5524; Bericht Hofmanns, Annweiler, 24. 8. 1793.

52 LKA Speyer, Abt. 43/1 Nr. 75; Bericht Hepps, Bergzabern 6. 9. 1793.

konnten nur nicht mehr viele Bewohner der Stadt bewegen. Die Restauration ging im Dezember 1793 zu Ende, als die französischen Truppen das Elsaß und die Südpfalz zurückeroberten. Den Verbündeten folgten viele Beamte und Anhänger des alten Systems, unter ihnen auch der reformierte Pfarrer Georg Philipp Hepp[53] wie der reformierte Lehrer Balthasar Hänchen[54] und der lutherische Pfarrer Georg Andreas Reichard[55]. Sie wurden als Emigranten angesehen, so daß ihr Eigentum als Nationalgut eingezogen und veräußert wurde. Viele von ihnen konnten erst nach Jahren aus dem Exil zurückkehren.

*1793–1814*

Während Bergzabern mit der französischen Republik vereinigt wurde, blieben die Bürger von Annweiler unter der Herrschaft des Herzogs von Zweibrücken. Die Bürgerschaft konnte Anfang 1793 eine Neuwahl des Stadtrats durchsetzen. Keinen Erfolg hatte die kleine Gruppe der Annweilerer Patrioten, die den Anschluß an die französische Republik propagierten. Die Annweilerer befürchteten durch einen solchen Schritt den Verlust der alten Privilegien, die sie den deutschen Fürsten in langen Prozessen abgerungen hatten[56]. Philipp Friedrich Culmann war anscheinend an den innerstädtischen Auseinandersetzungen nicht beteiligt. Jedoch war er nach wie vor der Ansicht, daß eine Reform der kirchlichen Organisation unumgänglich sei. Er gehörte zu den Reformern in Zweibrücken, die den Einfluß der Landesherrschaft auf die Kirche zurückdrängen wollten[57]. Anfang 1793 sahen auch sie ihre Stunde gekommen, als die französische Besatzung die herzoglichen Hoheitsrechte tatsächlich beseitigte. Die Kirchenmänner planten die Einberufung eines allgemeinen Kirchenkonvents, der eine Reform auf den Weg bringen sollte. Das Projekt scheiterte jedoch, da die alte Regierung noch einmal nach Zweibrücken zurückkehrte. Die Reformer mußten ein weiteres Mal erfahren, daß ihre Vorstellungen bei dem Herzog auf taube Ohren stießen. Johann Georg Faber hatte dann den Einfall, den preußischen König um einen Schutzbrief für die Zweibrücker Kirche zu bitten. Der Assessor wollte daher mit einer Deputation nach Edenkoben reisen, wo der preußische König im Herbst 1793 sein Hauptquartier hatte. Seine Begleiter waren Philipp Friedrich Culmann und Johann Nikolaus Helmes. Sie begegneten auf der Reise dem Zweibrücker Regierungsrat Christian David Sturtz[58]. Er riet ihnen von dem Schritt ab, der den Zweibrükker Herzog vor König Friedrich Wilhelm bloßstellen würde[59]. Die Zweibrücker hatten schon bald feststellen müssen, daß das Gesetz des Handelns nicht mehr bei den Mächten der Koalition lag. Die neue Ordnungsmacht sollte die französische Republik werden, die 1797 faktisch die linksrheinischen Länder des Reiches erhielt.

Das Zweibrücker Ober-Konsistorium hatte am 30. Oktober 1793 Philipp Friedrich Culmann zum ersten Pfarrer der Bergzaberner Reformierten gewählt. Seine Ernennung

53 G. Biundo (wie Anm. 1), Nr. 2071.

54 Ebd., Nr. 1836.

55 Ebd., Nr. 4213.

56 W. Müller (wie Anm. 38), S. 98 f.

57 Kirchenschaffneiarchiv Zweibrücken, Rep. VI Nr. 931/32; O. Jung, Die pfälzische Kirche und die französische Herrschaft 1793–1814, Grünstadt 1939, S. 21 ff.

58 H. Ammerich, Landesherr und Landesverwaltung. Beiträge zur Regierung von Pfalz-Zweibrücken am Ende des Alten Reiches, Saarbrücken 1981, S. 219.

59 O. Jung (wie Anm. 57), S. 24 f.

konnte nur nicht mehr bestätigt werden, da die Regierung nach Mannheim geflüchtet war[60]. Philipp Friedrich Culmann versah sein Pfarramt in Annweiler weiter, das die französischen Truppen wieder besetzt hatten. Die Annweilerer mußten unter den Ausschreitungen der Soldateska leiden, die die Brüderlichkeit mit den Stiefeln trat. Die Kommissare der Republik plünderten ohne Rücksicht die pfälzischen Ortschaften aus. Sie traten auch als Apostel des Kultes auf, den die Pariser Radikalen eingeführt hatten. Die republikanische Religion sollte an die Stelle der christlichen treten; die Kirchen müßten zu Tempeln der Vernunft werden. Der Annweilerer Pfarrer mußte mitansehen, wie die Soldateska die Stadtkirche ausplünderte und in ein Magazin verwandelte[61].

An Ostern 1794 hatte Philipp Friedrich Culmann mit seiner Frau und sechs Kindern sein Haus in Bergzabern bezogen[62]. Schon am 1. Mai wurde er als Bürger von der Bergzaberner Munizipalität aufgenommen, da ihr Beweise für seine revolutionären Gesinnungen vorlägen. Er legte am selben Tage den Eid auf die französische Konstitution ab[63]. Die Bergzaberner nahmen auch Jakob Rothhaaß und Jakob Heim als Bürger auf, die 1792 die Revolte gegen den Stadtrat von Annweiler angezettelt hatten[64]. Die Kirchen Bergzaberns waren wie auch die Lateinschule der Stadt geschlossen. Alle Geistlichen mußten mit Verhaftung rechnen, wenn sie ihre Ämter nicht niederlegten. Philipp Friedrich Culmann wollte daher weder ein Pfarramt noch ein Lehramt übernehmen. Johann Philipp Schmeltzer, der lutherische Pfarrer, weigerte sich, den Dienst in seiner Gemeinde aufzugeben. Er wanderte deswegen ins Gefängnis zu Weißenburg. Zwei Tage später wurde der Bürger Culmann inhaftiert und beschuldigt, daß er als Geistlicher tätig geworden sei. Er kam jedoch bald wieder frei, nachdem die Bergzaberner Munizipalität den Vorwurf als haltlos bezeichnet hatte. Sie bescheinigte ihm, daß er seine Bürgerpflichten jederzeit erfüllt habe, durch seinen persönlichen Einsatz in dem Hospital und bei dem Linienbau wie durch eine patriotische Spende. Er suche *Patriotismus und Republikanersinn mit Licht und Wärme zu pflanzen*, als Redner in dem Tempel des Höchsten Wesens der Stadt wie in den Klubs der Bergzaberner und Weißenburger Jakobiner[65].

Nachdem das Regime Robespierres beseitigt war, konnten die Bergzaberner Reformierten ihre Kirche wieder in Besitz nehmen. Sie wählten Philipp Friedrich Culmann zum ersten Pfarrer[66]. Manche Jakobiner mochten sich die Augen reiben, als der Bürger Culmann wieder den Talar anzog und die Kanzel bestieg. Die *Rheinische Zeitung* druckte den Aufsatz eines Damm aus Würzburg, der den Bergzaberner Prediger als Scharlatan bezeichnete. Er sei ein Pfaffe, der als Propagandist in der roten Kappe aufgetreten sei. Die Leute sollten nun das glauben, was ihr Prediger früher als albernes Zeug verworfen habe[67].

Philipp Friedrich Culmann setzte sich in einem Antwortschreiben zur Wehr, in dem er

60 LKA Speyer, Personalakt Ph. Fr. Culmann.

61 G. Biundo und H. Hess (wie Anm. 28), S. 40f.

62 LKA Speyer, Personalakt Ph. Fr. Culmann.

63 Stadtarchiv Bad Bergzabern, Protokoll der Bergzaberner Munizipalität vom 1. 5. 1795.

64 Stadtarchiv Bad Bergzabern, A. I 20.

65 Antwortschreiben des Bürgers und reformirten Predigers P. F. Culmann zu Bergzabern auf die Herausforderung des in Nro. 86 der rheinischen Zeitung als Advokat einer groben und offenkundigen Lüge aufgetretenen Damm aus Würzburg. UB Heidelberg, Hs. 745/57, S. 2f.

66 LKA Speyer, Personalakt Ph. Fr. Culmann.

67 Der Verfasser ist wahrscheinlich Augustin Joseph Maria Damm aus Würzburg; H. G. Haasis, Morgenröte der Repbulik. Die linkshreinischen deutschen Demokraten 1789–1849, Frankfurt a. M. 1984,

seinen politischen Standort darzustellen suchte. Er sehe es als seine Aufgabe zu zeigen, daß die Artikel der Konstitution in Einklang mit den Grundsätzen des Evangeliums stünden. Diese Einsicht müsse jeder Freund der Konstitution seinen Zuhörern vermitteln. Dies gelte vor allem, wenn der Lehrer und die Zuhörer Christen sind, *denen Jesus und seine Lehre über alles gilt, die in derselben ihren besten Trost, ihre beste Anweisung, ihre besten Hoffnungen finden*[68].

Die Staatsverfassung in dem Buch der Offenbarung ist auch das Thema einer Rede, die 1797 am Gründungstag der Republik vor dem Bundesaltar in Bergzabern gehalten wurde[69]. Es sei ein Irrtum zu glauben, daß ein Königtum das von Gott gewollte Regime sei. Die Offenbarung betrachte jede Obrigkeit als menschliche Ordnung, der man sich unterwerfen müsse. Der Redner gehörte wohl zum Freundeskreis Culmanns[70].

Nach 1799 nahmen die elässischen Protestanten die Diskussion über die Neuordnung des Kirchenwesens wieder auf[71]. Manche wie der Jurist Christoph Wilhelm Koch[72] oder der Pfarrer Johann Friedrich Oberlin[73] hofften, daß ihre Vorschläge für eine allen französischen Protestanten gemeinsame Kirchenverfassung verwirklicht würden. Sie waren daher enttäuscht, als die *Organischen Artikel* am 8. April 1802 erlassen wurden, durch die jede Konfession ihre eigene Verfassung erhielt[74].

Die Verfassung der Reformierten geht von der Einheit der Konsistorialkirche aus, die 6000 Gläubige umfaßt. An ihrer Spitze steht ein Konsistorium aus Pfarrern und Laien. Fünf Konsistorialkirchen sollen eine Synode bilden. Die Südpfälzer Reformierten bildeten die Konsistorialkirchen von Bergzabern, Billigheim und Landau[75].

Ihre Umschreibung beschloß ein Generalkonvent reformierter Geistlicher, der 1803 in Straßburg tagte. Sein Sekretär war der Bergzaberner Pfarrer Philipp Friedrich Culmann. Er wurde auch zum Präsidenten des Bergzaberner Konsistoriums gewählt[76]. Viele Protestanten begrüßten in öffentlichen Erklärungen die *Organischen Artikel*, die ihnen die freie Ausübung ihres Kultes sicherten. Sie gewährten vor allem den elsässischen Protestanten die Freiheiten, die sie unter der französischen Krone nie gehabt hatten[77]. Manche erklärten voller Überschwang, daß ihnen der erste Konsul von der Vorsehung geschenkt worden sei. Der Korse sollte bald zum Gegenstand eines Kultes werden, den die Regierung nach Kräften noch förderte. Dieser erreichte einen Höhepunkt, als sich Napoleon 1804 zum Kaiser machte. Die Geistlichen sollten in der Regel den Anordnungen entsprechen, die der Kultusminister bei

S. 107; H. ZIEGLER, Das pfälzische Notariat im 19. Jahrhundert, in: Mitteilungen des Historischen Vereins der Pfalz, 81. Bd., 1983, Nr. 36.

68 Antwortschreiben (wie Anm. 65), S. 4.

69 Rede am Gründungs-Tag der Franken-Republik den ersten Vendémiaire 6tes Jahr, gehalten in Bergzabern auf dem Bundes-Altar, Weissenburg 1797. UB Heidelberg, Hs. 745/88.

70 Das Exemplar der UB Heidelberg trägt den handschriftlichen Vermerk »H. Assessor Faber«.

71 J. MÜLLER (wie Anm. 18), S. 156 ff.

72 M.-J. BOPP, Die evangelischen Geistlichen und Theologen in Elsaß und Lothringen von der Reformation bis zur Gegenwart, Neustadt a. d. Aisch 1959, Nr. 2834.

73 Ebd., Nr. 3834.

74 J. MÜLLER (wie Anm. 18), S. 162 ff.; B. DUDA, Die Organisation der evangelischen Kirchen des linken Rheinufers nach den Organischen Artikeln von 1802, Düsseldorf 1971, S. 47 ff.

75 G. STRUTZ, Bausteine zur protestantischen Kirchengeschichte in der Zeit von 1802 bis 1813, in: Pfälzer Heimat, 6. Jg., 1955, S. 91 ff.

76 LKA Speyer, Personalakt Ph. Fr. Culmann.

77 J. MÜLLER (wie Anm. 18), S. 142 ff.

vielen politischen Ereignissen verschickte. Sie dankten auf der Kanzel dem Allmächtigen, wenn der Kaiser auf dem Schlachtfeld gewann. Der Bergzaberner Konsistorialpräsident sah es als eine *Wohltat Gottes* an, als die französische Armee unter ihrem *großen Anführer* bei Austerlitz siegte[78]. Festtage für die Gemeinden waren das Geburtsfest und das Krönungsfest Napoleons. Wir besitzen eine Reihe von Predigten, die Pfälzer Geistliche bei solchen Festtagen vor ihren Gemeinden hielten. Sie sahen in dem Kaiser bald den neuen Salomon, bald den neuen Konstantin[79]. Philipp Friedrich Culmann hielt 1811 am Krönungsfest des Kaisers in Bergzabern eine Rede, der Gal. 5,1 zugrundeliegt. Er benutzte die Gelegenheit daran zu erinnern, daß der Kaiser bei der Krönung eine allgemeine Religions- und Gewissenfreiheit zugesichert habe. *Dieser heiligen Zusicherung entsprach bisher die ganze Regierung desselben so ausnehmend, daß auch die Glieder anderer Religionsbekenntnisse als des seinigen in ihm nicht allein den Beschützer, sondern selbst den Beförderer ihrer Glaubens- und Gewissensfreiheit zu verehren haben; indem seine landesväterliche Sorge für die religiösen Anstalten sich durch keinen Unterschied der religiösen Meinungen beschränken läßt*[80]. Es gab dagegen schon ein paar Geistliche, die ihre Kritik an den verordneten Kirchenfeiern kaum zurückhalten konnten. Unter ihnen war Georg Friedrich Wilhelm Schultz, ab 1811 lutherischer Pfarrer in Bergzabern[81]. Er gab 1814 in einer Predigt offen zu, daß sich viele Pfarrer von falschen Propheten täuschen ließen. Die Anhänger Napoleons hätten von Menschenglück und Menschenwohl gesprochen, während sie das Menschenelend in ihrer gottlosen Bosheit bereiteten[82].

*1814–1818*

Die Niederlage Napoleons löste bei vielen Bergzabernern keinen lauten Jubel aus. Sie nahmen auch ohne Begeisterung die Verbündeten auf, die Anfang 1814 durch das Elsaß in das Innere von Frankreich zogen. Die Bestimmungen des Pariser Friedens vom 30. Mai wurden den Bewohnern Bergzaberns mit Trommelschlag verkündet. Die Alten hatten allen Grund zur Freude: zum einen nahmen die Greuel des Krieges ein Ende; zum anderen sollten Bergzabern und Landau bei Frankreich verbleiben, wie der Bergzaberner Georg Weber bemerkt[83]. Ein Bourbone sollte mit Ludwig XVIII. wieder den Thron besteigen. Am 22. April hatten die Notabeln des Kantons Bergzabern schon eine Adresse verfaßt, die ihre Anhänglichkeit an die neue Majestät zum Ausdruck brachte[84]. Unter ihnen waren auch eine Reihe von reformierten Pfarrern, an der Spitze Philipp Friedrich Culmann und seine Freunde Johann Friedrich Bruckner[85] und Johann Jakob Gulden[86].

78 LKA Speyer, Abt. 43/1 Nr. 9; Anschreiben Culmanns, Bergzabern, 26.12.1805.

79 E. Cannawurf, Der Napoleonkult in den evangelischen Kirchen der Pfalz und der Provinz Rheinhessen, in: Blätter für Pfälzische Kirchengeschichte, 32. Jg., 1965, S. 53 ff.

80 Predigt am Krönungs-Feste Ihro K. K. M. unsers Erlauchten Kaisers Napoleon, Straßburg 1811; G. Volz, Zeugnisse des Napoleonkultes in der evangelischen Kirche I, in: Blätter für Pfälzische Kirchengeschichte, 26. Jg., 1959, S. 31 ff.

81 G. Biundo (wie Anm. 1), Nr. 4952; S. Schnauber, Der Speyerer Pfarrer und Konsistorialrat G. F. W. Schultz (1774–1842). Mitbegründer der pfälzischen Union von 1818, Speyer 1987.

82 S. Schnauber (wie Anm. 81), S. 39.

83 G. Weber, Jugendeindrücke und Erlebnisse, Leipzig 1887, S. 35.

84 AN Paris, F 1 C III Bas-Rhin 9; Adresse des Kantons Bergzabern, Bergzabern, 22.4.1814.

85 G. Biundo (wie Anm. 1), Nr. 619.

86 Ebd., Nr. 1790.

Manche Protestanten freilich befürchteten, daß ihr Kultus unter der bourbonischen Restauration wieder benachteiligt würde. Nur wenige galten als überzeugte Royalisten wie der Hunspacher Pfarrer Philipp Hoffmeister[87]. Während der 100-Tage-Herrschaft Napoleons sollten wieder Gebete für den Kaiser in den Kirchen gesprochen werden.

Auf Grund der Bestimmungen des zweiten Pariser Friedens vom 20. November 1815 wurde das Gebiet zwischen Lauter und Queich von Frankreich abgetreten. Die Grenzziehung erfolgte zum Leidwesen der Bewohner Bergzaberns, wie unser Landsmann Georg Weber schreibt[88]. Die Südpfalz kam unter eine Verwaltung der Österreicher, die der Hofrat Wilhelm von Droßdick leiten sollte, einer der Präsidenten der *österreichischen und bayerischen Administration auf dem linken Rheinufer*[89]. Dieser beauftragte mit der Verwaltung des Bezirks auf dem linken Ufer der Lauter Philipp Jakob Siebenpfeiffer[90].

Es ist anzunehmen, daß Siebenpfeiffer schon damals die Bergzaberner Familie Culmann kennenlernte. Am 1. Mai 1816 trat der Bayernkönig seine Herrschaft in den linksrheinischen Erwerbungen an. Schon eine Woche später schuf die Regierung für die beiden protestantischen Kirchen des Rheinkreises als leitende Behörde das Speyerer Generalkonsistorium[91]. Seine Organe waren die Inspektoren der Distrikte, die an die Stelle der Konsistorialpräsidenten traten. Es war eine konsistorial-episkopale Ordnung, die auf eine breite Opposition bei den liberalen Kräften stieß. Sie kritisierten vor allem, daß die Beteiligung von Laien auf der oberen und mittleren Ebene der Kirche ausgeschlossen war. Die Gemeinden sollten in der Regel ihre Pfarrer behalten. Die Mehrzahl der Konsistorialpräsidenten wurde zu Distriktsinspektoren bestellt. Philipp Friedrich Culmann amtierte nun als reformierter Inspektor des Distrikts Bergzabern[92].

Der Bergzaberner Inspektor stand auf der Seite der pfälzischen Liberalen, die sich gegen eine Restauration im weltlichen wie im kirchlichen Bereich zur Wehr setzten. Er unterstützte jedoch mit Entschiedenheit die Bestrebungen für eine Union der beiden protestantischen Konfessionen des Rheinkreises. Die Bergzaberner Pfarrer hatten schon beim Reformationsjubiläum 1817 die Hoffnung ausgesprochen, daß der Hader der Religionsparteien nun ein Ende nehme. Ihr Aufruf zur Union wurde von den Protestanten der Stadt mit Beifall aufgenommen[93]. Am 2. Dezember bekundeten sie schon ihren Wunsch nach einer Vereinigung ihrer Kirchen. Die Vorstände und die Prediger der Gemeinden formulierten in einer Eingabe an das Generalkonsistorium: *Wir wollen forthin weder reformierte noch lutherische Religionspartei, sondern Evangelisch-Christliche heißen und sein. Wir erkennen allein das Evangelium Jesu Christi in seinen klaren und deutlichen Aussprüchen, so wie deren Sinn der gesunden unparteiischen Vernunft erscheint, für die einzige Norm unseres Glaubens und Lebens. Kein Mensch*

87 Ebd., Nr. 2286; P. Leuilliot, La Première Restauration et les Cent Jours en Alsace, Paris 1958, S. 215.

88 G. Weber (wie Anm. 83), S. 35.

89 F. Schmitt, Die provisorische Verwaltung des Gebietes zwischen Rhein, Mosel und französischer Grenze durch Österreich und Bayern in den Jahren 1814–1816, Meisenheim am Glan 1962, S. 158 ff.

90 E. Wadle (Hg.), Ph. J. Siebenpfeiffer und seine Zeit im Blickfeld der Rechtsgeschichte, Sigmaringen 1991.

91 J. Müller (wie Anm. 18), S. 225 ff.

92 LKA Speyer, Personalakt Ph. Fr. Culmann.

93 K. C. L. Maurer, Geschichte der Stadt Bergzabern, Bergzabern 1888, S. 123.

*soll das Recht haben, über unsere Gewissen zu gebieten und uns in Glaubenssachen nach menschlichem Gutdünken und Willkür Gesetze zu geben.*

Sie vertraten weiter die Auffassung, daß die Gemeinden bei der Gestaltung der Kirchenordnung wie bei der Einführung des Gesangbuches mitwirken müßten[94]. Die Erklärung wurde wohl weitgehend von Philipp Friedrich Culmann formuliert; sie sollte im übrigen zum Vorbild für weitere Unionsurkunden der Südpfalz werden[95].

Die Räte des Speyerer Generalkonsistoriums mußten schon bald die Erfahrung machen, daß sie keine Union gegen die Gemeinden durchsetzen konnten. Sie riefen auch sofort die Opposition auf den Plan, als sie die Anschaffung eines neuen Katechismus für die Protestanten des Rheinkreises empfohlen hatten. Der Bergzaberner Inspektor erklärte in einer Eingabe an das Generalkonsistorium, die Regierung könne nicht über die Einführung eines Glaubensbuches entscheiden, sie überschreite damit ihre Kompetenzen[96]. Er ersuchte sogar in einer direkten Eingabe die Königin, ihren Gemahl auf diese Verletzung der Toleranzakte durch seine Regierung hinzuweisen[97]. Inzwischen hatte der Bergzaberner Pfarrer wie viele seiner Freunde die Überzeugung gewonnen, daß die reformierten Gemeinden ein eigenes Unionsprogramm entwickeln müßten – gegen das lutherisch geprägte der Kirchenleitung. Die Sache der *reinen evangelischen Vereinigung* war es, die Philipp Friedrich Culmann in seinen letzten Lebenstagen umtrieb.

Auf dem Krankenbett schrieb er noch seine Vorstellungen über eine Union der Pfälzer Protestanten für die Mitbrüder nieder, die sich am 2. August 1818 zur Unionssynode in Kaiserslautern versammelten[98]. Er erlebte nicht mehr die Vollendung der Union. Philipp Friedrich Culmann starb am 5. August 1818, an dem Tage, als die Unionssynode ihre Beratungen über die Glaubensnormen begann. In Bergzabern wurde er zu Grabe getragen[99]. Georg Weber bezeichnet die Union als den bedeutsamsten Akt in der protestantischen Kirche seit der Tat Luthers. Sie erscheint ihm als Ausfluß der freieren Geistesrichtung des 18. Jahrhunderts, die den starren Dogmatismus überwunden hat. Diese Geistesrichtung vertrat ein Mann wie Philipp Friedrich Culmann, den der Bergzaberner Historiker in seinen Erinnerungen mit diesen Sätzen würdigt: *Als bald nach der Vereinigung der beiden Konfessionen der reformierte Pfarrer Culmann, der lange Jahre in Leid und Freud' zu der Gemeinde in Bergzabern gestanden und sich in hervorragender Weise um das Zustandekommen der Union bemüht hatte, aus dem Leben schied, folgte Alt und Jung seinem Begräbnis, ein Leichenkondukt, wie ihn Bergzabern noch nie gesehen hatte*[100].

94 H. E. G. PAULUS, Die Protestantisch-Evangelische unirte Kirche in der Bairischen Pfalz, Heidelberg 1840, S. 118ff.; K. C. L. Maurer (wie Anm. 93), S. 123ff.

95 J. MÜLLER (wie Anm. 18), S. 347ff.

96 Ebd., S. 283f.

97 Ebd., S. 284 und *120f.

98 Schärflein eines kranken, am Rande des Grabes schwankenden Mitbruders an die General-Synode wegen Vereinigung der beiden protestantischen Religions-Partheien, Bergzabern, 28. 7. 1818; Privatarchiv Risch-Culmann.

99 *Sein Grabstein steht auf dem alten Kirchhof in Bergzabern, ungefähr 20 Schritt vom unteren Eingang, ein großer, halbwürfelartiger Stein mit zwei Urnen darauf.* A. CULMANN, Stammbaum der Familie Culmann, Colmar 1896, S. 9.

100 G. WEBER (wie Anm. 83), S. 42.

## *Familiale Beziehungen*

Juliane Henriette und Philipp Friedrich begründeten die Bergzaberner Linie der Familie Culmann. Juliane Henriette starb am 21. Mai 1829 in Bergzabern. Sie war die Mutter von drei Töchtern und sieben Söhnen. Diese gingen Verbindungen mit bekannten pfälzischen und elsässischen Familien ein. Die Bergzaberner Linie brachte eine Reihe von bedeutenden Köpfen hervor, die führende Rollen in der Kirche, in der Politik und in den Wissenschaften einnehmen sollten.

Die älteste Tochter, Juliane Henriette Philippine[101], wurde von Pfarrer Oberlin im elsässischen Steintal erzogen. Sie heiratete 1804 Johann Jakob Gulden[102], den Pfarrer von Mörzheim, der 1805 Präsident des reformierten Konsistoriums von Landau wurde. Ihr Sohn Gustav Adolph[103] wurde 1837 in Zweibrücken Advokat, er vertrat 1848 den Wahlbezirk Homburg in der Frankfurter Paulskirche. Marie Amalie[104], die zweite Tochter, heiratete 1810 den Bergzaberner Friedensrichter Friedrich Jakob Umpfelbach[105]. Er gehörte zu den führenden Jakobinern von Bergzabern. Ihr Sohn August[106] wurde wegen seiner Teilnahme am Pfälzer Aufstand zum Tode verurteilt; er emigrierte nach Amerika. Die jüngste Tochter, Luise Karoline[107], hatte 1809 ebenfalls einen Friedensrichter geheiratet: Karl Raquet aus Baumholder. Er war der Sohn des Pfarrers Johann Wilhelm Raquet[108], der eine Schwester von Philipp Friedrich Culmann zur Frau hatte.

Der älteste Sohn war Philipp Friedrich Wilhelm[109]. Er arbeitete als Gehilfe eines Notars in Sulz, wo er im Jahr 1812 verstarb. Friedrich Jakob[110], der zweite Sohn, schlug eine Laufbahn in der französischen Armee ein. Er galt als ein vorzüglicher Kenner der Geschütztechnik, so daß man ihn 1830 in den Generalstab der Artillerie holte. 1847 beendete er seine Karriere als Direktor der Artillerie zu Straßburg. Nach der Revolution von 1848 vertrat er das Departement Bas-Rhin in der verfassunggebenden Nationalversammlung. Friedrich Jakob hate ein herzliches Verhältnis mit seinen pfälzischen Verwandten. Er kümmerte sich vor allem um die Ausbildung der Kinder seines Bruders Karl Wilhelm. 1843 ging er eine zweite Ehe mit Luise Frölich ein, der Witwe seines Bruders Johann Christian.

Das forstwissenschaftliche Fach schlug Karl Theodor[111] ein. Die Anregung hatte er wohl vom Vater erhalten, der sich mit Fragen der Forst- und Landwirtschaft in seiner Freizeit beschäftigte. Philipp Friedrich Culmann war Mitglied der *Société d' agriculture et d'économie*

101 Geboren am 4. 6. 1784 in Annweiler; E. Gummi-Culmann (wie Anm. 24), S. 3.

102 G. Biundo (wie Anm. 1), Nr. 1790.

103 E. Süss, Die Pfälzer im »Schwarzen Buch«, Heidelberg 1956, Nr. 60; H. G. Haasis (wie Anm. 67), S. 214.

104 Geboren am 31. 5. 1789 in Annweiler; E. Gummi-Culmann (wie Anm. 24), S. 4.

105 H. Ziegler, Das Justizwesen in der Pfalz im 19. Jahrhundert, in: Mitteilungen des Historischen Vereins der Pfalz, 86. Bd., 1988, Nr. 558.

106 I. Melzer, Pfälzische Emigranten in Frankreich während und nach der Revolution von 1848/49 II, in: Francia, Bd. 13, 1985, S. 378 ff.

107 Geboren am 13. 11. 1791 in Annweiler; E. Gummi-Culmann (wie Anm. 24), S. 4.

108 G. Biundo (wie Anm. 1), Nr. 856.

109 Geboren am 10. 4. 1786 in Annweiler; E. Gummi-Culmann (wie Anm. 24), S. 5.

110 Geboren am 16. 9. 1787 in Annweiler; E. Gummi-Culmann (wie Anm. 24), S. 5; Nouveau dictionnaire de biographie alsacienne (wie Anm. 44), S. 557.

111 Geboren am 22. 6. 1801 in Bergzabern; E. Gummi-Culmann (wie Anm. 24), S. 7.

*intérieure* von Straßburg. Er verfaßte für die Annalen der Gesellschaft eine Reihe von Abhandlungen übr den Hopfen- und Kleebau des Departements[112]. Karl Theodor starb im Alter von 38 Jahren. Seine beiden Söhne wurden im Hause des Onkels August Ferdinand in Zweibrücken erzogen.

Die Rechtswissenschaft wählten drei Söhne des Bergzaberner Pfarrers: Johann Christian[113], Johann Ludwig[114] und August Ferdinand[115] . Johann Ludwig trat 1833 in den Justizdienst des Rheinkreises ein, wurde Richter am Bezirksgericht Landau. Er war verheiratet mit Julie Luise Collmar, der Tochter eines Gutsbesitzers aus Landau.

Für die Theologie entschied sich nur der zweite Sohn, Karl Wilhelm[116] . Er studierte in Straßburg und in Göttingen, trat 1817 in den Dienst der Pfälzer Kirche, zwei Jahre später wurde ihm die zweite Pfarrstelle von Bergzabern übertragen. 1820 schloß er die Ehe mit Karoline Emilie Böll[117] , die aus einer alten Weißenburger Familie kam. Ihr Vater war Johann Kaspar Böll[118] , der 1796 Präsident des Kriminalgerichts von Weißenburg geworden war. Er verurteilte den Staatsstreich Napoleons von 1799, sagte nein bei dem Plebiszit von 1803. Daher wurde Johann Kaspar Böll inhaftiert und zum Verzicht auf sein Amt gezwungen. Er lebte danach als Privatmann in seiner Vaterstadt, wo er sich mit Literatur und Fragen der Philosophie beschäftigte. Ein guter Freund war der Jurist Andreas Meyer[119] , ein entschiedener Republikaner, der seine Heimat nach dem Plebiszit von 1803 verließ. Bis 1816 war er Hauslehrer der Grafen von Solms – Laubach in Neuwied, wo er auch mit Karoline Emilie Böll zusammentraf[120]. Böll hatte nur einen Sohn, Leberecht, der die Göttinger Hochschule mit den Brüdern Culmann zusammen besuchte. Er starb schon im Jünglingsalter [121]. Die jüngste Tochter Bölls, Julie, heiratete Friedrich Karl Pfender[122] , der von 1839 bis 1874 als Pfarrer in Weißenburg wirkte. Es gab zwischen den Bergzaberner Culmanns und den Weißenburger Pfenders enge Beziehungen, die auch die hohe Politik nicht belasten konnte[123].

Aus der Ehe von Karoline Emilie und Karl Wilhelm Culmann gingen fünf Kinder hervor, deren Begabungen auf vielen Feldern hervortreten sollten. Sie hatten zwei Söhne, deren Leistungen in der *»Neuen Deutschen Biographie«* gewürdigt werden: Der erste ist der Statiker Karl Culmann[124], 1855 Professor am Züricher Polytechnikum; seine *Graphische Statik* ist ein

112 LKA Speyer, Personalakt Ph. Fr. Culmann.

113 Geboren am 5. 12. 1795 in Bergzabern. Siehe den Beitrag von Hans Kirsch.

114 Geboren am 20. 9. 1798 in Bergzabern; E. Gummi-Culmann (wie Anm. 24), S. 6; H. Ziegler (wie Anm. 105), Nr. 82.

115 Geboren am 1. 8. 1804 in Bergzabern. Siehe unten.

116 Geboren am 21. 12. 1793 in Annweiler; E. Gummi-Culmann (wie Anm. 24), S. 5; G. Biundo (wie Anm. 1), Nr. 860.

117 E. Risch-Culmann, Aus dem Leben unserer Mutter (Karoline Emilie Culmann geb. Böll), Landau 1898.

118 Nouveau dictionnaire de biographie alsacienne (wie Anm. 44), S. 282; J.-K. Boell, Erfahrungen und Ansichten des Lebens I, Weissenburg 1870.

119 R. Reuss, Zur Lebensgeschichte J. Fr. Simons, des Straßburger Pädagogen, in: ZGO, NF Bd. 24, 1909, S. 330f.

120 E. Risch-Culmann (wie Anm. 117), S. 11f.

121 G. von Selle (wie Anm. 6), S. 557.

122 M.-J. Bopp (wie Anm. 72), Nr. 3972.

123 E. Risch-Culmann (wie Anm. 117), S. 17.

124 NDB, 3. Bd., S. 436.

Standardwerk der Technik geworden. Der zweite ist der Theologe Philipp Theodor Culmann[125] , Autor philosophischer und theologischer Abhandlungen; sein Hauptwerk ist die *Christliche Ethik* von 1863.

### *August Ferdinand Culmann: Jugendzeit – Schule – Studium*

August Ferdinand, der jüngste Sohn, wurde am 1. August 1804 in Bergzabern geboren. Seine Paten waren Johann Daniel Bickes und seine Frau Sara, eine geborene Thyson. Der Pate war Posthalter Bergzaberns und Krämer, Mitglied des reformierten Presbyteriums und des Stadtrates[126]. Seine Kindheit verlebte August Ferdinand im reformierten Pfarrhaus am Dicken Turm, der die Nordwestecke der städtischen Befestigung bildet. Das alte Gemäuer war ein herrlicher Schauplatz für romantische Räuberspiele, wie Karoline Emilie Culmann in ihren Erinnerungen schreibt[127]. Es ist anzunehmen, daß August Ferdinand den ersten Unterricht auf der Sekondärschule von Weißenburg erhielt, die 1807 eröffnet worden war[128].

1821 trat er in das Gymnasium in Zweibrücken ein, dem der liberale Theologe Johann Heinrich Hertel vorstand[129]. Immer war der junge Culmann unter den ersten Schülern, die Preise oder Diplome erhielten. *Die Lehren und das Leben des Sokrates* war das Thema der Rede, die August Ferdinand bei der öffentlichen Preisverteilung des Jahres 1822 hielt. Er gab bei dem Abgang von der Schule an, daß er Medizin studieren möchte. Auch eine Reihe seiner Mitschüler sollte im öffentlichen Leben des Rheinkreises später eine Rolle spielen. Unter den ersten zehn der Abschlußklasse waren sieben, die wir bei den Pfälzer Liberalen des Vormärz wiederfinden[130].

Am 19. Oktober 1822 wurde August Ferdinand Culmann als Student der Rechtswissenschaft an der Göttinger Hochschule immatrikuliert[131]. Er war der vierte Sohn des Bergzaberner Pfarrers, der die Georgia Augusta bezog.

Die juristische Fakultät wies eine Reihe von bekannten Professoren auf, die Studenten aus vielen deutschen Gauen anzogen: Gustav Hugo, der über den Code Napoleon las, Arnold Heise, der das Pandektenrecht auf eine neue Grundlage stellte, wie Karl Friedrich Eichhorn, der 1817 den Lehrstuhl für Staatsrecht erhielt. Der letztere hatte bei der Studentenschaft ein hohes Ansehen, da er in den Freiheitskriegen ausgezeichnet worden war[132]. August Ferdinand zeigte nicht nur für das juristische Fach Interesse; er hörte auch Vorlesungen in der Politik, in der Mathematik und Physik[133].

125 Ebd., S. 436f.; B. H. BONKHOFF, Der pfälzische Theologe Ph. Th. Culmann (1824–1863), in: Blätter für Pfälzische Kirchengeschichte, 56. Jg., 1989, S. 29ff., und 58. Jg., 1991, S. 43ff.

126 Personenstandsregister Bad Bergzabern.

127 E. RISCH-CULMANN (wie Anm. 117), S. 17.

128 F. L'HUILLIER, Recherches sur l'Alsace Napoléonienne, Strasbourg 1947, S. 632.

129 G. BIUNDO (wie Anm. 1), Nr. 2126; H. FINGER, Altes und Neues aus der dreihundertjährigen Geschichte des Zweibrücker Gymnasiums, Landau 1859, S. 122ff.

130 Jahresbericht von der Königl. Gymnasialanstalt zu Zweibrücken, Zweibrücken 1822.

131 G. VON SELLE (wie Anm. 6), S. 679.

132 G. MEINHARDT (wie Anm. 14), S. 48.

133 Zeugnis der Georg-August-Universität vom 24. 8. 1824.

Es ist nicht bekannt, ob er einen Zugang zu den studentischen Kreisen hatte, die im Winter 1822/23 eine Burschenschaft in Göttingen gründeten[134].

August Ferdinand Culmann setzte seine Studien an der bayerischen Universität in Würzburg fort, wo er am 2. November 1824 immatrikuliert worden war. Er belegte vor allem Vorlesungen aus den Bereichen des französischen und bayerischen Zivilrechts wie des Staats- und Völkerrechts[135]. Die meisten Professoren an der juristischen Fakultät wurden der liberalen Partei zugerechnet, so daß ihnen die besondere Aufmerksamkeit der bayerischen Staatsregierung sicher war. Eine bedeutende Persönlichkeit war der Staatsrechtler Wilhelm Joseph Behr[136], einer der Wortführer der liberalen Opposition des Landtages. 1832 trat er als Redner auf dem Volksfest in Gaibach auf; er verbrachte danach 16 Jahre in Festungshaft. Als liberal galt auch sein Kollege Johann Adam Seuffert[137], der 1832 der zweite Präsident des Landtages war, in dem die Pfälzer die äußerste Linke bildeten, unter ihnen Johann Christian Culmann wie Friedrich Schüler und Friedrich Justus Willich[138].

Die progressive Richtung vertrat auch Sebald Brendel[139], der mit Entschiedenheit für die Emanzipation der Juden stritt. Er gehörte wie seine Kollegen Conrad Cucumus und Johann Adam Seuffert zu den Gelehrten, die 1832 von der Krone wegen ihrer *ultraliberalen Tendenzen* aus dem Lehramt entfernt wurden[140].

Ein gärendes Element waren ohne Zweifel die pfälzischen Studenten, die nach 1816 an die Würzburger Hochschule kamen. Diese Generation hatte noch die Zeiten der Revolution und des Kaiserreiches erlebt; manche hatten auch unter den Fahnen des Korsen gekämpft. Einige von ihnen waren Söhne der Klubisten, die eine rheinische Republik angestrebt hatten[141]. Die Pfälzer verfochten vor allem die liberalen Grundsätze, die ihren Niederschlag in den Gesetzbüchern Napoleons gefunden hatten. Manche dieser Studenten sollten uns in den revolutionären Bewegungen des Vormärz wieder begegnen. Von ihnen traten neben August Ferdinand Culmann nach der Märzrevolution vor allem hervor: Joseph Martin Reichard[142], der den Wahlbezirk Kirchheimbolanden in der Paulskirche vertrat, 1849 Präsident der provisorischen Regierung der Rheinpfalz wurde; wie Carl Wilhelm Schmidt[143], der 1849 Mitglied des Landesverteidigungsausschusses der Rheinpfalz war.

134 G. Heer, Geschichte der Deutschen Burschenschaft, Bd. 2, Heidelberg 1927, S. 53. Das Zeugnis vom 24. 8. 1824 trägt den Vermerk: »Hiezu die Resolution wegen der verbotenen Verbindung!«

135 S. Merkle, Die Matrikel der Universität Würzburg, 1. Teil: Text, 2. Hälfte, München und Leipzig 1922, S. 970; Mitteilung der Universität Würzburg vom 2. 6. 1986, Nr. IA 2-a.

136 M. Spindler, Die Regierungszeit Ludwigs I. (1825–1848), in: Handbuch der Bayerischen Geschichte, Bd. IV/1, München 1974, S. 135.

137 W. Engelhorn, Der bayerische Staat und die Universität Würzburg im frühen 19. Jahrhundert, in: P. Baumgart (Hg.), Vierhundert Jahre Universität Würzburg, Neustadt a. d. Aisch 1982, S. 166.

138 M. Spindler (wie Anm. 136), S. 152f.

139 W. Engelhorn (wie Anm. 137), S. 156.

140 Ebd., S. 167f.

141 Wir treffen in Würzburg zwischen 1822 und 1824 eine Reihe von Studenten aus Familien, die eine Rolle in den demokratischen Bewegungen 1789ff. spielten, z. B. Eickemeyer, Fries, Gelbert, Hosemann, Lebachelle, Lehne, Lichtenberger, Lippert, Mahla, Meuth, Reichard, Ritter, Schmidt, Schlemmer, Willich, Zöller.

142 S. Merkle (wie Anm. 135), S. 966; E. Süss (wie Anm. 103), S. 119 und 150; H. Ziegler (wie Anm. 67), Nr. 226.

143 S. Merkle (wie Anm. 135), S. 968; E. Süss (wie Anm. 103), Nr. 148; H. Ziegler (wie Anm. 67), Nr. 257.

Es ist nicht festzustellen, ob Culmann Mitglied einer studentischen Vereinigung in Würzburg wurde. Der Rektor hatte die Würzburger Burschenschaft im Sommer 1824 zur Auflösung gezwungen, einige Mitglieder waren von der Hochschule verwiesen worden. Eine Anzahl von Burschenschaftlern bildete danach die Verbindung *Concordia,* die 1825 unter Polizeiaufsicht gestellt wurde[144]. Ein führender Würzburger Burschenschaftler war Johann Gottfried Eisenmann[145], der die Vorstellungen des Jenaer Jünglingsbundes verbreitete. Er trat wie Behr auf dem Gaibacher Volksfest des Jahres 1832 auf, erhielt dafür auch eine Festungsstrafe, 1848 wurde er in das Parlament zu Frankfurt gewählt.

August Ferdinand Culmann kehrte nach Abschluß seiner Studien in den Rheinkreis zurück. 1828 erhielt er die Zulassung als Advokat am Bezirksgericht Kaiserslautern[146]. Ein Jahr später ging er die Ehe mit Emilie Frölich ein, der Tochter eines Zweibrücker Kaufmanns[147]. Der Reaktion sagte er vor den Landauer Assisen 1833 den Kampf an, wo sich die Redner des Hambacher Volksfestes verantworten mußten. Er verteidigte dort den Pfarrer Johann Heinrich Hochdörfer. Sein politisches Wirken sollte in Zukunft die Überzeugung leiten, die er vor dem Gericht in Landau aussprach: Die Staaten Europas müßten endlich die politischen Ordnungen erhalten, die dem Kulturzustand der Völker angemessen seien[148].

144 G. Heer (wie Anm. 134), S. 67f.
145 M. Spindler (wie Anm. 136), S. 135.
146 Durch Reskript vom 20. 8. 1828 zum Advokaten am Bezirksgericht zu Kaiserslautern ernannt; Intelligenz-Blatt des Rheinkreises, Nr. 22, 13. 9. 1828, S. 296.
147 Personenstandsregister Zweibrücken.
148 Vollständige Verhandlungen vor dem königlich-bayerischen Appellationsgerichte des Rheinkreises und in den öffentlichen Sitzungen des außerordentlichen Assisengerichts zu Landau, Zweibrücken 1833, S. 322.

# »Jene Zeit der schönen Träume ...«
## Christian Culmann – Advokat und liberaler Politiker des Vormärz

VON HANS KIRSCH

Unruhige, ja revolutionäre Zeiten waren es, als sich der reformierte Pfarrer in Annweiler, Philipp Friedrich Culmann, 1793 um eine Pfarrstelle im nahen Bergzabern bewarb. Am 30. Oktober 1793 wurde ihm die Stelle vom Zweibrücker Konsistorium übertragen, jedoch konnte er sie infolge der Kriegswirren erst um Ostern 1794 antreten[1]. Bereits seit 15. März 1793 gehörte das Oberamt Bergzabern mit seinen zehn Gemeinden zur französischen Republik[2]. Philipp Friedrich Culmann schienen die neuen politischen Verhältnisse zugesagt zu haben, denn die örtliche Verwaltung stellte ihm bald ein gutes Zeugnis aus: Er habe sich, nachdem er durch Ablegung des Konstitutionseides in die Republik aufgenommen worden sei, als guter Bürger betragen, habe 300 Livres zu einem kommunalen Kontingent beigetragen und seine Arbeit auf dem Linienbau und im Hospital gleich jedem anderen Bürger verrichtet. Darüber hinaus habe er sich aber noch durch Reden im Bergzaberner und Weißenburger Club bemüht, *Patriotismus und Republikanersinn mit Licht und Wärme zu pflanzen* und in seinem Umgang jedem Bürger *Liebe zum Vaterland und zur Constitution einzuflösen*[3].

In dieser Zeit, am 5. Dezember 1795, erblickte das siebente Kind der Familie Culmann das Licht der Welt, einer Familie, von der der Historiker Georg Weber sagt: *Sie hielt sich zu der französisch gesinnten Partei*[4]. Das mit der Führung der Personenstandsregister der Stadt Bergzabern beauftragte Gemeinderatsmitglied notierte am Tag darauf, daß ihm Philipp Friedrich Culmann im Beisein zweier Zeugen erklärt habe, *daß Henriette Margaretha Dellin, seine rechtmäßige Ehegattin, gestern um halb acht Uhr Morgends in besagter Municipalität, so in der Mittelgasse gelegen, mit einem Knaben niedergekommen ist, den er mir vorgewiesen und dem er den Vornamen Johann Christian gegeben hat*[5].

1 Georg Biundo, Die evangelischen Geistlichen der Pfalz seit der Reformation, Neustadt/Aisch 1986, S. 76.

2 Hellmuth G. Haasis, Morgenröte der Republik, Frankfurt 1984, S. 47.

3 Antwortschreiben des Bürgers und reformierten Predigers P. F. Culmann zu Bergzabern, auf die Herausforderung ... des Damm aus Würzburg, Universitätsbibliothek Heidelberg, Hs 745, Nr. 57, Bl. 3.

4 Georg Weber, Jugendeindrücke und Erlebnisse, Leipzig 1887, S. 39.

5 Stadtarchiv Bad Bergzabern.

## *Jugend und Beruf*

Christian Culmann hatte bei seiner Geburt bereits sechs Geschwister: die drei Brüder Philipp, Friedrich und Karl sowie die drei Schwestern Henriette, Amalie und Louise. Nach Christian wurde 1798 Ludwig geboren, 1801 Theodor und schließlich 1804 August Ferdinand. Die Familie wohnte in der Mittelgasse, der heutigen Marktstraße, im Haus Nummer 239[6]. Welche Schulen Christian besucht hat, ist nicht bekannt. Da die Bergzaberner Lateinschule erst 1836 eröffnet wurde, kann nur vermutet werden, daß er nach dem Besuch einer Grundschule in seinem Heimatort an das Weißenburger Kolleg wechselte. 1813 begann er an der Universität Straßburg mit dem Studium der Rechte[7]. Ab Mai 1814 setzte er sein Studium an der Universität Göttingen fort und schloß es mit dem Ende des Wintersemesters 1816/17 ab[8]. Die Prüfungskommission war zufrieden mit ihm und bezeichnete ihn als *einen talentvollen Mann, der seine Zeit gut verwendet* habe[9].

Im rheinbayerischen Justizdienst Verwendung zu finden, war nach Abschluß des Studiums der Wunsch Christian Culmanns. Nach einem Referendariat beim Appellationsgericht des Rheinkreises in Zweibrücken bescheinigte man ihm, daß er sich *durch Talente und Kenntnisse rühmlich ausgezeichnet* habe. Besonders wurde hervorgehoben, *daß Culmann von jenem achtbaren Geiste beseelt sey, der in dem Stande der Advocaten wieder erweckt werden müsse*[10]. Hiernach wurde Culmann durch Allerhöchstes Reskript vom 30. Dezember 1817 als Advokat beim Appellationsgericht in Zweibrücken zugelassen[11].

Bald darauf, am 5. August 1818, starb in Bergzabern Christians Vater, der dort seit 1802 Präsident des reformierten Lokalkonsistoriums gewesen war[12]. In seinen *Erlebnissen* schrieb Georg Weber: *Als bald nach der Vereinigung der beiden Confessionen der reformierte Pfarrer Culmann, der lange Jahre in Leid und Freud' zu der Gemeinde gestanden und sich in hervorragender Weise um das Zustandekommen der Union bemüht hatte, aus dem Leben schied, folgte Alt und Jung seinem Begräbnis, ein Leichenconduct, wie ihn Bergzabern noch nie gesehen hatte*[13].

Christians Mutter folgte ihrem Ehegatten elf Jahre später, am 21. Mai 1829[14]. Auf dem alten Bergzaberner Friedhof – im heutigen Park – erinnert noch ein verwitterter Grabstein an Philipp Friedrich und Henriette Culmann.

Mit der Eröffnung der Anwaltspraxis 1818 in Zweibrücken hatte Christian auch seine Wohnung hierhin verlegt. Bald lernte er Luise Frölich kennen, die am 26. Oktober 1801 geborene Tochter eines Zweibrücker Kaufmanns, mit der er sich am 14. März 1820 verheiratete[15]. Neun Jahre später vermählte sich Christians jüngster Bruder, August Ferdinand, mit Emilie Frölich, einer Schwester von Christians Frau.

6 Schriftliche Mitteilung Günther Volz, Bad Bergzabern, vom 13. 2. 1992.

7 H. Holzschuher, Denkmal der bayerischen Stände Versammlung 1831, Heft 2, München 1831, S. 77.

8 Matrikel der Universität Göttingen, Nr. 24109, sowie Logis-Verzeichnisse. Mitteilung des Universitätsarchivs vom 23. 1. 1986.

9 H. Holzschuher (wie Anm. 7), S. 77.

10 Ebd., S. 77f.

11 Regierungsblatt für das Königreich Bayern, 1818, vom 14. 1. 1818, Sp. 16.

12 G. Biundo (wie Anm. 1), S. 76.

13 G. Weber (wie Anm. 4), S. 42.

14 G. Biundo (wie Anm. 1), S. 76.

15 Stadtarchiv Zweibrücken, Standesamt.

Theodor Hilgard der Ältere, Richter am Appellationsgericht Zweibrücken und ein Freund der Culmann-Brüder, erinnerte sich später an die ersten Jahre Christians in Zweibrücken: *Zuerst tritt deine Gestalt mir entgegen als die eines blühenden, geistreichen, heiteren Jünglings, als du im Gefühl ungewöhnlicher Kraft, mit mutiger Zuversicht und doch bescheiden die Bahn des bürgerlichen Wirkens betratst. Als du das Herz und die Hand einer der ausgezeichnetsten Töchter Zweibrückens dir erwarbst; als noch nicht Geschäftssorgen und Männerleiden deine Stirn gefurcht und deine frischen Wangen gebleicht hatten. Wie reich und schön mußte damals deine Zukunft vor dir liegen!*[16]

Culmanns Anwaltspraxis scheint sich in der Folge gut entwickelt zu haben, denn sie wird in den amtlichen Unterlagen als *groß* bezeichnet[17] und Christian Culmann als *bekannter Advocat*[18] sowie als Jurist, dem es gelungen sei, sich einen geachteten Namen zu machen[19]. Begeistert schildert uns Theodor Hilgard Christian Culmann als Anwalt des Rechts: *Wie klar sind die Worte, die ich höre, wie scharf und richtig die Schlüsse, wie reich und gründlich das Wissen, aus dem sie hervorgehen, wie rasch und leicht der Überblick! Ich habe manchen Kampf mit dir gekämpft auf diesem Felde, oft mit Zagen, nie ohne Besorgnis. Aber in der Siegesfreude wie im Zorn der Niederlage – immer mischte sich unter meine Gefühle die Bewunderung deines hohen Talents. Nie war eine gute Sache sicherer als in deiner Hand*[20].

Christians Bruder August Ferdinand war nach Beendigung seines Jurastudiums 1828 zunächst am Bezirksgericht Kaiserslautern als Advokat zugelassen worden. Zwei Jahre später wurde er auf eigenen Antrag zum Appellationsgericht nach Zweibrücken versetzt[21] und trat hier in die Anwaltskanzlei seines Bruders Christian ein. Diese nahm in den nächsten Jahren einen solchen Aufschwung, daß sie im Jahr 1839 von 220 Prozeßsachen, die beim Appellationsgericht anhängig waren, allein 167 vertrat[22]. Damit war sie eine der größten und erfolgreichsten Anwaltspraxen der Pfalz.

Doch nicht nur in beruflicher Hinsicht war Christian Culmann äußerst aktiv, auch auf politischer Ebene trat er hervor. Seit der Zugehörigkeit zu Bayern gab es in der Pfalz als Vertretungsorgan auf Provinzebene den sogenannten »Landrat«. Diese Einrichtung mit ihren 20 Mitgliedern ging auf den Departementalrat der französischen Zeit zurück und hatte insbesondere die Aufgabe, auf die Einhaltung der dem Rheinkreis garantierten Gesetze und Institutionen zu achten. 1826 wurde Christian Culmann zum Mitglied des Landrats gewählt und gehörte ihm bis 1830 an[23]. Als Sekretär führte er die Geschäfte des Organs, wodurch er sich *einen ziemlich allgemeinen vorteilhaften Ruf* erwarb[24]. In der politischen Arbeit

16 Albert BECKER, Westricher Lebensbilder: Christian Culmann 1795–1837; in: Westpfälzische Geschichtsblätter, 1922, S. 27.
17 HSTA München, MInn 44 347.
18 HSTA München, MInn 44 354.
19 Werner MARX, Die pfälzischen Abgeordneten im bayerischen Landtag, insbesondere beim ersten Landtag der Reaktionszeit 1849/50, München 1954, S. 8.
20 A. BECKER (wie Anm. 16), S. 27.
21 Amts- und Intelligenzblatt der Pfalz, 1830, S. 257.
22 HSTA München, MInn 44 354.
23 Fritz DERESER, Der Landrat der Pfalz im Vormärz, Mainz 1954, S. 238.
24 J. A. MILLER (= Georg Friedrich Kolb), Geschichte der neuesten Ereignisse in Rheinbaiern, Weissenburg 1833, S. 40.

zeichnete er sich durch *mutiges Auftreten*[25] aus, und bald war Culmann *der bekannteste unter den oppositionellen Liberalen des Rheinkreises*[26].

Der Landrat, den es in den übrigen bayerischen Kreisen zunächst nicht gab, genoß im Königreich ein einzigartiges Privileg: Er konnte unter Umgehung der Kreisregierung in Speyer Anträge, Wünsche und Forderungen direkt an das Ministerium in München herantragen. Obwohl sich die Staatsregierung und ihre Beamten anfangs nur schwer an den Gedanken gewöhnen konnten, mit gewählten »Volksvertretern« verhandeln zu müssen und deren Eingaben zu bearbeiten, waren dem Landrat in den zwanziger Jahren doch eine Reihe wichtiger Erfolge beschieden: die Beibehaltung des metrischen Systems, die Abwendung einer Konsumsteuer, später die Verringerung der Maut[27]. Und für manche Mitglieder des Landrats, so auch für Christian Culmann, wurde die Arbeit in dem Kreisparlament zu einer *»ausgezeichneten konstitutionell-politischen Schule«*[28] auf dem Weg in den Landtag in München.

## *Der Landtag 1831*

Den Landtag, oder – wie es damals hieß – die Ständeversammlung, gab es aufgrund der neuen bayerischen Verfassung von 1818, die sich im wesentlichen an der französischen Konstitution von 1814 orientierte. Auch in dieser neuen Verfassung vereinigte der König alle Staatsgewalt in sich mit den verfassungsmäßig festgelegten Einschränkungen, die er sich selbst auferlegte. Er blieb also weiterhin alleiniger Träger der Souveränität. In der Praxis übte der Monarch seine Staatsgewalt durch ein in fünf Ressorts gegliedertes Ministerium aus. Neben gewissen Grundrechten bildeten die Bestimmungen über die Volksvertretung den Kern der Verfassung. Der Landtag, der in zwei Kammern gegliedert war, besaß das Steuerbewilligungsrecht sowie ein Petitions- und Beschwerderecht, ferner mußte er an der Gesetzgebung beteiligt werden. Die Erste Kammer, Kammer der Reichsräte genannt, bestand aus den Prinzen des Königshauses, den obersten Beamten der Krone, den beiden Erzbischöfen, den Häuptern der ehemals reichsständischen fürstlichen und gräflichen Familien sowie aus den vom König erblich oder auf Lebenszeit berufenen Reichsräten. Der Ersten Kammer kam als konservativem und regierungstreuem Gegengewicht zur Zweiten Kammer in der Landtagsarbeit große Bedeutung zu.

Die Zweite Kammer, die Kammer der Abgeordneten, bestand zu einem Achtel aus adeligen Gutsbesitzern mit eigener Gerichtsbarkeit – die es in der Pfalz nicht gab –, zu einem weiteren Achtel aus katholischen und protestantischen Geistlichen, zu einem Viertel aus Vertretern der Städte und Märkte sowie zur Hälfte aus Landeigentümern, die keine gutsherrliche Gerichtsbarkeit besaßen. Die Abgeordneten wurden auf sechs Jahre gewählt, traten in dieser Zeit zweimal zu Beratungen zusammen, hatten einen Eid auf die Verfassung abzulegen und genossen Immunität[29].

25 Elmar KRAUTKRÄMER, Georg Friedrich Kolb (1808–1884), Meisenheim 1959, S. 111.

26 Wilhelm LEMPFRID, Der bayerische Landtag 1831 und die öffentliche Meinung; in: Zeitschrift für bayerische Landesgeschichte, 24, 1961, S. 75.

27 Werner LUDWIG, 175 Jahre Bezirksverband Pfalz, in: Stimme der Pfalz, 2/1991, S. 5.

28 F. DERESER (wie Anm. 23), S. 32.

29 Friedrich Ludwig WAGNER, Territoriale Neuordnung, Verfassung und Verwaltung des pfälzischen Raumes nach Beendigung der französischen Herrschaft, in: Jahrbuch von Stadt und Landkreis Kaiserslautern, 18/19, 1980/81, S. 13ff.

1819 trat der Landtag erstmals zusammen. Der Pfalz standen dabei zwölf Mandate zu: je ein evangelischer und katholischer Pfarrer, drei Vertreter der Städte und sieben Vertreter der Landeigentümer. Für die Altbayern im Landtag kamen die Pfälzer aus einer fremden Welt: ohne Adel und geistliche Gerichtsbarkeit, ohne Zunftzwang, aber mit Gewerbefreiheit. Sie hatten das französische Recht übernommen, fühlten sich wohl damit und waren stolz darauf. Erst kurze Zeit waren sie bayerisch, demgemäß argwöhnisch und immer bereit, gegen tatsächliche oder vermeintliche Angriffe auf ihre Sonderrechte zu protestieren, für ihr Vaterland – und das war die Pfalz, nicht Gesamtbayern – zu kämpfen. Wichtiger als die Verfassung war für sie der Zusatz vom 5. Oktober 1818, der die bestehenden pfälzischen Rechtsverhältnisse schützte. Für moderne, das heißt liberale Institutionen nahm man immer das Wort[30].

Die Wahl des dritten bayerischen Landtags im Dezember 1830 fiel in eine politisch und wirtschaftlich aufgeregte Zeit. In der Bevölkerung hatte sich seit der Angliederung der Pfalz an Bayern mancher Unmut angesammelt. Das Land war schuldenfrei an Bayern gekommen, mußte dann aber für die älteren bayerischen Staatsschulden mithaften. Forderungen, die Privatpersonen an den Staat noch aus französischer Zeit hatten, wurden vom bayerischen Staat als Rechtsnachfolger nur zu 40 Prozent und ohne Zinsen vergütet. Ferner gab es Klagen darüber, daß die wichtigsten Stellen in der Staatsverwaltung nur mit Beamten aus dem Rechtsrheinischen besetzt wurden[31]. 1829 wurde zwischen Bayern und Württemberg einerseits sowie Preußen und Hessen andererseits ein Handelsvertrag geschlossen, der die Pfalz vom 20. Dezember 1829 an mit einem Schlage wirtschaftlich isolierte. Zollschranken schlossen das Land gegenüber Baden, Hessen und dem preußischen Rheinland ab, so daß die Pfalz *das Bild einer verödeten, abgeschnittenen Insel* bot[32]. 1831 kam es, wie 1816 schon einmal, zu einer schweren Mißernte, die im Winter 1831/32 vor allem bei den Grundnahrungsmitteln zu einem erheblichen Preisanstieg[33] und in der Westpfalz zu regelrechter Hungersnot führte. Ganze Züge verarmter Landbewohner zogen in die Vorderpfalz, um Lebensmittel zu erbetteln oder zu stehlen. Die Holzdiebstähle in den Gemeinde- und Staatswäldern nahmen sprunghaft zu[34].

In dieser wirtschaftlich und sozial angespannten Zeit löste das Bekanntwerden der französischen Julirevolution 1830 in der unmittelbar benachbarten Pfalz einen starken Impuls zur Mobilisierung der liberalen und parlamentarischen Kräfte aus. Neben das bisher einzige liberale Blatt, die »Neue Speyerer Zeitung«, trat jetzt die Zeitschrift »Rheinbaiern« des Homburger Landkommissärs Philipp Jakob Siebenpfeiffer, der durch seine radikale Kritik an der Regierung und an den bestehenden Zuständen – *... weil das Elend der unteren Klassen täglich wächst*[35] – bald seine Stellung verlor.

30 Leonhard LENK, Die Pfälzer Abgeordneten im Bayerischen Landtag 1819–1918; in: Stimme der Pfalz, 20, 1969, S. 9.
31 Georg Friedrich KOLB, Lebenserinnerungen eines liberalen Demokraten 1808–1884, Freiburg 1976, S. 48ff.
32 Josef SAVOYE, Freies Wort. Die Mauth im königlich bayerischen Rheinkreise. Speyer 1830, S. 9.
33 Wilhelm HERZBERG, Das Hambacher Fest, Köln 1982, S. 25.
34 Wolfgang SCHIEDER, Der rheinpfälzische Liberalismus von 1832 als politische Protestbewegung, in: H. BERDING (Hg.), Vom Staat des Ancien Regime zum modernen Parteienstaat, München 1978, S. 174.
35 Franz LAUBENBERGER, Siebenpfeiffer an Karl von Rotteck, in: Zeitschrift für die Geschichte der Saargegend, 1964, S. 162.

Im Dezember 1830 fand die Wahl der Landtagsabgeordneten statt. Ein Teil der Wahlmänner traf sich bereits am Vorabend des Wahlganges in Speyer, um personelle Absprachen zu treffen. Daß Christian Culmann, der als Landbesitzer kandidierte, und der Frankenthaler Anwalt Willich als die bekanntesten pfälzischen Liberalen vorgeschlagen werden sollten, war unbestritten. Damit seien aber auch der Anwälte genug vertreten, meinten nun viele Wahlmänner. Culmann aber *drang angelegentlich in die Anwesenden*, auch dem kaum bekannten Zweibrücker Advokaten Friedrich Schüler[35a] die Stimme zu geben. Auf die Frage, ob man sich denn auch auf seine Grundsätze verlassen könne, *betheuerte Culmann solches auf das Bestimmteste*. So wurde Schüler anderntags, wenn auch nur mit einer knappen Mehrheit, zum Abgeordneten gewählt. Culmanns Wahl dagegen war einstimmig erfolgt[36]. Er ging nun der *»glanzvollen und doch so bitteren Periode«*[37] seines Lebens entgegen.

Die Regierung in München versuchte sich zunächst einen Überblick über die politische Einstellung der neuen Abgeordneten zu verschaffen. Der Grund hierfür lag vor allem darin, sich klar zu werden, welche Abgeordneten man eventuell von der Teilnahme am Landtag ausschließen wolle. Die Verfassung enthielt eine Bestimmung, nach der *Staatsbeamte und alle für den öffentlichen Dienst verpflichteten Individuen* zum Eintritt in die Kammer der königlichen Genehmigung bedurften. 1825 hatte die Krone von diesem Vorrecht erstmals Gebrauch gemacht, aber nicht etwa aus *Dienstesrücksichten*, sondern um unerwünschte Opponennten vom Landtag fernzuhalten.

Innenminister Schenk hatte den Präsidenten des Appellationsgerichtshofs in Zweibrücken, Birnbaum, zu einem Bericht über die Abgeordneten des Rheinkreises aufgefordert. Nach Birnbaums Äußerung und auch nach dem, was der Münchener Staatsrat Maurer dem Innenminister mitteilte, unterlag die Einberufung Culmanns und Schülers *keinen Bedenken*. Birnbaums Bericht stellte klar, daß beide *an den unanständigen Auftritten in Zweibrücken keinen Anteil genommen* hatten[38]. Im Herbst des vergangenen Jahres war es in Zweibrücken zu Vorfällen gekommen, wobei mehrere Advokaten, darunter angeblich auch Culmann und Schüler, *für die Verbreitung revolutionärer Grundsätze, für die Erweckung und Nährung der Neigung zur Wiedervereinigung mit Frankreich und für die Verschlimmerung der zu Zweibrücken bestehenden nachteiligen Stimmung* gearbeitet haben sollten[39].

Dieser Verdacht war durch Birnbaums Bericht nun wiederlegt: *Die französisch gestimmten Anwälte daselbst sind Sturz und Savoye.*

Auch die übrigen Abgeordneten des Rheinkreises schilderte Maurer als *wackere Männer, mit Ausnahme Schoppmanns von Neustadt, der sich in den Ständeversammlungen von 1819 und 1822 als Schreier auszeichnete und deswegen im Jahre 1825 ausgeschlossen wurde, jetzt aber nicht ausgeschlossen werden kann, weil er nicht mehr Bürgermeister ist.* Unter Berücksichtigung aller Gesichtspunkte empfahl der Innenminister dem König schließlich, keinen

35a Biographische Angaben bei Edgar Süss, Die Pfälzer im »Schwarzen Buch«. Ein personengeschichtlicher Beitrag zur Geschichte des Hambacher Festes. Heidelberg 1956 (= Heidelberger Veröffentlichungen zur Landesgeschichte und zur Landeskunde 3). Seite 121ff.

36 J. A. Miller (wie Anm. 24), S. 40f.

37 A. Becker (wie Anm. 16), S. 27.

38 Max Spindler, Briefwechsel zwischen Ludwig I. von Bayern und Eduard von Schenk 1823–1841, München 1930, S. 166.

39 Wilhelmine Gölz, Der bayerische Landtag 1831, ein Wendepunkt in der Regierung Ludwig I., München 1926, S. 28.

pfälzischen Deputierten auszuschließen, wobei er hoffte, daß dies auf den Rheinkreis *gewiß einen sehr günstigen Eindruck machen* werde[40].

Über die politische Haltung der Ständeversammlung von 1831 ließ sich im vorhinein kaum etwas mit Bestimmtheit sagen, denn die Zahl der Neulinge – 86 von insgesamt 128 Abgeordneten – war sehr groß[41]. Innenminister Schenk glaubte aber nach einem Empfang zahlreicher Abgeordneter dem König berichten zu können, die Mehrzahl sei *vom besten Geiste beseelt*, was wohl heißen sollte, daß sie im Sinne der Regierung stimmen werde. Tatsächlich erhielt auch bei der Wahl des Ersten Kammerpräsidenten ein Konservativer, Freiherr von Schrenk, problemlos die Mehrheit. Das Ergebnis der Wahl der Parlaments-Sekretäre aber schlug bei Hofe wie eine Bombe ein: Mit dem Ersten Sekretär Christian Culmann (59 Stimmen) hatte überraschend der Führer der pfälzischen Liberalen eine Mehrheit erhalten, was für Innenminister Schenk *in hohem Maße niederschlagend* war[42]. Die Kammer, berichtete er dem König, biete nun *einen Anblick dar, der alles befürchten läßt: Die Majorität ist demokratisch*[43].

König Ludwig erteilte hiernach seinem Innenminister den Auftrag, *Notizen über Charakter, Gesinnung, Familien- und sonstige Verhältnisse der gewählten Abgeordneten* anzufertigen. Doch Schenk widersprach, denn *eine einzige Anzeige, daß den Verhältnissen von Abgeordneten nachgeforscht werde, würde auf die Stimmung der versammelten Wahlkammer den übelsten Eindruck hervorrufen*[44]. So unterblieben die Nachforschungen zunächst; jedoch wurde einige Monate später vom Ersten Parlamentspräsidenten eine Liste mit den Namen der Abgeordneten, gegliedert nach ihrem politischen Standort, erstellt und an die Regierung gegeben. Nach ihr zählte die *ministerielle Parthey* 62 Deputierte, die Opposition aber 66. Dabei wurden Culmann, Schüler, Willich, Jordan, Schoppmann[44a] und Carl Adolf Ritter[44b] als Abgeordnete eingeschätzt, *die zur unbedingten und beharrlichen Opposition gehören*. Schüler, Culmann und der aus Unterfranken stammende Seuffert seien als *die eigentlichen Corpsführer der Opposition* anzusehen, andere *extasirte Liberale* dagegen nur als Werkzeuge und Adjutanten jener. *Seuffert und Culmann sind Doktrineurs*, wirklich revolutionär aber sei nur Schüler[45].

Wenn diese Charakterisierung Schülers als Revolutionär zutrifft, und kaum etwas spricht dagegen, dann sind wir damit schon an dem Punkt angelangt, der die spätere Entzweiung und Spaltung der Opposition jetzt schon weitgehend zu erklären vermag. In einer Landtagsdebatte verwahrte sich Culmann einmal dagegen, daß sein Name immer wieder mit Begriffen wie *Revolution, Revolutionär, böser Zeitgeist und dergleichen* in Zusammenhang gebracht werde. Richtig sei allerdings, und damit legte er den Abgeordneten sein politisches Glaubensbekenntnis dar, *daß ich den Obskurantismus, den Absolutismus, den Jesuitismus von ganzer Seele hasse, hingegegen die Aufklärung, die bürgerliche und religiöse Freiheit als des Menschen höchste Güter ansehe; daß ich von der Staatsregierung verlange, daß ihr stetes Streben dahin*

40 M. SPINDLER (wie Anm. 38), S. 170.
41 W. GÖLZ (wie Anm. 39), S. 51.
42 M. SPINDLER (wie Anm. 38), S. 171.
43 Ebd., S. 172.
44 Ebd., S. 173.
44a E. SÜSS (wie Anm. 35a), S. 120.
44b Ebd., S. 107f.
45 HSTA München, MInn 44 345.

*gehe, die im Eingang der Verfassungsurkunde ausgesprochenen Grundsätze der Freyheit des Gewissens, der Freyheit der Meinungen, der Gleichheit vor dem Gesetz und namentlich der Gleichheit der Vertheilung der Staatslasten unter alle Staatsbürger im Verhältnis ihres Vermögens zu verwirklichen, und die dieser Verwirklichung entgegenstehenden Schranken auf gesetzlichem Wege zu beseitigen; daß sie ferner die öffentliche Meinung, die Meinung des Volkes, das mit zur Regierung des Landes verfassungsmäßig berufen ist, ehre und achte, und ihre Regierungsmaximen nach den gerechten Forderungen dieser öffentlichen Meinung einrichte*[46]. Von einem politischen Beobachter wurde Culmanns Einstellung wie folgt skizziert: *Der Republikanismus ist nicht das Ideal, das er im Herzen trägt; er findet das Heil des politischen Lebens nur in jener Staatsform, in welcher die Freiheit des Republikaners durch einen unverletzlichen Monarchen gegen die Wechselfälle des Parteien-Kampfes gesichert ist. Er ist ein aufrichtiger constitutioneller Bürger mit einem ehrenhaften Männerstolz. Du hörst nie das Wort ›Unterthan‹ aus seinem Munde, er kennt bloß Staatsbürger. Der Monarch ist ihm kein Wesen höherer Art, er verehrt in ihm den ersten Staatsdiener, dem er der Stabilität wegen – aber auch nur deswegen – Unverletzlichkeit einräumt. So klar er sich in seinen politischen Ansichten ist, so consequent er sich bleibt in Verfolgung derselben, so entschieden ist sein Charakter überhaupt*[47].

Die Anschauungen der oppositionellen Landtagsabgeordneten fanden ihren Niederschlag vor allem in der liberalen Presse. In Rheinbayern gab es jetzt neben Georg Friedrich Kolbs[47a] »Neuer Speyerer Zeitung« und Siebenpfeiffers »Rheinbaiern« auch den »Rheinbayerischen Volksfreund«, den der Sembacher Pfarrer Hochdörfer[47b] in ziemlich radikaler Sprache herausgab.

In dem seit 1825 regierenden König Ludwig war die erste liberale Begeisterung schon nach kurzer Zeit erloschen. Als unter der Einwirkung der französischen Julirevolution 1830 die Sprache besonders der pfälzischen Presse immer radikaler wurde, kam Ludwig zu der Überzeugung, daß die bei seinem Regierungsantritt von ihm selbst veranlaßte Abschaffung der Pressezensur, soweit sie Berichte über die Innenpolitik betraf, ein Fehler gewesen sei. Ein eigentlich harmloser Studentenauflauf in München während der Weihnachtstage 1830 bestärkte ihn in seiner Furcht vor einem Übergreifen der Revolution nach Bayern. Deshalb unterstellte er am 28. Januar 1831, kurz vor Beginn der Landtagsverhandlungen, die periodisch erscheinende innenpolitische Presse wieder der Zensur. Diese Maßnahme riß die Kluft zwischen der Regierung und der öffentlichen Meinung noch weiter auf.

Am 1. Mai 1831 eröffnete König Ludwig die Verhandlungen der Ständeversammlung. Seine Thronrede mit der Bemerkung, er möchte nicht unumschränkter Herrscher sein, rief allgemein einen günstigen Eindruck hervor. Unter den sieben Mitgliedern des Ausschusses, der die Antwortadresse auszuarbeiten hatte, befanden sich auch Culmann und Schüler. Über den Inhalt der Adresse gab es bei den Beratungen Meinungsverschiedenheiten zwischen Konservativen und Oppositionellen. Culmann forderte einen schärferen Ton, *energischer und direkt gegen das Ministerium gerichtet*. Er vermochte sich bei der geheimen Abstimmung

46 H. Holzschuher (wie Anm. 7), S. 103.
47 Gottfried Eisenmann, in: Bayerisches Volksblatt, 1831, Sp. 276.
47a E. Süss (wie Anm. 35a), S. 84 ff.
47b Vgl. auch den Beitrag von Karl Lillig in diesem Band.

jedoch nicht durchzusetzen, so daß der Innenminister von einer *würdigen und gemäßigten* Adresse sprechen konnte[48].

Bei der ersten Sitzung der Kammer am 8. März wurde die Frage der Veröffentlichung der Verhandlungsprotokolle behandelt. Berichterstatter war Christian Culmann, der in seiner Rede für möglichst große Öffentlichkeit plädierte. Das Volk müsse sich überzeugen können, daß seine Vertreter alles leisten, was in ihren Kräften stehe. Darüber hinaus stelle die Veröffentlichung auch einen Schutz für die Ehre der Abgeordneten dar[49].

Am parlamentarischen Ablauf beteiligte sich Culmann durch zahlreiche Reden und Debattenbeiträge, die in den Landtagsprotokollen und auszugsweise auch in Holzschuhers »Denkmal der bayerischen Ständeversammlung« nachzulesen sind. Eisenmann rühmte an Culmann sein *reges Gemüth, sein klarer Verstand. Sein schneller Blick, seine Geschäftserfahrung und seine genaue Kenntnis der französischen Institutionen machen seine Rede interessant; eine edle, scharf zeichnende und schön gerundete Sprache sichern ihm den verdienten Beifall*[50]. Wenn ihn *allerdings das Interesse der Sache ergreift*, dann *schwindet die Ruhe des Vortrags, seine Stimme hebt sich, mitunter zu singender Höhe. In diesem Affekte wird die Sprache etwas unsicher, er stößt öfter an und wird mitunter nicht deutlich verstanden. Dem ohngeachtet ist der Eindruck seiner Rede mächtig, auf die Schwachen nur zu mächtig*[51]. Mindestens in einem Falle erhielt Culmann während einer Rede eine parlamentarische Rüge. In der Debatte über die Geschäftsordnung wurde er wegen *leidenschaftlicher Ausfälle* gegen den Minister des Innern vom Präsidenten *unterbrochen und zur Ordnung verwiesen*[52].

Die Ausführungen der übrigen Abgeordneten begleitete Culmann des öfteren mit verneinenden oder lebhaft bejahenden Gesten. Jedoch war seine Mimik keineswegs *der berechnenden Kunst entlehnt*, sondern *ganz Natur, und wie sein ganzes inneres Seyen vor dir liegt, so siehst du auch in seinem Vortrage nur den ungeschminkten Ausdruck eines bewegten Gemüths*[53].

Als Erster Sekretär der Kammer unterstanden Culmann die Schriftführung und die Ordnung im Sitzungssaale. Zur letzteren gehörte auch die Verteilung der Sitzplätze der Abgeordneten. Er selbst saß auf Platz »C« rechts neben dem Präsidenten. Die Abgeordneten konnten ihren Platz nicht etwa frei wählen, sondern waren nach der Geschäftsordnung an das zufällige Ergebnis einer Platzverlosung gebunden[54]. Die Absicht dieser Platzverteilung lag zweifellos darin, Fraktionsbildungen und damit ein stärkeres Auftreten gegen die Regierung zu verhindern. Culmann hat diese Praxis in der Debatte über die Geschäftsordnung heftig kritisiert, konnte sich aber nicht durchsetzen[55].

Im Alltag der Kammerverhandlungen 1831 nahmen die Abgeordneten die vorgeschriebene Sitzordnung ohnehin nicht allzu ernst. Gesinnungsgenossen setzten sich unter Umgehung der Geschäftsordnung einfach zusammen, zumal – wie Fürst Wallerstein einmal bemerkte – die

48 W. Gölz (wie Anm. 39), S. 28.
49 H. Holzschuher (wie Anm. 7), S. 79–82.
50 G. Eisenmann (wie Anm. 47), Sp. 276.
51 Ebd., Sp. 275.
52 M. Spindler (wie Anm. 38), S. 179.
53 G. Eisenmann (wie Anm. 47), Sp. 275.
54 Hambacher Fest 1832, Ausstellungskatalog, hg. vom Kultusministerium Rheinland-Pfalz, Mainz 1982, Sp. 124.
55 Bayerisches Volksblatt, 1831, S. 272; Das constitutionelle Bayern, 1831, S. 211.

bayerische Kammer *die einzige der Welt* war, die das alte System noch nicht aufgegeben hatte[56].

Absprachen trafen die Abgeordneten auch außerhalb des Parlaments.

So berichtete der Kammerpräsident später an die Regierung: *Die Opposition ... hielt bei allen wichtigen Anlässen ihre Conventikel, welche in der Regel von den Rhein-, Untermain- und Rezatkreisern besucht wurden; die Opponenten aus den übrigen Kreisen, insofern sie sich bei solchen Zusammenkünften nicht einfanden, wurden dann von den Deputierten aus den genannten Kreisen ... bearbeitet*[57]. Treffpunkt der liberalen Abgeordneten außerhalb des Parlaments war anfangs das Münchener Kaffeehaus Hoffmann, das deshalb auch *Oppositionsclub* genannt wurde[58].

Bei der Beratung der Beschwerden wegen mehrerer Urlaubsverweigerungen ging es vor allem um den liberalen Abgeordneten Closen. Dieser hatte nach der Nichteinberufung sein Amt als Ministerialrat niedergelegt, um das Abgeordnetenmandat ausüben zu können. Gleichwohl lehnte die Regierung die Gültigkeit des Mandats ab. In der Debatte sprachen sich die meisten Redner für eine Zulassung Closens aus, dessen finanzielles Opfer vor allem Anerkennung fand. Auch Christian Culmann ging auf diesen Aspekt ein, als er in seinem Beitrag forderte: *Achten und ehren Sie dieses edle Beyspiel der Selbstverläugnung und der Uneigennützigkeit. Lassen wir es nicht untergehen. Mit ihm würde der schönste Stern an Bayerns constitutionellem Himmel niedersinken, der Stern der Vaterlandsliebe*[59].

Mit großer Mehrheit beschloß hierauf die Kammer die Zulassung Closens und forderte die Regierung zur Aufhebung des Ausschließungsparagraphen auf[60]. Die Regierung legte aber nur einen Änderungsentwurf für das Gesetz vor, der lediglich geringfügige Verbesserungen brachte. Christian Culmann zeigte sich daraufhin ironisch verwundert, *daß das Ministerium des Innern sich nicht erbietet, die Wahl selbst zu übernehmen und so dem Volke die Mühe des bedeutungslosen Wahlspiels zu ersparen*[61].

So sehr die Regierung auch ihre Verfassungsfreundlichkeit betonte, in einem wichtigen Punkt enttäuschte sie die Abgeordneten: Die von vielen geforderte Rücknahme der Zensurverordnung unterblieb. Deshalb schlug Christian Culmann bei einer Besprechung außerhalb der Sitzungen vor, acht Abgeordnete sollten als Staatsbürger den König in einer Audienz um Rücknahme der Verordnung ersuchen. Der Rechtsliberale Rudhart wollte aber den König nicht überraschen und deshalb den Innenminister von dem Vorhaben in Kenntnis setzen. Hiermit aber waren wiederum die Linken nicht einverstanden. Schließlich zog Culmann seinen Vorschlag zurück[62].

Der Journalist Johann Georg August Wirth, der seit Anfang März 1831 die Redaktion der regierungsnahen Zeitung »Inland« leitete, gab nun seine Zurückhaltung auf und kritisierte die Regierung immer heftiger wegen ihrer Pressepolitik. Christian Culmann griff diesen Ball im

56 W. Marx (wie Anm. 19), S. 2.
57 HSTA München, MInn 44 345.
58 Helmut Asmus, Deutscher Vormärzliberalismus 1830–1847/48, in: R. Reinalter, Aufklärung – Vormärz – Revolution, 7, Innsbruck 1988, S. 50.
59 H. Holzschuher (wie Anm. 7), S. 83.
60 W. Herzberg (wie Anm. 33), S. 41.
61 W. Gölz (wie Anm. 39), S. 151.
62 W. Lempfrid, (wie Anm. 26), S. 11.

Parlament auf und beschuldigte Innenminister Schenk des Verfassungsbruchs durch die Aufrechterhaltung der Zensur[63]. Dabei sah er um den König eine *Kongregation*, eine geheime Verschwörung, am Werk, was in der Öffentlichkeit als Sensation empfunden wurde. Culmanns Angriffe, die von der liberalen Presse vehement unterstützt wurden, führten schließlich am 24. Mai 1831 zur Entlassung des Innenministers Schenk[64].

Trotz dieses Erfolgs war der Triumph der liberalen Opposition ziemlich gedämpft, denn in ihren Kreisen gab es ernsthafte Differenzen, die sich vor allem an der Friedensrichter-Frage entzündeten. Bisher waren die Friedensrichter im Rheinkreis vom Volk zu wählen, wenn auch dieses Verfahren seit 1812 nicht mehr praktiziert wurde. Der jetzige Vorschlag, den Culmann unterstützte, zielte auf die Abschaffung der Wahl und Ernennung der Friedensrichter durch die Regierung. Für die Gegner des Antrags, vor allem Schüler, bedeutete der Vorschlag aber die Abschaffung eines wichtigen Volksrechtes[65].

Zwar konnte sich Culmann bei der Abstimmung im Landtag durchsetzen, jedoch war dies gleichzeitig das Ende der Einheit der Opposition. Unter der neuen Führung von Schüler zog die Mehrheit der liberalen Abgeordneten aus dem bisherigen Besprechungslokal, dem Kaffeehaus Hoffmann, aus und traf sich fortan im Gasthaus »Stern«.

Die endgültige Regelung der Presse, der Rechenschaftsbericht der Regierung für die vergangene Finanzperiode und schließlich der Haushaltsplan für die kommenden Jahre standen im Landtag noch auf der Tagesordnung. Um Möglichkeiten des Zustandebringens einer Mehrheit für seine Politik zu erkunden, hatte der neue, dem Liberalismus durchaus nicht abgeneigte Innenminister Stürmer über den Abgeordneten Vetterlein verschiedene liberale Politiker zu einer Besprechung eingeladen. Teilnehmer war neben Seuffert auch Christian Culmann. Obwohl die *12 Apostel*[66], wie die Teilnehmer von Gegnern höhnisch genannt wurden, bei dieser Besprechung letztlich keine inhaltlichen Zugeständnisse machten, verbreiteten andere, die nicht eingeladen worden waren, aus gekränkter Eitelkeit[67] böswillige Nachrichten über die Zusammenkunft[68].

Auch bei der Regierung schien sich ein gewisser Eindruck eingestellt zu haben, daß Culmann und Seuffert dafür gewonnen werden könnten, die neue Regierung, wenn auch ohne formale Bindung, zu stützen[69]. In einer Liste der Abgeordneten, die in dieser Zeit nach den Kriterien *verlässig*, *zweifelhaft* und *Opposition* zusammengestellt worden war, wurden beide zwar weiterhin der Opposition zugerechnet, doch hieß es in einer Anmerkung, sie *scheinen sich zur Billigkeit zu neigen*[70]. Das bezog sich wohl auf die Kammerverhandlungen über die nachträgliche Bewilligung von 800000 Gulden, die der Finanzminister in der abgelaufenen Periode ohne Deckung im vorhinein ausgegeben hatte. Culmann, Seuffert und einige andere

63 Otto HIRSCH, Josef von Görres im Federkrieg mit einem Pfälzer, in: Westpfälzische Geschichtsblätter, 1926, S. 39; Friedrich BORINSKI, Joseph Görres und die deutsche Parteibildung, Leipzig 1927, S. 50ff.; Ernst DEUERLEIN (Hg.), Geistesgeschichtliche und politische Schriften der Münchener Zeit 1828–1838, Köln 1958, S. 37ff.

64 W. GÖLZ (wie Anm. 39), S. 80.

65 W. HERZBERG (wie Anm. 33), S. 46.

66 W. LEMPFRID (wie Anm. 26), S. 44.

67 Bayerisches Volksblatt vom 21. 7. 1831.

68 W. LEMPFRID (wie Anm. 26), S. 35.

69 Ebd., S. 34.

70 W. GÖLZ (wie Anm. 39), S. 151.

Liberale hofften, daß die Regierung bei einer teilweisen Genehmigung des Nachtrags endlich die noch immer bestehende Pressezensur zurücknehmen werde. Doch da bezeichnete der liberale Closen das ganze als *Handel* und *Manipulation*, und Lanzer sprach den Verdacht aus, die Regierung solle durch Bewilligung einer halben Million für die Aufhebung der Zensur entschädigt werden[71]. Unter dem Eindruck dieser massiven Vorwürfe »kippte« die Stimmung in der Kammer, die Genehmigung des Nachtrags wurde mit überwältigender Mehrheit abgelehnt. Culmanns und Seufferts Versuch einer Annäherung an die neue Regierung Stürmer war gescheitert.

Die radikale liberale Presse griff Culmann nun scharf an und bezeichnete ihn als *Überläufer von der Sache des Volkes zur Regierung*[72], was Culmann tief verletzte. In einem Brief[73] an den Speyerer Verleger Kolb wehrte er sich leidenschaftlich gegen die Unterstellungen, deren Motive er in dem gespannten Verhältnis zu Schüler und der *Wuth des giftigen Siebenpfeiffer* sah. Ein Streben nach einem Staatsamt, das ihm seine Widersacher unterstellten, wies er kategorisch zurück. Obwohl mehrere Zeitungen die Politik Culmanns unterstützten, war sein Ansehen untergraben. Selbst Kolb gestand zu, daß *die Partei der unbedingten Opposition … nicht nur die tätigere, sondern auch bei weitem die zahlreichere* war[74].

In der Kammer hatte der König inzwischen die Zensurverordnung zurückgezogen, weil nach Auffassung seiner Minister sich nur so die Haushaltsvorlage durchbringen ließe. Schüler, der neue Führer der Opposition, wollte den Beginn der Beratungen über das Budget möglichst lange hinauszögern, weil er so die meisten Zugeständnisse der Regierung erwartete. Doch eine von Frankreich heranrückende Massenepidemie, die Cholera, vereitelte den Plan. So begannen am 24. September 1831 die Beratungen[75]. Erleichterung der Steuerabgaben durch Einsparungen bei den Staatsausgaben war bei den Liberalen das gesteckte Ziel.

Ganz in diesem Sinne fragte Christian Culmann in seiner Haushaltsrede, was die Abgeordneten bei den bisherigen Verhandlungen für das Volk erreicht hätten: *Größere Freiheiten? Entwicklung des Geistes unserer Staatsverfassung? Nein! Nicht einmal der Preßfreiheit, der ersten und natürlichsten Freiheit, sind wir sicher. … Es bleibt daher nur noch der zweite Teil der Volkshoffnung übrig, der sich auf Erleichterung von Abgaben bezieht. Der Wohlmeinende wird daher überall für die möglichsten Ersparungen stimmen*[76].

Der Haushaltsausschuß unter Vorsitz Schülers schlug in seiner Vorlage empfindliche Kürzungen bei der Zivilliste des Königs, beim Militär und bei den königlichen Bauvorhaben vor. Mit knapper Mehrheit schloß sich das Plenum nach heftigen Diskussionen dem Vorschlag des Ausschusses an[77], was bei der Opposition großen Jubel hervorrief. Doch es war nur ein scheinbarer, ein vorübergehender Erfolg.

Die konservative Erste Kammer, die geheim und immer erst nach der Zweiten Kammer tagte, versagte den meisten fortschrittlichen Beschlüssen der Abgeordneten ihre Zustimmung und verhinderte oder verzögerte so das Zustandekommen neuer Gesetze. Schon bei der Beschlußfassung über die Vorschriften der Urlaubsverweigerung für beamtete Abgeordnete

71 W. Lempfrid (wie Anm. 26), S. 37.
72 Deutsche Tribüne vom 4. 7. 1831.
73 Nachlaß Kolb, Brief vom 21. 7. 1831.
74 J. A. Miller (wie Anm. 24), S. 45.
75 W. Gölz (wie Anm. 39), S. 112.
76 W. Herzberg (wie Anm. 33), S. 44.
77 W. Lempfrid (wie Anm. 26), S. 63.

und die Geschäftsordnung des Landtags hatten die Reichsräte die Zweite Kammer stark gebremst, die beantragten Bestimmungen zum stärkeren Schutz der Bürger vor Polizeimaßnahmen entfielen ganz. Auch bei den erneuten Beratungen des Pressegesetzes, das Zensurfreiheit auch auf dem Felde der Außenpolitik bringen sollte, gab es keine Fortschritte.

Bei der erneuten Behandlung der königlichen Zivilliste beharrte die Opposition zunächst auf den früher beschlossenen Kürzungen, mußte sich dann aber angesichts einer bröckelnden Mehrheit mit einem Kompromiß zufrieden geben. Culmann stimmte resigniert mit Schülers Anhang: *Ein weicher Charakter, war er zwischen Regierung und Opposition zerrieben worden. Gern hätte er für die Forderung der Regierung gestimmt. Aber nachdem die Sicherung der Volksfreiheit gescheitert war, konnte er sich nicht dazu entschließen. Man fühlte aus seinen Worten, wie er vor der Abstimmung einen freiwilligen Verzicht des Königs erwartete, für den man ihm hätte danken können*[78].

Der weitere Verlauf der Budgetberatungen glich mehr und mehr einem Feilschen zwischen den beiden Kammern. Im großen und ganzen blieben die Abgeordneten bei ihren bisherigen Positionen, konnten aber nur Teile der von ihnen begehrten Kürzungen durchsetzen. Am 20. Dezember wurde der Landtag 1831 endlich geschlossen. Der königliche »Abschied« klang geschäftsmäßig trocken und eisig kalt[79].

Die Ergebnisse der Verhandlungen waren für die Liberalen enttäuschend. Zwar waren im Haushalt einige Einsparungen erzielt und die Entfernung des verhaßten Innenministers Schenk erreicht worden, jedoch keine einzige der ersehnten konstitutionellen Garantien, besonders der Presse. Das Urteil der öffentlichen Meinung war nicht einheitlich. Eisenmann richtete vor allem Angriffe gegen die Regierung und die Kammer der Reichsräte, die letztere sei zu einem modernen Verfassungsleben unfähig[80]. Wirth gab die Schuld für das Scheitern dagegen den gemäßigten liberalen Abgeordneten. Diese *Männer der halben Maßregeln*, an ihrer Spitze Culmann und Seuffert, hätten sich mit den *Jüngern der Kongregation und des Servilismus* vereinigt und seien so die Verursacher der *Nullität der Ergebnisse*. Sie hätten der guten Sache, an deren Spitze Schüler gestanden habe, mehr geschadet als alle *Servilisten*[81]. Ihre *Defektion* habe Schülers Plan vereitelt. Am Ende hätten sie noch das letzte Rettungsmittel preisgegeben, die freie Presse. Das sei besonders Culmanns Schuld, der in diesen wie in anderen Fragen nur geblendet und verwirrt habe[82].

Eisenmann hielt dem entgegen, die Zeit müsse zeigen, ob die Politik der äußersten Linken oder die der Gemäßigten eher zum Ziel führe. Gerade die Unvernunft der Opposition habe den neuen Innenminister Stürmer im Fortfahren auf der konstitutionellen Bahn gehindert. Wären beim Rechenschaftsbericht Culmanns und Seufferts Stimmen gehört worden, könne er versichern, daß Bayern jetzt volle Pressefreiheit besäße[83].

Die Auseinandersetzungen zogen sich noch längere Zeit hin und machten deutlich, daß die Kammerverhandlungen nicht nur in den Reihen der liberalen Politiker, sondern auch zwischen ihren publizistischen Begleitern einen klaffenden Riß zurückgelassen hatten.

78 Ebd., S. 82.
79 Ebd., S. 84.
80 Bayerisches Volksblatt vom 17. 11. 1831 und 24. 11. 1831.
81 Deutsche Tribüne vom 25. 1. 1832.
82 Deutsche Tribüne vom 28. 1. 1832.
83 Bayerisches Volksblatt vom 31. 1. 1832.

## *Hambach und die Folgen*

Schüler hatte München wegen Krankheit schon Mitte Oktober 1831 verlassen, Wirth siedelte nach Ende der Landtagsverhandlungen in die Pfalz über, wo er in Homburg eine eigene Druckerei gründete. Siebenpfeiffer verlegte seinen »Westboten« von Zweibrücken nach Oggersheim und eröffnete hier ebenfalls eine Druckerei.

Die Pfalz mit ihrem relativ freiheitlichen Pressewesen wurde Ende 1831 zum Zufluchtsort weiterer radikaler, auch von außerhalb Bayerns kommender Journalisten wie Grosse, Fein und Venedey. Dadurch erhielt die liberale Bewegung eine Reihe wort- und schreibgewandter Führer, die den politischen Protest öffentlich zu artikulieren verstanden. So entwickelte sich in kurzer Zeit eine Protestbewegung, von der aufgrund der in der Pfalz vorhandenen sozialen Unruhen bald breite Massen erfaßt wurden. Insgesamt dauerte diese radikale Bewegungsphase etwa acht Monate. Sie setzte im Januar 1832 mit den Begrüßungen und Festessen der zurückkehrenden Abgeordneten ein und steigerte sich im Laufe des Frühjahrs bis zu der Massenkundgebung am 27. Mai auf dem Hambacher Schloß. Die reaktionären Unterdrückungsbeschlüsse des Deutschen Bundestages vom 28. Juni 1832 bereiteten der Bewegung schließlich ein Ende, wobei sie jedoch in der Auflehnung gegen diese Beschlüsse im August nochmals einen Höhepunkt erreichte, bevor sie in einer Welle repressiver Polizei- und Militärmaßnahmen und politischer Prozesse zusammenbrach[84]. An den meisten Phasen der Bewegung, doch nicht am Hambacher Fest, war Christian Culmann maßgeblich beteiligt.

Da in der Rheinpfalz Zusammenkünfte von mehr als 20 Personen verboten waren, konnten größere politische Versammlungen nur unter dem Deckmantel der Geselligkeit organisiert werden. Diese Möglichkeit nahm man erstmals wahr beim Empfang der von München zurückkehrenden Landtagsabgeordneten. Man begann damit beim Empfang von Schoppmann in Neustadt am 29. Dezember 1831, Jordan wurde am 15. Januar 1832 in Deidesheim und Ritter am selben Tag in Kaiserslautern festlich begrüßt.

Christian Culmann traf, von München kommend, am Tage vor Weihnachten 1831 in Pirmasens ein. Dort erwartete ihn bereits eine Abordnung von Bürgern seiner Heimatstadt Zweibrücken, die ihn mit einem Toast empfingen:

*Den edlen Kämpfer für die freie Sprache,*
*Für Licht und Recht, für Baierns Ehr und Wohl,*
*Empfangen, stolz auf ihn, der Heimath Bürger.*
*Und feiern jubelnd seine Wiederkehr.*
*Wenn andre auch, von anderm Geist getrieben,*
*Verkümmerten, was uns sein Muth erkämpft,*
*Blüht ihm doch unverwelkt der Kranz des Siegers:*
*Hoch lebe Rheinlands Culmann! Lebe hoch!*
*Hoch lebe Baierns Culmann! Lebe hoch!*
*Hoch lebe Deutschlands Culmann! Lebe hoch!*[85]

84 W. Schieder (wie Anm. 34), S. 178.
85 J. A. Miller (wie Anm. 24), S. 65.

Daheim angekommen, zog anderntags eine große Anzahl junger Leute singend vor sein Haus und brachte ihm ein Lebehoch dar, worüber sich Culmann sehr freute. Überhaupt, schrieb er an Kolb, zeigte sich bei den Bürgern von Zweibrücken ein guter und richtiger Sinn: *Sie thaten alles Mögliche, um mich die mir zugefügten Unbilden vergessen zu machen*[86].

In der Stadt hatte man eigentlich für den zweiten Weihnachtsfeiertag eine gemeinsame Feier zu Ehren von Schüler und Culmann geplant. Da sich Schülers Eintreffen jedoch immer wieder verzögerte, veranstaltete man schließlich am Sonntag, dem 8. Januar, im Casinosaal zu Ehren von Culmann ein Festessen, an dem über 80 Personen *aus allen Ständen* teilnahmen. Im Veranstaltungssaal hatte man auf eine Tafel die Inschrift gesetzt: *Ein treuer Hort, dem freien Wort. Der Kammer Zier, Heil Culmann, Dir!* Ein Bürger brachte unter dem Beifall der Anwesenden einen Toast auf Culmann aus: *Dem Verdienste seine Krone! Unser verdienter Abgeordneter, Herr Christian Culmann, soll leben!*

Über den weiteren Verlauf berichtete Verleger Kolb aus Speyer: *Eine wahrhaft festliche Stimmung, die auch durch kein Wölkchen der Parteisucht getrübt wurde, machten diesen schönen Tag jedem Anwesenden unvergeßlich. Ein Sinn belebte die ganze Versammlung und alle Herzen vereinigten sich zu einer aufrichtigen Huldigung für den trefflichen Abgeordneten, der zwar nie seinen Ruhm in der Verfolgung phantastischer Theorien oder in einem unbedingten, blinden Widerstande gegen die Staatsregierung suchte, aber das höhere Verdienst besaß, die Wahrheit anzuerkennen und den Irrthum zu bekämpfen, von welcher Seite sie auch kommen möchten.*

Nachdem ihm von zwei Bürgern ein Lorbeerkranz überreicht worden war, bedankte sich Culmann in ebenso schönen wie nachdrücklichen Worten und warf zugleich einen schmerzlichen Rückblick auf manch zerstörte Hoffnung, wies aber auch auf das über Deutschland aufgehende Morgenrot hin und forderte zu Ausdauer und Zuversicht im patriotischen Streben auf. Dann brachte er der Zweibrücker Bürgerschaft, der er die Eintracht empfahl, in den ehrenvollsten Worten ein Hoch[87].

Die »Neue Speyerer Zeitung« zählte das Fest zu den *schönsten, die seit langer Zeit gefeiert wurden. Es spricht sich aber auch in ihm auf die erfreulichste Weise aus, daß der Mann des Vaterlandes, obgleich der Gegenstand ungerechter Anfeindungen, im Vaterlande nicht verkannt wird. Es beweist, daß die Zweibrücker aufgeklärt genug sind, dem Verdienste seiner Krone zu erkennen, wie sehr auch Leidenschaft und gekränkte Eifersucht es zu begeifern suchen*[88].

Für die Zeit des Frühjahrs 1832 sind die Nachrichten über Christian Culmann ziemlich spärlich. Vermutlich haben ihn in dieser Zeit die deprimierenden Erfahrungen im Münchener Landtag von einer Beteiligung an öffentlichen Aktionen abgehalten. Die radikal-liberale Szene agitierte derweil in der Pfalz äußerst rührig.

Am 29. Januar wurde in Zweibrücken ein Fest zu Ehren von Schüler gefeiert, an dem 350 Personen teilnahmen. Diese hohe Zahl im Gegensatz zu den 80 Teilnehmern der Culmann-Feier läßt durchaus auch Rückschlüsse auf den Stand des politischen Ansehens der beiden Politiker nach den Landtagsverhandlungen zu. Dieser Auffassung scheint auch Kolb gewesen

86 Nachlaß Kolb, Brief vom 13. 1. 1832.
87 J. A. Miller, (wie Anm. 24), S. 65–67.
88 Ebd., S. 67–68.

zu sein, der vermutete, *daß, wenn die 1831er Kammer aufgelöst und eine neue Kammer erwählt worden wäre, Schüler weit mehr Stimmen (als Culmann und Willich) erhalten haben würde*[89].

Im Verlaufe des Schüler-Festes am 29. Januar wurde der Beschluß zur Gründung eines »Deutschen Vaterlands-Vereins zur Unterstützung der freien Presse« gefaßt[90]. Den vorläufigen Vorstand bildeten Schüler, Savoye und Geib, als Sekretär fungierte ab April 1832 Georg Eifler. Der Verein erreichte innerhalb einer relativ kurzen Zeit eine große Anzahl von Mitgliedern in der Pfalz und darüber hinaus. Allein in Zweibrücken trugen sich 244 Personen[91] in die Mitgliederlisten ein, zu denen allerdings Christian Culmann nicht gehörte. Er habe, betonte er in einem späteren Gerichtsverfahren, den Verein in politischer Hinsicht nie gebilligt und sei ihm deshalb auch nie beigetreten[92].

Das Echo, das der Presse- und Vaterlandsverein in der Bevölkerung fand, erschreckte den Speyerer Regierungspräsidenten derart, daß er ihn am 1. März 1832 polizeilich verbot. Auch Wirths »Deutsche Tribüne« und Siebenpfeiffers »Westboten« durften nicht mehr erscheinen. Ein Verbot erging auch für die beabsichtigte Feier des »Deutschen Mai« auf dem Schloßberg bei Hambach. Nach zahlreichen Protesten, darunter auch vom pfälzischen Landrat, dem Christian Culmann allerdings seit 1830 nicht mehr angehörte, nahm der Regierungspräsident das Verbot wieder zurück. So erschienen am 27. Mai 1832 in Hambach zwischen zwanzig- und dreißigtausend Männer und Frauen, um an der ersten politischen Großdemonstration Deutschlands teilzunehmen.

Von der Bühne, aber auch von einem Faß, einem Stuhl, einem Tisch herab hielten viele Männer Reden, darunter Schüler, Siebenpfeiffer und Wirth, Pistor[92a], Grosse und Hochdörfer, Christian Scharpff[92b] aus Homburg, Hallauer aus St. Wendel und Johann Philipp Becker[92c] aus Frankenthal. Hinweise auf eine Teilnahme Culmanns an dem Fest gibt es nicht.

Am zweiten Tag des Festes trafen sich die führenden Liberalen im Neustadter Schießhaus, um über das weitere politische Vorgehen zu beraten. Es kam jedoch zu keiner Entscheidung, und hiernach ging die Initiative an die reaktionäre Münchener Regierung über. Diese veröffentlichte am 2. Juni einen Beschluß, in dem das Hambacher Fest als revolutionäre Auflehnung interpretiert und den Initiatoren gerichtliche Verfolgung angekündigt wurde. Fünf Tage später erhob das Appellationsgericht Zweibrücken Anklage gegen verschiedene Redner des Festes, am 15. Juni wurde der Speyerer Regierungspräsident von der Regierung in München angewiesen, die Hochverräter, die beim Hambacher Fest ihre Pläne ja unumwunden an den Tag gelegt hätten, verhaften zu lassen[93].

Am 21. Juni schrieb Christian Culmann von Zweibrücken aus an Kolb: *Gestern hatten wir hier eine große Bewegung. Vorgestern abend war durch den untersuchenden Rath Molitor ein mandat de combucation gegen Schüler erlassen worden, zugleich wurde auf gestern morgen*

89 Ebd., S. 41.
90 Deutsche Tribüne vom 11. 2. 1832.
91 Cornelia Foerster, Der Preß- und Vaterlandsverein von 1832/33, Trier 1982, S. 195.
92 LA Speyer, Best. J 1, Nr. 19, Fol. 50.
92a E. Süss (wie Anm. 35a), S. 102f.
92b Ebd., S. 113f.
92c Ebd., S. 36f.
93 Ebd., S. 14.

*eine Haussuchung bei ihm und anderen festgesetzt. Es scheint, daß Schüler davon benachrichtigt wurde und daß ihm sogar hinterbracht wurde, es sey ein Verhaftungsbefehl statt eines bloßen Vorführungsbefehls gegen ihn erlassen worden. Kurz vor gestern abend halb 11 Uhr verließ Schüler Zweybrücken und ging bei Hornbach über die französische Grenze. Kein Mensch glaubte übrigens, daß dieß nun Flucht sei, daß er sich nicht vor Gericht stellen würde, wenn er wirklich angeklagt werden sollte. Man glaubt, er habe nur der Unannehmlichkeiten, Monate lang im Gefängniß zu sitzen, entgehen wollen und bringe die Zwischenzeit im Bad in Niederbronn zu. Übrigens war selbst dazu kein Grund vorhanden, weil kein Verhaftungsbefehl gegen ihn erlassen wurde*[94].

Culmanns Vermutung, Schüler werde bei einer Gerichtsverhandlung schon in die Pfalz zurückkehren, erwies sich als falsch. Schüler blieb bis zum Revolutionsjahr 1848, als er für den Wahlkreis Lauterecken in die Frankfurter Nationalversammlung einzog, im französischen Exil. Über die Zweibrücker Polizeiaktion, bei der der pfälzische Regierungspräsident übrigens persönlich anwesend war, berichtete die örtliche Presse: *Heute morgen in aller Frühe wurde bei den Herren Schüler, Savoye*[94a], *Geib*[94b], *Denis*[94c], *Nickel und Eifler*[94d] eine Hausvisitation vorgenommen, weil die Staatsregierung, wie es heißt, mutmaßet, genannte Männer stünden in einer Verbindung mit Frankreich, die den Verrat des Rheinkreises an jenes Land bezwecke. Die Untersuchung entsprach dem erwünschten Erfolge nicht ...[95].

Die feindselige Gesinnung der Regierung sei längst klar, schrieb Christian Culmann an Kolb, und er befürchte, auch dessen Zeitung werde *nicht ungehudelt bleiben*. Aber er gab die Schuld nicht allein den Herrschenden: *Die Regierung war durch die Übertreibungen der Exaltierten am Leben selbst angegriffen, sie fand sich fast im Zustande der Notwehr. Gleichwohl waren die Gewalt-Maßregeln, die sie zur Unterdrückung einiger Journale anwendete, ... nicht zu rechtfertigen, wenn auch, ihres Notstands halber, zu entschuldigen. Durch den glücklichen Erfolg jener Gewaltschritte nun aber kühner gemacht, will sie jedes unabhängige, jedes nicht servile Journal sich vom Halse schaffen, um sich ungetadelt und ungestört in ihrer Staatszeitung loben zu können*[96].

Gegen die Führer der Bewegung erließen die Justizbehörden Untersuchungshaftbefehle. Wirth und Hochdörfer stellten sich freiwillig den Behörden, Siebenpfeiffer und Eifler wurden festgenommen, Savoye und Geib flohen wie Schüler ins Ausland. Der bisherige Regierungspräsident der Pfalz, Andrian, wurde wegen Versagens nun von der Münchener Regierung abgesetzt. Dem neuen, Stengel, setzte man als außerordentlichen Hofkommissär den Feldmarschall Wrede vor, der – mit einem Truppenkontingent versehen – den Auftrag erhielt, die *eingetretenen Störungen der gesetzlichen Ordnung* gründlich zu beseitigen[97].

Gegen die Unterdrückungsmaßnahmen und die sie stützenden Beschlüsse des Deutschen Bundestages in Frankfurt vom 28. Juni 1832 flammten in der pfälzischen Öffentlichkeit immer

94 Nachlaß Kolb, Brief vom 21. 6. 1832.
94a E. Süss (wie Anm. 35a), S. 111 ff.
94b Ebd., S. 60 f.
94c Ebd., S. 46 ff.
94d Ebd., S. 50 f.
95 Zweibrücker Zeitung vom 20. 6. 1832.
96 Nachlaß Kolb (wie Anm. 73).
97 W. Herzberg (wie Anm. 33), S. 151 f.

wieder Proteste auf, wobei jedoch Abstufungen in der Schärfe festzustellen waren. Die radikalste Protestresolution wurde am 1. August 1832 in Kaiserslautern verfaßt und unter dem Namen »Knöbel'sche Protestation« bekannt. Die Vorbereitungen für die Versammlung hatte der illegale Ausschuß des Pressevereins in zwei Zusammenkünften in Frankenstein getroffen. Die Polizei beobachtete die beiden Treffen zwar, konnte aber keine Einzelheiten erfahren, weil *hier selbst unter den niedrigen Volkskreisen ein Mißtrauen herrscht und politische Gespräche sorgfältig vermieden werden, indem ein jeder fortwährend in Furcht steht, sich entweder an einen Gut- oder Übelgesinnten zu verraten*[98].

Auch Christian Culmann erhielt eine Einladung zu der Versammlung in Kaiserslautern[99], zu der sich 69 Teilnehmer aus der ganzen Pfalz einfanden. Man bot ihm sogar einen Platz im Präsidium an, den er jedoch ablehnte[100]. Nach einer einführenden Rede von Fitz[100a] las Knöbel[100b] aus Dürkheim dann den Entwurf der Protestation vor, die nach dem Eindruck der überwachenden Polizei *in pöbelhaften Ausdrücken abgefaßt* war. Er verlangte die Einberufung der Ständeversammlung, um den verantwortlichen Minister und den bayerischen Gesandten beim Deutschen Bund in Frankfurt in den Anklagezustand zu versetzen. Nach der Verlesung des Textes entstand Lärm im Saale, denn die Gruppe, die sich um Culmann geschart hatte, war mit einigen *Ausfällen*, die in dem Entwurf enthalten waren, nicht einverstanden. Ladenberger nahm Anstand an verschiedenen Ausdrücken, auch Kaul riet davon ab, die Resolution in dieser Form einzusenden[101]. Um ihren Protest zu demonstrieren, verließen Culmann, Ladenberger und Lilier vorzeitig den Saal. Die Zurückbleibenden beschlossen, *daß die abzudruckende Schrift zwar mit dem selben Sinn, doch mit anderen Worten* abgefaßt werden solle, also *das eigentliche von Knöbel abgefaßte Manuskript* abgedruckt werde[102]. Auch hier hatten sich also – wie beim Landtag in München – zwei Richtungen herausgebildet: eine radikalere und eine gemäßigte um Christian Culmann.

Um ebenfalls ihren Protest gegen die Unterdrückung der freiheitlichen Bewegung deutlich zu machen, trafen sich die Gemäßigten am 9. August 1832 in Landstuhl. Hauptsächlich Stadträte, Gewerbetreibende und Advokaten aus Kaiserslautern und Zweibrücken waren erschienen; insgesamt 66 Männer, darunter auch Christian Culmann und sein Bruder August Ferdinand. In ihrer Adresse *Die Bürger des Rheinkreises an Seine Majestät den König von Bayern* legten sie in wohlformulierten, dem Monarchen teilweise schmeichelnden Worten ihre Bedenken gegen die Bundestagsbeschlüsse dar. Sie forderten ihn auf, diese Beschlüsse als nicht existierend zu betrachten, ihnen die Vollziehung zu versagen, demgemäß sie auch nicht amtlich bekannt machen zu lassen. Falls dieser Bitte nicht stattgegeben werden könne, solle sie als feierliche Verwahrung der Rechte freier Bürger gelten, als welche sie der König nicht zurückweisen werde[103].

Die pfälzische Regierung meldete daraufhin ihre Befürchtung nach München, daß *diese*

98 LA Speyer, Best. H 1, Nr. 1051.
99 LA Speyer, Best. H 1, Nr. 799, Fol. 66/67.
100 LA Speyer, Best. H 1, Nr. 799, Fol. 197/198.
100a E. Süss (wie Anm. 35a), S. 56.
100b Ebd., S. 177.
101 LA Speyer, Best. H 1, Nr. 799, Fol. 66–72.
102 LA Speyer (wie Anm. 100).
103 LA Speyer, Best. T 3, Nr. 757/24.

*Adresse eine viel größere Theilname erregt als die frühere, und sie wird umso mehr mit vielen Unterschriften versehen werden, als bemerkt wurde, daß durch dieses Produkt die Heftigkeit der früheren Vorstellung gleichsam öffentlich desavouiert werden sollte*[104]. Während die Unterzeichner der Culmannschen Protestation von der Justiz unbehelligt blieben, wurden die 38 Erstunterzeichner der Knöbelschen Protestation vor Gericht gestellt, zunächst zwar freigesprochen, in letzter Instanz vom Kassationshof in München aber verurteilt.

Die Gerichte in der Pfalz hatten bisher im großen und ganzen sachlich und ohne Fanatismus geurteilt. Mit den fortschreitenden Unruhen erregte das aber zunehmend den Unwillen des Königs: *Die Rechtspflege im Rheinkreise vorzüglich bey dem Appellationsgericht in Zweibrücken scheint noch immer mehr zum Schutze der politischen Umtriebe als der Ordnung und Ruhe zu wirken*[105]. Um die Rechtsprechung sicherer in der Hand zu haben, verlegte deshalb die Staatsregierung am 29. Juni 1832 den Kassationshof von Zweibrücken nach München. Schon beim Landtag 1831 hatte der Abgeordnete Christian Culmann auf die durch eine solche Maßnahme entstehenden Unzuträglichkeiten hingewiesen und angeführt, daß sich ihr wegen der Verschiedenheit der Gesetzgebung und des Verfahrens große Schwierigkeiten entgegenstellen würden. Das hielt aber die Regierung jetzt nicht davon ab, das oberste Gericht der Pfalz kurzerhand mit dem Oberappellationsgericht in München zu vereinigen[106].

Bei den pfälzischen Gerichten versuchte der neue Hofkommissär Wrede sich durch *Personalveränderungen in Masse*[107] gefügige Richter zu verschaffen. Das gelang in vielen Fällen, manchmal aber auch nicht. Der Appellationsgerichtsrat Theodor Hilgard, Herausgeber der Annalen für Rechtspflege in Rheinbayern und ein Freund der Culmann-Brüder, hielt bei der Eröffnung der Zweibrücker Assisen 1832 eine Rede, die durch ihre Freimütigkeit den Zorn der Regierung erregte, weshalb er 1833 freiwillig aus dem Richterdienst ausschied und in den unabhängigeren Stand der Advokaten trat[108].

Juristischen Verfolgungen ausgesetzt war auch der Verleger Georg Friedrich Kolb. Der Münchener Regierung war natürlich nicht entgangen, daß die »Neue Speyerer Zeitung« in den Vorgängen um das Hambacher Fest keine unbedeutende Rolle gespielt hatte. Kolb wurde daraufhin wegen mehrerer Artikel, besonders aber wegen der von ihm abgedruckten *Protestation Neustadter Bürger gegen die Erklärung des königlichen Gesamtministeriums vom 2. Juni 1832 zum Hambacher Fest* beim Bezirksgericht Frankenthal angeklagt. Sein Anwalt Willich argumentierte, Kolb könne sich nicht strafbar gemacht haben, weil die Artikel die Zensur passiert hätten. Damit konnte das Gericht dem Antrag des Staatsprokurators auf ein Jahr Gefängnis zwar nicht stattgeben, verurteilte Kolb aber zur Preisgabe der Verfasser der Artikel. Hiergegen legte sowohl der Staatsprokurator als auch Kolb Berufung ein, in der nun Christian Culmann den Beschuldigten vor dem Appellationsgericht in Zweibrücken vertrat. In einem umfangreichen Plädoyer wies Culmann die Unschuld seines Mandanten überzeugend nach, so daß das Gericht nicht umhin konnte, Kolb uneingeschränkt freizusprechen[109].

104 LA Speyer, Best. H 1, Nr. 199, Fol. 199.
105 Theodor Heigel, Ludwig I., König von Bayern, Leipzig 1872, S. 141.
106 W. Herzberg (wie Anm. 33), S. 164 f.
107 Ebd., S. 166.
108 Ebd., S. 167 f.
109 LA Speyer, Best. J 1, Nr. 56; E. Krautkrämer (wie Anm. 25), S. 48–50.

### *Die Landauer Assisen*

Mittlerweile standen die Gerichtsverfahren gegen die Redner des Hambacher Festes an. Zur Verhandlung hatte die Regierung besondere Vorbereitungen getroffen. Sie schaltete die normalen Assisenverhandlungen aus und beraumte eine außerordentliche an, die sie von Zweibrücken nach Landau verlegte. Als Vorwand nannte sie Unruhen in Zweibrücken. Als das Vorhaben bekannt wurde, sandte der Zweibrücker Stadtrat eine Deputation nach München, die aus dem Landtagsabgeordneten Christian Culmann und den zwei Stadträten Schultz und Lang bestand. Aber die Regierung ließ sich von deren Gegenvorstellungen nicht beirren[110]. So begannen am 29. Juli 1833 in Landau im ehemaligen Hotel »Schwan« die Verhandlungen.

Während August Ferdinand Culmann den angeklagten Pfarrer Hochdörfer aus Sembach vertrat, hatte sich Georg Eifler, Kandidat der Theologie aus Zweibrücken, Christian Culmann als Verteidiger gewählt. Bei einem der Assisen-Richter handelte es sich um Ludwig Culmann, einen Bruder der beiden Zweibrücker Anwälte. Weil nun *der bedenkliche Umstand eingetreten* war, daß zwei seiner Brüder als Verteidiger auftraten, *gestattete es die Delicatesse nicht*, ihn als Richter einzusetzen, weshalb er durch einen Ergänzungsrichter ersetzt werden mußte[111]. Bei der Besetzung der Geschworenenbank bestritt Christian Culman mehreren von der Regierung vorgeschlagenen Männern die *gesetzliche Capacität, Geschworene zu seyn*, konnte sich aber nicht durchsetzen. Weil *kein Gesetz besteht, welches das Gericht zu einer Einmischung berechtigt, erklärt sich das Gericht in vorliegender Sache incompetent, die Einsprache für unzulässig*[112].

Der Verteidiger von Wirth, Ludwig Schneider, stellte den Antrag, daß der Ablauf der Gerichtsverhandlung vollständig, also ohne jede staatliche Zensur, gedruckt und veröffentlicht werden solle. August Culmann schloß sich dem Antrag an und bemerkte, wenn der Anklage-Akt veröffentlicht worden sei, müsse dasselbe auch mit den gedruckten Verhandlungen geschehen[113].

Christian Culmann verwies *auf den 28. Jenner 1831, als die bekannte Censurordonnanz erlassen wurde, und trotz dieser Ordonnanz hat der Minister, welcher dieselbe erließ, anerkannt, daß keine Censur das streichen könne, was in der Kammer verhandelt werde, und zwar aus dem Grunde, weil die Öffentlichkeit der ständischen Verhandlungen als Verfassungsgrundsatz vorausgesetzt und anerkannt werden mußte. Auch unser Gesetz will Öffentlichkeit der Verhandlungen, und unser Gesetz ist heilig, wie die Verfassung*[114]. Doch auch hier erklärte sich das Gericht für *incompetent, über die gestellten Anträge zu erkennen,* und lehnte sie damit faktisch ab[115]. Zwar erschienen die bei Georg Ritter[115a] in Zweibrücken gedruckten »Verhandlungen«, jedoch mit zahlreichen weißen Stellen, den Zeichen der Zensur.

110 W. Herzberg (wie Anm. 33), S. 194.

111 Ludwig Hoffmann (Hg.), Vollständige Verhandlungen vor dem königlich-bayerischen Appellationsgerichte des Rheinkreises zu Landau, Zweibrücken 1833, S. 75.

112 Tags-Neuigkeiten während den Verhandlungen in der politischen Untersuchung vor dem Assisengerichte in Landau, Landau 1833, 30. 7. 1833.

113 L. Hoffmann (wie Anm. 111), S. 78.

114 Ebd., S. 79.

115 Ebd., S. 80.

115a E. Süss (wie Anm. 35a), S. 106f.

Die Anklage warf dem 24jährigen Georg Eifler vor, daß er die Angeklagten Schüler, Savoye und Geib bei deren Komplott-Verbrechen im Zusammenhang mit der Führung des Presse- und Vaterlandsvereins unterstützt habe.

Eifler war Sekretär des Vereins gewesen und hatte dafür 22 Gulden Besoldung erhalten. Er führte die Korrespondenz und sollte – nach Meinung der Anklage – die Stimmung in den Distrikten erforscht haben. Ferner habe ihm die Verantwortlichkeit für die Veröffentlichung mehrerer Artikel im Vereins-Anzeiger oblegen[116].

In der Beweisaufnahme wurden während des Prozeßverfahrens insgesamt 82 Zeugen gehört, davon allein 77 Zeugen der Anklage. Nach den Zeugenaussagen wurden die in der Anklage genannten Aufsätze und Berichte sowie die auf dem Hambacher Fest gehaltenen Reden verlesen. Die Angeklagten waren sich der radikalen Wirkung ihrer Worte und Schriften durchaus bewußt, und Pfarrer Hochdörfer sagte einmal, es sei wahr, daß die Schriften der Angeklagten die Sprache spreche, die man die revolutionäre zu nennen pflege[117].

Breiten Raum nahmen die Vorgänge um den Presse- und Vaterlandsverein ein, der am 1. März 1832 von der Regierung mit der Begründung verboten worden war, die Verfassung räume dem Staatsbürger nirgends das Recht ein, politische Assoziationen in willkürlicher Weise einzugehen[118]. Während Eifler bemerkte, der Verein habe nur den Zweck gehabt, Aufklärung unter dem Volk zu verbreiten, um Deutschlands Wiedergeburt herbeizuführen, wies Siebenpfeiffer darauf hin, daß man beschlossen habe, den Zweck des Vereins so allgemein wie möglich zu bestimmen[119]. Auch Christian Culmann hob hervor, daß die Einladung, dem Verein beizutreten, zwei Dinge als Zweck herausgestellt habe: die Einheit Deutschlands und eine demokratische oder republikanische Verfassung. Darüber hinaus habe der Vereinsvorstand die Unterstützung der freien Presse überhaupt und *die möglichste Verbreitung aller Schriften, welche auf die Aufklärung und Wechselwirkung der geistigen Erkenntnis einzuwirken vermöchten, im Auge gehabt.*

Der Vereinszweck, so Culmann, sei also ein recht ausgedehnter gewesen. Es hätten, meinte er etwas rabulistisch, sogar Schriften, die das monarchische Prinzip vorzugsweise verfochten, auf eine Unterstützung des Vereins Anspruch machen können, sofern sie nur vom Hauch der Überzeugung der Ideen belebt gewesen wären und das Wohl des Volkes im Auge gehabt hätten[120].

Von den Verteidigungsreden waren die von Wirth und Siebenpfeiffer die herausragendsten. Wirth sprach acht Stunden lang, und als das Publikum nach ihrem Ende in lauten Beifall ausbrach, mußte der Gerichtspräsident, der die Rede selbst als ein Meisterwerk bezeichnete, den Zuhörern klarmachen, daß das Gesetz jede Beifallsbezeugung im Saale verbiete[121].

Nach Eiflers Verteidigungsrede, in der er sich als *eifriger Anhänger der Partei der Aufreizung* bekannte[122], ergriff Christian Culmann als Eiflers Verteidiger das Wort. Vor das Spezielle setzte er das Allgemeine, das im Druck allerdings von der Zensur gestrichen

116 Tags-Neuigkeiten (wie Anm. 112), 26. 7. 1833.
117 L. Hoffmann (wie Anm. 111), S. 206.
118 Kurt Baumann, Das Hambacher Fest 27. Mai 1832. Männer und Ideen, Speyer 1982, S. 49.
119 L. Hoffmann (wie Anm. 111), S. 220.
120 Ebd., S. 219 ff.
121 Ebd., S. 254–284.
122 Tags-Neuigkeiten (wie Anm. 112), 14. 8. 1833.

wurde:[123] *Es handelt sich hier von dem Kampfe zweier Prinzipien: dem Prinzip der Gewalt und jenem der Vernunft. Jenes sich gründend auf das Recht, welches Gewalt ihm gegeben, dieses auf das Recht sittlicher Bildung. Jenes handelnd im Interesse der Finsterniß und des Unrechts, dieses im Interesse der Menschheit. Beide sind so alt, als die Welt selbst! ... Die Angeklagten traten auf, wendeten sich an das Volk und sprachen ihm von seinen Rechten. Sie suchten die Nothwendigkeit ausgedehnter Volksrechte nach Grundsätzen der Vernunft darzuthun ... Man wollte Mittel zur Einigung und ersah als Mittel die Presse. Aber das war gegen das Interesse des Prinzips der Gewalt. Daher die Verfolgungen gegen die Presse, gegen das Comité, gegen Eifler*[124].

Zu den Artikeln und Schriften, in welchen die Angeklagten ihre politischen Vorstellungen entwickelt hatten, wies Culmann darauf hin, *daß nur gewaltsame Handlungen zum Sturz der Regierung (Attentat), die Provokation zu solchen Handlungen und deren definitive Verabredung unter mehreren Personen (Complott) strafbar sind, woraus folgt, daß es erlaubt ist, in Schriften über jede Theorie zu discutieren, wenn ich nicht auffordere, sie mittels Umsturz des Bestehenden gewaltsam ins Leben zu bringen. Ich darf daher Deutschlands Einheit als die Grundbedingung der materiellen Wohlfahrt des Volkes schildern, als die Grundbedingung seiner politischen Kraft und Nationalwürde, als die Grundbedingung der Entwicklung seiner geistigen Entbehrung den Grimm im tiefen Herzen jeden freien Mannes nährt. Wen die Natur mit einer blühenden Phantasie, mit der Kraft der Rede beglückt hat, mag seinen Lehren den Zugang zu den Herzen erzwingen, die Tiefen der Überzeugung erschließen, und nimmer werden seine Lehren straffällig sein ... Desgleichen und aus denselben Gründen ist jede Discussion über die beste Regierungsform gestattet und erlaubt; der eine mag dem Absolutismus huldigen und ihn als das nec plus ultra der Vollkommenheit darstellen, er ist so wenig strafbar als der heiße Verehrer der Republik*[125]. ... *Es bedarf wahrlich keines Beweises, daß der Verein, der zum Zweck hatte, die freie Presse zu unterstützen und ihre Erzeugnisse zu verbreiten, der nur patriotische Erörterungen über die Beförderung des Volkswohles hervorzurufen und dabei die unbeschränkteste Meinungsfreiheit zu respektieren erklärte, daß dieser Verein nicht strafbarer Natur sein kann*[126].

Und nach Prüfung der einzelnen Handlungen Eiflers, die er als vollkommen mit dem Gesetz übereinstimmend bewertete, wandte sich Culmann abschließend mit dem Appell an die Geschworenen als die *freien Männer des Volkes, die der Partheilichkeit unzugänglich und für das Gefühl des Rechts empfänglich seyn werden. Dieses Gefühl wird Ihnen sagen, daß Sie, um von den spätesten Nachkommen noch gesegnet zu werden, kein Verdammungsurtheil über Ihre, über des Volkes, über der Menschheit Sache aussprechen dürfen*[127].

Auf die Verteidigungsreden der Angeklagten erfolgte eine längere Replik des Generalprokurators, in der dieser noch einmal auf den entscheidenden Punkt hinwies: Ist im Sinne der Gesetzesstellen 87 und 102 des Strafgesetzbuches eine direkte Aufreizung zum Umsturz der Regierung erwiesen?[128] Im Namen sämtlicher Angeklagten und Verteidiger antwortete Chri-

123 Vgl. L. Hoffmann (wie Anm. 111), S. 349.
124 Tags-Neuigkeiten (wie Anm. 112), 14. 8. 1833.
125 L. Hoffmann (wie Anm. 111), S. 375.
126 Ebd., S. 379.
127 Tags-Neuigkeiten (wie Anm. 112), 15. 8. 1833.
128 L. Hoffmann (wie Anm. 111), S. 397 ff.

stian Culmann diesen Ausführungen noch einmal, wobei er davon absah, durch eine ausführliche Erwiderung *diese lange Verhandlung noch mehr zu verlängern, trotz der vielen Blößen, die die nochmals versuchte Rechtfertigung der Anklage ihnen darbietet.* Er wies aber wegen der Wichtigkeit noch einmal darauf hin, daß eine direkte Aufforderung zu einer Tat *nur dort vorhanden ist, wo ohne Umwege die Tat geradezu bezeichnet ist, durch welche der Zweck erreicht werden soll*[129].

In den vorangegangenen Tagen und Nächten hatten derweil Soldaten in der Stadt Landau Schlägereien mit dem Publikum angefangen, weshalb in der Bevölkerung große Unruhe entstanden war. Erneut im Auftrage aller Angeklagten und Verteidiger stellte deshalb Christian Culmann am 14. August im Gerichtssaal den Antrag, die Verhandlungen nun ununterbrochen fortzusetzen, weil die Sicherheit der Geschworenen bedroht sei, wenn sie die Angeklagten nicht verurteilten. Ein Geschworener erklärte, daß gedroht worden sei, die Geschworenen zusammenzuhauen, wenn sie die Angeklagten freisprächen. Ein anderer Geschworener bestätigte dies.

Nachdem der Gerichtspräsident dem Militärkommandanten einen Brief geschrieben hatte, hörten die Vorfälle endlich auf und die Verhandlungen wurden fortgesetzt[130].

Dabei ging der Generalprokurator noch auf eine Bemerkung Christian Culmanns ein, die er nicht mit Stillschweigen übergehen könne: *Er* [Culmann] *sagte nämlich, Schüler und Savoye seyen wahrscheinlich deswegen nicht erschienen, weil man sie vielleicht vor ein Kriegsgericht gestellt und dann erschossen haben würde. Diese Bemerkung, die ich aus dem Munde des Herrn Culmann als Anwalt und Landesdeputierter nicht erwartet hätte, bedarf keiner Widerlegung.* Culmann stellte in einer Entgegnung klar, daß er diese Worte nicht gebraucht habe, sondern folgende: *Wohl mag es erlaubt sein, anzunehmen, daß Savoye und Schüler unter den jetzigen Verhältnissen, da das Gesetz der Regierung erlaubt, die Geschworenenliste selbst zu fertigen, vielleicht das unbedingte Vertrauen zu einem von ihr componirten Gerichte nicht hatten und deßwegen Anstand nahmen, sich vor demselben zu stellen*[131].

Am 16. August erläuterte der Präsident den Geschworenen noch einmal den Begriff der *direkten Aufforderung.* Dann stellte er bezüglich jedes einzelnen Angeklagten die Frage, ob dieser direkt zum Umsturz aufgefordert habe. Nach vier Stunden Beratung, wobei die Gendarmerie alle Zugänge zum Beratungszimmer bewachte, kamen die Geschworenen in den Gerichtssaal zurück. Sowohl bei Eifler wie bei allen anderen sagte ihr Sprecher: *Nein, derselbe ist nicht schuld*[132]. Im Gegensatz zu mehreren Freigesprochenen, die zu weiteren Verhandlungen vor einem Zuchtpolizeigericht in Haft bleiben mußten, wurde Georg Eifler sofort auf freien Fuß gesetzt.

Der Ausgang des Prozesses löste nicht nur bei den Liberalen großen Jubel aus, sondern festigte auch Christian Culmanns Ruf als erfolgreichster Anwalt der Pfalz. Als Heinrich von Gagern 1845 die rheinbayerischen Advokaten der dreißiger Jahre als *den geachtetsten, vielleicht auch den gefürchtetsten, in jedem Falle den ersten, den Führer des Volkes* bezeich-

129 Ebd., S. 456.
130 W. Herzberg (wie Anm. 33), S. 205.
131 L. Hoffmann (wie Anm. 111), S. 458.
132 Ebd., S. 484 ff.

nete, hob er dabei Christian Culmann besonders hervor[133]. Vor allem aber hatte der Prozeß die Lauterkeit des Culmannschen Charakters deutlich werden lassen. Die Mitwirkung an der Verteidigung jener Männer, von denen einige in der Zeit zuvor ihn nicht nur politisch bekämpft, sondern ihn dabei auch öffentlich beschimpft und herabgesetzt hatten, zeugte von einem hohen Maße an Souveränität und Toleranz und nicht zuletzt auch von einer tiefen Verwurzelung im freiheitlichen Gedankengut.

### *Verfolgung und Tod*

Der Assisenpräsident hatte bei der Schließung der Verhandlungen gesagt: *Die Ergebnisse dieser Assisensitzung werden eine Epoche bilden, die uns zum Besseren führen wird.* Zunächst gab es jedoch eine andere Entwicklung. Die konservativen Kreise waren über den Ausgang des Verfahrens maßlos erbittert, und die »Augsburger Allgemeine Zeitung« sprach von einem *Hambacher Fest im Gerichtssaale.* Eine Untersuchung wurde eingeleitet, ob die Landauer Geschworenen bei ihrem Freispruch nicht von außen beeinflußt worden wären[134].

Auch gegen einige der Verteidiger ging man mit den Mitteln des Strafrechts vor. August Ferdinand Culmann wurde beschuldigt, während des Verfahrens den pfälzischen Regierungspräsidenten beleidigt zu haben. Klein, der Verteidiger von Christian Scharpff, sollte die Ehre der Gerichte und der Gendarmerie verletzt haben[135]. Und auch gegen Christian Culmann leitete die Regierung ein Untersuchungsverfahren ein[136].

Am 22. Dezember 1833 wies das Justizministerium in München den Zweibrücker Generalprokurator an, die Ermittlungen gegen Christian Culmann aufzunehmen. Daß es bei diesem Verfahren nicht nur, wie bei den anderen Verteidigern, darum ging, unbotmäßige Advokaten zu disziplinieren, wird aus den Akten deutlich. Schon am 26. Dezember schnitt das Justizministerium in einem erneuten Schreiben an den Generalprokurator die verräterische Frage an, *ob Culmann ein Mitglied der Kammer bleiben kann.*

Der Beginn der Landtagsverhandlungen war auf den 1. März 1834 festgesetzt. Deutlich bemerkt man im Schriftverkehr des Justizministeriums das Bestreben, eine Handhabe für die Ausschließung Culmanns, der im Dezember 1830 ja für sechs Jahre gewählt worden war, in die Hand zu bekommen. Dabei hätte eine gerichtliche Bestrafung zur Ausschließung gereicht. Am 22. Januar 1834 berichtete der Generalprokurator nach München und erhielt daraufhin erneut den Auftrag, *für die unverweilte Erledigung der in Frage befangenen Untersuchung Sorge zu tragen und binnen acht Tagen über das Ergebnis zu berichten.* Am 31. Januar drängte das Justizministerium noch einmal, in dem *unfehlbar zu erstattenden Berichte sich mit Bestimmtheit darüber zu äußern, bis zu welchem Zeitpunkte die Untersuchung gegen den Advocaten Christian Culmann soweit gediehen sein könne, daß sich bestimmen läßt, ob derselbe in die Kammer der Abgeordneten eintreten könne oder nicht.*

Culmann lebte in dieser Zeit in ständiger Angst vor direkten Maßnahmen gegen seine Person. Als sich am 24. Februar in Zweibrücken das Gerücht verbreitete, es sei Haftbefehl

133 P. Wentzke/W. Klötzer, Deutscher Liberalismus im Vormärz, Heinrich von Gagern, Briefe und Reden 1815–1848, Göttingen 1959, S. 296.
134 W. Herzberg (wie Anm. 33), S. 208.
135 LA Speyer, Best. J 1, Nr. 280, Fol. 1–2.
136 LA Speyer, Best. J 1, Nr. 19, Fol. 1–54.

gegen ihn ergangen, packten er und sein Bruder August Ferdinand ein paar Sachen zusammen und fuhren in einer Kutsche nach Hornbach. Dort begaben sie sich zu Fuß über die Grenze in den französischen Ort Schweigen. Der Zweibrücker Gendarmerie-Leutnant Neumann berichtete nach Speyer, die Flucht der beiden Advokaten habe in der Stadt, besonders im Kreise der alten Liberalen, große Sensation erregt. Einige hätten über das *feigherzige Benehmen* der beiden geschimpft, andere aber ihre Vorsicht gelobt und bemerkt, man sei heutzutage seines Lebens nicht mehr sicher. Und einmal abgeführt, könne man sehen, wie man wieder in Freiheit komme.

Am 6. März, also bereits nach Beginn des Landtags in München, kamen die beiden Brüder nach Zweibrücken zurück. Schon am selben Tag verbreitete sich erneut das Gerücht, daß sie verhaftet werden sollten. Weil der Haftbefehl aber nicht in der richtigen Form abgefaßt gewesen sei, hätte ihn der Generalprokurator wieder nach München zurückgeschickt[137].

Bereits im Jahr 1832 hatte Christian Culmann den Entschluß gefaßt, sich in politischen Dingen *von allem zurückzuziehen*[138]. Aus diesem Grunde und auch, weil sein Gerichtsverfahren bevorstand, hatte er vor Beginn der Kammerverhandlungen den Landtag um Beurlaubung ersucht. Dieser lehnte den Antrag aber ab, forderte Culmann vielmehr zum sofortigen Erscheinen auf und wählte ihn sogar in Abwesenheit in den Gesetzgebungsausschuß. Culmann weigerte sich jedoch zu erscheinen, und so begannen die Verhandlungen am 1. März ohne ihn[139].

Der Landtag 1834 war in seinem Geiste ein gänzlich anderer als der vorangegangene. Schüler befand sich, da er zu zehn Jahren Landesverweisung verurteilt worden war, in Frankreich. Closen war wegen Majestätsbeleidigung verurteilt und ausgeschlossen worden, ebenso Schoppmann und Brogino wegen Unterzeichnung der Knöbelschen Protestation. Ritter verweigerte seinen Eintritt in die Kammer, Culmann vorerst auch. So konnte König Ludwig in seiner Thronrede am 8. März unangefochten sagen: *Seit dem letzten Landtage haben an einigen wenigen Orten des Königreichs Unordnungen stattgefunden. Aber gerade, daß sie sich auf sehr wenige beschränkten, bezeugt des Landes gute Gesinnung. Ich weiß die meines Volkes von jener Parthei zu unterscheiden, die sich fälschlich für dessen Stimme ausgibt: Herrschen will sie, alles Bestehende vernichten, sie will die Verfassung umstürzen, an der ich so gewissenhaft halte. Meine Bayern lieben mich, sie kennen mein Bestreben für ihr Wohl*[140].

Die Regierung hatte sich diesmal schon im vorhinein Gedanken gemacht, wie ihren Vorlagen leichter zu Mehrheiten verholfen werden könnte. Bestechung von Abgeordneten hielt man dabei für ein probates Mittel: *Eberz hat einen Lehenprozeß mit dem Fiskus, und könnte hier eine Ausgleichung zu Stande kommen, dürfte die Regierung auf ihn in allen Fällen rechnen. Daß es gut wäre, (den Abgeordneten) Schwindel zu gewinnen, ist klar. Aber es ist schwer anzugeben, auf welche Art es zu machen ist. Vielleicht hülfe Geld, aber es müßte sehr vorsichtig zu Werke gegangen werden. Seuffert, Culmann, Closen und Schüler wollen Ehrenstellen, eigentlich eine einflußreiche Stelle in der Verwaltung. Aber ich muß bezweifeln, ob es gerathen sey, ihnen solche Stellen zu geben, da sie dieselben ... wahrscheinlich, etwa Culmann ausgenommen, nur dazu benützen würden, ihren liberalen Prinzipien, die bei ihnen*

137 HSTA München, MInn 24 359a.
138 Nachlaß Kolb, Brief vom 21.6.1832.
139 W. Marx (wie Anm. 19), S. 29–31.
140 W. Herzberg (wie Anm. 33), S. 192.

*schon in Saft und Blut übergegangen sind, Wirksamkeit im öffentlichen Leben zu verschaffen*[141].

In Zweibrücken liefen derweil die gerichtlichen Untersuchungen gegen Christian Culmann[141a]. Die Anklage warf ihm vor, *die königliche Staatsregierung, das königlich bayerische Militär, die Gerichte und öffentlichen Behörden des Landes verläumdet respective wegen ihrer Amtshandlungen durch Worte beleidigt zu haben*. Dabei ging es insbesondere um angebliche Äußerungen Culmanns in der Verhandlung am 14. August 1833, die Geschworenen seien durch Militärpersonen mit dem Tode bedroht worden, sowie um verschiedene andere Äußerungen, *durch welche er die Schritte der Staatsregierung mit Willkür, Gewalthstreichen, Finsterniß, Feindseligkeit gegen das Volk, Rach- und Verfolgungssucht in den grellsten Ausdrücken bezeichnet habe*.

Das Bezirksgericht Zweibrücken als Zuchtpolizeigericht vernahm am 18. Mai 1834 acht Zeugen. Da es sich bei den angeblichen Beleidigungen Culmanns um mündliche Äußerungen in einem früheren Prozeß handelte, mußte versucht werden, diese Äußerungen möglichst genau zu rekonstruieren. Das Landauer Assisengericht hatte selbst kein eigenes Protokoll erstellt. Die von dem Appellationsgerichtsrat Ludwig Hoffmann in Buchform herausgegebenen »Vollständigen Verhandlungen vor dem Appellationsgerichte des Rheinkreises zu Landau« hatten nicht den Charakter eines amtlichen Protokolls.

Deshalb mußten, um den Inhalt des Werkes zur Beweisführung berücksichtigen zu können, der Zweibrücker Buchdrucker Georg Ritter sowie alle Personen, die mit der Aufnahme der Verhandlungen befaßt waren, als Zeugen gehört werden. Neben Ritter waren das die Stenografen Gabelsberger und Zeiler, deren Helfer Sartorius sowie die beiden von Ritter beauftragten Kontrolleure des Stenografendienstes, Laurent und Sternfeld. Ferner war als Zeuge anwesend der Gendarmerie-Leutnant Martin Neumann, der während der Landauer Verhandlungen auf dienstliche Weisung anwesend war und sich handschriftliche Notizen gemacht hatte. Von ihm meinte allerdings Culmann, es erscheine ihm, *daß demselben die gehörige Capacität fehle, dasjenige, was er gehört, gehörig aufzufassen und zu verstehen*.

Schließlich war noch als Zeuge zugegen der Direktor der Regierung des Rheinkreises, Wrede. Er brauchte nur unter dem Punkt auszusagen, bei dem es am 14. August um Culmanns Antrag auf ununterbrochene Fortsetzung der Verhandlung wegen Gefährdung der Geschworenen gegangen war. Besonders durch die Art des Vorbringens, so Wrede, habe Culmann *ein übles Licht auf das Gouvernement zu werfen* gesucht. Als er, Wrede, daraufhin Culmann in einer Pause angesprochen habe, habe dieser sich auf das allgemein verbreitete Gerücht berufen und den Geschworenen Botta als Zeugen genannt.

Der Zeuge Laurent hatte unter diesem Punkt *keine Schmähungen und Beleidigungen aus dem Munde des Beschuldigten* vernommen, ebenso Sternfeld. Gabelsberger meinte, Culmann sei etwas eingeschüchtert gewesen, auch bei den Angeklagten habe man große Ängstlichkeit wahrgenommen. Er habe den Eindruck gehabt, aus dem Verteidiger habe nur die Besorgnis gesprochen. Zeiler bestätigte, die ganze Versammlung sei aufgeregt gewesen, er könne sich an ehrenrührige Ausfälle gegen die Staatsregierung oder das Militär nicht erinnern.

Der Beschuldigte Culmann berichtete in seiner Aussage von dem Antrag, dabei habe er

141 HSTA München, MInn 44 345.
141a LA Speyer, Best. J 1, Nr. 19, Fol. 1–54.

sich auf die Geschworenen berufen, die ihm die Gerüchte mitgeteilt hätten. Von beleidigenden oder verleumderischen Ausfällen wisse er nichts. Er bestritt auch den ihm unterstellten Ausspruch, das Urteil der Geschworenen stehe unter den Bajonetten von Landau.

Bei der Erörterung der weiteren Anschuldigungspunkte ging es vor allem um die Klärung der Frage, wie zuverlässig die gesprochenen Worte Culmanns in den Text der gedruckten »Verhandlungen« übertragen worden waren.

Die beiden Stenografen erklärten hierzu, *sie möchten nicht dafür haften, daß die Äußerungen des Beschuldigten, besonders da, wo es auf die Worte ankommt, so ganz mit Zuverlässigkeit nachgeschrieben worden seyen, indem der Nachschreiber bei demselben wegen dessen Aussprache und der Art und Weise seines Vortrags am schwierigsten gewesen sei.* Gendarm Neumann sagte, der Beschuldigte habe *dem Wesen nach* so gesprochen, wie es abgedruckt sei. Laurent gab an, bestimmte Äußerungen seien *dem Sinne nach* so gemacht worden. Sartorius versicherte, *daß die von ihm visirten Blätter des Manuskriptes zum Zwecke des Drucks durch Ritter im Wesentlichen das enthalte, was in den Sitzungen vorgekommen seye. Die Stenographen hätten im Allgemeinen auf eine frappant pünktliche Weise das aufgezeichnet, was in den Sitzungen vorgetragen worden sei. Hie und da möchten sich vielleicht kleine Irrthümer eingeschlichen haben, allein Entstellungen des Sinnes der Vorträge habe er nie bemerkt.*

Als es um die umfangreiche Verteidigungsrede Culmanns für Eifler ging, tat sich eine besondere Schwierigkeit auf. Die Rede war damals von den Stenografen gar nicht mitgeschrieben worden, weil Culmann zu Gabelsberger gesagt hatte, er werde ihm den Text zur Verfügung stellen. Als er sie endlich von ihm bekommen habe, sei diese aber nicht rein geschrieben gewesen, sondern mit vielen Ausstreichungen, Durchstreichungen, Überschreibungen, Randsätzen etc. versehen gewesen. Gabelsberger habe die Abschrift an Sartorius geschickt, und nachdem dieser sein Visa auf jede Seite des Manuskripts gesetzt hatte, sei der Druck erfolgt. Als Culmann von einer Reise zurückgekommen sei, habe er sich bei ihm darüber beschwert, daß seine Rede an vielen Stellen ganz anders abgedruckt worden sei, als er sie gehalten habe, so daß häufig ein ganz anderer Sinn erscheine.

Stenograf Zeiler berichtete, daß Ritter gesagt habe, man solle Culmann nicht nachschreiben, weil er dessen Manuskript erhalten werde. Bei der Ständeversammlung in München sei Gabelsberger auf ähnliche Weise mit dem Beschuldigten übereingekommen, *weil die Stenographie bei diesem Redner keine Sicherheit biete.*

Culmann erkannte den Inhalt der Ritterschen »Verhandlungen« *in allen einzelnen Theilen durchaus nicht als richtig* an. Diese Verhandlungen seien höchst unvollständig aufgenommen worden, sie wimmelten deshalb von Irrtümern und Entstellungen. Seine Verteidigungsrede habe er schon vor Prozeßbeginn in Zweibrücken niedergeschrieben. Sie sei aber nach der Wendung, die die Sache in Landau genommen habe, dann nicht mehr zu gebrauchen gewesen. Er habe sie deshalb in Landau während der Verhandlungen umgearbeitet und dabei einzelne Teile der ersten Arbeit benutzt. Neu Hinzugefügtes habe er teils wörtlich niedergeschrieben, teils sich skizzenhafte Notizen gemacht. Manche Stellen habe er auch ausgestrichen, um sie beim Vortrag zu übergehen.

Aber die Verteidigungsrede habe er nun bei weitem nicht so gehalten, wie er sie niedergeschrieben oder skizziert habe. Manches sei ganz übergangen worden, manches sei mit anderen Worten, als es aufgeschrieben war, vorgetragen worden. Und manche Idee, die ihm im Fluß der Rede eingefallen sei, habe ihren Platz noch erhalten. Nach Beendigung der

Verhandlungen habe Ritter seine Rede verlangt. Anfänglich habe er sie ihm verweigert, weil es ihm unmöglich sei, sie so zu geben, wie er sie gehalten habe. Ritter habe aber darauf gedrungen. Daraufhin habe er ihm alle seine Scripturen gegeben, da es ihm selbst nicht möglich gewesen sei, sie zu ordnen, da er im Begriff gewesen sei, eine Reise anzutreten. Nach der Rückkehr von der Reise habe er gefunden, daß in den »Verhandlungen« sehr vieles stehe, was in Landau gar nicht gesprochen, anderes, was dort vorgekommen, weggelassen worden sei. Ritter habe sich mit den Schwierigkeiten entschuldigt, die die Sache für ihn gehabt habe. Aus diesen Gründen könne er, Culmann, den Inhalt der Verhandlungen nicht als von ihm gehalten anerkennen.

Nach den Zeugenbefragungen kam das Gericht zur Bewertung der Feststellungen. Es sah den Text der in den »Verhandlungen« abgedruckten Verteidigungsrede Culmanns als unzuverlässig an, weil die Rede nicht mitgeschrieben worden war und sie von dem Manuskript des Beschuldigten, welches jedoch mit der mündlich gehaltenen Rede sowohl von ihrem Inhalt als auch ihren Worten nach, wesentlich verschieden war. Weiter wies das Gericht darauf hin, daß die Unzuverlässigkeit und Irrtümlichkeit der Ritterschen »Verhandlungen« sich auch schon im Verfahren gegen den Advocaten August Culmann ergeben habe. Ferner hätten die Zeugen Ritter, Laurent, Sternfeld und Zeiler erklärt, sich nicht zu erinnern, aus dem Munde des Beschuldigten Beleidigungen, Schmähungen oder Verleumdungen gehört zu haben. Schließlich habe nach Aussage des Zeugen Laurent der Präsident des Landauer Assisengerichts geäußert, Culmann habe im Verfahren die Grenzen der Verteidigung zwar gestreift, aber nicht überschritten.

Nachdem der Untersuchungsrichter diesen Ermittlungsstand der Beratschlagungskammer des Bezirksgerichts vorgelegt hatte, ordnete das Gericht am 23. Mai 1834 die Einstellung des Verfahrens *aus Mangel hinreichender Indicien* an.

Die Regierung in München war über den Ausgang des Verfahrens enttäuscht. Sie kritisierte den Generalprokurator in Zweibrücken mit dem Hinweis, *daß die Untersuchung lediglich an dem langen Zeitablaufe, nach welchem sich die Zeugen nicht mehr erinnern konnten, gescheitert ist. Hätte der Generalprokurator sogleich in der Sitzung sich Akt geben lassen oder wenigstens nach solcher die Untersuchung schneller betrieben, wäre wohl ein anderer Erfolg erzielt worden.*

Nun, nach seinem Freispruch, begab sich Christian Culmann doch noch in den Landtag nach München. Er traf jedoch erst kurz vor Ende der Verhandlungen dort ein[142] und nahm keinen Einfluß mehr auf sie. Überhaupt trat er nun politisch nicht mehr in Erscheinung. Im Mai 1836 schrieb er an Kolb, er denke nur noch *mit Widerwillen an jene Zeit der schönen Träume, weil der Gedanke an jene beyspiellose Täuschung daran unzertrennlich* sei[143].

Auch gesundheitlich ging es Culmann schon einige Zeit nicht mehr gut, wie er Kolb berichtete: *Den ganzen Winter über vom Monat Oktober bis Mitte März* (1836) *war ich unwohl und selbst abwechselnd krank, und seit den paar Monaten, wo ich mich wieder im Besitz von Gesundheit und Kräften fühle, bin ich, gerade in Gefolge meines Unwohlseyns, so mit Geschäften überladen, daß ich kaum zu Athem komme*[144].

142 W. Marx (wie Anm. 19), S. 31.
143 Nachlaß Kolb, Brief vom 29. 5. 1836.
144 Ebd.

Einer der Verhandlungen beim Appellationsgericht, bei der er im Sommer 1836 als Verteidiger auftrat, wohnte als Zuhörer auch der Pfarrer und Schriftsteller Friedrich Blaul aus Speyer bei. Blaul durchwanderte in dieser Zeit die Pfalz, um Eindrücke für ein neues Werk, die späteren »Träume und Schäume vom Rhein«, zu sammeln. Dabei wollte er in Zweibrücken an einer öffentlichen Gerichtsverhandlung teilnehmen, an der er das Institut der Geschworenen besonders schätzte, weil mit ihm *eher ein Schuldiger freigesprochen, als ein Unschuldiger verurtheilt wird.* Über die Verhandlung berichtete Blaul später in seinem Buch: *Unter den Anwälten des Appellhofes hörte ich den früheren Deputirten Culmann plädiren. Ein schmächtiger Körper, aber ein lebendiger, klarer Geist, rasch, sprudelnd und hinreißend in seiner Rede, wenn auch sein Vortrag nicht gerade schön genannt werden kann. Culmann ist dabei kein rabulistischer Advokat, voll von Ränken und Kniffen, er ist eine edle Seele. Das hat er in den Jahren der Aufregung bewiesen. Er zog sich von denen zurück, welche auf dem Wege des Umsturzes und durch Anschließen an Frankreich den Zustand der Dinge ändern wollten. Er ward deßhalb von ihnen geschmäht und mit Koth beworfen, und dennoch trat er als ihr Vertheidiger auf, als sie in Landau vor den Assisen standen. Das war christlich*[145].

Die gesundheitliche Kräftigung, von der Culmann gesprochen hatte, hielt nicht lange an. Im Jahr darauf, am 14. Mai 1837, verstarb er im Alter von nur 41 Jahren.

Welcher Krankheit er erlag, wissen wir nicht. Georg Friedrich Kolb meinte, daß er *wohl zunächst in Folge mannigfach erlittener schwerer Unbilden* gestorben sei[146].

Mit dem Tode Christian Culmanns hatte die Pfalz nicht nur einen hervorragenden Anwalt verloren, sondern auch einen Politiker, der die Entwicklung des Rheinkreises in den beiden ersten Jahrzehnten der Zugehörigkeit zu Bayern in wichtigen Punkten beeinflußt hatte. Durchdrungen von den Idealen der Französischen Revolution, war er allerdings ein Liberaler konstitutioneller Prägung geblieben. Denn anders als bei seinem Bruder August Ferdinand hatte es bei ihm keine Entwicklung hin zur demokratisch-republikanischen Bewegung gegeben.

Theodor Hilgard, der 1835 nach Amerika ausgewandert war, sandte nach Christians Tod dessen Angehörigen einen ehrenden Nachruf auf den verstorbenen Freund. Mit diesem Nachruf hatte es eine besondere Bewandtnis. Als 1827 der Zweibrücker Generalprokurator von Völderndorf verstorben war, standen Hilgard und Culmann auf dem Gottesacker nebeneinander und hörten die Leichenrede des Predigers an. Auf dem Heimweg gaben sich beide das Versprechen, daß derjenige, der den anderen überleben würde, diesem eine Leichenrede halten solle. Dieses Versprechen machte Hilgard nun mit seinem Nachruf von Amerika aus wahr. In dem gefühlsbetonten Schreiben (*Mein Herz bedarf des Trostes* ...) hieß es unter anderem: *Drei Dinge sind es, die dem Manne Ehre bringen in seinem Volke: reiche Geistesgaben, warmer Sinn für das Rechte und eine rastlose Tatkraft für das, was er als wahr und gut erkannt hat. Kommt dann noch hinzu, daß sein Streben verkannt wird, daß blinde Parteisucht ihn schilt, verleumdet, verwirft, so wird die Erscheinung erhaben und erheischt mehr als Achtung: Sie erregt Bewunderung, Rührung, Verehrung. Alle diese Kronen, Verewigter, haben dich geschmückt. Auch die des Märtyrers – und ich fürchte, daß ihre Dornen es waren, die dich bis auf den Tod verwundet haben* ..[147].

145 Friedrich BLAUL, Träume und Schäume vom Rhein, Bd. 1, Speyer 1838, S. 171.
146 ROTTECK/WELCKER, Staatslexikon, Altona 1842, S. 540.
147 A. BECKER (wie Anm. 16), S. 27.

Zwei Jahre später, 1839, beschrieb der »Neue Nekrolog der Deutschen« den Verstorbenen als *Abgeordneter bei den Ständen, als Advocat und Vertheidiger Wirths und Siebenpfeiffers vor den Assisen zu Landau, der wohlbekannte und in seinem Vaterlande hochgeachtete Christian Culmann*[148].

Auf dem Zweibrücker Friedhof ließ die Familie zum Andenken an den Verstorbenen von dem Bergzaberner Bildhauer Bernhard Würschmitt ein Grabmonument errichten, dessen Ausgestaltung *das Amt und den Hingang des Toten* symbolisierte[149]. Bei einem Fliegerangriff am 14. März 1945 wurde das Grabmal zerstört[150].

Luise, Christians Witwe, heiratete einige Jahre nach Christians Tod Friedrich Jakob Culmann, einen älteren Bruder Christians. Er war Artillerieoffizier in Straßburg und 1848 Mitglied der verfassunggebenden Nationalversammlung in Paris[151]. 1849 verstarb auch er.

Luise Culmann wurde nach ihrem Tod im Jahr 1884 auf dem Friedhof in Zweibrücken zur letzten Ruhe gebettet. Ihr Grabstein steht noch heute dort.

148 Neuer Nekrolog der Deutschen, Weimar 1839, S. 1243.

149 Otto Abel, Dr. Bernhard Gottfried Josef Würschmitt, ein Bildhauer in der Pfalz, Landau 1938, S. 117.

150 Mitteilung Willi Hafner, Zweibrücken.

151 Christian Staehling, Histoire contemporaine de Straßburg et de l'Alsace, Nice 1884, S. 348.

# Die Spaltung der pfälzischen Opposition unter dem Einfluß der Presse beim Sturmlandtag 1831

VON SILVIA ALTEMOOS

Die zeitgenössische Einschätzung des politischen Lebens durch Georg Friedrich Kolb in seiner »Geschichte der neuesten Ereignisse in Rheinbayern« charakterisiert eindeutig die Zustände vor dem Landtag 1831: *... war um diese Zeit in Rheinbayern im Grunde noch keine Aufregung, kein Parteigeist vorhanden. Es zeigte sich dieses klar bei Gelegenheit der Wahlen zur Ständeversammlung .... Selbst Siebenpfeiffer machte nicht einmal einen Versuch, diesen oder jenen als Candidaten vorzuschlagen; ... Man kannte damals in Rheinbayern noch keine eigentliche Schattierung unter den Liberalen; Alle, welche im Sinne der Volksfreiheit dem Absolutism entgegen waren, wurden als auf jener Seite stehend betrachtet. Von diesem Gesichtspunkt aus gesehen, fielen die Wahlen sämtlich sehr gut aus...*[1].

In diesem Sinne verlief auch die Wahl der beiden späteren Antagonisten der liberalen Opposition – Christian Culmann und Friedrich Schüler – noch in völliger Übereinstimmung.

Während Culmann vor allem von seiner Tätigkeit als Kreislandrat her bereits einen größeren Bekanntheitsgrad genoß und sich bei den liberal Gesinnten einen guten Ruf erworben hatte, war der Name Schülers in der politischen Öffentlichkeit noch kein Begriff. So war denn auch Culmanns Wahl einstimmig vonstatten gegangen, Schüler dagegen erhielt sein Mandat nur mit sehr knapper Mehrheit und diese auch nur aufgrund eindringlicher Intervention seines ehemaligen Studienkollegen Culmann[2].

Von der Vertretung eines bestimmten Wahlprogrammes oder eines Wahlkampfes auch nur in Ansätzen konnte bei Betrachtung der Deputiertenernennung keine Rede sein. Für die Wähler im Rheinkreis genügte eine im allgemeinen liberale Gesinnung, der Ruf der Integrität sowie ein gewisser Bekanntheitsgrad. Gerade an letzterem mangelte es jedoch bei Schüler. Er festigte seine Popularität erst durch eine konsequent oppositionelle Haltung während des gesamten Landtagsverlaufs und avancierte dabei zur Führungspersönlichkeit der unbedingten Opposition. Dabei geriet er mehr und mehr in Polarität zu Culmann, der dann als Kopf der gemäßigten Liberalen gesehen wurde. Mit dieser Haltung stieß Culmann jedoch vor allem im Rheinkreis zunehmend auf Kritik, so daß man davon ausgehen kann, daß sein ehemaliger

1 J. A. Miller (G. F. Kolb), Geschichte der neuesten Ereignisse in Rheinbayern, Weissenburg 1833, S. 39.

2 Vgl. K. Baumann (Hg.), Das Hambacher Fest 27. Mai 1832. Männer und Ideen, 2. Aufl., Speyer 1982, S. 99; Friedrich Schüler hatte 1812 mit der Fortsetzung seines Jurastudiums an der Hochschule in Göttingen begonnen, Christian Culmann folgte ihm zwei Jahre später.

Protegé am Ende der Kammersitzungen wohl mehr Stimmen auf sich hätte vereinigen können als er selbst[3].

Interessant ist dabei, daß anhand der sich wandelnden Positionen dieser beiden rheinbayerischen Abgeordneten und der sie unterstützenden Pressestimmen auch erste Standortbestimmungen späterer politischer Gruppierungen ablesbar sind.

Ausgangspunkt war der Streit um die Schenkschen Presseordonnanzen vom Januar 1831. Es ist nur natürlich, daß gerade der Stein des Anstoßes selbst – insbesondere der oppositionelle Teil der Presse – sich aktiv an der Diskussion dieser reaktionären Maßnahme beteiligte und dann mehr und mehr auch bei den folgenden Verhandlungspunkten Partei ergriff.

Eine sehr wichtige Stellung innerhalb der ultraliberalen Opposition nahmen die beiden Zeitschriften von Philipp Jakob Siebenpfeiffer im bayerischen Rheinkreis ein: »Rheinbayern« erschien von 1830 bis 1831 in Zweibrücken; »Der Bote aus dem Westen« kam vom 1. April 1831 an anfangs noch parallel dazu heraus. Siebenpfeiffer war von Haus aus eigentlich Jurist. Er hatte in Freiburg bei dem führenden badischen Liberalen Carl Wenzeslausz von Rotteck studiert, dann aber sehr schnell die Verwaltungslaufbahn eingeschlagen. Von 1818 bis 1830 als Landkommissär des Kreises Homburg tätig, war er mit den politischen wie auch sozioökonomischen Problemen der Bevölkerung aufs engste vertraut und nicht zuletzt dieser Kenntnis wegen 1830 zur oppositionellen Presse gewechselt[4].

Ein weiterer bedeutender Name innerhalb des oppositionellen Pressewesens um 1831 ist Johann Georg August Wirth. Wirth – ebenso wie sein bekannter journalistischer Mitstreiter mit der Doktorwürde der Rechte ausgezeichnet – hatte bereits einige Jahre als Advokat in Bayreuth praktiziert, als er Ende Februar 1831 die Redaktion der Zeitung »Das Inland« übernahm. Diese halbamtliche Zeitung wurde in der Filiale des Verlegers Cotta in München herausgegeben. Cotta hatte sich verpflichtet, die Gesinnung des Blattes regierungstreu zu halten, wofür ihm diese finanzielle Unterstützung zusicherte. Doch durch die Redaktion des liberalen Wirth erhielt die Zeitung sehr bald einen ausgeprägt oppositionellen Tonfall, wodurch es zu ständigen Verhandlungen zwischen dem Innenministerium und Cotta kam, bis die Regierung am 1. Juli 1831 das endgültige Druckverbot aussprach. Wirth entschied sich daher zur Herausgabe einer eigenen Zeitung, der »Deutschen Tribüne«, die er aufgrund des in Altbayern sich ständig verschärfenden Zensurdruckes vom Jahr 1832 an schließlich auch vom rheinbayerischen Homburg aus erscheinen ließ[5].

Während Wirth und Siebenpfeiffer mehr auf politischer Ebene argumentierten, machte sich Dalberg von Würzburg in seinem »Scharfschütz« und seinen Flugblättern mit Namen »Der Gegenminister« gerne zum Sprachrohr der sozial Benachteiligten, wobei so manche Problematik offensichtlich bis heute nichts an Brisanz verloren hat, wie zum Beispiel folgende

3 Diese Einschätzung wird neben der Stimmung in der zeitgenössischen Presse auch durch die unterschiedliche Resonanz auf die Begrüßungsfeiern der einzelnen Abgeordneten im Anschluß an den Landtag unterstrichen, die bei Schüler eindeutig am größten war.

4 Zu Ph. J. Siebenpfeiffer vgl. auch A. Doll, in: K. Baumann (wie Anm. 2), S. 7–94; Saarpfalz-Kreis (Hg.), Ein Leben für die Freiheit: Philipp Jakob Siebenpfeiffer; 1789–1845, Konstanz 1989; H. Braun, Ph. J. Siebenpfeiffer. Ein liberaler Publizist des Vormärz, Dissertation, München 1956.

5 Zu J. G. A. Wirth vgl. auch A. Doll, in: K. Baumann (wie Anm. 2), S. 7–94; O. H. Müller, Johann Georg August Wirth und die Entwicklung des radikalen Liberalismus 1830–1848, Dissertation, Frankfurt 1925.

Kritik zur Frage der Abgeordnetendiäten zeigt: *Die Deputierten, welche wohl wissen, mit welcher Not das Volk zu kämpfen hat, lassen sich nach wie vor täglich 5 fl. bezahlen, obgleich ein genügsamer Mann auch mit der Hälfte in München recht gut leben kann*[6].

Ebenfalls in Würzburg erschien das von Gottfried Eisenmann herausgegebene »Bayerische Volksblatt« oder das »Konstitutionelle Bayern«, das in seinen Artikeln mit der Regierung ebenfalls hart ins Gericht ging. Eisenmann votierte jedoch immer häufiger für die Argumente der gemäßigten Opposition um Culmann.

Aktiv in die Landtagsdebatten griff auch der stark links stehende Nürnberger Coremanns mit seiner »Freien Presse« ein, deren Zensurbeschränkungen er durch die Verteilung von Flugschriften mit dem Titel »Der Späher im Ständesaal« zu umgehen suchte.

Für Rheinbayern war neben den Blättern von Siebenpfeiffer noch die von Kolb herausgegebene »Neue Speyerer Zeitung« maßgeblich an der Einschätzung der Kammerdebatten in der Öffentlichkeit beteiligt. Die »Neue Speyerer Zeitung« ist in ihrer Tendenz ebenfalls als liberal, in ihrem Tonfall jedoch gemäßigter einzustufen. Im Verlauf der Verhandlungen stellte sich Kolb auf die Seite der Gruppe um Culmann und Willich.

Das unter der Redaktion des Sembacher Pfarrers Hochdörfer erscheinende Blatt »Der Rheinbayerische Volksfreund« griff mangels ausreichender Abonnentenzahl nur kurz, aber dafür sehr heftig in die Debatten ein und war äußerst links orientiert.

Angesichts einer solchen oppositionellen Mehrheit hatten es die regierungstreuen Blätter sehr schwer, ihre konservativen Positionen zu verteidigen. An herausragender Stelle ist dabei die von Sendtner redigierte »Münchener Politische Zeitung« zu nennen. Sie sah die offensichtlichen Manipulationsversuche der linken Presse durch positive und negative Beurteilung der jeweiligen Abstimmungsergebnisse äußerst kritisch: *Der Rednerstuhl der Journalistik steht nach der Selbsteinschätzung gewisser Tagblattschreiber über der Tribüne der Kammer, deren Mitglieder erst noch zu liberalen und demokratischen Zeitungsschreibern in die Schule gehen müssen, um von ihnen die Richtung ihrer Ansichten und die nöthigen Materialien zu ihren Motiven und Vorträgen zu erhalten*[7]. Neben aller Ironie ist dieses Zitat jedoch auch als Eingeständnis des eklatanten Einflusses der liberalen Presse auf das Verhalten der Abgeordneten zu werten. Einige Stimmen auch der neueren fachwissenschaftlichen Literatur geben sogar allein der Presse die Schuld an der Spaltung der Opposition in der Kammer[8].

Seite an Seite mit der »Münchner Politischen Zeitung« kämpfte das katholisch-konservative Blatt »Eos«, das zwar seit 1818 bestand, jedoch erst ab 1828 unter der Redaktion von Joseph von Görres größere Bedeutung erlangte, als Organ des Freundeskreises um Görres, Baader und Döllinger. Dem von religiöser Romantik und Konservatismus geprägten Kreis wurde die Zugehörigkeit zu einer geheimen Kongregation von jesuitisch-reaktionärem Charakter vorgeworfen, der man großen Einfluß auf den König und den Innenminister zuschrieb. Das hartnäckig sich in der Öffentlichkeit haltende Gerücht um das Bestehen eines solchen inoffiziellen »Geheimbundes« sollte schließlich zu einem zentralen Punkt der Landtagsverhandlungen führen, angeprangert vor allem durch Christian Culmann.

6 Der Scharfschütz, Würzburg, 28. Mai 1831.

7 Münchner Politische Zeitung, München, 8. August 1831.

8 Vgl. die Darstellung der Landtagsereignisse bei J. A. Miller (wie Anm. 1), S. 47–48, K. Baumann (wie Anm. 2), S. 38, sowie W. Lempfrid, Der bayerische Landtag 1831 und die öffentliche Meinung, in: Zeitschrift für bayerische Landesgeschichte, Jg. 24, 1961, S. 39.

Zu diesem Zeitpunkt bildete der liberale Flügel zusammen mit der Oppositionspresse eine geschlossene Front gegen die Regierung.

Dies äußerte sich auch in einer Einschätzung Schenks, die er in einem Brief dem bayerischen König mitteilte. Dabei rechnete er Culmann und Schüler gemeinsam mit Willich, Jordan, Ritter und Schoppmann zur *unbedingten und beharrlichen Opposition*, Brogino, Heydenreich und Klein zu *Anhängern der Opposition* und zu den eher gemäßigten, die man durchaus auch für Entscheidungen der Regierung gewinnen könnte, Fitting, Schickedanz und Schulz[9].

Culmann und Schüler agierten zu Beginn des Landtages durchaus noch von einer Linie aus. Auslöser des Entrüstungssturmes in der liberalen Öffentlichkeit war die Einschränkung der seit 1825 in Bayern geltenden, in Rheinbayern noch von der französischen Gesetzgebung erhaltenen Zensurfreiheit der Presse mit dem Edikt vom 8. Januar 1831. Die Maßnahme fiel zeitlich zusammen mit einem völlig anderen Ereignis, das den ohnehin vorhandenen Unmut nur noch schürte. In aufgebrachter Stimmung erlebte die mehr und mehr liberal denkende Öffentlichkeit am 1. März desselben Jahres die Eröffnung des bayerischen Landtags, bei dem es gleich zu Beginn zu einem Eklat kam.

Auch der Regierung und dem König war die wachsende oppositionelle Gesinnung natürlich nicht entgangen. Aus diesem Grund hatte Ludwig I. beschlossen, basierend auf dem § 44 des X. Edikts zur Verfassungsurkunde fünf der gewählten Mitglieder von der Ständekammer auszuschliessen. Die hinter diesem Beschluß stehende Intention, die liberale Einflußnahme zu beschränken, wurde gleich durchschaut und fand insbesondere in der Presse durchschlagenden Widerhall. Natürlich wurde dieser offensichtliche Affront gegen das Prinzip der freien Volkswahl auch in der Kammer besprochen. Christian Culmann formulierte seine Kritik ganz offen: ... *und nur um desswillen von dem § 44 Gebrauch machte, um unbequeme Gegner des Ministeriums von der Kammer auszuschließen. – In der Tat nicht eine einzige Ausschließung ist bis jetzt durch Rücksichten auf den äußern Dienst motiviert worden; alle dienten nur dazu, sey es persönliche Antipathie zu befriedigen, sey es die Reihen einer redlichen und mannhaften Opposition zu lichten*[10].

Einen ersten Erfolg errang die Opposition, als Freiherr von Closen seinen Dienst beim Staat quittierte, um sein Mandat wahrnehmen zu können. Damit war der Regierung die legale Handhabe für seine Ausschließung genommen. Und die Vorwürfe gegen die Regierung verschärften sich immer mehr. Insbesondere Culmann griff den Innenminister von Schenk persönlich an und beanstandete die in dessen Verantwortlichkeit erlassenen Januarordonnanzen zur Zensur, die neuen Schulpläne und nicht zuletzt die Organisation einer *geheimen Polizey im Königreiche*[11] sowie seine Zugehörigkeit zu der geheimnisumwitterten Kongregation. Dieser Kongregation wurden in der Öffentlichkeit alle vorausgegangenen restaurativen Tendenzen zur Last gelegt. Culmann zitierte vor der Kammer einen von der Zensur gestrichenen Titel von Wirths »Inland« – so eng war zu diesem Zeitpunkt noch die Zusammenarbeit beider: *Seit zwey Jahrhunderten verbreitet sich in Bayern eine geheime Gesellschaft, welche sich selbst den Namen Congregation gibt, und deren Zweck ist, unter dem Scheine der*

9 Vgl. HSTA München, M Inn Nr. 44 345.

10 K. J. Schreyer, H. Holzschuher, C. Rosenkrantz, Denkmal der bayerischen Ständekammer im Jahre 1831, München 1831, S. 91.

11 Ebd., S. 97.

*Religion alles Gute rückgängig zu machen. Von ihr stammt die Einleitung zu dem unglücklichen Concordate und dessen vielen Folgen; zu dem zeitwidrigen Geiste, durch welchen manche Behörde seit einigen Jahren in der Weltgeschichte sich selbst beschimpfte; zu der Verbreitung mystischer Schriften durch die fast gezwungene Theilnahme der Mitglieder aller Behörden; zu den Schulplänen, über welche ganz Deutschland bereits den Stab gebrochen hat*[12]. Als Geburtsort der Kongregation wird im folgenden Landshut genannt, als Hauptsitz München und Regensburg bezeichnet. Somit war die Beziehung zu Schenk für die zeitgenössischen Zuhörer eindeutig:

Landshut war der Sitz der Universität gewesen, an der Schenk seine Studienjahre verbrachte, bevor diese 1826 nach München verlegt wurde. Bereits mit seiner Doktorarbeit erregte Schenk einiges Aufsehen, da er die These aufstellte, die Kirche sei dem Staat nicht unterstellt. Man führte diese damals bereits heftig attackierte Forderung auf den Einfluß des Theologen und Religionsschriftstellers Sailer zurück, mit dem nicht nur Schenk, sondern auch der bayerische König zeitlebens in enger persönlicher Verbindung stand. Sailer war Bischof in Regensburg und ausgesprochener Gegner der Aufklärung. Wahrscheinlich unter seinem Einfluß konvertierte Schenk 1817 zum katholischen Glauben. Nachdem Ludwig I. den bayerischen Königsthron bestiegen hatte, gelangte er 1823 unter Graf Armansperg ins Kultusministerium, wo er für die neue Münchner Hochschule Lehrkräfte zu gewinnen suchte. Durch seine Bemühungen kam auch Joseph von Görres, mit dem ihn ebenfalls eine enge Freundschaft verband, dorthin. Zu dem romantisch-religiösen Kreis in München gehörten daneben auch noch Schubert und Schelling, Johann Nepomuk von Ringeis sowie die »Eos«-Mitarbeiter. Als Schenk 1828 zum Minister des Innern ernannt wurde, blieb sein privater Freundeskreis weiterhin bestehen. Diesem konservativ-religiösen Kreis lastete man in der Öffentlichkeit den wieder wachsenden Einfluß der katholischen Kirche an.

Von einer tatsächlichen Verschwörung mit dem Namen »Kongregation« zu sprechen, war mit Sicherheit nicht gerechtfertigt. Durchaus richtig war aber die Annahme einer stärkeren klerikalen Zielsetzung der Regierung. Dies geschah aber nicht nur mit dem Einverständnis, sondern durchaus auf Bestrebungen des bayerischen Königs hin. Es war eine auf dem Christentum aufgebaute Staatsform, die Ludwig I. intendierte. Die der kirchlichen Lehre zugrundeliegenden ethischen Werte der Treue und des Gehorsams kam der Stärkung des Throns, der von Gott eingesetzten Monarchie, entgegen. Insofern ist es nicht verwunderlich, daß sich der bayerische König für die Restauration der katholischen Kirche einsetzte. Sein Briefwechsel mit Schenk belegt das ganz eindeutig[13]. Führend bei der Verwirklichung dieser Ziele war der bereits vor der Thronbesteigung Ludwig sehr verbundene Bischof Sailer, der sowohl Anregungen für die Neuorganisation der Schulen und Kirchen, der Berufung der kirchlichen Würdenträger sowie der Erneuerung der Klöster gab. Dazu kam noch die Angst Ludwigs vor den oppositionellen Kräften in seinem Land nach den Ereignissen der Julirevolution 1830. Er selbst drängte auf Erfüllung des Presseediktes. Am 27. Januar 1831 schrieb er an Schenk: *Wenigstens einen Tag früher muß …, dessen muß ich sicher seyn, die Censur-Instruction antreffen, und sicher muß ich gleichfalls seyn, daß nichts gemerkt werde von dieser*

12 Ebd., S. 100–101.
13 K. Th. Heigel, Ludwig I., König von Bayern, Leipzig 1872; vgl. z. B. S. 398. Ludwig I. an Schenk: »Ein religiöser Geist lebe im Ministerium des Innern.«

*Maßregel, bevor sie in Ausführung kömmt, damit nicht über dieselbe in den verruchten Blättern geschrieben werde... Daß mir doch heute noch der Entwurf zur bewußten Censur-Instruction geschickt werde*[14].

In liberalen Kreisen führten diese restaurativen Tendenzen natürlich zu heftigen Kontroversen, wobei man aber nicht dem bayerischen König, sondern vor allem Schenk und seinen Beratern die ganze Verantwortung dafür auferlegte. Siebenpfeiffer klagte in seiner Flugschrift »Freie Wahl und freie Presse in Bayern«: *Wird es gelingen, den getäuschten, den verratenen König zu überzeugen, welch' große Gefahren sich vorbereiten und von welcher Seite sie kommen? Oder ist das Maß der Strafbaren noch nicht voll, welche den Thron mit ihren heillosen Intrigen umspinnen? ... Möge der edle König sich selbst und das betroffene Volk von einem Ministerium befreien, welches das Vertrauen der Nation auf so unwürdige Weise verloren hat, oder vielmehr es nie besaß*[15].

Auch Culmann sah die Verantwortung ausschließlich beim Innenministerium. Ausschlaggebend für das schließlich erfolgte Rücktrittsgesuch Schenks war die *Berathung über die Zulässigkeit des Antrages des Abgeordneten Seuffert auf Beschwerdeführung gegen den k. Staatsminister des Innern wegen Verfassungs-Verletzung*. Insbesondere Culmanns leidenschaftliche Rede unterstützte diesen Antrag und gipfelte in der Rücktrittsforderung an den Innenminister sowie die gleichzeitige Zurücknahme der Januarordonnanzen: *Was aber das Ansehen der Staatsregierung betrifft, das jedem Patrioten warm am Herzen liegt, so gibt es, wenn der Herr Minister dieses Ansehen durch eine von ihm contrasignierte Revocations-Ordonnanz compromitirt glauben sollte, ein einfaches Mittel, es glänzend aus der Sache hervorgehen zu machen ... mit vollem Applaus der ganzen Nation würde sein Nachfolger ihr eine Freyheit zurückgeben, deren Verlust sie nimmermehr verschmerzen könnte*[16].

Unterstützt sowohl von Siebenpfeiffer als auch Wirth wurden nach Culmanns Reden allerorts Rücktrittsforderungen laut. Bürgeradressen kamen aus Würzburg, Bamberg, Nürnberg und Kempten. Eisenmann schrieb im »Konstitutionellen Bayern«: *Man habe von Regierungsseite aus zunächst den Volksmund, die liberale Presse gezwungen zu schweigen, um hernach jenen Männern, welche die beste vaterländische Gesinnung bisher bewiesen hatten, den Urlaub zur Kammersession ohne Furcht vor scharfer öffentlicher Kritik verweigern zu können. Jetzt sei Bayern kein verfassungsmäßiger Staat mehr; was man jetzt treibe, sei nur der Schein einer verfassungsmäßigen Monarchie, eine Farce*[17]. Besonders hart ging der Sembacher Pfarrer Hochdörfer mit Schenk ins Gericht. Hochdörfer wurde von August Ferdinand Culmann, Christian Culmanns Bruder, später während des Landauer Assisenprozesses 1833 als Anwalt vertreten: *Über ihn als konstitutionellen Minister bedarf es keines weiteren Zeugnisses mehr. Seine konstitutionellen Regierungsgrundsätze ... heißen: dem bayerischen Volk zuerst einen tüchtigen Maulkorb an, und dann einen Ring durch die Nase! Den Ruhm, Bärenführer sein zu wollen, wollen wir Herrn von Schenk durchaus nicht*

14 M. Spindler (Hg.), Briefwechsel zwischen Ludwig I. von Bayern und Eduard von Schenk, München 1930, S. 167.

15 Ph. J. Siebenpfeiffer, Freie Wahl und freie Presse in Bayern, Zweibrücken 1831, S. 5–6.

16 K. J. Schreyer (wie Anm. 10), S. 87–88.

17 E. Franz, Bayerische Verfassungskämpfe. Von der Ständekammer zum Landtag, München 1926, S. 159.

*mißgönnen, nur wird er uns erlauben, ihm zu bedeuten, daß er seine Bestien anderswo einfangen müsse*[18].

Die Quintessenz in allen liberalen Blättern läßt sich mit Siebenpfeiffers Worten aus einem Artikel in Rheinbayern zusammenfassend darstellen: *Er trete ab, mit ihm das dem Fürsten und Volk gleich sehr verderbliche Jesuitensystem, und das Land wird in lauten Jubel ausbrechen ...*[19].

Am 1. März stimmte der Landtag über den Antrag ab. Bei 123 abgegebenen Stimmen verneinten 73 eine Versetzung Schenks in den Anklagezustand gegenüber 50 Stimmen, die eine Anklage befürworteten. Für den Tatbestand einer Verfassungsverletzung des Innenministers durch die Erlassung der Januarordonnanzen stimmten aber 96 der anwesenden Abgeordneten, während nur 29 sich ablehnend äußerten. Die liberale Presse jubelte. »Der Späher im Ständesaal« veröffentlichte in einem euphorischen Artikel die Namen der 50 Abgeordneten, die sich für eine Versetzung in den Anklagezustand ausgesprochen hatten. Allein elf davon stammten aus dem Rheinkreis, an der Spitze natürlich Christian Culmann als Triebfeder dieser Abstimmung. Nach der Abstimmung reichte Schenk sein Rücktrittsgesuch ein.

Außer der »Münchner Politischen Zeitung« und der »Eos« hatte sich kein Blatt für den angegriffenen Innenminister eingesetzt. Angelpunkt der Diskussion bildete natürlich die »Kongregation«. Görres verfaßte zur Rechtfertigung Flugschriften mit dem Titel *Vier Sendschreiben an Herrn Culmann über die Congregation in Bayern.* Ironisch nahm Görres darin die Angriffe Culmanns aufs Korn und versuchte sie, sprachlich virtuos operierend, als lächerliche Fiktion zu entlarven.

Im ersten Sendschreiben sprach Görres von einer Verschwörung namens Kongregation zwar als einer tatsächlich existierenden Gemeinschaft, schränkte diese jedoch nicht auf die einflußreichen Machenschaften weniger Einzelner in der Politik ein, sondern bezeichnete sie als eine halb Europa umfassende Geisteshaltung. Culmanns Vorwürfe bezüglich der Schulpläne, des Konkordats und der Verwaltungspraxis wurden verspottet. Im zweiten Sendschreiben legte Görres die Tatsache, daß eine Replik Culmanns auf seine erste Veröffentlichung ausblieb, als ein Mangel an fehlenden Beweisen der Opposition aus: *Sie haben einmal gegen die gewöhnliche Observanz, wie in der Sache des Ministers so auch hier die Anklage zuerst gemacht, und dann erst nach Beweisen sich umgethan ...*[20]. Ebenso ironisch wie eindringlich versuchte er Culmann zu verspotten: *Ach lieber Herr, Sie haben's dumm gemacht, daß Sie die Sache an die große Glocke gehängt, und dadurch eine ordentliche Untersuchung auf dem Rechtsweg herbeigeführt, das wird ihnen sicherlich noch viel Verdruß bereiten und ihr Correspondent wird Sie mit der fatalen Geschichte noch bis aufs Blut drangsalieren*[21]. Der sprachliche Seitenhieb am Schluß galt natürlich Wirth, der dann im folgenden Gegenstand von Görres Artikel wird. Im letzten Sendschreiben, das Görres als fingiertes Antwortschreiben Culmanns an ihn selbst veröffentlichte, wurde schließlich auch Siebenpfeiffer in die spöttische Kritik einbezogen: *Wir haben Einen von dieser Zucht ... kürzlich hier in München gesehen, ich meyne den berühmten Siebenpfeifer ... Er ist, so viel man gehört, in sehr bedenklichem*

18 Ebd., S. 192.

19 Rheinbayern, Bd. III H. 3, Zweibrücken 1831, S. 189.

20 E. Deuerlein (Hg.), Josef Görres. Geistesgeschichtliche und politische Schriften der Münchner Zeit 1828–1838, Köln 1958, S. 328.

21 Ebd., S. 324.

*Zustande hier angekommen; die böse Milch, die er vor allem Andern im Übermaß getrunken, hat ihm die Constitution verdorben, und einen giftigen atrabiliären Zustand in ihm hervorgerufen, dessen krankhafte Auswürfe und Ausscheidungen er seither zu einiger Erleichterung in sein Journal wieder abgeladen*[22].

Während die Diskussion um die Kongregation in der Öffentlichkeit langsam wieder abflaute, fand sie in der Presse lange Widerhall. Neben der Flugschrift »Der ewige Jude und sein Liebling in München« durfte natürlich auch eine journalistische Replik Siebenpfeiffers nicht fehlen. Im dritten Band von »Rheinbayern« veröffentlichte er den Artikel *Herr Görres und die Schillereidechse*. Görres mußte sich den Vergleich mit einem die Farbe nach Bedarf ändernden Chamäleon gefallen lassen. Siebenpfeiffer bezeichnete ihn als *politische Schillereidechse*[23] und begründete dies mit Zitaten aus Görres' früheren Schriften, die ihn erst als überzeugten Republikaner und absoluten Gegner der Kirche – ... *Der Pfaffheit werden wir die Larve abziehen, Heuchler und Hypokriten verfolgen, gesunde Ideen überall in Umlauf bringen, um dem Republicanism einen vollständigen Sieg über die lichtscheuen Gegner zu erkämpfen*[24] – und als Franzosenfreund – *Wir ... ernennen die fränkische Republik als einzig rechtmäßige Erbin des ganzen linken Rheinufers ...*[25] – ausweisen, schließlich seine Wandlung zum preußischen Unterrichtsdirektor und Redakteur des »Rheinischen Merkur« belegen, der *Franzosenhaß poltert und von deutscher Freiheit faselt*[26], bis zum jetzigen religiös-konservativen Anhänger der Kongregation und des bayerischen Königshauses. Bis auf bissige Kurzkommentare zum Autor der zitierten Stellen – ... *ein pöbelhafter Polterer, gleichviel ob die rothe Mütze sein Haupt ziert, oder ob er in der Kutte umherschwänzelt*[27] – enthielt sich Siebenpfeiffer einer konkreten Antwort auf die Sendschreiben und ließ Görres allein durch die Textbelege unglaubwürdig erscheinen.

Kurz danach begannen die ersten Spannungen zwischen einzelnen Abgeordneten der Opposition und der liberalen Presse.

Auftakt der Pressekampagne Siebenpfeiffers gegen Culmann bildete ein gegen den Abgeordneten Willich gerichteter Artikel in seiner Zeitschrift Rheinbayern mit dem Titel *Der neunte Advokat in Frankenthal*. Darin beschuldigte er diesen, seine Stellung dazu mißbraucht zu haben, seinem jüngeren Bruder eine Advokatur in Frankenthal zu verschaffen. Grundlage seiner Vorwürfe bildete dabei der Gesichtspunkt, daß der jüngere Willich nicht im Rheinkreis geboren sei und auch sein Staatsexamen im rechtsrheinischen Hanau gemacht habe, wovon noch nicht einmal das Ergebnis vorläge. Dabei hätten zahlreiche einheimische Juristen mehr Anspruch auf die Stelle gehabt. Nur durch den Einfluß des älteren Bruders wäre so etwas möglich gewesen. *Durch die Stimme des Volkes ward Advokat Willich von Frankenthal Abgeordneter, – geht am 20. Februar nach München, – riecht Hofluft –, und schon am 6. März ist sein Bruder Willich neunter Advokat am Bezirks-Gerichte in Frankenthal*[28]! Weiter polemisierend gründete der Autor seine Kritik im wesentlichen auf die angebliche Empörung

22 Ebd., S. 344.
23 Rheinbayern, Bd. III H. 4, Zweibrücken 1831, S. 228.
24 Ebd., S. 231.
25 Ebd., S. 232.
26 Ebd., S. 241.
27 Ebd., S. 246.
28 Rheinbayern, Bd. III H. 2, Zweibrücken 1831, S. 89.

im Rheinkreis, vor allem der »ungerechtfertigten Zurücksetzung« älterer Staatsdiener. Allerdings stammte der Artikel nicht von Siebenpfeiffer selbst, sondern wurde von ihm nur abgedruckt. Er hatte, laut eigener Angabe, nur *an guter Quelle Erkundigung eingezogen, ... die allerdings beruhigend ausgefallen ist. Ich will jedoch meine Ansicht von der Sache nicht aussprechen, bis von Seiten des angegriffenen Theils eine Erwiederung erfolgt seyn wird*[29]. Der eigentliche Autor selbst blieb jedoch anonym.

Bereits im übernächsten Heft veröffentlichte Siebenpfeiffer einen wiederum anonym verfaßten Artikel, diesmal jedoch eine Verteidigungsschrift für den Abgeordneten Willich, die vor allem auf seine Loyalität und sein Engagement während seiner bisherigen politischen Tätigkeit abhob. Zu den eigentlichen Anklagepunkten stellt der Artikel fest, daß der ältere Willich nach Erhalt seines Mandats tatsächlich um eine Ernennung seines Bruders zum Advocat nachgesucht hatte, *um während seiner Abwesenheit seine Stelle zu vertreten, und später gemeinschaftlich mit ihm zu arbeiten. Unrichtig ist es aber, daß er selbst diese Bittschrift nach München brachte. Das Gesuch ging vielmehr den ganz gewöhnlichen Gang* [30]. Der Advokat Willich habe keinesfalls sein Mandat ausgenutzt, um die Sache voranzutreiben, lediglich sein *Privat-Interesse* habe dieses Gesuch begründet[31]. Auch dieser Artikel wurde von Siebenpfeiffer noch unkommentiert abgedruckt.

Zu diesem Zeitpunkt erschien in der »Neuen Speyerer Zeitung« auf Bestreben Christian Culmanns hin ebenfalls eine Verteidigungsschrift für seinen Kollegen und Freund im Landtag. Culmann selbst bezeichnete sie als *Ehrenrettung*. Darin wurde ebenfalls auf Willichs Loyalität und liberales Engagement als Abgeordneter abgehoben: *H. Willich hat als Deputierter keinen Schritt getan, kein Wort gesprochen, was die geringste Schmälerung des ihm von seinen Mitbürgern ertheilten Vertrauens, was den leisesten Zweifel in seiner Unabhängigkeit seiner Meinung, in die Unbestechlichkeit seines Charakters rechtfertigen könnte*[32]. Daraufhin hob das Schreiben die Entrüstung der Kammer über die Anschuldigungen hervor und konterte dann ganz persönlich gegen Siebenpfeiffer: *Dem Herausgeber der Zeitschrift, der in einer Note erklärt, die Tatsachen genau zu kennen und doch jenen Artikel, welcher die Ehre eines würdigen Mannes auf eine wahrhaft frevelntliche Weise angreift, in seine Zeitschrift aufgenommen hat, wird allgemein der Vorwurf eines groben Leichtsinnes gemacht*[33]. Unterschrieben war diese Erklärung neben Culmann von den Abgeordneten Brogino, Fitting, Klein, Jordan, Heydenreich, Schoppmann, Ritter, Schultz, Mucho, Seuffert sowie von Schüler.

Siebenpfeiffer druckte diese Erklärung ebenfalls in seiner Zeitschrift ab, zusammen mit einer Stellungnahme von Willich selbst zu den erhobenen Vorwürfen, denen er mit den oben bereits angeführten Argumenten entgegentrat, unterstützt von einem kurzen Kommentar seines Bruders.

Nun konnte auch Siebenpfeiffer als von allen Seiten Angegriffener sich nicht länger einer Stellungnahme enthalten. Darin versuchte er die Objektivität seiner Zeitung zuerst einmal mit dem Abdruck der ersten anonym erschienenen Verteidigungsschrift zu untermauern. Im

29 Ebd., S. 85.
30 Rheinbayern, Bd. III H. 4, Zweibrücken 1831, S. 253.
31 Ebd., S. 254.
32 BA Frankfurt, FN 9/1, Nachlaß Kolb, Brief vom 31. Mai 1831 von Christian Culmann an Georg Friedrich Kolb.
33 Ebd.

übrigen sah er sich durch öffentliche Meinung im Rheinkreis bestärkt in der Richtigkeit seiner Darstellung und bekräftigte noch einmal verschiedene Standpunkte, die jedoch in der Hauptsache die Regierung betrafen.

Wirklich getroffen hatte ihn aber vor allem die Erklärung der Landtagsabgeordneten, insbesondere die Unterschrift Schülers: *... schmerzt es mich nur, einen Namen auf der Erklärung zu sehen, den des Herrn Schüler; et tu, mi fili! möcht' ich mit Cäsar ausrufen und mein Angesicht verhüllen. Wie, ein Schüler unterzeichnet einen solchen politischen Unsinn? Wo war dein Genius, du lichter starker Geist, der du fast allein die Ehre der Kammer auf deinen Schultern trägst? Ich verhülle mich, um nicht zu sehen, wie du über dich selbst erröthest*[34]. Siebenpfeiffers Erbitterung galt im folgenden jedoch nicht Schüler, sondern richtete sich in voller Höhe gegen Culmann als Initiator dieser Erklärung. Zum einen mag dem vielleicht wirklich ein aus dem eben Geschilderten resultierender persönlicher Groll zugrunde gelegen haben, zum anderen war dies auch bedingt durch den Verlauf des Landtages selbst, der den ersten Sekretär der Kammer mehr und mehr in die Zeilen der Kritik der Oppositionspresse und damit auch zu einem Kontrahenten Schülers werden ließ. Das persönliche Verhältnis Siebenpfeiffers zu Culmann ist parallel zur wachsenden Spaltung der liberalen Opposition zu betrachten.

Ein entscheidender Moment innerhalb dieser Entwicklung war die Beratung über einen Antrag von Culmann, Willich, Schoppmann und Klein, den Friedensrichtern im Rheinkreis die Beamtenrechte zu verleihen. Damit wären diese in Zukunft vom König ernannt worden. Die unbedingte Oppositionsgruppe um Schüler – unter anderen vor allem Jordan aus Deidesheim, Brogino aus Kirchheimbolanden und Ritter aus Frankenthal – sah dadurch die Unabhängigkeit der Gerichtsbarkeit in Gefahr. Beim Beginn der Verhandlungen schloß sich dann auch Schoppmann den Antragsgegnern an.

Culmanns Antrag wurde jedoch in der Kammer angenommen. *Hr. Culmann stellte den Antrag, daß die Friedensrichter künftig von der Regierung ernannt werden sollen und beraubte so Rheinbayern um eines seiner kostbarsten Rechte*, kommentierte Siebenpfeiffer, der eindringlich vor den Folgen eines solchen Beschlusses gewarnt hatte, das Abstimmungsergebnis[35]. Die Geschlossenheit in den Reihen der Opposition begann zu wanken. Während dies in der äußeren Form der Kammeraufteilung aufgrund der Losbestimmung der Plätze keinen Ausdruck fand, so wirkte es sich jedoch schon in den privaten Zusammenkünften der Abgeordneten aus. Vom bisherigen gemeinsamen Treffpunkt im »Hoffmannschen Kaffeehause« wechselte der linke Flügel der Opposition in das Gasthaus »Zum Sternen«[36]. Mehr und mehr zum Führer dieser Gruppe avancierte Schüler.

Zum entscheidenden Bruch innerhalb der liberalen Abgeordneten kam es durch die Budgetverhandlungen. Dem Landtag stand laut Verfassungsgrundlage das Steuerbewilligungs- sowie ein Budgetprüfungsrecht zu. Die unbedingten Liberalen verweigerten nun ihre Zustimmung zu einem gewissen Posten des Budgets, der hauptsächlich für die Finanzierung kultureller Prachtbauten wie der Pinakothek, des Odeon und von Bauten im Hofgarten vorgesehen war. Es handelte sich um die Bewilligung einer Summe in Höhe von 875340 fl.

34 Rheinbayern, Bd. III H. 5, Zweibrücken 1831, S. 313.
35 Westbote, Oggersheim, 5. Februar 1832.
36 Vgl. W. LEMPFRID (wie Anm. 8), S. 35.

Culmann, Willich und Seuffert setzten sich für ein Entgegenkommen in diesem Punkt ein in Erwartung entsprechender Gegenleistungen der Regierung bezüglich der Pressegesetze. Diese Kompromißhaltung wurde Culmann als Verrat an der Sache der Liberalen, als ein inkonsequentes »Juste-Milieu«-Verhalten ausgelegt, das den Zusammenhalt der Opposition schwäche. Das Innenministerium hatte bei einer Zusammenkunft mit einigen Abgeordneten, darunter auch Culmann, um die Zustimmung zum Budget nicht zu gefährden, eine Zurücknahme der Zensurverordnung in Aussicht gestellt, sofern ein entsprechendes Entgegenkommen beim Rechenschaftsbericht erwartet werden könne. Einige Liberale, zum Beispiel Culmann und Seuffert, gründeten auf diese Aussicht ihre Bereitschaft, zumindest einen Teil der Ausgaben anzuerkennen. In der Öffentlichkeit wurde hinter diesem vorsichtigen Taktieren jedoch vielerorts persönliche Vorteilsnahme, zumindest aber Schwäche und Nachgiebigkeit gesehen. Closen sprach in der 47. Sitzung des Landtages ganz offen von einem *Handel, der mit der Zurücknahme der Zensurverordnung getrieben wurde*[37].

In der Presse las man teilweise sogar von Entschädigungsverträgen. Entscheidend für die Entrüstung war die Verwendung der Gelder. Wirth schrieb in der ersten Ausgabe seiner »Deutschen Tribüne«: *Verschiedene Mitglieder der Kammer, welche bisher zur Opposition gezählt wurden, wollen nun gegen den Antrag des Finanzausschusses einen Theil der bemerkten Ausgaben ... anerkennen, während die übrigen Mitglieder der Opposition, welche an die Noth des Volkes denken und den Grundsatz festhalten, daß man zuvor das Nothwendige und das Nützliche bedenken müsse, und dann erst auf das Luxuriöse etwas verwenden könne, alle jene Ausgaben consequent verwerfen*[38]. In den folgenden Ausgaben beschwor er die Abgeordneten eindringlich, *ob die Gelder der Nation – mit Thränen erworben und mit Thränen gegeben – ... zu einem kleinen Anfange der Linderung einer großen unermeßlichen Noth* wirklich zur *Befriedigung einer orientalischen Prunksucht ohne Anstand verwendet* werden durften[39]. Ganz anders als die gemäßigten Liberalen sah Wirth diese Entscheidung nicht als vorübergehende Verhandlungssache, *nicht blos wichtig wegen der Summe, um die es sich jetzt handelt, sondern wichtig wegen des Princips und folgenreich ...*[40].

Die Oppositionspresse traf mit diesen Argumenten voll den Nerv der Zeit. Die Bevölkerung stand angesichts der zunehmenden Verschärfung der sozioökonomischen Situation vieler Landwirte, Weinbauern und kleinen Handwerker manchen Diskussionen in der Kammer verständnislos gegenüber. Dalberg ließ in seiner Zeitschrift einen Bauern sprechen: *Schiess doch einmal eine Kugel in die Volkskammer und wenn sie dort die Köpfe aufheben und fragen, was es gibt, so sage nur, ob sie denn einzig bei den Ordonnanzen stehen bleiben wollen, als ob das die einzige Last wäre, die das Land drückt? Uns Bauern geht die Geduld aus ...*[41]. Die gemäßigten Liberalen gerieten immer mehr unter Druck. Siebenpfeiffer beschuldigte sie, *das heilige Interesse des Volkes, den Ausspruch der Überzeugung nichtigen, gewährlosen Hofversprechungen zu opfern*[42]. *Ein Achttheil der Einwohner des Königreichs mag in Hunger und*

37 Zit. nach W. Lempfrid (wie Anm. 8), S. 37.
38 Deutsche Tribüne, München, 1. Juli 1831.
39 Deutsche Tribüne, München, 4. Juli 1831.
40 Ebd.
41 G. Raubold, Die bayerische Landtagsberichterstattung vom Beginn des Verfassungslebens bis 1850, Inaugural-Dissertation, München 1930, S. 78.
42 Der Bote aus Westen, Zweibrücken, 3. August 1831.

*Elend schmachten, gleichviel, wenn nur die blauen und weißen Helden etliche Monate lang in den Arkaden prangen, wenn nur die Gemäldegalerie glänct, der Tanzsaal leuchtet ...*[43]. Namentlich zu Culmanns Rede im Landtag fällte er zynisch das vernichtende Urteil, ... *daß bei anerkanntem Scharfsinne zwischen der Besorgniß untergrabener Redlichkeit oder eingetretener Geistesschwäche die gleiche alarmante Wahl bleibt*[44].

Culmann war ob dieser Kampagne gegen ihn und seine Freunde tief getroffen und wandte sich hilfesuchend an Kolb. In mehreren Briefen versuchte er sich dem Redakteur der »Speyerer Zeitung« gegenüber zu rechtfertigen und diesen über den Verlauf der Dinge aus seiner Sicht zu informieren. Eklatant offenbaren diese Zeilen Culmanns Verbitterung und Enttäuschung. Er klagte über den *giftigen Siebenpfeiffer* und *eine feindselige Parthey*, die ihn *in Mißkredit zu bringen* sucht[45]. Es wird ganz deutlich, daß er vor allem diesem die ganze Verantwortung für die öffentliche Kritik an seinem Verhalten anlastete. Mit Unverständnis kommentierte Culmann auch die Angriffe in Wirths »Deutscher Tribüne« und sprach von *rein persönlichem Haß*[46]. *Ich war fünf Jahre Sekretär des Landraths, wo habe ich je gewankt? War nicht der ganze Kreis stets zufrieden und vergnügt über das was ich leistete? ... Ich frage noch einmal, was sollte mich bewegen, der Sache des Volkes untreu zu werden? Ein Staatsamt? Ich will keines, ich werde nie in den Staatsdienst eintreten*[47].

Kolb setzte sich mit seinem Blatt dann auch für die Sache der Gemäßigten ein und unterhielt noch sehr viel später regen Kontakt zu Culmann. Als in Siebenpfeiffers »Boten aus dem Westen« ein Artikel Savoyes erschien, der Culmann Vernachlässigung seines Mandats vorwarf[48], wandte sich schließlich sogar sein Bruder August Ferdinand Culmann an Kolb, um eine Replik zu veröffentlichen. Als *Bosheit und grobe Verläumdungsschrift, welche gegen besseres Wissen und Gewissen dictirt*, von einer *gewissen eifersüchtigen Parthei, die nicht im Interesse des Volkes, sondern blos zur Erreichung ihrer persönlichen Absichten, zur Befriedigung ihres Neides und ihrer Herrschsucht den guten Ruf meines Bruders zu schmälern suchte*, verurteilte er diese neuen Angriffe auf seinen Bruder[49]. Anscheinend stand Siebenpfeiffer August Ferdinand Culmann aber sehr positiv gegenüber. Jedenfalls äußerte er sich dementsprechend in der Nr. 53 seiner Zeitschrift »Der Bote aus Westen«. ... *jener* (August Ferdinand Culmann) *ist als ein sehr liberaler Mann von Charakter bekannt, und hat ohne Zweifel an dem, was in München vorgegangen, so wenig Freude als unsere übrigen Mitbürger*[50]. Diese Aussage stammt vom 18. Juli 1831, einem Zeitpunkt, bis zu dem der jüngere Culmann sich jedweder öffentlichen Stellungnahme zu den Ereignissen des Landtages enthalten hatte. Erst mit seinem exakt einen Monat später datierten Schreiben an Kolb griff er persönlich in die Diskussion um seinen Bruder ein. Weitere Erklärungen in der Öffentlichkeit sind jedoch nicht bekannt.

43 Rheinbayern, Bd. III H. 5, Zweibrücken 1831, S. 317.
44 Der Bote aus Westen (wie Anm. 42).
45 BA Frankfurt, FN 9/1, Nachlaß Kolb, Brief vom 21. Juli 1831 von Christian Culmann an Georg Friedrich Kolb.
46 Ebd.
47 Ebd.
48 Der Bote aus Westen, Zweibrücken, 6. August 1831.
49 BA Frankfurt, FN 9/1, Nachlaß Kolb, Brief vom 28. August 1831 von August Ferdinand Culmann an Georg Friedrich Kolb.
50 Der Bote aus Westen, Zweibrücken, 18. Juli 1831.

Kolb blieb für die gemäßigten Liberalen eine wichtige Stütze, wobei er deren Argumentation verteidigte, sich aber auch nicht gegen die unbedingte Opposition stellte: *Diese Partei hatte im Grunde kein Organ, welches sich unbedingt und ausschließlich für sie ausgesprochen, wenn man anders nicht die Speyerer Zeitung hierfür rechnen will, welche allerdings Culmann's und Willich's Verdienste hervorhob, im Uebrigen aber mehr zu beruhigen und gegenseitig zu verständigen suchte, und zwar unter steter Anerkennung von Schülers Talenten*[51].

Wie auch immer man die Spaltung der Liberalen auf dem bayerischen Landtag beurteilen mag, so muß man einräumen, daß sie sich zwar für viele Entscheidungen hemmend ausgewirkt hat, als Auseinandersetzung um wichtige verfassungsrechtliche Grundlagen jedoch eine notwendige Entwicklung war.

Wilhelm Lempfrid gibt hauptsächlich Wirth die Schuld an den harten Auseinandersetzungen zwischen den Deputierten und der Regierung, andere wissenschaftliche Beiträge – wie zum Beispiel von Kurt Baumann – sehen Siebenpfeiffers journalistische Attacken als ausschließliche Verursacher der tiefgreifenden Spaltung der Opposition[52].

Mit Sicherheit spielte die oppositionelle Berichterstattung in der Presse eine wichtige Rolle für die politische Entwicklung. Sie war jedoch nicht nur Motor, sondern auch Spiegel und Kommentator der Ereignisse. Die Spannungen resultierten aus den sich immer deutlicher voneinander abgrenzenden Positionen zu den einzelnen Verfassungsfragen. Man kann hier eben nicht von einer geschlossenen Parteienlandschaft ausgehen, sondern für die oppositionellen Deputierten – gerade aus der Pfalz – lediglich eine liberale und freisinnige Haltung festhalten. Über diese allgemeine Zielrichtung hinaus hatte bis dahin eine Positionsbestimmung in Detailfragen gefehlt. Auch wenn die innere Zerrissenheit der Opposition viele Anträge scheitern ließ, war gerade diese Standortbestimmung vieler Liberaler notwendig geworden. Die Bedeutung der Presse als gleichermaßen kontrollierender wie auch beeinflussender Kritiker in einem demokratischen System kam im Vormärz erstmals richtig zum Bewußtsein, evident sichtbar auch durch die Bedeutung, die ihr von den Vertretern des monarchischen Prinzips zuerkannt wurde. Darüber hinaus ist aber auch die Bildung politischer Gruppierungen, die Vereinsbildungen – wie zum Beispiel der Vaterlands- und Preßverein – die Parallelentwicklung, die den Weg zu einer demokratischen Verfassungsgrundlage ebnete. Die vormärzliche Politik *untergräbt zum einen die monarchische Souveränität, ohne sie nach außen anzutasten; und sie bekennt sich zum anderen noch nicht zur pluralistischen und antagonistischen Aufspaltung der Gesellschaft; sie findet sich noch nicht bereit, ein System politischer Parteien als Träger eines politischen Lebens anzuerkennen, in dem diese Parteien antagonistisch um die Gesetzgebungsmacht rivalisieren*[53].

Der Ausbruch der Spannungen zwischen Staatsmacht und den oppositionellen Volksvertretern beim Sturmlandtag 1831 ist nicht der Verantwortung einzelner liberaler Journalisten anzulasten, wie dies in einigen zeitgenössischen wie auch modernen Arbeiten gerne gesehen wird, sondern Ausdruck eines wachsenden bürgerlich-liberalen Selbstbewußtseins, eines sich verstärkenden Demokratisierungsdruckes, der von der Welle oppositioneller Presseerzeugnisse mitgetragen und vor allem auch multipliziert wurde.

51 J. A. Miller (wie Anm. 1), S. 50.
52 Vgl. Angaben unter Anm. 8.
53 W. Hardtwig, Vormärz. Der monarchische Staat und das Bürgertum, München 1985, S. 37.

# Culmann als pfälzischer »Advocat-Anwalt«[1]

VON KARL LILLIG

Die advokatorische Befähigung und Bedeutsamkeit oder gar die juristische Lebensleistung dieser ebenso vielseitig veranlagten wie demokratisch-freiheitlich gesinnten, zugleich kämpferischen Persönlichkeit aus der historischen Distanz von 150 Jahren zumindest umrißhaft zu fixieren, erscheint schwierig, weil die lückenhafte Quellenlage nur punktuelle Ansätze zu diesem Aspekt liefert.

Jedenfalls müßte der Versuch mißlingen, Culmann, der seit dem Jahre 1828 zunächst bei dem Bezirksgericht Kaiserslautern und Zweibrücken[2] und seit 1830 auch bei dem Appellationsgericht in Zweibrücken als Anwalt zugelassen war[3], in seinen Alltagsgeschäften sozusagen über die Schulter zu schauen. Denn es fehlt das Licht, das Dunkel auszuleuchten.

Die nur spärlichen archivalischen Belege aus seiner beruflichen Anfangszeit der Jahre 1832 bis 1834 vermitteln – abgesehen von dem herausragenden Landauer Assisenverfahren von 1833[4] – kaum Aufschluß über sein anwaltliches Berufsprofil. Für das ideologische Charakterbild Culmanns sind sie ganz und gar unergiebig. Insgesamt lassen sie lediglich den Schluß zu, daß er in einer nicht quantifizierbaren Anzahl von Rechtsfällen, unspektakulären Sachen ohne ersichtlichen politischen Anstrich, ebenso wie sein Bruder Christian in der Phalanx seiner an den Zweibrücker Gerichten immatrikulierten Kollegen Glaser, Petry, Geib, Sturtz, Hudlet

1 Diese damals geläufig gewesene Doppelbezeichnung, die an den französischen Avocat und Avoué erinnert, deutet auf die Befugnis des rechtsgelehrten prozessualen Sachwalters hin, sowohl Schriftsätze fertigen als auch vor Gericht auftreten zu dürfen; vgl. zur Entwicklung der Berufsbezeichnung »Anwalt«: Handwörterbuch zur Deutschen Rechtsgeschichte (H. R. G.), hg. von A. ERLER u. E. KAUFMANN, I. Band, »Anwalt«.

2 Regierungsblatt für das Königreich Bayern Nr. 35 vom 3. 9. 1828, Sp. 476 F, und Intelligenz-Blatt des Rheinkreises, Nr. 27 vom 15. 7. 1830, S. 257.

3 Königlich-bayerisches Amts- und Intelligenzblatt für die Pfalz, 1840, Nr. 41, S. 268; Intelligenz-Blatt des Rheinkreises, a. a. O. Dort heißt es: *Unterm 14. d. J. haben Seine Königl. Majestät geruhet, ... den Advocaten ... August Culmann an das Appellationsgericht in gleicher Eigenschaft zu versetzen.* Culmann selbst weist später daraufhin, daß er bis zum Ausscheiden aus der Matrikel 1849 am Zweibrücker *Appellhof* 19 Jahre gewirkt habe; LA Sp. Best. J. 1 Nr. 280, fol. 33; H. ZIEGLER, Das Justizwesen in der Pfalz im 19. Jahrhundert, in: Mitteilungen des Historischen Vereins der Pfalz, 86. Band, 1988, S. 183–343.

4 Vorliegend wird der Text der *Vollständige Verhandlungen* in der von L. Hoffmann herausgegebenen und von G. Ritter 1833 in Zweibrücken gedruckten Fassung verwendet. Der komplette Titel lautet: *Vollständige Verhandlungen vor dem königlich bayerischen Appellationsgerichte des Rheinkreises und in den öffentlichen Sitzungen des außerordentlichen Assisengerichts zu Landau vom 29. Juli 1833 und der folgenden Tage gegen Dr. Wirth, Dr. Siebenpfeiffer, Hochdörfer, Scharpff, Becker, Dr. Grosse, Dr. Pistor, Rost und Baumann ... ferner gegen Schüler, Savoye, Geib und Eifler ...*

und Golsen – vielleicht auch noch einigen anderen – professionell-beflissen als Sachwalter seiner Mandantschaft deren Interessen vertreten hat[5]. Eine Interdependenz zwischen Berufsausübung und weltanschaulichen Bewußtseinsinhalten läßt sich den wenigen Zeugnissen jener Routinearbeit ebensowenig entnehmen – weder dem Umstand, daß Culmann im Jahre 1833 beispielsweise *den Hypothekengläubiger August Hatrey, Eigentümer in Zweibrücken, als Appellant gegen das Urteil des Bezirksgerichts Zweibrücken wider die Gemeinde Blickweiler* vertrat[6] oder 1834 die *Benefiziarerben des Grafen Constantin von Halberg gegen die Witwe des Grafen Carl Friedrich Johann Esebeck von Dürkheim-Montmarten* in einer Beholzungssache[7] noch – im gleichen Jahr – die Gemeinde Schaidt gegen *die Königliche Regierung des Rheinkreises, Kammer der Finanzen*[8]. Wie kaum anders zu erwarten, war er mit eher unauffälligen und glanzlosen Prozeßgegenständen befaßt, den gängigen Zahlungsklagen, Nachlaßsachen, auch Nachbarstreitigkeiten, zu denen wohl noch Mandate in Strafprozessen hinzukamen[9].

Bevor nunmehr auf die Verfahren eingegangen wird, in denen sich Culmann nachweisbar herausragend profiliert hat, soll vorab sein beruflicher Werdegang skizziert werden, der Rückschlüsse auf Fachwissen und Befähigung zuläßt. Freilich sind auch hier die Fakten unvollständig. Die wenigen Einzelheiten bilden nur einen höchst dürftigen Flickenteppich an Informationen.

Das familiäre Umfeld dürfte bestimmend gewesen sein dafür, daß sich der Studienanfänger Culmann, nachdem er sich zunächst der Medizin hatte zuwenden wollen, dann doch die Rechtswissenschaft wählte. Immerhin hatten sich zwei ältere Brüder bereits für dieses Fach entschieden, und auch später ist er immer wieder unter Juristen zu finden.

So bezog der schon in der *Mittel- und Obergymnasialklasse* als überdurchschnittlich befähigt[10] ausgewiesene Schüler im Oktober 1822 die Universität Göttingen. Am 24. August 1824 bescheinigte ihm die *Königlich Großbritannisch-Hannoversche Georg August Universität*, daß er dort bis dahin studiert hatte –, und zwar *mit rühmlichstem Fleiße und ausgezeichneter Aufmerksamkeit*. Auch habe er *sich durchaus lobenswerth und musterhaft betragen*. In dem diesbezüglichen Zeugnis[11] sind von den formularmäßig aufgeführten Lehrgegenständen folgende unterstrichen:[12] *Juristische Enzyclopädie, Institutionen, Geschichte und Alterthümer des Römischen Rechts, Naturrecht, Pandecten, Staats- und Rechtsgeschichte, Kirchenrecht, alte*

5 LA Speyer, Best. J 1, Karton Nr. 523.

6 Ebd., Urkunden-Nr. 1918.

7 Ebd., Urkunden-Nr. 2072.

8 Ebd., Urkunden-Nr. 2073.

9 Der im LA Speyer vorhandene Bestand J 2 (Protokolle und Urteile der Zuchtpolizeikammer des Bay. Appellationsgerichtes in Zw.) ist nicht berücksichtigt.

10 Nach dem Jahresbericht der Königl. Gymnasialanstalt zu Zweibrücken von 1820/21 stand Culmann im *Verzeichnis der Schüler nach ihrer Rangordnung* unter 28 Schülern auf dem 2. Platz. Er erhielt *die silberne Medaille mit einem Preisdiplome; zur Feyer der öffentlichen Preisvertheilung und Promotionshandlung* hielt er zu Beginn des Schuljahres 1821 eine Rede über die Lehren und das Leben des Sokrates; Mitteilung des Helmholtz-Gymnasium Zweibrücken vom 21. 3. 1991.

11 Zeugnis von *Prorector und Senat*.

12 Unterstreichungen von unbekannter Hand. Jedoch ist auf Grund des Gesamtbildes der Urkunde die Annahme gerechtfertigt, daß diese authentisch sind.

*und neueste Geschichte*[13], *reine und angewandte Mathematik, Logik und philosphische Enzyclopädie, die Prinzipien*[14] *der Metaphysik, practische Philosophie, Politik, Physik, Naturgeschichte und deutscher Styl.*

Zum Wintersemester 1824 wechselte er zur *Bayerischen Julius-Maximilianus-Universität Würzburg* über[15], wo der von ihm belegte breite Fächerkanon ebenfalls einen umfassenden Studiengang indiziert.

Culmann hörte 1824/25 *Deutsches Gemeines und Bayerisches Zivil-Prozeßrecht*, im folgenden Wintersemester *Bayerisches Staatsrecht, Französisch-bürgerliches Prozeßrecht, Kriminalrecht und Kriminal-Prozeßrecht* sowie *Völkerrecht.*

Besondere Begebenheiten aus seinem studentischen Leben, etwa die Einbindung in eine der gerade gegründeten Burschenschaften, sind nicht bekannt geworden, aber wahrscheinlich, denn eine große Zahl der Persönlichkeiten, die im Jahre 1848 in der Paulskirche zusammentraten, haben der Burschenschaft angehört[16].

Leider fehlt auch jede Nachricht über Umstände und Ergebnisse seiner Examen und die sich anschließende praktische Ausbildung des heranreifenden Juristen. Es ist jedoch zu vermuten, daß er ähnliche Stationen durchlaufen hat, wie sie Siebenpfeiffer in seinem Handbuch aus dem Jahre 1833 wiedergibt[17].

Zwar hat sich während des Referendariates Culmanns die von Siebenpfeiffer mitgeteilte Verordnung vom 6. März 1830 noch nicht in Kraft befunden. Es darf jedoch mit Bestimmtheit angenommen werden, daß schon vorher ähnlich lautende Ausbildungsvorschriften gegolten haben, die Siebenpfeiffer nur deshalb nicht auch publizierte, weil sie von diesem Verordnungstext nicht grundlegend abwichen, worauf er eigens hinweist[18].

Danach hatte Culmann als ein *Rechts-Candidat, der sich ... um die Advokatur zu bewerben gedenkt, nach Beendigung des vorschriftsmäßigen Studiums an der Hochschule* – und noch vor Zulassung zur Praxis – *den gedeihlichen Erfolg seiner Studien auf die Zulänglichkeit der gesammelten Kenntnisse durch Erstehung einer theoretischen Prüfung zu erproben ...,* durch die *Conkursprüfung*[19], wie sie auch heute noch im Freistaat Bayern genannt wird.

Hierauf unterzog er sich vorschriftsgemäß einer zweijährigen *Amtspraxis zum Staatsdienst*, wovon zwölf Monate *Administrativpraxis bei einer Unterbehörde der inneren oder der Finanzverwaltung und 12 Monate Justizpraxis bei einem Untergericht* abzuleisten waren. Sodann folgte das zweite Examen, das gleichfalls aus einem schriftlichen und einem mündlichen Teil bestand. War der Kandidat mit Erfolg geprüft, hatte dieser, sofern er die Advokatur anstrebte, seine weitere Ausbildung *bei einem rezipirten Rechtsanwalt* noch eine Zeitlang fortzusetzen.

13 Mit dem Randvermerk versehen: *Gellius* (Gellius, Aulus, gebildeter Römer um 130 n. Chr., der seine Erinnerungen in 20 Büchern niederlegte).
14 Handschriftlicher Randvermerk.
15 Auskunft der Bay. Julius-Maximilians-Universität Würzburg vom 2. 6. 1986.
16 O. FLEISCHMANN, Geschichte des Pfälzischen Aufstandes im Jahre 1849, Kaiserslautern, 1899, S. 11.
17 Handbuch der Verfassung, Gerichtsordnung und der gesamten Verwaltung Rheinbayerns, Neustadt 1833, 1. Band, S. 493 ff.
18 Ebd., S. 493. – Voraussetzung zur Prüfungszulassung war u. a. ein einjähriges Studium an einer *inländischen Hochschule;* das mündliche Examen dauerte zwei Stunden.
19 Ebd., S. 501.

Daß der berufliche Werdegang Culmanns programmgemäß ablief, ist aus der bereits 1828 erfolgten verzugslosen Zulassung als Advokat abzulesen. Nunmehr wuchs er in beruflicher und politischer Tuchfühlung zu seinen Kollegen in den Kreis derjenigen hinein, die bald darauf als junge Advokaten im Pfälzer Aufstand von sich reden machten.

Gelegentlich wird ziemlich mißverständlich behauptet, damals seien die Advokaten verbeamtet[20] gewesen. Der heutige Beamtenbegriff vermag deren Status jedenfalls nicht abzudecken.

Es ist zwar zutreffend, daß *die Advocaten und Anwälte vor ihrem Dienstantritt* gemäß Artikel 32 des Gesetzes vom 1. Vendémiaire des Jahres XVII[21] zu beschwören hatten, *nichts bekannt zu machen in der Eigenschaft als Vertheidiger oder Rechtsbeistand, was gegen die Gesetze und Verordnungen, die guten Sitten, die öffentliche Sicherheit und den öffentlichen Frieden wäre und sich nie von der Ehrerbietung zu entfernen, welche sie den Gerichten und Obrigkeiten schuldig sind* – ein Eid, den auch Culmann geleistet haben muß und deshalb ein Umstand, der angesichts seiner politischen Tätigkeit zu denken gibt.

Dennoch war in dem genannten Gesetz bereits ausdrücklich bestimmt, daß sich *die Advocatenprofession nicht verträgt mit allen Stellen der Justizordnung …*, auch nicht *mit dem Amt des Präfecten und Unterpräfecten … eines Gerichtsschreibers, Notarius …*[22].

Zumindest im Ansatz ist hier schon grundgelegt, daß sich die freie Advokatur mit dem Treue- und Dienstverhältnis des weisungsgebundenen Beamten nicht vereinbart[23].

Wenn Culmann im Jahre 1849 im Rahmen eines gegen ihn geführten Disziplinarverfahrens vorgeworfen wurde, er habe durch aufwieglerische Publikationen seine *Pflicht als öffentlicher Beamter … verletzt*[24], ist damit auf seine Pflichten als *eines Gesetzeskundigen, dem seine Verantwortlichkeit* gegenüber Recht und Gesetz *nicht verborgen bleiben konnte* abgehoben und nicht etwa eine beamtenähnliche Staatsdienereigenschaft gemeint.

Erstmals vermochte sich Culmann als Verteidiger des wegen hochverräterischer Umtriebe angeklagten Sembacher Pfarrers Hochdörfer[25] in dem bekannten Landauer Assisenverfahren mit staatspolitischer Dimension in einer Weise in Szene zu setzen und auszuzeichnen, die besondere Aufmerksamkeit verdient.

Es ist nicht offengelegt, wie Culmann an dieses Mandat gelangt war. Freilich verband ihn der Freiheitsdrang des frühen Liberalismus mit seinem quergängerischen Mandanten, den Wirth und seine Freunde einen *unerschrockenen Patrioten* nannten und der an anderer Stelle als ein *ethischer Rigorist* bezeichnet wird[26] – ein Feuerkopf, der nicht bereit war, eine Silbe dessen, was er beim Hambacher Fest geäußert hatte, zurückzunehmen, sondern eher wie ein Märtyrer alles hinzunehmen.

Die Verteidigung war taktisch klug – und zudem arbeitsteilig – angelegt. Während Culmann schwerpunktmäßig juristisch argumentierte – und zudem in einem fachlichen

20 So K. Baumann, in: Das Hambacher Fest, S. 107. – Vgl. Art. 34 GG, § 839 BGB.

21 Siebenpfeiffer, Handbuch (Anm. 17, Band 3), S. 89–90.

22 Ebd., S. 93.

23 Vgl. hierzu Feuerich, Kommentar Bundesrechtsanwaltsordnung, 2. Auflage, 1991, § 47, Randziff. 1.

24 *Auszug aus dem Berathschlagungsregister des k. Appellationsgerichts der Pfalz zu Zweibrücken*, LA Sp., Best. J 1 280, S. 56 R.

25 *Vollständige Verhandlungen* (wie Anm. 4), S. 322–333.

26 H. Kimmel, Eine frühsozialistische Streitschrift aus dem Exil des Pfarrers Johann Heinrich Hochdörfer von Sembach, Sonderdruck, Jahrbuch zur Geschichte von Stadt und Landkreis Kaiserslautern, 1967, S. 193–206.

Diskurs, der zugleich eine rhetorische Glanzleistung ist –, artikulierte Hochdörfer nicht minder geschickt und beeindruckend sein politisch-ideologisches Programm unter dem Vorzeichen des unverstandenen Überzeugungstäters.

Zum Auftakt seiner Verteidigungsrede beschwört Culmann, ganz augenscheinlich wohlüberlegt, in einem emphatischen Vorspruch den *mächtigen Geist, der dermalen alle Völker Europa's mit neuer Kraft durchdringt,* den *Geist der Civilisation und Aufklärung, welcher dem Menschen angeboren, jetzt auf entschiedene Weise freie und ungehemmte Bewegung aller Kräfte des Volkes und Einführung solcher politischen Einrichtungen begehrt, welche die jetzigen geistigen und materiellen Interessen der Völker erheischen*[27]. Im gleichen Atemzug stellt er diesem bewußten Bekenntnis zu Aufklärung und Liberalismus[28], verbunden mit dem Aufruf, diesen »erhabenen Zweck« mit Mitteln zu erreichen, die *moralische und edle seyn* müssen, die Feststellung gegenüber, daß *in den meisten Staaten Europa's noch solche politischen Formen* bestünden, *welche aus dem Mittelalter, dem Feudalwesen und dem damaligen Culturzustande hervorgegangen, den jetzigen materiellen und intellectuellen Bedürfnissen der Völker nicht mehr entsprechen.* Erläuternd fügt er hinzu, daß das Volk die *Partei der Civilisation*[29] sei, die *in Momenten der Bedrängnis, ihre erhabene Stellung vergessend,* gelegentlich zwar *zu unreinen Mitteln ihre Zuflucht genommen* und sich dadurch, *von dem wahren, durch die Natur angewiesenen Weg entfernt* habe, wobei er, auf Gewalt und Schrecken der Französischen Revolution anspielend, sich deutlich davon abheben will, was wohl auch seinem eigenen Charakter entsprach, denn, so fährt Culmann fort, *durch Erfahrung belehrt, gründete sich daher nur fester und fester die Überzeugung, daß zur Realisierung der ewigen Gesetze der Natur*[30], *zur Erlangung des Prinzips der Gerechtigkeit, auch nur die rechten Mittel angewendet werden können*[31].

Bereits vor diesem programmatischen Hintergrund gewaltverneinender, das Prinzip der Gerechtigkeit reklamierender Weltverbesserungsbestrebungen mußte der Hochdörfer gemachte Tatvorwurf der Aufforderung zum Umsturz der Staatsverfassung verblassen, jedenfalls eine weniger gravierende strafrechtliche Qualität erhalten – ein Erfolg, den Culmann zweifelsohne konzeptionell klug vorbedacht hatte.

Durch einen psychologisch geschickten Kniff versucht er zudem das Gericht wohlwollend für sich einzunehmen, in dem er beteuert, *das feste Vertrauen zu haben,* die Richter werden *alle Gefühle der Leidenschaft und Parteilichkeit von ihren Herzen entfernt halten, blos der reinen Stimme ihres Gewissens folgen und nur ein den Gesetzen conformes Urtheil fällen*

27 Ebd., S. 322.

28 Vgl. hierzu beispielsweise E. Weis, Der Durchbruch des Bürgertums 1776–1847, Propyläen, Geschichte Europas Band 4, 1975, S. 393–399.

29 Hochdörfer benutzte den Ausdruck *Civilisation* im gleichen Sinne: *Die Civilisation selbst verdirbt unter dem Einfluß einer fehlerhaften Gesellschaftsordnung*, zitiert nach H. Kimmel (Anm. 26), S. 198.

30 Vgl. zum neugewonnenen Begriff von *Natur* im deutschen Idealismus als Teilhabe der menschlichen Vernunft: G. Sprenger, Naturrecht und Natur der Sache, Juristische Dissertation, Saarbrücken 1973, Schriften zur Rechtstheorie, Heft 50, S. 47–57.

31 *Vollständige Verhandlungen* (wie Anm. 4); für die Abneigung Culmanns, gewaltsame Lösungen anzustreben, spricht sein Verhalten nach seiner Ernennung zum Mitglied der provisorischen Regierung der Pfalz. Vgl. hierzu *Wochenblatt für den Königl.-Bayer. Gerichtsbezirk Zweibrücken*, 1849, Nr. 60 vom 20. 5.

*wollen.* – Der spätere Freispruch bestätigt dieses advokatorisch-brillante Agieren, zumal auch seine rechtliche Argumentation hierbei eine Rolle mitgespielt haben dürfte.

Denn das Kernstück seiner Ausführungen ist der fachjuristischen Analyse des Tatvorwurfs vorbehalten, wobei er den Begriff des *Attentats* unter allen denkbaren Gesichtspunkten umsichtig untersucht und würdigt und schulmäßig auch von einer straflosen Vorbereitungshandlung randscharf abgrenzt[32].

Culmann zitiert sowohl Rechtsprechung des französischen Cassationshofes aus dem Jahre 1817 als auch eine brandneue Entscheidung des erkennenden Gerichts von 1832, wonach das Attentat tatbestandsmäßig *eine direkte Aufreizung zum Umsturze oder zur Abänderung der bestehenden Staatsregierung durch Druckschriften* voraussetze, und zeigt dadurch Überblick und Kompetenz. Ausgehend hiervon meint er, die bloße Aufforderung zur Bewaffnung der Bürger könne daher *niemalen ein Verbrechen bilden*, weil es an dem Merkmal des gewaltsamen Umsturzes fehle. Sein Mandant könne allenfalls wegen *Aufforderung zur Rebellion, nicht aber zum Attentat* mit einer »correctionellen Strafe«[33] belegt werden. – In der Tat wurde Hochdörfer im Anschluß an dieses Verfahren am 16. November 1833 durch Urteil des Appellationsgerichtes Zweibrücken dieserhalb für zwei Jahre hinter Gefängnismauern gebracht.

Die weiteren Ausführungen Culmanns sind vor allem deshalb von Interesse, weil sie das Recht auf Gedankenfreiheit und freie Meinungsäußerung postulieren: *Jeder Staatsbürger hat in jedem Staate … das Recht, von den Gebrechen und Mängel des politischen Zustandes sich zu überzeugen und diese Überzeugung seinen Mitbürgern mitzutheilen … Der Mensch hat das angeborene Recht des freien Gedankens und der freien Mittheilung derselben … Dieses göttliche Recht des Menschen ist und kann nicht durch positive Gesetze genommen seyn …*

Nicht ohne Spitzfindigkeit will er schließlich aus dem Umstand, daß doch schließlich alle Reden zum Hambacher Fest ohne Erfolg geblieben seien, den Schluß ableiten, daß daher darin unmöglich *eine direkte Aufforderung zum gewaltsamen Umsturz der Regierung* gesehen werden könne, zumal dieses Fest mit der bayrischen Regierung unmittelbar nichts zu schaffen gehabt habe, vielmehr *auf ganz Deutschland gerichtet* gewesen sei[34]. In geschickter Verniedlichung von Bedeutung und Brisanz des Hambacher Festes wirft er noch die Frage auf, ob man denn die *Absurdität* glauben wolle, *daß es in ihrer* (der Angeklagten) *Ansicht gelegen sey, mit einem Häuflein unbewaffneter Menschen sämtliche Fürsten Deutschlands mit ihren wohlausgerüsteten und zahllosen Kriegsheeren anzugreifen und alle Früchte ihres bisherigen Strebens mit einem Schlag der sicheren und unvermeidbaren Vernichtung preis zu geben*[35]. Er gibt sich gleich die Antwort hierauf selbst, nämlich, daß dann sämtliche Angeklagten damals hätten *gänzlich wahnsinnig und verstandeslos* gewesen sein müssen.

Es fällt auf, daß Culmann seinen Mandanten nicht aus dem Kreis der mehr oder minder

32 Nach dem Strafgesetzbuch für das Königreich Bayern von 1861 wurde sowohl die Aufforderung *zu einem hochverrätherischen Unternehmen …* unter Strafe gestellt, *desgleichen wer öffentlich vor einer Menschenmenge … (hierzu) auffordert*, und zwar mit Gefängnis nicht unter drei Jahren. Es ist daher wohl denkbar, daß die Erfahrungen des Landauer Assisenprozesses bei der Normierung dieses Straftatbestandes (Artikel 108) miteingebracht worden sind.

33 Durch das Zuchtpolizeigericht.

34 *Vollständige Verhandlungen* (wie Anm. 4), S. 327.

35 Ebd., S. 328.

belasteten Mitangeklagten herausnimmt, um ihn sodann besonders vorteilhaft, sei es selbst zulasten der anderen, konturieren zu können – was gelegentlich ein beliebtes Mittel der Verteidigung ist –, sondern sich unterschiedslos zum Sprecher aller Angeklagten macht.

Er weiß auch um den Effekt glaubwürdig dadurch zu bleiben, daß Nachteiliges eingeräumt wird: *Was die Rede des Herrn Pfarrers Hochdörfer anlangt, ist dieselbe zwar in keinem persönlichen Ton abgefaßt und dermaligen Fürsten und Verfassungen sind darin auch keine sonderliche Lobeserhebungen zugetheilt ...* Doch sogleich versucht er die Wirkung des Eingeständnisses abzuschwächen: *Allein hier kommt es auf den Inhalt und nicht auf die Ausdrücke, auf den Kern und nicht auf die Schale an* – so als wüßte er nicht, daß – wie sonst auch – der Ton die Musik macht und schon die Wortwahl rechtsgutverletzend sein kann. Und sozusagen blauäugig und verharmlosend fügt er hinzu: *Mag auch Letztere für die gefürsteten Personen und die Constitutionen rauh und stechend seyn, so thut dies nichts zur Sache, denn Beleidigungen und Beschimpfungen der Fürsten und scharfe Ausfälle gegen die Constitutionen werden hier nicht bestraft ...*[36], wobei er aber in Wahrheit nur auf die originäre Zuständigkeit des Assisengerichts abzielt, nicht aber generelle Straflosigkeit derartigen Verhaltens gemeint haben kann.

Nicht unerörtert bleiben auch auch die inkriminierten Veröffentlichungen Hochdörfers, die Culmann *literärische Kampfmittel zur Erlangung von Reformen*[37] nennt, in denen *von aller materiellen Gewalt abgerathen* worden sei. Pfarrer Hochdörfer sei trotz seiner beruflichen Suspension nach wie vor ein *wahrer und unbescholtener Lehrer des Christenthums, der, seinem göttlichen Berufe folgend, nur Religiosität, Sittlichkeit und Moral in seiner Gemeinde zu verbreiten suchte ...* und den *ein unwiderstehlicher Enthusiasmus in die ersten Reihen der edlen und talentvollen Kämpfer für Recht und Freiheit ... riß.*

Nachdem er mit gekonntem Pathos und rhetorisch schwungvoll die edlen Beweggründe und Zielsetzungen Hochdörfers und seiner Mitangeklagten in schillernden Farben ausgemalt hat, verwendet er zur Darstellung der Anklagebehörde düstere Töne: *... auf der anderen Seite Heimlichkeit, Inquisition der Privatverhältnisse der ehrenvollsten Männer des Kreises*[37], *Verdächtigungen ihres Charakters und zweifellose Tendenz, auf rechtliche und unrechtliche Weise ein die Gedanken und die Mittheilungen derselben unterdrückendes Erkenntnis* – im Sinne einer gerichtlichen Entscheidung – *zu erhalten*[38].

Statusfragen des Richters, insbesondere seine Unabhängigkeit, garantiert durch Unversetzbarkeit und Unabsetzbarkeit, waren Culmann stets ein wichtiges rechtspolitisches Anliegen, das er gegen Ende seiner Ausführungen und auch bei späterer Gelegenheit zur Sprache bringt[39]: *In der von einer Seite geschehenen Ernennung der Richter liegt ein Mißstand, der in Frankreich ... aufgehoben wurde, bei uns aber leider noch fortbesteht.*

Es ist verständlich, aber auch bedauerlich, daß Culmann hierzu Näheres verschweigt.

36 Ebd., S. 329.

37 Ebd., S. 332.

38 Ebd.

39 a) Brief Culmanns an Kolb vom 2. Januar 1847, LA Sp. J 1 280, fol. 17ff.: *... die Versetzung Siegels nach Altbaiern, die mehrtägige Besetzungen unseres Appellhofes mit jenseitigen Richtern und die vielen im verborgenen geübten Einwirkungen auf das Richterpersonal ...* – b) *Disciplinar-Untersuchung gegen den Advocat-Anwalt Culmann zu Zweibrücken*, Verteidigungsschrift des August Culmann vom 9. November 1849, S. 43 R., 44, LA Sp. Best. J 1 Nr. 280.

Wohlwissend, daß er mit dieser gefährlichen Andeutung einer möglichen Parteilichkeit die wohl vorhanden gewesene Gewogenheit des Gerichts ihm – als einem Berufskollegen – gegenüber aufs Spiel gesetzt haben konnte, bemerkt er sofort, gewissermaßen sich respektvoll verbeugend, diese Richterbank, vor der er jetzt auftrete, sei freilich besetzt mit *Männern von Ehre und Gewissen. Von unserer Gegnerin selbst als Richter ernannt, werden Sie aber umsomehr bedacht seyn, jede Stimme der Leidenschaft und Parteilichkeit von ihren Herzen entfernt zu halten und durch ein unparteiisches freisprechendes Urtheil beweisen, daß, trotz jenes Mißstandes, der Bewohner des Rheinkreises ... volle Garantie für wahre Gerechtigkeit findet.* Denn eine nicht zu erwartende *Condemnation* werde *den ganzen Kreis, ja ganz Deutschland nur mit tiefster Trauer und lautem Jammer erfüllen und auf ewige Zeiten unser Land entehren und beschimpfen*[40]. Abschließend steigert sich Culmann meisterlich zu einem furiosen Finale, das seinen Eindruck sicherlich nicht verfehlt hat: *O Schmach! o Schande! treffe unser Land nicht in solchem Maaß! doch nein, nein es ist nicht möglich. Der Bürger des Rheinkreises kennt die Pflicht der Ehre gegen sich und sein Vaterland ... Wir wollen keine Gnade, aber auch keine Ungnade ... Wir wissen, daß jede Gnade und Ungnade nur ein Eingriff in das Recht in sich führt. Und blos für das Recht haben wir gekämpft, für das Recht haben wir geduldet und nach dem Recht wollen wir auch geurtheilt seyn.*

Der 34jährige Hochdörfer selbst, der seit Monaten einsitzt, verteidigt sich kämpferisch, aber zugleich gefühlvoll moralisierend, *ohne spitzfindige Deuteleien*, um *durch listiges Drehen und Wenden der Worte meiner Aufsätze an den Artikeln des Strafgesetzbuches vorbeigleiten zu wollen*[41]. – Ob dies wohl eine Spitze gegen seinen eigenen Verteidiger sein sollte? – Immerhin verlangt Hochdörfer von den Geschworenen nicht Beurteilung seiner Schriften nach juristischen Gesichtspunkten, sondern nach den Kategorien von *Vernunft und Gefühl für Recht ... Vernunft und Rechtsgefühl, von der Gottheit selbst in eines jeden Menschen Busen gelegt*, seien *das allein heilige Gesetz, das über allen Gesetzen steht, vor welchem in letzter Instanz nicht allein jedes Menschen Thun und Lassen, Gesinnungen, Worte und Handlungen, sondern auch alle Gesetze und Einrichtungen des Staates selbst von dem Amte des untersten Gemeindedieners bis hinauf zu jenem des Königs, sich rechtfertigen müssen ...* In der Ablehnung von gewaltsamer Staatsumwälzung geht er mit Culmann einig: *Ich wollte nicht und will nie und nimmer die Freiheit bluttriefend in die Welt einführen. Nicht Revolutionen schaffen die Freiheit, sondern nur Herzens- und Geistesbildung ....*

Der Freispruch Hochdörfers wird von Culmann nicht nur mit großer Genugtuung aufgenommen worden sein; er war für den jungen Advokaten schon angesichts dieses erhabenen Forums zweifelsohne auch ein großer beruflicher und persönlicher Erfolg.

Doch wie eigentlich längst abzusehen war, hatte sein Plädoyer noch ein Nachspiel vor der *Rathskammer des Bezirksgerichtes Zweibrücken*, wo gegen ihn im Jahre 1834 als Disziplinarmaßnahme *eine Untersuchung wegen Beleidigung der Amtsehre* geführt wurde[42]. Der Vorwurf des Staatsprokurators lautete in der öffentlichen Sitzung der außerordentlichen Assisen zu Landau, *den gewesenen Regierungspräsidenten und General-Commissär von Stichaner zu Speyer durch Worte, welche dessen Ehre und Zartgefühl angreifen, beleidigt zu haben*, indem

40 *Vollständige Verhandlungen* (wie Anm. 4), S. 332.
41 Ebd., S. 614–624.
42 Bay. HSta, Ministerium des Innern, 24356.

er sich folgende Äußerung gegen denselben erlaubt habe: *Ich werde die Ehre haben, Ihnen ein Schreiben des Herrn General-Commissärs von Stichaner in Speyer vorzulesen, wo ein Herr Pfarrer Hochdörfer die größten Lobes-Erhebungen über die Ausübung seines Dienstes ertheilt werden. Erst später, nachdem er sich des Preßvereins angenommen hatte, ist dieser Beamte über ihn hergefallen und hat alles angewendet, um diesen Mann in den Augen des Publicums zu verdächtigen.*

Wie in den *Vollständige Verhandlungen* nachzulesen ist[43], soll Culmann seinerzeit folgendes ausgeführt haben: *Im Jahre 1830 erhielt noch Herr Pfarrer Hochdörfer ... von Seiten der oberen Behörden, namentlich von dem Regierungspräsidenten von Stichaner, die schmeichelhaftesten Versicherungen der Hochachtung und Zufriedenheit über die gewissenhafte Erfüllung seiner Dienstverrichtungen. Seitdem ist ein anderer Geist in gewisse kirchliche Vorsteher gekommen. Priesterherrschaft*[44]*, Nepotismus und blinde Unterwürfigkeit unter die Gebote der Obern sollte jetzt an die Stelle des freisinnigen Christenthums treten ... Diesem Geist aber wollte und konnte sich Herr Pfarrer Hochdörfer ... nicht fügen.*

Culmann stellt zwar strikt, aber nicht voll überzeugend in Abrede, beleidigende Äußerungen überhaupt getan zu haben. Nach seinen Worten wäre dies in seiner Lage geradezu töricht gewesen, da er zugunsten seines Klienten doch habe bemüht sein müssen, bei den Geschworenen den entgegengesetzten Eindruck zu erwecken. Die Niederschrift der Verhandlung, wie sie von Ritter durch den Druck veröffentlicht wurde, sei eine bloße Privaturkunde ohne Beweiskraft. Da im übrigen *weder der königl. General-Staatsprocurator auch noch der damalige Assisenpräsident, Appellationsrath Breitenbach,* sich an eine derartige Äußerung erinnern könnten – ebensowenig wie *die sämtlichen abgehörten Zeugen* – könne diese *nebst vielen anderen Äußerungen* nur *irrthümlich in die gedruckte Verhandlung aufgenommen* worden sein.

Wie die Überprüfung ergab, hatte der Stenograph Gabelsberger die fragliche Äußerung folgendermaßen niedergeschrieben: *Erst später, nachdem er* (Hochdörfer) *sich des Preßvereins mit Wärme angenommen hatte, ist man über ihn hergefallen und hat alles angewendet, um diesen Mann in den Augen des Publicums zu verdächtigen.* Gabelsberger erklärte, dies sei nicht mehr und nicht weniger als das, was er gehört und in sein Manuskript aufgenommen habe. Er könne sich die Unstimmigkeit zwischen seinem Stenogramm und dem Gedruckten nur so erklären, *daß der eine oder der andere der Redactionsgehilfen zur vermeintlichen Verbesserung des Styles ihn im Dictiren corrigiert habe, welches häufig zu seinem Verdrusse geschehen sey.*

Hierauf ordnete das Bezirksgericht unter dem 22. März 1834 kurzerhand die Einstellung des Verfahrens an – eine Entscheidung, die im Hinblick auf die belastende Beweislage ebenso umgekehrt hätte ausfallen können.

Eine weitere, nicht minder markante Station in Culmanns Juristenleben stellt das Mandat in dem schwierigen Zivilrechtsstreit um die St. Ingberter Kohlengruben dar, das ihm von Fürst

43 *Vollständige Verhandlungen* (wie Anm. 4), S. 331.

44 Culmanns Einstellung Priestern gegenüber kennzeichnen Ausdrücke wie *Baals- und Belials-Priester.* In seiner Appellationsschrift im St. Ingberter Grubenprozeß apostrophiert er die Jesuiten: *Nur ein (Jesuit) ist fähig, ein Gesetz anzurufen und in dem selben Momente alle durch dasselbe garantirten Rechte über den Haufen zu werfen.*

Erwin[45] von der Leyen im Kampf um dieses Bergwerk übertragen worden war[46]. Hierbei kamen Culmann seine Kenntnisse des Französischen zugute. In diesem Fall ist die subtile Arbeitsweise des Anwaltes auf einem ganz anderen Rechtsgebiet beeindruckend veranschaulicht.

Nach dem schrittweisen Aufbau der erforderlichen rechtshistorischen Kulisse vollführt Culmann höchst kunstfertig mit griffigen Belegen aus dem französischen Minenrecht, das er wie kein zweiter beherrscht, ein Glanzstück advokatorischer Argumentierkunst.

Daß ihm der Bergbau, das Sachthema des Prozesses, besonders nahelag, zeigt auch der Verlauf seiner zweiten Lebenshälfte, in der die Eröffnung der Grube Frankenholz ein Schwerpunkt werden sollte.

Die Gründe, die Fürst Erwin veranlaßt haben, Culmann mit dieser Sache zu mandatieren, sind nicht offensichtlich. Immerhin ist bemerkenswert, daß der Fürst sich im Kampf um den Besitz der Gruben zeitweiliger französischer Unterstützung erfreute und Culmann somit gesinnungsmäßig auf der Seite focht, der er selbst zugetan war. Nach fast fünfjähriger Prozeßdauer hatte das Bezirksgericht die Vindikationsklage gegen den Besitzer der Kohlengruben abgewiesen. Die komplexe Sach- und Rechtslage kann hier nicht in Ausführlichkeit dargelegt werden. Culmann prüft drei Fragen:

1. Wem steht das juristische Eigentum an der unter der Herrschaft der neuen Gesetzgebung noch nicht konzedierten Mine zu, wenn dieses nicht auf einem feudalen Bergregal des leyenschen Fiskus beruht?
2. Hat der Fürst Beweise für sein Eigentum?
3. Hat der bayerische Fiskus die erforderlichen Nachweise geliefert, daß dieses fürstliche Eigentum durch Vertrag, Gesetz oder infolge Verjährung verloren gegangen ist und die Gruben den Charakter einer Staatsdomäne gewonnen haben?[47]

Hierzu ist anzumerken, daß das napoleonische Dekret vom 21. Floréal des Jahres XII (10. Mai 1804), durch das die Sequestierung über das Vermögen des Grafen von der Leyen aufgehoben wurde, ebenso von Bedeutung war wie der gegenläufige Erlaß vom 30. Thermidor des Jahres XIII (17. August 1805), wonach die St. Ingberter Kohlengruben nicht zu den Gütern gehören, deren Besitz und Genuß der Graf von der Leyen auf Grund der Sequesteraufhebung erhalten könne.

Culmann ist sachverständig um umfassende Prüfung aller Detailfragen bemüht, wobei er zum Nachweis des Privateigentums bis ins 15. Jahrhundert zurückgreift und zur Definition des Eigentums an Grund und Boden sogar das römische Recht heranzieht.

Zur Begründung seiner Rechtsmeinung führt er das einschlägige französische Minengesetz vom 28. Juli 1791 an, welches das Bergregal aufhob, um sodann auch das französische Berggesetz vom 24. April 1810 in seine Rechtsbetrachtung mit einzubeziehen[48].

45 Häufiger Erwein.

46 Die Appellationsschrift ist unter dem Titel: *Denkschrift für Erwin Fürst von der Leyen …, Appellant von einem Urtheile des königl. Bezirksgerichtes in Zweibrücken vom 18. Mai 1838 gegen den Königl.-Bayerischen Fiskus, Appellaten*, 1846, bei G. Ritter in Zweibrücken erschienen. Die auffallend lange Zeitspanne zwischen Erlaß des angefochtenen Urteils und der Ingangsetzung der Appellation kann nicht geklärt werden.

47 Nach W. Krämer, Geschichte des Steinkohlen-Bergbaues zu St. Ingbert, Veröffentlichungen der Pfälzischen Gesellschaft zur Förderung der Wissenschaft, Band IX, Speyer 1930, S. 185–187.

48 Vgl. hierzu H. Achenbach, Das Französische Bergrecht und die Fortbildung desselben durch das Preußische Allgemeine Berggesetz, 1869, S. 87–132.

Wie eingehend er die entlegene Fachliteratur beherrschte, folgt daraus, daß er neben dem *äußerst wichtigen und vortrefflichen Buch*[49] von Locré[50], das außer dem napoleonischen Berggesetz auch alle weiteren Rechtsvorschriften bis zum Jahre 1810 enthält, auch das 1838 in Paris erschienene zweibändige Werk von A. Richard benutzte[51].

Es soll allerdings nicht verschwiegen werden, daß W. Krämer, ein ausgewiesener Kenner der Geschichte des St. Ingberter Bergbaues, der im leyenschen Archiv in Waal ganz quellennah forschen konnte, nachweist, daß Culmann das landesherrliche Kohlenregal vor 1791 unzutreffenderweise verneint[52]. Spöttelnd bemerkt Krämer, die leyenschen Anwälte hätten offenbar die Grubenakten des 18. Jahrhunderts nicht so sorgfältig durchgearbeitet, wie die französischen Minengesetze![53] – Mit bissigen Bemerkungen hält sich freilich Culmann selbst auch nicht zurück, wenn er etwa folgendes in seine sonst wohlabgewogenen Darlegungen einstreut: *Der* (bayerische) *Fiskus sei gewiß sehr zu bedauern*, daß er *durch seine ungemeine Liebe zum St. Ingberter Bergwerk zu solchen Vertheidigungsmitteln gezwungen* sei[54] – oder es sei *schade nur, daß die Schenkungsneigung nicht zu den Geschlechtskriterien eines Fiskus* ... gehöre[55]. – Es liegt auf der Hand, daß solche polemischen Ausreißer Culmann im Wiederholungsfalle nicht nachgesehen wurden, zumal der Grubenprozeß der größte und bedeutendste war, der bis dahin am Appellationsgericht verhandelt worden war[56] und breites öffentliches Interesse erregte hatte[57]. – Wie W. Krämer weiter mitteilt, stand das Publikum der bayerischen Fürstenstadt Zweibrücken erstaunlicherweise mehrheitlich auf dem leyenschen Standpunkt.

Der königliche Staats-Prokurator Damm beantragte in der Sitzung vom 21. Juli 1848 die Streichung von 14 Textstellen der *Denkschrift*, weil Culmann dadurch (z. B. durch Ausdrücke wie *Spoliation, Raub, reiche Beute, Eigentumsberaubung, excès de pouvoir, bloße Phantasie, frivole Einrede des Fiskus, erdichtetes Gnadenwerk* ...) nicht nur angeeckt, sondern den bayerischen Fiskus oder das Gericht massiv beleidigt oder Gesetz und Herkommen verletzt habe.

Das Gericht beanstandete die gebrauchten Ausdrücke, lehnte jedoch die Verhängung einer Disziplinarstrafe gegen Culmann ab, da er in *berechtigtem Eifer für das hochwichtige Interesse seines Clienten zur Überschreitung der Grenzen des Verteidigungsrechtes veranlaßt* worden sei.

Nach alledem scheint es ein Wesenszug Culmanns gewesen zu sein, sich im Eifer des

49 Ebd., S. 6.
50 Paris 1828.
51 *Denkschrift* (wie Anm. 47), S. 24.
52 Nach M. Serini, Annalen der inneren Verwaltung der Länder auf dem linken Rheinufer, Köln 1822, S. 348, waren Bergwerke herzogliche Regale. *Für die leyenschen Besitzungen bestand kein geschriebenes eigenes Particularrecht oder Statutarrecht. Es bestand bloß ein nicht geschriebenes Gewohnheitsrecht.* Ders., Andeutungen über Gesetzgebung und Rechtspflege in den deutschen Rheinprovinzen, insbesondere in der Königl.-Bayerischen Pfalz, 2. Abteilung, Landau 1861, S. 63; für das benachbarte Herzogtum Pfalz-Zweibrücken hat J. H. Bachmann in § 202 seines Pfalz-Zweibrückischen Staats-Recht, Tübingen 1784, festgestellt: *Der Herzog hat in seinem ganzen Land das Bergwerk-Regal.*
53 W. Krämer (Anm. 48), S. 196.
54 Ebd., S. 65.
55 Denkschrift (wie Anm. 47), S. 65.
56 So Culmann in einem Brief an G. F. Kolb vom 4. Juli 1846, Bundesarchiv Ast Frankfurt/Main FN 9/1.
57 W. Krämer (wie Anm. 48), S. 223.

Gefechtes – hitzköpfig und emotional aufgeladen – zu überbordendem Agieren hinreißen zu lassen – selbst dann, wenn – wie hier – die Schriftform der Äußerung Gelegenheit zu bedachtsamer Zurückhaltung und Mäßigung geboten hätte.

Von solcher Leidenschaftlichkeit in der Verfolgung eines Zieles ist außerhalb des forensischen Bereiches nicht sonderlich viel zu spüren, es sei denn, die Vielzahl der von ihm mitunterzeichneten aufrüttelnden Appelle ließe man hierfür als Belege gelten.

Seine Äußerungen im Zusammenhang mit ihm angetragenen politischen Mandaten deuten vielmehr daraufhin, daß er nicht, von falschem Ehrgeiz getrieben, etwa egoistische Ziele verfolgte.

Als er sich für den Wahlbezirk Bergzabern präsentieren soll, weist er dies entschieden zurück, um sich nicht dem Vorwurf des Ehrgeizes und eigennütziger Bestrebungen auszusetzen: *Auf der einen Seite aber sagt mir das Pflichtgefühl gegen meine Partei, daß, wenn ich von dieser ernannt werde, ich dem Ruf selbst durch die Aufopferung meiner schwächlichen Gesundheit Folge leisten müsse und ich mich nicht dem gerechten Vorwurf der politischen Gleichgültigkeit und eines engherzigen Egoismus aussetzen dürfe. Um also jeder, auch nur mit dem Schein des Rechtes verbundenen Beschuldigung zu begegnen, habe ich mir zum Prinzip gestellt, mich bei keinem Wahlbezirk als Kandidat zu präsentiren und zu rekommondiren, dagegen dann, wenn ich ohne mein Zuthun durch meine Gesinnungsgenossen ernannt würde, die Wahl zu acceptiren* ...[58].

In diesem Sinne hat er tatsächliche Grundsatztreue und Gradlinigkeit bewiesen, als er das Mandat für das Frankfurter Parlament erst annahm, nachdem ihm dieses im Bezirk Landau ohne sein Zutun zugefallen war.

Als das Appellationsgericht davon absah, seine gewagten Äußerungen auf der Stelle zu ahnden, mag es erkannt haben, daß sein beruflicher Einsatz der Lauterkeit und des pflichtgetriebenen Eifers nicht entbehrte.

Zum größten Verdruß Culmanns wurde seine Appellation am 18. November 1846 mit der Begründung zurückgewiesen, alle irgendwie gearteten Rechte der früheren Grafen von der Leyen an den Gruben seien zunächst auf Frankreich und dann auf den bayerischen Staat übergegangen.

Damit war sein Mandat in dieser wichtigen Sache beendet, obwohl sie noch vor den obersten Gerichtshof des Königreiches Bayern, das Ober-Appellations-Gericht in München, gebracht wurde[59], wo sie am 8. Januar 1851 für den Leyenfürsten in letzter Instanz verloren ging.

Auch für Culmann persönlich waren zwischenzeitlich bedrohliche Gewitterwolken aufgezogen. Im Jahre 1849 sah er sich, der sich vor allem wegen der durch von ihm mitunterzeichnete Aufforderung zur Bewaffnung der Revolutionäre, zur Fahnenflucht und zum Kampf *gegen den baierischen Absolutismus wie gegen Kaiserbestrebungen*[60], zunehmend stärker mißliebig gemacht hatte, in die Lage des *Disziplinarbeklagten* vor dem Appellationsgericht

58 *Wochenblatt für den Königl.-Bayerischen Gerichtsbezirk Zweibrücken«*, 1848, Nr. 140.

59 Hofrat Dr. von Schauß, München, wandte sich in der Angelegenheit mit einer 44 Folioseiten umfassenden *Denk- und Bittschrift ... an S. M. den König von Bayern ...*, in der die Prozeßlage noch einmal unter enger Anlehnung an Culmanns Darlegungen entwickelt war; vgl. W. KRÄMER (wie Anm. 48), S. 194.

60 LA Sp. Best. J 1 280, fol. 49.

versetzt. Monate zuvor war er allerdings vorsorglich nach Frankreich geflüchtet, um den bevorstehenden Sanktionen auszuweichen, was ihm als besonders pflichtwidrig angekreidet wurde, da er als *öffentlicher Bediensteter* dadurch *den ihm anvertrauten Interessen seiner Clienten* zuwidergehandelt habe. Als *ein eidesbrüchig gewordener Anwalt* dürfe er *nicht länger im Dienst verbleiben*[61].

Bei dieser Gelegenheit wird ihm auch sein vertraulicher Brief *an den Zeitungs-Redacteur Kolb* vom 2. Januar 1847 zum Vorwurf gemacht, worin er in Anspielung auf den St. Ingberter Grubenprozeß behauptet hatte, sämtliche *Gerichte seien Werkzeuge des Absolutismus*; in *einem Fiscalprozeß* hätten die Richter *gegen die eigene rechtliche Ansicht zugunsten des Fiskus entschieden*, und zwar *nur aus Rücksicht der Versetzbarkeit*[62]. Dieser Richter zutiefst verletzende Vorwurf der Rechtsbeugung forderte strengste Ahndung.

Culmann übersendet unter dem 9. November 1849 von Bitsch aus eine umfangreiche Verteidigungsschrift, in der er *mit der Rücksichtslosigkeit und Heftigkeit*, die seinem *Charakter eigenthümlich* sei, sein politisches Credo unverhohlen vorträgt. Die Absicht *gewaltsamer Staatsumwälzung* weist er jedoch von sich: *Man entziehe mir also das Amt, spreche jede Strafe gegen mich aus, verkenne aber auch nicht meine Absichten ...* Als am 12. November verhandelt wird, läßt er sich durch seinen Neffen, den Advokaten Gulden[63], vertreten.

Am 27. November ergeht folgende Entscheidung[64]: *In Erwägung, daß die dem Disziplinarbeklagten zur Last bleibenden Thathandlungen höchst graver Natur sind und den Pflichten eines öffentlichen Dieners gerade zuwiderlaufen ...*, wird *die Entfernung Culmanns von seinem Amt als Anwalt bei dem k. Appellationsgerichte der Pfalz* angeordnet – und zwar *auf die Dauer von einem Jahr ...*

Das Staatsministerium der Justiz, dem diese Maßnahme bei weitem nicht ausreicht, setzt unter dem 15. Januar 1850 *auf Seiner Majestät des Königs allerhöchsten Befehl* noch eins drauf, indem es nunmehr anordnet, Culmann *sey es wegen Betheiligung an dem revolutonären Treiben als Anwalt bey dem Appellationsgerichte der Pfalz zu entlassen*[65].

Noch einmal steht der Name *des gewesenen Advocat-Anwalt in Zweibrücken August Culmann, 50 Jahre*, in dem *Contumazialverfahren*[66] wegen Staatsverrats auf der Rolle des Assisengerichts[67].

Wie das *Wochenblatt* am Sonntag, den 20. April 1851[68] berichtet, hat das Assisengericht am Vortag *über folgende politische Angeklagte sein Urtheil gefällt: Martin Reichard, gewesener Notär in Speyer, Nicolaus Schmidt, Rechtskandidat von Kaiserslautern, Peter Fries, Rechtskandidat von Grünstadt, Theodor Greiner, Rechtskandidat von Thaleischweiler, Philipp Hepp, praktischer Arzt von Neustadt, Heinrich Didier, Rentner und Gutsbezitzer in Landstuhl, August Culmann, gewesener Anwalt in Zweibrücken und Carl Wilhelm Schmidt,*

61 Ebd., fol. 52.
62 Ebd., fol. 17ff.
63 Bestellungsschriftsatz vom 29. Oktober 1849, LA Sp. Best. J 1, Nr. 280, fol. 31ff. Gulden weist daraufhin, daß Culmann *schon beinahe 20 Jahre* vor dem *hohen Gerichtshofe zu functio niren die Ehre hatte*.
64 LA Sp. Best. J 1, Nr. 280, fol. 59–60.
65 Ebd., fol. 61; LA Sp. H 2 104, Personalakte Culmann.
66 Abwesenheitsverfahren.
67 LA Sp. Best. J 1 Nr. 11 (jetzt 19).
68 *Wochenblatt* Nr. 47.

*gewesener Notär in Kirchheimbolanden – sind wegen Hochverraths in contumaciam zur Todesstrafe und zu den Kosten verurtheilt*[69].

Die Originalquelle[70] enthält den kriminalgeschichtlich bemerkenswerten Zusatz, die *Todesstrafe* sei *zu vollziehen auf dem Marktplatze der Stadt Zweibrücken …*

Culmann, dessen Lebenslinien mit Frankreich und dessen freiheitlichem Geist verwoben sind[71], war indessen im Exil außer Reichweite.

O. Fleischmann, ein schon deshalb unverdächtiger Zeitzeuge[72], weil er die provisorische Regierung der Pfalz, in die Culmann eintreten sollte, für »einen Akt des Hochverrats« hielt, kennzeichnet aus zeitlichem Abstand das facettenreiche Erscheinungsbild dieser bedeutenden Persönlichkeit – auf eine Kurzformel gebracht – wie folgt: *Culmann, Advokat beim Appellationsgericht in Zweibrücken, Parlamentsmitglied und Abgeordneter in München, Mitglied des Landesausschusses, ist der hervorragendste Charakter der Rheinpfalz. Umfassendes Wissen, große politische Bildung und Begabung, vereint mit einem scharfen Geiste, der alle ihm der Beachtung würdig erscheinenden Vorkommnisse mit einer unerbittlichen Logik bis zur äußersten Konsequenz verfolgte …* sind unbestreitbar Attribute dieses großen pfälzischen Juristen und Freiheitskämpfers.

69 LA Sp. Bestand J 1 Nr. 11 (jetzt 19).

70 Im Jahre 1877 wurde in Deutschland die öffentliche Hinrichtung verboten. T. KOCH, Geschichte der Henker, Heidelberg 1988, S. 274.

71 *Der Geist Frankreichs aber umwitterte die ganze Südpfalz, voran Bergzabern … den Sitz der Familien Culmann … da lebte noch gar mancher Zeitgenosse der Französischen Revolution …*, A. BECKER, Der Geist von Hambach, in: Pfälzisches Museum, 49. Jahrgang, 1932, S. 134 ff.

72 O. FLEISCHMANN (wie Anm. 16), S. 198.

# August Ferdinand Culmann als Abgeordneter zur Paulskirche

VON MARTIN BAUS

## *Die Paulskirche vor dem Zugriff der Reaktion*

Als August Ferdinand Culmann am 28. November 1848 als Nachfolger von Maximilian Glaß sein Mandat als Abgeordneter der verfassunggebenden deutschen Nationalversammlung antrat, hatte das Parlament in der Frankfurter Paulskirche schon viel von seiner Autorität und Glaubwürdigkeit verloren[1]. Die Initialzündung, die von den revolutionären Märztagen ausgegangen war und die zunächst unaufhaltsam in die Einheit der Nation und in demokratische Verhältnisse zu münden schien, war längst einer zunehmend defensiven Handlungsweise gewichen: Die Feudalkräfte waren schon wieder dabei, das alte System ihrer Herrschaft zu rekonstruieren.

Die schleichende Konterrevolution hatte unwiderruflich ihren Anfang genommen, als Dänemark und Preußen am 26. August 1848 in Malmö einen Waffenstillstand vereinbarten, ohne daß die preußische Regierung Rücksicht auf die Haltung der Nationalversammlung genommen hatte. Obwohl das Parlament am 5. September den Waffenstillstand ausdrücklich mißbilligte, erhielt Preußen elf Tage später – nach intensiver Debatte – dennoch die Zustimmung für seine Politik; 258 Abgeordnete akzeptierten gegen 237 Stimmen den Waffenstillstand, über dessen Bedingungen ebenso Verhandlungen aufgenommen werden sollten wie über einen Friedensvertrag.

Diese Inkonsequenz der Nationalversammlung, verbunden mit der nachgiebigen Haltung Preußen gegenüber, führte in Deutschland zu neuerlichen revolutionären Unruhen.

In Frankfurt, wo im Verlauf von heftigen Straßenkämpfen die beiden Parlamentsmitglieder der Rechten, Hans von Auerswald und Felix Fürst Lichnowski zu Tode kamen, waren von der Nationalversammlung zur Niederwerfung des Aufstandes preußische und österreichische Militäreinheiten eingesetzt worden. Im gleichen Maße wie die Nationalversammlung durch diese Krise an Autorität einbüßte, wurden die reaktionären Kräfte in den Einzelstaaten gestärkt.

Diese Entwicklung spitzte sich im Herbst 1848 noch einmal zu, als das Vermittlungsunternehmen scheiterte, zu dem Abgeordnete der Nationalversammlung nach Wien entsandt worden waren. Robert Blum, Wortführer der Linken in der Paulskirche, wurde am 9. Novem-

1 R. Moldenhauer und H. Schenk, Vorparlament, Fünfzigerausschuß, Deutsche Nationalversammlung 1848/49. Findbücher zu Beständen des Bundesarchivs, Bd. 18, Koblenz 1980, S. 129.

ber 1848 ohne Rücksicht auf seine parlamentarische Immunität als Teilnehmer am Wiener Oktoberaufstand standrechtlich erschossen[2].

### *Mitarbeit bei der äußersten Linken*

So trat Culmann in ein Parlament ein, dessen Kompetenzen Zug um Zug von den alten Gewalten zurückgeholt wurden. Über diese zunehmende Ohnmacht war sich auch und gerade jene Fraktion bewußt, zu der er sich gesellte: Er schloß sich der äußersten Linken in der Nationalversammlung an, dem nach dem Tagungslokal benannten »Klubb Donnersberg« nämlich. Dieser Gruppierung in der Paulskirche, die sich am 27. Mai 1848 gegründet hatte, gehörten als Abgeordnete der Pfalz der Zweibrücker Advokat Friedrich Schüler, der Kaiserslauterer Redakteur Nikolaus Schmitt und der Speyerer Notar Joseph Martin Reichard an[3].

In der Frankfurter Nationalversammlung stand diese äußerste Linke für *eine im wesentlichen prinzipienfeste Oppositionspolitik*[4]. Charakteristisch für das Programm der Fraktion Donnersberg ist ein auf den Prinzipien der Volkssouveränität aufbauendes Verfassungsverständnis, in dem für die Erbkaiser-Regelung kein Platz war und das von einer strengen Kontrolle der Exekutive ausging. Darüber hinaus wurden Thesen formuliert, die auf eine völlig neue Qualität der internationalen Politik abzielten. Das gleichberechtigte, friedliche Zusammenleben aller Nationen wurde dabei ebenso betont wie deren Recht auf Freiheit und Selbstbestimmung[5].

Als im Herbst 1848 die Nationalversammlung damit begann, die Reichsverfassung speziell im Hinblick auf die darin aufzunehmenden Grundrechte zu debattieren, stand die Politik der Linken ganz im Zeichen dieser Vorstellungen: Wurde doch gerade die Verfassung als das Instrument schlechthin angesehen, mit dem einerseits eine demokratische Ordnung herzustellen wäre, mit dem die Befugnisse des Parlamentes festgeschrieben werden könnten und mit dem andererseits herbe Rückschläge wie die Zerschlagung des Frankfurter Septemberaufstan-

2 Einen Überblick über die Geschichte der Nationalversammlung bieten: H. BERDING, Die deutsche Revolution von 1848/49. Quellen zur Geschichte und Politik, Stuttgart 1985. F. EYCK, Deutschlands große Hoffnung. Die Frankfurter Nationalversammlung 1848/49, München 1973. W. GRAB (Hg.), Die Revolution von 1848/49. 131 Dokumente und eine Zeittafel, München 1980. E. R. HUBER, Deutsche Verfassungsgeschichte seit 1789, Bd. 2: Der Kampf um Einheit und Freiheit, Stuttgart 1960. H. JESSEN (Hg.), Die Deutsche Revolution 1848/49 in Augenzeugenberichten, Düsseldorf 1968. D. LANGEWIESCHE, Europa zwischen Restauration und Revolution 1815–1849, München 1985. W. MOMMSEN, Größe und Versagen des deutschen Bürgertums. Ein Beitrag zur Geschichte der Jahre 1848–1849, Stuttgart 1949. T. NIPPERDEY, Deutsche Geschichte 1800–1866. Bürgergewalt und starker Staat, München 1983. M. SCHWARZ, Biographisches Handbuch der Reichstage, Hannover 1965. W. SIEMANN, Die deutsche Revolution von 1848/49, Frankfurt 1985. P. WENTZCKE, Ideale und Irrtümer des ersten deutschen Parlaments (1848–1849), Heidelberg 1959. G. WOLLSTEIN, Deutsche Geschichte 1848/49. Gescheiterte Revolution in Mitteleuropa, Stuttgart, Berlin, Köln, Mainz 1986.

3 M. SCHWARZ (wie Anm. 2), S. 35f. R. KOCH, Die Frankfurter Nationalversammlung. Handlexikon, Frankfurt 1989. G. HILDEBRANDT, Parlamentsopposition auf Linkskurs. Die kleinbürgerlich-demokratische Fraktion Donnersberg in der Frankfurter Nationalversammlung, Berlin 1975. DERS.: Opposition in der Paulskirche, Berlin 1981.

4 G. HILDEBRANDT (wie Anm. 3), Parlamentsopposition auf Linkskurs, S. 237.

5 Ebd.; auch R. MOLDENHAUER und H. SCHENK (wie Anm. 1), S. 156. G. HILDEBRANDT (wie Anm. 3), Opposition in der Paulskirche, S. 200f.

des in der Folge des Waffenstillstandes von Malmö von vornherein zu vermeiden wären. Obwohl die parlamentarische Demokratie nicht zuletzt auf deutschem Boden auch aufgrund der früh einsetzenden konterrevolutionären Bestrebungen auf sehr wackeligen Beinen stand und zudem partei- und fraktionspolitische Konstellationen relatives Neuland darstellten, erwies sich speziell die Linke in der Paulskirche als durchaus vertraut mit jenen Prinzipien, die noch heute als Ideale eines parlamentarisch-demokratischen Umgangs gelten. Bei allen Differenzen, was politische Zielsetzungen und den Weg zu ihrer Realisierung anbelangte, war zumindest die theoretische Fundierung der Mitarbeit in der Nationalversammlung von Toleranz, Versöhnung und Respekt Andersdenkenden gegenüber gekennzeichnet. Dieses grundsätzliche Charakteristikum, von dem es sicherlich Ausnahmen gab, wird ganz besonders verdeutlicht durch die Eintragung, die August Ferdinand Culmann im Parlamentsalbum hinterlassen hat: *In der Verschiedenheit der politischen Ansichten der einzelnen Glieder unseres Parlamentes liegt dessen organisches Leben; die freundschaftlichen Beziehungen, die unter den Abgeordneten aller Farben existieren, sind der Kitt, der dasselbe als ein Ganzes zusammenhält und erscheinen läßt; die Überzeugungstreue endlich und die Hingebung jedes Einzelnen für das allgemeine Wohl des Vaterlandes bildet den inneren Gehalt, nach welchem in der Gegenwart wie in der Zukunft der wahre Wert desselben bemessen wird*[6].

Meinungsvielfalt als grundlegende, unverzichtbare Voraussetzung für eine parlamentarische Auseinandersetzung, deren Ergebnisse obligatorisch dem Gemeinwesen zu dienen haben und nicht von den Interessen des einzelnen bestimmt sein dürfen, »Überzeugungstreue« des einzelnen Mandatsträgers als Ausgangspunkt und Basis für den demokratischen und kultivierten Streit der Meinungen und schließlich die unabdingbar idealistische Einstellung der Abgeordneten, *für das allgemeine Wohl* einzutreten und persönliche Interessen jedweder Art außen vor zu lassen, – das sind die prägnanten Merkmale, die die zutiefst demokratische Grundeinstellung Culmanns erkennen lassen. Auch der Zeitpunkt, zu dem er diese Zeilen ins Parlamentsalbum niederschrieb, spricht in dieser Hinsicht Bände: Es ist der 26. April 1849, ein Datum also, zu dem die wichtigsten Herrscherhäuser deutscher Länder das Verfassungswerk der Paulskirche bereits abgelehnt hatten, das Scheitern der Nationalversammlung absehbar und nur noch eine Frage der Zeit war. Aber selbst was persönliche Kontakte anbelangt, so hatte Culmann keinerlei Berührungsängste. Seine Wohnung in Frankfurt teilte er mit dem österreichischen Abgeordneten Eduard Christoph Freiherr von Hayden, der im Parlament auf der äußersten Rechten saß. Mit ihm diskutierte er politische Probleme im Vorfeld der im Plenum anstehenden Entscheidungen und ließ sich von ihm auch umstimmen[7].

Wenn Culmann in seiner Eintragung außerdem vom »Wohl des Vaterlandes« spricht, dann kommt damit auch der nationale Gedanke jener Zeit zum Ausdruck. Zwei Ideen waren es schließlich, von denen sowohl im Vormärz als auch 1848/49 immer wieder Impulse und Motivation ausgingen: die Idee der politischen Freiheit einerseits und die Idee der nationalen Einheit andererseits. Der Zeitpunkt, zu dem Culmann in die Paulskirche nachrückte, war indes alles andere als geeignet, diesen Zielsetzungen auch nur annähernd zum Durchbruch zu

6 Parlaments-Album. Autographirte Denkblätter der Mitglieder des ersten deutschen Reichstages, Frankfurt a. M. 1849.

7 LA Speyer, Bestand J 1 (OLG Zweibrücken), Nr. 280: Disciplinar-Untersuchung gegen den Advokat-Anwalt August Culmann zu Zweibrücken. Hier: Verteidigungsschrift des August Culmann, fol. 33R.

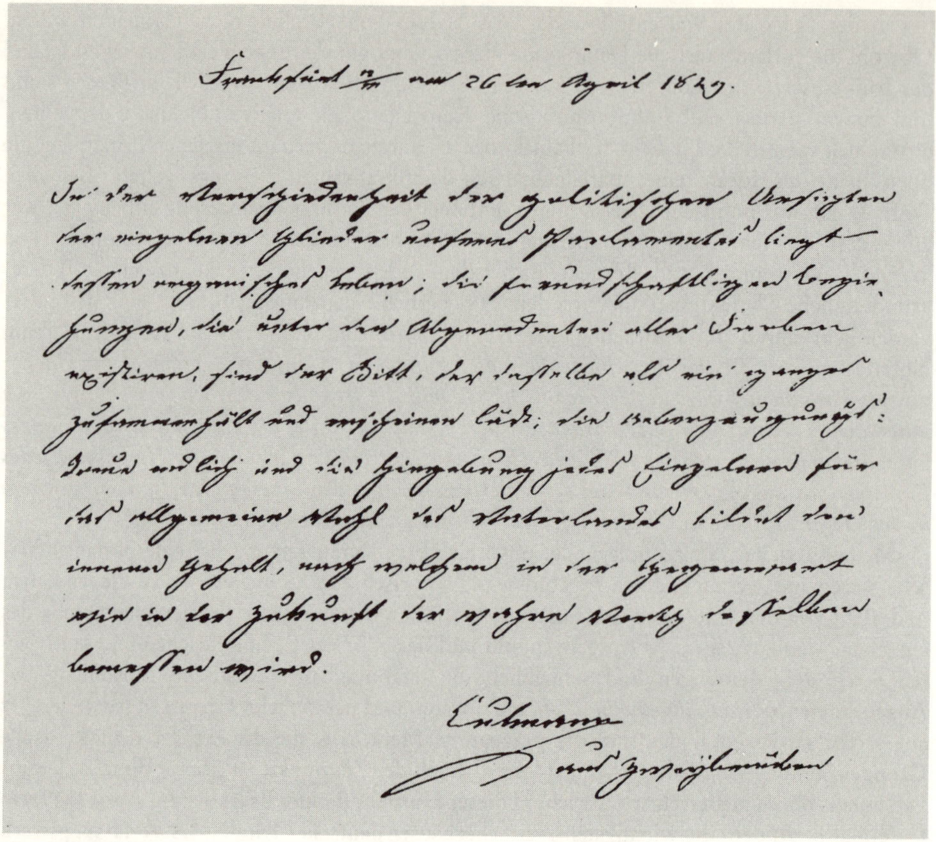

Handschriftliche Eintragung von August Ferdinand Culmann ins Parlamentsalbum der Paulskirche

verhelfen. Die Gruppierungen auf der Linken, neben dem »Donnersberg« der »Deutsche Hof«, der »Nürnberger Hof« und die »Westendhall«, sahen sich durch die intensive Kooperation der Rechten zunehmend in eine isolierte Minderheitsposition verdrängt. Die Septemberereignisse, erst recht aber die Niederlage der Linksfraktionen um die Position der Nationalversammlung im preußischen Verfassungskonflikt, in dessen Verlauf Berlin von preußischen Regierungstruppen besetzt, das aus allgemeinen Wahlen hervorgegangene Parlament Preussens und die Berliner Bürgerwehr aufgelöst worden waren, boten für die Linke Anlaß zur Genüge, Überlegungen und Beratungen zu einer gemeinsamen Organisation anzustellen. Diese Zusammenarbeit auf parlamentarischer Ebene kam eigenartigerweise erst auf außerparlamentarischem Weg zustande: Über die Gründung des »Zentralmärzvereins« wurde der Ausgangspunkt dafür geschaffen, sich letztlich in der Paulskirche geschlossener gegen die Reaktion zu artikulieren.

Und geschlossen erklärten sämtliche Mitglieder der Fraktionen »Donnersberg«, »Deutscher Hof« und »Nürnberger Hof« ihren Beitritt zu dem am 23. November 1848 in einer Zusammenkunft der »Vereinigten Linken« gegründeten »Zentralmärzverein«. Als Dachorganisation sollte er nicht nur die Arbeit der zahlreichen lokalen »Märzvereine« und anderer demokratisch gesinnter Vereinigungen koordinieren, mit ihm war die erklärte Absicht verbunden, unter Führung der parlamentarischen Linken neue derartige Basisverbände zu gründen[8].

Aber auch innerparlamentarisch hatte der »Zentralmärzverein« einen ganz konkreten Hintergrund, wie der »Fünfte Bericht der demokratischen Partei der deutschen konstituierenden Nationalversammlung« wissen läßt: *Der Ausgang der österreichischen und preussischen Frage hatte daher von neuem in vielen aus unserer Mitte den Gedanken des Austrittes angeregt; aber wir haben es anders beschlossen. Wir wollen die Sache der Freiheit nicht völlig den Händen dieser Majorität preisgeben; wir wollen ausharren und noch einen Versuch machen, den schlimmen Stand der Dinge zu ändern.*

*Dieser Versuch ist der von uns und den anderen Abteilungen der Linken gegründete März-Verein. Die Einladungen zu dem Anschlusse sind bereits durch ganz Deutschland ergangen. Wir hoffen nicht vergebens. Nur wenn es gelingt, auf diese Weise reges, politisches Leben durch das ganze Volk zu verbreiten und eine enge, regelmäßige Verbindung zwischen dem Volke und den Vertretern seines Rechts herzustellen, nur dann mag eine Verbesserung der jetzigen Lage eintreten, denn, wir wollen es nicht verhehlen, wenn die Mehrheit des deutschen Parlaments sich dem deutschen Volke entfremdet hat, so lag gewiß der Hauptgrund davon in der Teilnahmslosigkeit des deutschen Volkes selbst ...*[9].

An vierter Stelle der beigefügten Liste der Mitglieder, die vom 30. November 1848 stammt, ist August Culmann angeführt[10]. Zwei Tage nach seinem Eintritt in die Nationalversammlung ist er damit bereits in den Konflikt um die Verteidigung der demokratischen Errungenschaften integriert.

### *Der Weg in die Nationalversammlung*

Wäre es nach dem Willen des Kreisausschusses des pfälzischen Volksvereins, der Dachorganisation der demokratischen Bewegung in der Pfalz, gegangen, dann hätte Culmann dem Paulskirchen-Parlament von Anfang an angehört. Am 26. März 1848 waren in Kaiserslautern Vertreter der Vereine zusammengekommen, um für die zehn Wahlbezirke der Pfalz Kandidaten zur Wahl zu empfehlen: ... *denn es ist einer der Hauptzwecke des Vereins, dahin zu wirken, daß die Wahlen der Bevölkerung des Kreises, insbesondere jene für die deutsche Volksvertretung nur auf vollkommen charakterfeste, gesinnungstüchtige und der großen Aufgaben gewachsene Männer gelenkt werden«*, heißt es in einer am 18. April 1849, also kurz vor der Wahl zur Nationalversammlung abgegebenen Erklärung des Volksvereins[11]. Im

8 H. KRAMER, Fraktionsbindungen in den deutschen Volksvertretungen 1819–1849, Berlin 1968, S. 109. Die Liste der Vereine, die sich bis zum 31. März 1849 speziell auf dem damaligen Territorium der Pfalz dem »Zentralmärzverein« angeschlossen hatten, ist nachzulesen bei: M. WETTENGEL, Das liberale und demokratische Vereinswesen in der Pfalz während der Revolution von 1848/49, in: Jahrbuch zur Geschichte von Stadt und Landkreis Kaiserslautern, Bd. 22/23: Pfälzische Revolution 1848/49, Otterbach 1986, S. 73–90.

9 G. HILDEBRANDT (wie Anm. 3), Opposition in der Paulskirche, S. 215f.

10 Ebd.

11 Das Original befindet sich in der Sammlung von Herrn Hans Ketterl, Landstuhl.

*Verzeichniß der vom Kreis-Ausschusse zur Wahl Empfohlenen* wird Culmann nicht allein in der allgemeinen Namensliste aufgeführt, er wird zur Wahl sogar *besonders empfohlen*[12], und zwar für den Wahlbezirk Bergzabern[13]. Allein, die Wähler in seiner Geburtsstadt folgten dieser Empfehlung nicht und ließen ihn kurzerhand durchfallen. An seiner Stelle erhielt dort Georg Friedrich Kolb die meisten Stimmen[14]. Der Herausgeber der Neuen Speyerer Zeitung war gleichzeitig aber auch im Wahlbezirk Speyer gewählt worden, so daß nun eigentlich der erste Ersatzmann Friedrich Schüler zum Zug gekommen wäre. Da dieser freilich sein im Bezirk Lauterecken errungenes Mandat annahm, zog mit dem Dahner Friedensrichter Philipp Umbscheiden der zweite Ersatzmann in die Nationalversammlung ein[15].

Aus welchen Gründen August Culmann ausgerechnet in Bergzabern nicht gewählt wurde, ist bislang nicht bekannt. In seiner Verteidigungsschrift zum Disciplinarverfahren, in dem er sich wegen seiner Beteiligung am pfälzischen Aufstand 1849 verantworten mußte, erwähnte er Vorgänge, die sich in diesem Zusammenhang in Bergzabern im Vorfeld der Parlamentswahlen abgespielt hatten. So sei ein Brief, den er an einen Verwandten dort geschrieben habe, *aus Gründen, die ich nicht anzuführen brauche, verändert, zuletzt in einen an das dortige Cantonscomite gerichteten umgewandelt und unter dieser Firma gegen mein Wissen und Willen gedruckt und veröffentlicht worden …*[16]. Näher ging Culmann auf die Vorfälle in einem Brief an Georg Friedrich Kolb vom 26. Januar 1849 ein, als er seine grundsätzliche Bereitschaft betonte, ein Abgeordnetenmandat im bayerischen Landtag zu übernehmen und dabei mögliche Hindernisse ansprach: *Ich weiß nicht ob meine Wähler in Landau dazu willigen. Dagegen aber vermuthe ich, daß Umbscheiden, der durch die Agitation Kohlhepps in seinen Plänen denunziert wurde, jedenfalls meiner Wahl in Landau in den Weg treten wird, wie er dies früher in Bergzabern gethan hat*[17].

Nach dieser Notiz liegt durchaus die Vermutung nahe, daß Philipp Umbscheiden als Drahtzieher hinter der Ablehnung Culmanns in Bergzabern stand. Culmann unterstellte also eine Art Sabotageakt, der mit der Zielsetzung initiiert worden sei, seine Wahl gezielt zu verhindern, um die Entsendung eines anderen Kandidaten in die Paulskirche zu ermöglichen. Im Vorfeld der Parlamentswahlen gab Culmann allerdings auch zu verstehen, daß ihm an einer aktiven Kandidatur nichts gelegen ist und er die Abordnung in die Nationalversammlung eher als Pflichterfüllung der demokratischen Bewegung gegenüber ansah denn als engagierte Mitwirkung an politischer Gestaltung: *… habe ich mir zum Prinzip gestellt, mich bei keinem Wahlbezirk als Kandidat zu präsentiren und zu rekommondiren, dagegen dann, wenn ich ohne mein Zuthun durch meine Gesinnungsgenossen ernannt würde, die Wahl zu acceptiren …*, erklärte Culmann öffentlich, auch mit Rücksicht auf seinen angegriffenen Gesundheitszustand[18]. Die verfassungsgebende deutsche Nationalversammlung tagte jedenfalls schon seit sechs Monaten, als Culmann Ende November 1848 in dieses erste gewählte deutsche Parlament einzog. Er vertrat darin den Wahlbezirk Landau und nahm den Platz des Landauer

12 Ebd.
13 Ebd. bzw. Bote für Stadt und Land, Kaiserslautern, 27. 4. 1848.
14 Bote für Stadt und Land, Kaiserslautern, 1. 5. 1848.
15 Ebd.
16 LA Speyer, J 1 (wie Anm. 7), fol. 42R.
17 BA Frankfurt, Bestand FN 9, Nachlaß G. F. Kolb, Brief vom 26. 1. 1849.
18 Wochenblatt für den Königl.-Bayerischen Gerichtsbezirk Zweibrücken, 1848, Nr. 140.

Advokaten Maximilian Glaß ein. Diesen hatten seine Wähler zum Verzicht auf das Mandat gezwungen, nachdem er gegen ihren erklärten Willen als einziger der pfälzischen Abgeordneten für die Berufung einer provisorischen Zentralgewalt in Deutschland gestimmt hatte[19].

*Bei der am 6. November hier stattgehabten Wahl zur constituierenden National=Versammlung in Frankfurt a. M. wurde Herr August Culmann, Anwalt in Zweybrücken, zum Abgeordneten mit 64 Stimmen erwählt*, meldete der Landauer Eilbote am 11. November 1848[20]. Diese Wahl im sechsten bayerischen Wahlbezirk wurde allerdings angefochten, weil Culmann das Votum just derselben Wahlmänner erhalten hatte, die bei der Wahl von Maximilian Glaß stimmberechtigt waren. Der mit dem Veto befaßte Parlamentsausschuß wies die Anfechtung am 1. Mai 1849 aber zurück. Die *ursprünglichen Wahlmänner* hätten auch die *ferneren Wahlen* vorzunehmen, ließ der sächsische Abgeordnete Otto von Plathner das Abgeordnetenhaus die Meinung des Ausschusses wissen: *Im bayrischen Gesetze findet sich keine Ausnahme, es müßte also auch diese Wahl für gültig erachtet werden*[21].

## *Culmanns Rede zur »Kriegs- und Friedensfrage«*

Welche Rolle spielte August Ferdinand Culmann nun in der Paulskirche? Unter den zehn pfälzischen Abgeordneten war er jener, der sich mithin am häufigsten zu Wort meldete. Auf den rund 7000 Protokollseiten der parlamentarischen Verhandlungen taucht sein Name nicht selten auf. Insbesondere wird er als Antragsteller und als Mitunterzeichner von Anträgen genannt. Am Anfang seiner parlamentarischen Tätigkeit stand allerdings eine Rede, die gleichzeitig seine einzige bleiben sollte. Culmann griff in jene Debatte ein, in der über die Frage zu entscheiden war, wem im deutschen Einheitsstaat das Recht zustehen solle, Krieg zu erklären, die Mobilmachung anzuordnen und Frieden zu schließen – dem Parlament nämlich als der frei gewählten Vertretung des Volkes oder einem erblichen Kaiser. Als entschiedener Demokrat setzte er sich mit allem Nachdruck für die Entscheidungsbefugnis der Volksvertretung ein: *... nun, sage ich aber, gibt es in dem ganzen Inbegriffe aller Rechte der Staatsgewalt kein wichtigeres als das Recht über Krieg und Frieden; es gibt keinen Beschluß, der inhaltsschwerer ist, tiefer in das Leben des Volkes, in dessen Rechtsverhältnisse eingreift und diese erschüttert als gerade der Kriegs- und Friedensbeschluß. (...) Alle Bürger werden durch den Kriegsbeschluß mit einer nicht vorauszuschauenden Masse Lasten jeder Art beschwert: die Freiheit, das Leben, das Eigentum, das Vermögen jedes Bürgers wird dadurch bedroht, der Staat selbst kann in Folge des Kriegs- und Friedensbeschlusses zerstückelt, in seiner Existenz selbst bedroht werden*[22].

Und weiter betonte Culmann: *Legen Sie das Recht des Kriegs und Friedens wieder ausschließlich in die Hände des Monarchen, dann können Sie versichert sein, daß wie früher, so auch später, die ungerechtesten, freiheitsfeindlichsten Kriege geführt werden! Die deutschen Waffen, die deutsche Macht werden, wie früher, so auch jetzt zur Niederdrückung fremder*

19 H. Ziegler, Landau im April 1848, in: Pfälzer Heimat 22, 1971, S. 21. Vgl. auch: Der Eilbote, Landau, Ausgaben vom 1. 7. 1848, 8. 7. 1848, 23. 9. 1848, 14. 10. 1848.

20 Der Eilbote, Landau, 11. 11. 1848.

21 F. Wigard (Hg.), Stenographischer Bericht über die Verhandlungen der deutschen constituierenden Nationalversammlung zu Frankfurt a. M., Bd. 9, S. 6362, 209. Sitzung am 1. 5. 1849.

22 Ebd., Bd. 7, S. 4877, 158. Sitzung am 25. 1. 1849.

*Völker verwendet, durch deutschen Hufschlag wird, wo die Saat der Freiheit aufkeimt, solche wieder niedergetrampelt und dadurch die Knechtschaft unseres eigenen Vaterlandes vorbereitet*[23].

Unmißverständlicher demokratisch hätte ein Bekenntnis zur definitiven Entscheidungsgewalt des Parlamentes wohl kaum ausfallen können, rückhaltloser auch wohl kaum die Abrechnung mit der Selbstherrlichkeit der gerade zu beseitigenden Herrschaftsstrukturen feudaler Tradition; und ebenso kommt in dieser Rede Culmanns die nachhaltige Distanz zum Nationalismus imperialistischer Prägung zum Ausdruck. Im Parlament fiel Culmanns Argumentation allerdings auf wenig fruchtbaren Boden. Noch am gleichen Tag wurde mit der Mehrheit von 282 gegen 136 Stimmen beschlossen: *Der Kaiser erklärt Krieg und schließt Frieden*[24].

Die Rede in der Paulskirche, die mit Abgeordneten, Personal und Publikum eine recht große Menschenmenge faßte und die natürlich nicht über Beschallungsanlagen moderner Machart verfügte, scheint Culmann körperlich allerdings arg in Mitleidenschaft gezogen zu haben: *Gestern bin ich hier bei der Kriegs- und Friedensfrage zum ersten Mal auf der Tribüne erschienen. Ich habe leider die Wahrnehmung gemacht, daß meine Stimme viel zu schwach und wenig tönend ist, um eine längere Rede hier halten zu können. Die Anstrengung, um mich vernehmlich zu machen, war ungeheuer. Ich habe nach meinem Herabsteigen von der Tribüne am ganzen Körper geschwitzt und bin jetzt ganz heiser*[25].

Fortan sah er sich jedenfalls außer Stande, noch einmal ausführlich in parlamentarische Debatten einzugreifen.

Gleichwohl ist eine rege Mitarbeit in der Parlamentsarbeit festzustellen. Von besonderer Bedeutung ist in diesem Zusammenhang die »Interpellation«, die Anfrage, die August Culmann am 9. Februar 1849 einbrachte. Darin wollte er vom Reichsministerium – der Exekutivgewalt – wissen, welche Maßnahmen vorbereitet würden, *um den Reichsgesetzen, namentlich den Grundrechten, die sofortige Geltung in Bayern zu verschaffen*. Bayern hatte zuvor der Nationalversammlung das Recht der Gesetzgebung bestritten und damit die Existenzberechtigung des Parlamentes schlechthin in Frage gestellt[26].

Culmann machte mit dieser Anfrage sowohl seinen politischen Weitblick als auch seine Entschlossenheit, antidemokratischen Bestrebungen die Stirn zu bieten, deutlich. Mehr als zwei Monate, bevor die Machthaber der größeren deutschen Staaten die Verfassung ablehnten und damit das Ende des demokratisch gewählten Parlamentes einläuteten, forderte er die demokratisch legitimierte Exekutivgewalt in seiner Anfrage auf, die Rechte der Nationalversammlung und die demokratischen Errungenschaften offensiv gegen die Zugriffe der Reaktion zu verteidigen. Die Mehrheit der Nationalversammlung wie auch die Exekutive sahen allerdings diese von Culmann betonte Gefahr von Seiten der alten Gewalten nicht und ließen die bewußte Ignoranz Bayerns auf sich beruhen.

23 Ebd., Bd. 7, S. 4879, 158. Sitzung am 25. 1. 1849.
24 Ebd., Bd. 7, S. 4882–84, 158. Sitzung am 25. 1. 1849.
25 BA Frankfurt, Bestand FN9/1 (wie Anm. 17).
26 F. Wigard (wie Anm. 21), Bd. 7, S. 5126, 167. Sitzung am 9. 2. 1849.

## *Das Abstimmungsverhalten*

Wertvolle Einblicke in Culmanns politische Vorstellungen gewährt sein Abstimmungsverhalten. Dank der häufigen namentlichen Abstimmungen im Parlament, insbesondere bei besonders wichtigen oder besonders umstrittenen Themen, ist über diesen Weg ein recht klares Bild von Culmanns entschieden demokratischer Gesinnung zu gewinnen[27]. Zu jenem Zeitpunkt, als er in die Nationalversammlung eintrat, wurde gerade über die Kompetenz des Reichsgerichtes beschlossen. Ihm übertrug das Parlament mit der Stimme Culmanns die Aufgabe, *Streitigkeiten zwischen der Regierung eines Einzelstaates und dessen Volksvertretung über die Gültigkeit oder Auslegung der Landesverfassung oder wegen Nichtvollziehung ihrer Bestimmungen* beizulegen[28]. Die Reichsgerichtsbarkeit sollte somit zu derjenigen Instanz werden, die Eingriffe von Landesregierungen in verfassungsmäßig garantierte Rechte zu ahnden hatte. Möglichen Willkürakten im Stil der überkommenen, feudalistischen Landeshoheiten sollte durch die Installierung dieses Kontroll- und Entscheidungsorgans ein Riegel vorgeschoben werden.

Ebenso votierte Culmann bei seiner ersten Teilnahme an den Parlamentsberatungen auch für das Recht einzelner Staatsangehöriger, gegen die Administration *wegen Aufhebung, Verletzung oder verfassungswidriger Veränderung der Landesverfassung* zu klagen. Die Entscheidung über diese Klage wurde ebenfalls dem Reichsgericht übertragen[29].

Neben dieser strikten Trennung der Staatsgewalten und der Regelung ihrer gegenseitigen Kontrolle stellten gerade die Beratungen über das Wahlrecht einen markanten Prüfstein für den Grad des demokratischen Bewußtseins im Parlament dar. Culmann gehörte zu jener Minderheit von 95 Parlamentsmitgliedern, die für das aktive und passive Wahlrecht eines jeden Staatsbürgers eintraten, *welcher das 21. Lebensjahr vollendet* habe, und die die alljährliche, direkte Wahl der Abgeordneten forderten. Der Antrag wurde mit der großen Mehrheit von 331 Stimmen abgelehnt[30]. Ende Februar/Anfang März 1849, als die Beschlußfassung über das Wahlrecht auf der Tagesordnung stand, stimmte Culmann konsequent für die geheime Wahl und wandte sich gegen den Vorschlag des Verfassungsausschusses, nach dem *das Wahlrecht in Person ausgeübt* und *die Stimme mündlich zu Protokolle abgegeben* werden müsse. Die Ablehnung dieses Beschlußvorschlages fiel denkbar knapp aus: Während 230 Abgeordnete für die öffentliche Wahl stimmten, wandten sich 239 dagegen[31].

Culmann, der aus einer Familie stammte, deren Mitglieder seit mehr als zwei Jahrhunderten ununterbrochen Pfarrer stellten, zeigte sich als Verfechter absoluter Religionsfreiheit. Ja, er verbat sich außerdem jedwede Einflußnahme der unterschiedlichen religiösen Glaubensrichtungen auf Politik, Staat und Gesellschaft. August Ferdinand Culmanns entschiedene Bemühungen, den Einfluß von Kirchen und Konfessionen zunichte zu machen, wurden ihm innerhalb der Familie recht übel genommen. Da der Name Culmann aufgrund des politischen

27 Einen summarischen Überblick über das Abstimmungsverhalten versch. Abgeordneter bieten G. HILDEBRANDT (wie Anm. 3), Parlamentsopposition auf Linkskurs, S. 275 ff., und A. RÖSLER VON OELS (Hg.), Parlamentskalender, Frankfurt 1849.

28 F. WIGARD (wie Anm. 21), Bd. 5, S. 3638–3640, 124. Sitzung am 28. 11. 1848.

29 Ebd., Bd. 5, S. 3640–3642, 124. Sitzung am 28. 11. 1848.

30 Ebd., Bd. 5, S. 3806–3817, 128. Sitzung am 4. 12. 1848.

31 Ebd., Bd. 7, S. 5529–5532, 179. Sitzung am 1. 3. 1849.

Engagements ›verpönt‹ sei, hätten Verwandte, die im kirchlichen Dienst standen, Nachteile in Kauf nehmen müssen[32]. Konsequent stimmte er so dafür, keiner Religionsgemeinschaft Vorrechte vor anderen durch den Staat einzuräumen[33]. Die Konfessionalität der öffentlichen Schulen wollte er ebenso abgeschafft sehen[34] wie er kompromißlos dafür eintrat, den Jesuitenorden *für alle Zeiten aus dem Gebiete des deutschen Reichs zu verbannen«*[35].

### *Anträge als Schwerpunkte parlamentarischer Arbeit*

Culmann begegnet uns daneben aber hauptsächlich als Antragsteller sowie als Mitunterzeichner von Anträgen, und sicherlich hat die Feststellung ihre Berechtigung, daß vor allem Culmann von den südwestdeutschen, insbesondere den Zweibrücker Abgeordneten in der Antragstellung im Vordergrund gestanden habe[36]. Vorsichtig sollte allein vor diesem Hintergrund mit der oft wiederholten These umgegangen werden, nach der die pfälzischen Abgeordneten zur Nationalversammlung eine »unbedeutende Rolle« in der Paulskirche spielten[37]. Das Parlament in der Paulskirche war in seiner großen Mehrheit konstitutionell monarchisch gesinnt, die entschieden demokratischen Gruppierungen auf der Linken bildeten die zahlenmäßig relativ schwache Minorität, deren politische Zielsetzungen gerade deshalb auch nur selten durchsetzbar waren. Insbesondere die Frage, wem die Funktion des Staatsoberhauptes übertragen werden soll – eine Frage, an der sich Anfang April 1849 der »Klubb Donnersberg« spaltete –, macht deutlich, wie klein die Gruppe derjenigen Abgeordneten eigentlich war, die unbeirrt und konsequent entschieden demokratisches Gedankengut vertraten. Während die Fraktionen »Deutscher Hof« und »Westendhall« als Fragmente der Vereinigten Linken zum großen Teil das Erbkaisertum als Element der Verfassung mittrugen, distanzierten sich aus den Reihen des Donnersbergs gerade 23 Abgeordnete von diesem Kernstück des Reichsgrundgesetzes, darunter die vier pfälzischen Parlamentsmitglieder Reichard, Schmitt, Schüler und Culmann[38]. Angesichts solcher Machtverhältnisse erscheint es grundsätzlich fragwürdig, von möglicher Wirksamkeit und Effektivität zu reden: Wirksamkeit und Effektivität waren aufgrund der Mehrheitsverhältnisse schlicht und einfach überhaupt nicht möglich, zu ausgeprägt war zudem selbst auf der Linken die Tendenz, fundamentale Elemente demokratischer Prinzipien auf Kosten anderer zu opfern: Die »Kröte« Erbkaisertum wurde quasi geschluckt, um »Leckerbissen« wie die Grundrechte oder das allgemeine, geheime und direkte Wahlrecht als Bestandteile der Verfassung zu sichern. Zu solchen Kuhhändeln aus Prinzip nicht bereit, relativiert sich das Prädikat der Unwirksamkeit nicht unerheblich, zumal das Scheitern der Paulskirche nachgerade nicht die Unwirksamkeit dieses Parlamentes dokumentiert. Im

32 Über die Vorkommnisse vgl.: E. RISCH, Aus dem Leben unserer Mutter, Landau 1898, insbes. S. 20f.

33 F. WIGARD (wie Anm. 21), Bd. 6, S. 4129, 135. Sitzung am 14. 12. 1848.

34 Ebd., Bd. 6, S. 4161, 136. Sitzung am 15. 12. 1848.

35 Ebd., Bd. 6, S. 4179, 136. Sitzung am 15. 12. 1848.

36 W. FIEDLER, Die südwestdeutschen Abgeordneten und ihre Bedeutung für die Paulskirche, in: E. WADLE (Hg.), Siebenpfeiffer und seine Zeit im Blickfeld der Rechtsgeschichte. Schriften der Siebenpfeiffer Stiftung, Bd. 1, Sigmaringen 1991, S. 49.

37 So vor allem K. BAUMANN (Hg.), Das Hambacher Fest. 27. Mai 1832. Männer und Ideen, Speyer 1957, S. 157.

38 F. WIGARD (wie Anm. 21), Bd. 8, S. 6084ff., 196. Sitzung am 28. 3. 1849. Vgl. auch G. HILDEBRANDT, Parlamentsopposition auf Linkskurs (wie Anm. 3), S. 193f.

Gegenteil: Trotz ihres Scheiterns hat die Paulskirchenversammlung nachhaltige Wirkung in der Entwicklung der parlamentarischen Demokratie gezeitigt. Genau vor diesem Hintergrund ist auch die Rolle und die Bedeutung der pfälzischen Abgeordneten zu sehen. Mit einer großen Mehrheit monarchisch-konstitutionell gesinnter oder zumindest kompromißfreudiger Abgeordneter konfrontiert, erscheinen ihre zumeist abgelehnten Anträge in einem völlig anderen Licht.

Culmann gehörte als einziger Vertreter der Pfalz zum Beispiel zu jener relativ kleinen Gruppe von Abgeordneten, die das Recht auf Arbeit mit in das Grundgesetz aufgenommen haben wollte: *Die Vorsorge für mittellose Arbeitsunfähige ist Pflicht der Gemeinden beziehungsweise des Staates;* und: *Dem unfreiwillig Arbeitslosen muß die Gemeinde beziehentlich der Staat Arbeit gewähren,* lauten Passagen des von ihm mitunterzeichneten Antrags, der von der Versammlung abgelehnt wurde[39].

Man muß sich die Radikalität dieser Forderung, die ja noch nicht einmal Eingang in das Grundgesetz der Bundesrepublik gefunden hat, vor Augen halten: In der Frühphase der industriellen Revolution, in der die fatalen sozialen Konsequenzen der neuen Wirtschaftsweise gerade erst erkennbar wurden, formulierte Culmann ein Anliegen mit, dessen Realisierung – die Aufnahme des Rechtes auf Arbeit in die Verfassung nämlich – die stabile Basis eines sozialen Netzes hätte darstellen können.

Während der Verhandlungen über das Staatsoberhaupt, der für die Nationalversammlung letztlich wohl wichtigste und folgenschwerste Beratungsgegenstand, legte August Ferdinand Culmann von Anfang an eine unmißverständlich republikanische Gesinnung an den Tag. So konsequent er für die zeitlich begrenzte Wahl eines für seine Regierungshandlungen verantwortlichen Präsidenten und die Wählbarkeit eines jeden Deutschen in diese Funktion eintrat[40], so prinzipiell blieb er in der Ablehnung des Erbkaisers. Er gehörte zu jener Minderheit, die gegen die Übertragung der *Würde des Staatsoberhauptes* an einen der *regierenden deutschen Fürsten* stimmte[41] und die sich gegen jene Verfassungsbestimmung wandte, nach der *das Reichsoberhaupt den Titel: »Kaiser der Deutschen« führt*[42].

Selbstverständlich gab Culmann dem Preußenkönig die Stimme nicht, als die Paulskirche am 28. März 1849 mehrheitlich entschied, diesem die Krone und die Erbkaiserwürde anzubieten[43]. Culmann war es indes selbst, der in einem in eigenem Namen eingebrachten Antrag aus der ablehnenden Haltung des Monarchen diesem Angebot gegenüber dezidiert die Schlußfolgerung zog: Da die Bestimmungen der Verfassung im Hinblick auf das *einheitliche, erbliche und kaiserliche Oberhaupt ... nur im Hinblick auf Preußen* als derjenigen Macht getroffen worden seien, *welche allein nur diese Würde des Oberhauptes verfassungsgemäß auszufüllen im Stande ist,* lasse die Zurückweisung der Kaiserkrone folglich eine Lücke in der Verfassung entstehen, *die nur durch die Nationalversammlung selbst ausgefüllt werden kann*[44]. Mit anderen Worten: Da der Preußenkönig nicht Erbkaiser werden will, ist dieses

39 Ebd., Bd. 7, S. 5104, 166. Sitzung am 8. 2. 1849.

40 Ebd., Bd. 7, S. 4859–4862 bzw. S. 4862–4865, 157. Sitzung am 23. 1. 1849; Culmann stimmte sowohl für eine sechsjährige als auch eine dreijährige Amtsperiode – beides wurde abgelehnt.

41 Ebd., Bd. 7, S. 4802–4805, 155. Sitzung am 19. 1. 1849.

42 Ebd., Bd. 7, S. 4870–4873, 158. Sitzung am 25. 1. 1849.

43 Ebd., Bd. 8, S. 6085 ff., 196. Sitzung am 28. 3. 1849.

44 Ebd., Bd. 8, S. 6243, 204. Sitzung am 23. 4. 1849.

Kernstück der Verfassung hinfällig; diese wiederum muß deshalb durch das Parlament geändert werden, und zwar dahingehend, *daß die Würde des Oberhauptes von Deutschland einem der regierenden Fürsten nicht mehr übertragen werden kann.*

Alle Bestimmungen der Verfassung über das Reichsoberhaupt seien von der Nationalversammlung *als gegenstandslos und zerfallen, hiermit die Oberhauptsfrage für offen* zu erklären. Ein neu zu wählender Ausschuß solle einen Entwurf mit Bestimmungen formulieren, die die Staatsoberhauptsfrage unter den neuen Bedingungen regeln[45].

Was nun die inhaltliche Ausgestaltung dieser neu zu formulierenden Bestimmungen angeht, so erwies sich Culmann, dieses Mal als Mitunterzeichner eines Antrages, weiterhin als in aller Konsequenz demokratisch. Die Antragsteller, unter denen sich auch Schüler, Schmitt und Reichard wiederfanden, vertraten erneut die Übertragung der Oberhauptsfunktion an einen *vom Volke auf die Dauer von vier Jahren direct durch Stimmzettel gewählten verantwortlichen Präsidenten*[46].

Darüber hinaus wurde auch die Übertragung der provisorischen Regierungsgewalt an fünf von der Nationalversammlung zu wählende Minister gefordert[47].

Alle diese Anträge wurden in der 207. Sitzung des Paulskirchenparlamentes am 26. April 1849 abgelehnt[48].

Culmann reiste unmittelbar danach aus Frankfurt ab, um seinen Wählern in Landau am 28. April 1849 Rechenschaft abzulegen[49]. Als er am 4. Mai 1849 erstmals wieder an einer Sitzung der Nationalversammlung in Frankfurt teilnahm, war der Aufstand in der Pfalz zur Verteidigung und Durchsetzung der Reichsverfassung bereits voll im Gange[50].

### *Parlamentarische Übergänge zur Revolution*

Die Freiheit der Person, die Freiheit der Meinungsäußerung, Glaubens- und Gewissensfreiheit, Versammlungs- und Koalitionsfreiheit, Gleichheit aller Deutschen vor dem Gesetz, Freizügigkeit innerhalb des Reichsgebietes, Berufsfreiheit, Unverletzlichkeit des Eigentums – kurzum: Mit der Verabschiedung der Reichsverfassung durch die Paulskirchenversammlung am 28. März 1849 waren erstmals in der deutschen Geschichte die Grund- und Freiheitsrechte des einzelnen Bürgers formuliert worden. Im gleichen Moment war auch die Todesstrafe abgeschafft worden, ebenso alle Standesvorrechte. Obwohl Preußenkönig Friedrich Wilhelm IV. bereits am 3. April 1849 verlauten ließ, daß er die ihm zugedachte Erbkaiserwürde ablehne und er damit das Scheitern des Verfassungswerkes in die Wege leitete, gaben am 14. April 1849 28 deutsche Einzelstaaten die Erklärung ab, daß sie die Verfassung anerkennen und der Kaiserwahl zustimmen[51]; kurz darauf lehnte aber auch der bayerische König Maximilian II. die Annahme ab. Weder ein geeintes Deutschland noch der Ausschluß Österreichs aus diesem, so seine Begründung, stießen bei ihm auf Gegenliebe. Den Münchener

45 Ebd., Bd. 8, S. 6243, 204. Sitzung am 23. 4. 1849.
46 Ebd., Bd. 8, S. 6242, 204. Sitzung am 23. 4. 1849.
47 Ebd., Bd. 8, S. 6244, 204. Sitzung am 23. 4. 1849.
48 Ebd., Bd. 8, S. 6325, 207. Sitzung am 26. 4. 1849.
49 Der Eilbote, Landau, 2. 5. 1849.
50 F. Wigard (wie Anm. 21), Bd. 9, S. 6430–6432, 211. Sitzung am 4. Mai 1849.
51 E. R. Huber (wie Anm. 2), S. 853.

Landtag, dem auch Culmann angehörte und in dem die Linke und das linke Zentrum seit den Wahlen im Dezember 1848 die Mehrheit bildeten, schaltete der Monarch kurzerhand aus, indem er ihn fortwährend vertagte[52].

Am 28. April 1849 war das Scheitern des Verfassungswerkes nicht mehr zu umgehen: Friedrich Wilhelm IV. verweigerte nicht nur seine Wahl zum erblichen Kaiser, er lehnte auch die Reichsverfassung als solche rundweg ab, weil *er stellvertretend für alle bedeutenden deutschen Herrscherhäuser der Nationalversammlung die von ihr beanspruchte konstitutionierende Gewalt nicht zuerkannte*[53]. Im gleichen Atemzug ließ er keinen Zweifel daran, daß er Preußen an die Spitze der Konterrevolution zu stellen gedenke[54]. Die offen reaktionäre Haltung sowohl des bayerischen als auch des preußischen Königshauses, die sich nunmehr unverhohlen die Reetablierung absolutistischer Herrschaftsstrukturen auf die Fahnen schrieben, stieß natürlich in der traditionell republikanisch gesinnten Pfalz auf vehemente Proteste, die schließlich in die offene Revolte münden sollten. Diese demokratisch-konstitutionelle Grundhaltung war es andererseits aber auch, die das Engagement zunächst auf legale Bahnen lenkte, auf die Hoffnung also, mit gesetzlichen, friedlichen Mitteln doch noch die Anerkennung der Verfassung speziell durch das bayerische Herrscherhaus erlangen zu können. Andererseits, und das spricht aus der Resolution, die mit Culmann ausnahmslos alle pfälzischen Vertreter in der Nationalversammlung unterzeichnet und am 30. April veröffentlicht hatten, war man sich über die Entschlossenheit der feudalistischen Kräfte und die Gefahr der Eskalation durchaus im klaren. Die Paulskirchenabgeordneten riefen unzweideutig dazu auf, *sich in den Verteidigungszustand zu setzen ... um nötigenfalls der Gewalt mit der Gewalt entgegenzuwirken*[55]. Dabei versäumten sie aber auch nicht, zur Gesetzestreue anzumahnen und so dem Gegner nicht die Breitseite eventueller Illegalitäten zu offerieren. Stattdessen betonten die pfälzischen Abgeordneten die Notwendigkeit, *die gesetzliche Grenzlinie nicht zu überschreiten, so lange die Staatsregierung nicht zu Akten der Gewalt schreitet*[56].

Die Zugehörigkeit zur Nationalversammlung bildete für August Ferdinand Culmann somit eine von mehreren Plattformen, um die Durchsetzung der Reichsverfassung öffentlichkeitswirksam einzufordern. Sowohl im Verbund mit den pfälzischen Abgeordneten in der Paulskirche, also fraktionsübergreifend, als auch als Mitglied der äussersten Linken im Parlament, der Fraktion Donnersberg, trat er im Verlauf der Reichsverfassungskampagne häufig in Erscheinung. *Wir wollen die Verfassung mit dem Wahlgesetz pure von den Regierungen angenommen sehen, zugleich aber die thatsächlich gebotene Gelegenheit benützen, um Deutschland vor dem Erbkaiserthum zu bewahren*[57], heißt es in einer von Culmann mitunterzeichneten »Aufforderung« der pfälzischen Donnersberg-Mitglieder vom 28. April

52 Königlich Bayerisches Amts- und Intelligenzblatt für die Pfalz, Speyer, Ausg. vom 24.3.1849, 13.4.1849, 30.4.1849. Vgl. dazu auch H. Renner, Die pfälzische Bewegung in den Jahren 1848/49 und ihre Voraussetzungen. Ein Beitrag zur pfälzischen Geschichte des 19. Jahrhunderts, (Diss.) Marburg 1955, S. 119ff., und R. M. Schneider, Landesausschuß und provisorische Regierung in Kaiserslautern, in: Jahrbuch zur Geschichte von Stadt und Landkreis Kaiserslautern, Bd. 22/23, Otterbach 1986, S. 91f.

53 W. Siemann (wie Anm. 2), S. 204.

54 Ebd.

55 F. X. Vollmer, Der Traum von der Freiheit. Vormärz und 48er Revolution in Süddeutschland in zeitgenössischen Bildern, Stuttgart 1983, S. 277.

56 Ebd.

57 Zweibrücker Wochenblatt, 1. Mai 1849.

1849, in der die parlamentarische Initiative zur verfassungsmäßigen Institutionalisierung eines zu wählenden Präsidenten öffentlich begründet wurde. Daß nun verstärkt Öffentlichkeit gesucht wurde, hat gute Gründe: Im Parlament selbst sahen die entschiedenen Demokraten nämlich kaum noch Chancen, wirksam gegen die Reaktion zu agieren. Allein die Mobilisierung der Massen zu einer Art Wiederholung der Märzrevolution wurde in dieser Hinsicht als erfolgversprechendes Mittel angesehen. Als dann aber immer deutlicher wurde, daß der preußische König mit der Ablehnung der für ihn entwickelten Erbkaiserwürde dem Verfassungswerk und damit der Demokratie schlechthin den Kampf angesagt hatte, wurden die Stellungnahmen der linken Parlamentsmitglieder zunehmend radikaler, wurden zu öffentlichen Aufrufen. *Die Gewaltherrschaft der Könige hat ihre Maske abgeworfen«*, beginnt eine Proklamation vom 5. Mai 1849, in der die Linke erstmals ohne Umschweife die Bestrebungen zur Restauration der alten Gewalten offen beim Namen nennt; *Fürstenwillkür vernichtet, was die Vertreter des souveränen Volkes beschlossen«*, faßten neben Culmann 25 weitere Donnersberg-Mitglieder den bevorstehenden Schlag der Konterrevolution prägnant analysierend zusammen. Und sie formulierten gleich die Konsequenz: *Jetzt gilt es abermals, zum letzten Male, Eure Freiheit gegen die Angriffe der Fürsten zu schützen*[58].

Nur noch wenige Tage dauerte es nun, bis dazu aufgerufen wurde, die demokratischen Errungenschaften mit Waffengewalt zu verteidigen: *Zu den Waffen deutsche Männer in allen Gauen des Vaterlandes*, begann die Proklamation des Donnersberges vom 8. Mai 1849, und sie endete mit der Rechtfertigung der nun unabänderlich notwendigen Gewalt: *Gerechteren Kampf hat es nie gegeben. Zu den Waffen, Männer, zu den Waffen!*[59]. So sehr dieser Aufruf eine Aufforderung nicht allein zum Einsatz für die Verfassung, sondern auch zur Solidarisierung mit den bereits in der aktiven Verteidigung stehenden Regionen Sachsen und Pfalz war, so sehr klang daraus aber auch die Erkenntnis, daß jeglicher Widerstand, so sehr er auch erforderlich und gerechtfertigt sein mochte, von vornherein zum Scheitern verurteilt sein würde. *Helft mit den Waffen, und wenn Ihr die nicht habt, helft sonst, helft, wie Ihr könnt – nur helft!*[60]: In einem geradezu dramatischen Appell, *dem Despotismus und der Barbarei*[61] die Stirn zu bieten, klingt seitens der Linken in der Paulskirche, wie sich zeigen sollte, in völlig zutreffender Analyse der Situation, frühzeitig eine gehörige Portion Resignation, ja Verzweiflung darüber mit, daß gegen die hochgerüsteten, militärisch ausgebildeten Truppen der Reaktion wenig auszurichten sein dürfte.

58 »Deutsche Männer«, Aufruf des Klubb Donnersberg, u. a. im Plauderstübchen, Beilage zum Boten für Stadt und Land, Kaiserslautern, 8. Mai 1849; abgedruckt bei G. HILDEBRANDT, Opposition in der Paulskirche (wie Anm. 3), S. 322f.

59 »Deutsches Volk«, Aufruf des Klubb Donnersberg, u. a. im Plauderstübchen, Beilage zum Boten für Stadt und Land, Kaiserslautern, 12. Mai 1849; abgedruckt bei G. HILDEBRANDT, Opposition in der Paulskirche (wie Anm. 3), S. 332f.

60 Ebd.

61 Ebd.

# Der widerwillige Revolutionär

VON BERNHARD BECKER

## *Quellenkritische und interpretatorische Präliminarien*

Die Beschreibung der Rolle August Ferdinand Culmanns in der pfälzischen Bewegung von 1849 basiert vornehmlich auf der *»Anklag-Akte, errichtet durch die K. General-Staatsprokuratur der Pfalz, nebst Urtheil der Anklagekammer des k. Appellationsgerichtes der Pfalz in Zweibrücken vom 29. Juni 1850«*[1] und Culmanns eigener Verteidigungsschrift[2]. August Culmann wurde *des Verbrechens der bewaffneten Rebellion gegen die Organe der öffentlichen Gewalt* beschuldigt und in Abwesenheit zum Tode verurteilt[3]. Aufgabe der Königlichen General-Staatsprokuratur war es, möglichst viel an belastendem Material zusammenzutragen und dieses im Sinne der Anklage zu interpretieren. Dabei soll sie sogar *vertrauliche Correspondenz*, in deren Besitz sie *unter Verletzung des Eigenthumrechtes* gekommen sei, verwendet haben[4]. Dieser Anklageschrift, einem Ergebnis des *Verfolgungseifers* der königlichen Staatsbehörden, warf August Culmann seinerseits vor, *alle mir günstigen Thatsachen, die zum Theil der Öffentlichkeit angehören, zu übersehen oder mit Stillschweigen zu übergehen, belastende Momente aber, die mir theils fremd sind, theils eine andere Gestaltung haben, gegen mich aufzuführen, und so ein Gemälde zu schaffen, dem sicher der Vorzug, mehr zu sein, völlig abgeht*[5]. In seiner Verteidigungsschrift versuchte Culmann die *Anschuldigungspunkte* zu entkräften und seine Unschuld zu erweisen. In der Diametrie der Intentionen und Interpretationen von Anklage und Verteidigung liegt die ganze Spannbreite von Beurteilungsmöglichkeiten der Aktivitäten August Culmanns während der pfälzischen Bewegung, die sicherlich aufgrund der vorliegenden Quellensituation nicht mehr eindeutig zu fixieren ist.

1 Anklag-Akte, errichtet durch die K. General-Staatsprokuratur der Pfalz, nebst Urtheil der Anklagekammer des k. Appellationsgerichtes der Pfalz in Zweibrücken vom 29. Juni 1850, in der Untersuchung gegen Martin Reichard, entlassener Notär in Speyer, und 332 Consorten, wegen bewaffneter Rebellion gegen die bewaffnete Macht, Hoch- und Staatsverraths etc. Zweibrücken 1850. (Nach Auskunft August Culmanns ist diese Schrift auf seine Kosten gedruckt worden.) Im folgenden mit »Anklag-Akte« bezeichnet.

2 LA Speyer, Bestand J 1 (OLG Zweibrücken), Nr. 280, fol. 33–45. Disciplinar-Untersuchung gegen den Advocat-Anwalt August Culmann zu Zweibrücken; hier: Verteidigungsschrift des August Culmann. (Diese Schrift wurde am 9. November 1849 im Exil in Bitsch verfaßt.) Im folgenden mit »Verteidigungsschrift« bezeichnet.

3 Anklag-Akte (wie Anm. 1), S. 257.

4 Verteidigungsschrift (wie Anm. 2), fol. 41r und 42.

5 Ebd., fol. 33.

## *Historischer Kontext: Zwischen parlamentarischer Wirkungslosigkeit und außerparlamentarischem Aufbegehren*

Am 28. April 1849 lehnte der bayerische König Maximilian II. – ebenso wie zuvor der preußische – die Reichsverfassung ab. Wiederholt vertagte er die Einberufung des Landtages vom 8. März auf den 10. April, dann auf den 20. April und schließlich auf den 15. Mai 1849, da dieser auf die Annahme der Reichsverfassung drängte. Der Landtag war seit der Wahl vom 7. Dezember 1848 von den Linken und dem linken Zentrum majorisiert.

Vornehmlich die pfälzischen Abgeordneten protestierten vehement gegen diese Verzögerungstaktik und verwiesen aus faktischen, aber auch aus taktischen Aspekten auf die möglicherweise nicht mehr zu kontrollierende Gefahr einer außerparlamentarischen Opposition. Dem Prinzip der Legalität (Parlamentarismus) verhaftet, befanden sich zahlreiche pfälzische Abgeordnete der Frankfurter Paulskirche wie auch des bayerischen Landtages in einem Dilemma. Infolge der Ablehnung der Reichsverfassung und der Vertagung des Landtages waren sie einerseits zur politischen Wirkungslosigkeit verurteilt und ihrer parlamentarischen Einflußnahmen beraubt, andererseits drängten in dieser Situation Radikale in der Pfalz auf die Anerkennung der Verfassung durch den König. Im Rahmen dieser Alternative von letztendlich wirkungslosem Insistieren auf verfassungskonformem Engagement und außerparlamentarischem disloyalem Aufbegehren hatten die Abgeordneten ihre Handlungsstrategien zu bestimmen. August Culmann beschrieb sie im nachhinein in seiner Verteidigungsschrift unmißverständlich.

Ob dies allerdings so der Realität entsprach, darf bezweifelt werden. Sein politisches Agieren ist – zumindest in den Revolutionsmonaten von 1849 – vielmehr ein Hin- und Herschwanken zwischen den zuvor genannten kontroversen Handlungsmöglichkeiten.

## *Landesverteidigungsausschuß*

In der Ausgabe vom 27. April heizte der »Bote für Stadt und Land« die Stimmung gegen die Obrigkeit an: *Die Grundrechte hält man Euch vor, die Reichsverfassung verkündigt man nicht! Wenn Ihr von Euerem Rechte durchdrungen seyd, dann muß das genügen, um mit dem Recht zugleich auch die Freiheit zu erringen. Keine Adressen mehr, keine Hoffnung mehr auf die Kammern; denn wären diese noch so gut, sie können doch nur jammern. Der König thut, was er will, das sehen wir ja deutlich jetzt. Seht, wie die Würtemberger handeln. Auf! macht's ihnen nach! Wo sind aber die gepriesenen Männer des Volkes, daß sie sich an die Spitze des Volkes stellen? Das Volk ist ohne Führer!*[6]

Während in diesem Artikel unverhohlen auf die Klärung des Führungsanspruches im Konflikt mit der bayerischen Krone gedrängt wurde, versuchte man in der übernächsten Ausgabe gleichsam die Basis für die Revolution zu schaffen, die notfalls mit Waffengewalt zu realisieren sei: *Schnell möge deßhalb ein allgemeiner Kongreß der Bürgerwehren und eine allgemeine pfälzische Volksversammlung berufen werden. Der Centralausschuß des Volksvereines möge rasch handeln und sowohl unsere Vertreter in Frankfurt, wie in München zu diesen Versammlungen einladen. Dieser Versammlung liegt es denn ob, zu entscheiden, was die Pfalz*

6 Anklag-Akte (wie Anm. 1), S. 3.

*thut. Daß die Beschlüsse kühn und kräftig ausfallen werden, dafür bürgt uns die Gesinnung der Pfalz. Aber auf eins müssen wir noch aufmerksam machen und zwar auf das Wichtigste. Mit Beschlüssen ist es nicht gethan, wenn diesen Beschlüssen nicht Nachdruck verschafft wird. Drum rüste Jeder seine Waffen, stähle Jeder seinen Muth! Es kann kommen, wenn der König sich nicht unterwirft, daß der Rhein den Scheidepunkt zwischen uns und Bayern bildet, es kann kommen, daß die Pfalz sich von Bayern lossagen muß. – Drum steht fest zusammen und haltet die Hand an die Waffen!*[7]

Nachdem sich die massenhafte Eingabe von »Adressen«, welche die Einberufung des Landtages postulierten, als untaugliches Mittel legalen Protestes erwiesen und sogar den restaurativen Kräften durch die Möglichkeit einer Gegenkampagne in die Arme gearbeitet hatte, lud auf der turnusgemäßen Sitzung in Frankenthal der geschäftsführende Kreisausschuß der pfälzischen Volksvereine sämtliche Abgeordnete, *sowohl jene der Nationalversammlung, wie jene der Ständekammer, die Landrathsmitglieder, die sämmtlichen Wahlmänner, Bürgermeister und Gemeinderäthe, die Mitglieder des Kreisausschusses des Volksvereins und die Vertreter der übrigen politischen Vereine* in die Fruchthalle zu Kaiserslautern am 1. Mai zu einer Versammlung ein.

Sie sollte über die Handlungsstrategie beraten, mit der man die bayerische *Krone und ihr Ministerium zur sofortigen unbedingten Anerkennung der deutschen Reichsverfassung* zwingen wollte[8]. Nach offensichtlich hitzigen, mitunter kontroversen Diskussionen einigten sich die Teilnehmer der Volksversammlung, die ebenfalls in Kaiserslautern – auf dem Platz vor der Stiftskirche – stattfand, am folgenden Tag die Einberufung eines Landesverteidigungsausschusses vorzuschlagen. Nachdem die Versammlung, deren Teilnehmerzahl je nach politischem Blickwinkel zwischen 5000 bis 13000 geschätzt wurde, der Einsetzung eines Landesverteidigungsausschusses zugestimmt hatte, wählte ein Gremium aus *sämmtlichen pfälzischen Deputirten, den Vorständen der Vereine und sämmtlichen Bürgerwehrkommandanten*[9] die Mitglieder dieses Gremiums. Der Ausschuß sollte angesichts der *rebellisch(en) bayerischen Regierung* so lange tagen, *bis die gefahrbedrohende Lage des Vaterlandes vorüber* sei. In den zehnköpfigen Landesverteidigungsausschuß, der fortan in der aufständischen Pfalz die oberste Verwaltungsbehörde bildete, wurden mit Martin Reichard, Notar aus Speyer, Nikolaus Schmitt, Redakteur aus Kaiserslautern, August Culmann und Friedrich Schüler, beides Advokaten aus Zweibrücken, vier Abgeordnete der Frankfurter Nationalversammlung gewählt[10]. Während Martin Reichard und Nikolaus Schmitt fortan eine aktive Rolle spielten, nahm Friedrich Schüler, der bereits im Vorfeld der Kaiserslauterer Versammlungen abschätzig von *eine(r) exaltirte(n) und fanatisirte(n) Menge*[11] in der Pfalz gesprochen hatte, die Wahl in den Landesausschuß, dem am 3. Mai ein »Allgemeiner Pfälzischer Bürgerwehr-Congreß« mit dem Recht der Benennung des Oberkommandanten eine Volkswehr unterstellte, nicht an. August Culmann, der sich in jenen Tagen in Frankfurt aufgehalten hatte, nahm an den Beratungen des Landesverteidigungsausschusses dagegen teil – allerdings, gleichsam zwischen

7 Ebd., S. 3 f.
8 Ebd., S. 5.
9 Ebd., S. 11.
10 R. M. Schneider, Landesausschuß und Provisorische Regierung in Kaiserslautern 1849, S. 93 f., in: Jahrbuch zur Geschichte von Stadt und Landkreis Kaiserslautern. Bd. 22/23 (Jg. 1984/85), S. 91–117.
11 Anklag-Akte (wie Anm. 1), S. 6 f.

Zu- und Absage schwankend, *nur sporadisch und mit großen Vorbehalten*[12]. In seiner Verteidigungsschrift begründete er seinen Eintritt mit den *Kaisertendenzen der preußischen Regierung* und den *preußischen Supermachtgelüsten*, gegen die der Landesausschuß sich zur Wehr setzen sollte. Ihm sollte sich der süddeutsche Bund anschließen. Er sei damals *der festen, unerschütterlichen Überzeugung gewesen, daß bei weiterer Entwicklung der preußischen Politik die bayerische Regierung schon von selbst Hand in Hand mit uns gehen würde*[13]. Erst nach den Beschlüssen zur Lostrennung der Pfalz von Bayern habe er die antibayerische Tendenz zur Kenntnis genommen und seinen Irrtum, der nach einem Wort Talleyrands in der Politik freilich *ein Verbrechen* sei, erkannt[14]. Sollten diese Aussagen Culmanns wirklich zutreffen, wären sie wohl naiv. Zwecks Solidarisierung aller Deutschen mit den Pfälzern veröffentlichte der »Klubb Donnersberg« am 5. Mai eine Proklamation: *Die Gewaltherrschaft der Könige hat ihre Maske abgeworfen. Deutsche, jetzt gilt es abermals, zum letzten male, Eure Freiheit gegen die Angriffe der Fürsten zu schützen. Blicket auf das Beispiel der thatentschlossenen Pfälzer. Säumet nicht, bewaffnet Euch, organisirt Euch, benützet Euere Vereine, wählet leitende Wehrausschüsse, seyd mannhaft gerüstet für den Augenblick, wo ihr Euch den Gewaltschritten der Willkührherren entgegenzustellen habt.*

*Und Ihr, Männer der Pfalz! die Ihr für Freiheit, Ehre und Recht bereits in die Schranken getreten seyd gegen den Verrath der Könige, haltet muthig Stand. Pfälzer! Deutschlands Männer können und werden nicht thatlos und feig Euerer Erhebung zusehen; sie werden es nicht geschehen lassen, daß der Despotismus über Euere Leichen hinweg zur Vernichtung ihrer und des ganzen Volkes Freiheit schreite*[15].

Zu den Unterzeichnern dieses Aufrufes zur Bewaffnung gehörte neben Martini, Reichard, Schmidt von Löwenberg, Schmitt, Schüler, Schlöffel und Schütz auch August Culmann, der sich allerdings von allen *Partheimanifestationen* der äußersten Linken jener Tage distanzierte, da diese *Majoritätsbeschlüsse darstellen, unter welche die Namen der Dissentirenden wie der abwesenden Mitglieder gesetzt worden sind.* Da aber sein politisches Hauptziel *die Durchführung der Reichsverfassung mit fürstlichem Directorium* gewesen sei, hätten sämtliche *Stellen jener Manifestationen, welche aufrührerischen oder republicanischen Inhalts sind*, nicht sein Einverständnis gefunden[16].

Dieser Begründung seiner Distanzierung steht jedoch die Tatsache entgegen, daß in der 204. Sitzung des Frankfurter Parlaments vom 23. April des gleichen Jahres ein Antrag – unterzeichnet unter anderem auch von Culmann – eingereicht worden war, in welchem das Amt des Oberhauptes an einen *vom Volke auf die Dauer von vier Jahren direct durch Stimmzettel gewählten verantwortlichen Präsidenten* übertragen werden solle[17]. Diese Interpellation findet in der Verteidigungsschrift keine Erwähnung.

12 R. M. Schneider (wie Anm. 10), S. 95.
13 Verteidigungsschrift (wie Anm. 2), fol. 37r, 38 und 38r.
14 Ebd., fol. 38r.
15 Anklag-Akte (wie Anm. 1), S. 16.
16 Verteidigungsschrift (wie Anm. 2), fol. 35.
17 F. Wigard (Hg.), Stenographischer Bericht über die Verhandlungen der deutschen constituierenden Nationalversammlung zu Frankfurt a. M., Bd. 8, S. 6242.

### *Mission Eisenstucks*

Da seit den Versammlungen der ersten Maitage in der Stadt Kaiserslautern die außerparlamentarische Oppositionsbewegung eine eigendynamische, für die Parlamentarier nicht mehr zu beeinflussende Entwicklung anzunehmen drohte, bedrängten pfälzische Abgeordnete unter Führung Culmanns am 4. Mai den Reichsministerpräsidenten Heinrich von Gagern, einen Reichskommissär in die Pfalz zu entsenden. Man einigte sich schließlich auf Jacob Bernhard Eisenstuck, zweiter Vizepräsident der Nationalversammlung und als Mitglied des Nürnberger Hofes dem linken Flügel angehörig. Dieser reiste, nachdem die königliche Regierung in München über diese Mission informiert worden war, in Begleitung von Culmann und Kolb zunächst nach Speyer, wo er sich mit dem Regierungspräsidenten Alwens traf. Hier hielt er auch eine Ansprache, in welcher er zwar Verständnis für die *Begeisterung und Freiheitsliebe der Bewohner dieses Landes* zeigte, aber auch unmißverständlich vor Maßnahmen warnte, *welche gegen die Gesetze, gegen die Ordnung im Staate, gegen die Grundlagen der Gesellschaft gerichtet sind*[18].

Noch am gleichen Tag begab er sich mit seiner Begleitung nach Neustadt. Hier war von den Ausschüssen der Vereine und von Bürgern bereits am 2. Mai zu einer Volksversammlung eingeladen worden, die jedoch aus Rücksichtsnahme auf die Ereignisse in der Stadt Kaiserslautern, die – ohne *Garnison* und *militärische Besatzung* – zum *Tummelplatze des pfälzischen Aufstandes gemacht wurde*[19], auf den 6. Mai verschoben wurde.

Auch dort versuchte Eisenstuck, die Versammlung, zu deren Präsident Nikolaus Schmitt gewählt wurde, vom *gesetzlichen Weg* zu überzeugen – allerdings vergeblich[20]. Die Versammelten nahmen vielmehr einen Antrag an, sich von Bayern abzutrennen und eine *Volksherrschaft* einzusetzen[21]. Zu den 20 Rednern, von denen 14 *Nichtpfälzer* waren, zählte auch August Culmann, der sich wohl als einziger gegen die sofortige Proklamierung einer Republik aussprach. Nach Auffassung der General-Staatsprokuratur lehnte dieser freilich nicht aus prinzipiellen, sondern aus taktischen Erwägungen die Demokratie mit dem Hinweis auf *den Mangel einer kräftigen Organisation* ab. Das Volk war gleichsam für eine Revolution noch nicht reif. In seiner Verteidigungsschrift betonte dagegen Culmann, dessen anvisiertes Staatssystem nach eigenen Angaben *ein fürstliches Directorium* an der Spitze haben sollte, die programmatische Motivierung seiner ablehnenden Haltung: *Wie mag man aber mir eine solche Intention* (gewaltsame Staatsumwälzung, B. B.) *unterbreiten, der ich notorischer Weise bei der Volksversammlung in Neustadt vom 6. Mai am entschiedensten unter allen Pfälzern, ja selbst mit Lebensgefahr, gegen jede gewaltsame Staatsumwälzung mich ausgesprochen und damals in offenen Kampf mit Schlöffel, einem jener Subscribenten, getreten bin*[22].

Nicht zu klären ist der Umschwung Eisenstucks, der den Landesverteidigungsausschuß nunmehr in »Landesausschuß für Verteidigung und Durchführung der deutschen Reichsverfassung« umbenannte und anerkannte sowie ihm zudem die Berechtigung zubilligte, *alle ihm erforderlich scheinenden Maßregeln zur Vertheidigung der deutschen Reichsverfassung in der*

18 Anklag-Akte (wie Anm. 1), S. 18.
19 Ebd., S. 9.
20 Ebd., S. 18.
21 Ebd., S. 20.
22 Verteidigungsschrift (wie Anm. 2), fol. 35r und 36.

*Pfalz einzuleiten*[23]. Mit dieser Legalisierung überschritt freilich der Reichskommissär seine Kompetenzen und wurde nach Intervention des Bevollmächtigten der bayerischen Regierung bei der provisorischen Zentralgewalt von dieser in der Nacht vom 10. auf den 11. Mai abberufen. Am 13. Mai reiste Eisenstuck von Ludwigshafen endgültig ab.

Vom 8. Mai datiert eine weitere Proklamation des »Klubbs Donnersberg«, ebenfalls unterzeichnet unter anderen von Culmann. Sie forderte expressis verbis zu gewaltsamen Aktionen auf: *Zu den Waffen! deutsche Männer in allen Gauen des Vaterlandes!*[24] Von diesem Aufruf distanzierte sich Culmann mit dem Hinweis, daß er sich an besagtem Tag mit Eisenstuck in Landau aufgehalten habe und damit in der Tat nicht zu den Unterzeichnern gehören könne[25].

## *Provisorische Regierung*

Nach der Versammlung in Neustadt begann die Organisation der »Volksbewaffnung«, die aufgrund mangelnder Führungskräfte auf nicht unerhebliche Schwierigkeiten stieß. Zugleich stand man unter Zeitdruck; die Nachrichten, daß sich bestens ausgebildete preußische Truppen dem Rheinkreis näherten, verdichteten sich von Tag zu Tag. Außerdem wurden Wahlen für die provisorische Regierung durchgeführt. In einem Schreiben des Landesausschusses vom 13. Mai an alle Kantonalausschüsse wurden die Mitbürger aufgefordert, *schleunigst die ausgeschriebenen Wahlen vorzunehmen und die Gewählten auf den 17. Mai, Morgens 9 Uhr nach Kaiserslautern zu entsenden, um den Willen der Pfalz zu verkünden und die erforderlichen Beschlüsse zu fassen*[26].

Zu den Unterzeichnern gehörte August Culmann, dessen Namen auch unter einem Schreiben an den Volkswehrkommandanten in Kusel vom 9. Mai, unter einer Vollmacht an Bürger Sahner von Dürkheim vom 10. Mai, ferner unter einem Aufruf an das Militär mit dem Appell, sich mit der pfälzischen Volkswehr zu vereinen, sowie unter einem Aufruf zur Bildung einer berittenen Volkswehr, einem Schreiben an das Zentralkomitee in Wörrstadt (Rheinhessen) und einem Schreiben an den Kommandanten Diepenbrock zu finden ist[27].

In der »Anklag-Akte« finden sich seit dem 13. Mai keine Verlautbarungen des Landesausschusses mehr, die von Culmann unterzeichnet sind. In seiner Verteidigungsschrift ging er nicht eigens auf die zuvor genannten Schreiben ein, die sich durchweg mit militärischen Fragen beschäftigten. Eine Distanzierung von diesen mit der gleichen Begründung wie im Falle der Proklamationen des »Klubbs Donnersberg« *(Majoritätsbeschlüsse)* war ihm hier nicht möglich, ist beispielsweise die Aufforderung an den Kuseler Kommandanten der Volkswehr, *mit seiner Mannschaft zum Hauptquartier zu Kaiserslautern unverzüglich einzurücken*, von ihm handschriftlich unterschrieben[28]. Ferner lag der Königlichen General-Staatsprokuratur ein unadressiertes, von Culmanns Hand gefertigtes Schreiben vom 10. Mai vor, das in Konstanz gefunden und in Beschlag genommen wurde: In französischer Sprache

23 Anklag-Akte (wie Anm. 1), S. 20.
24 Ebd., S. 21.
25 Verteidigungsschrift (wie Anm. 2), fol. 36 und 36r.
26 Anklag-Akte (wie Anm. 1), S. 27.
27 Ebd., S. 23, 24 und 25.
28 Dieses Schreiben befindet sich im Privatarchiv Ketterl (Landstuhl).

wird darin auf die bevorstehende militärische Auseinandersetzung mit Preußen verwiesen und alle deutschen und polnischen Flüchtlinge in Frankreich um Beistand gebeten: Es fehle an Flinten und vor allem an qualifizierten Offizieren[29].

Vielleicht schon am 13., möglicherweise erst am 14. Mai kehrte er nach Frankfurt zurück, *um hier* – wie er in seiner Verteidigungsschrift begründete – *durch Erwirkung einer Maßregel, in welcher ich allein die Rettung meines Landes erblickte, der Einsetzung jener revolutionären Regierung zuvorzukommen.* Ferner führte Culmann an, daß er *trotz der vorher ausgesprochenen Bereitwilligkeit, in die provisorische Regierung einzutreten, doch nicht mehr ›traute‹, diesen Entschluß auszuführen*, weil er sein *politisches Auftreten* nicht mehr in Widerspruch zu seiner *innigsten politischen Überzeugung zu bringen vermochte*[30]. Am 17. Mai nahm Culmann nachweisbar an der 222. Sitzung der Frankfurter Paulskirche teil. Er stellte in der Nationalversammlung den Antrag, *abermals einen Reichscommissär in die Pfalz zu schicken, welcher seine Thätigkeit in derselben Richtung zu entwickeln hat, wie dieß von Herrn Eisenstuck geschah.* Der Antrag, von Tafel aus Zweibrücken unterstützt, wurde gleichwohl abgelehnt.

Am gleichen Tag stimmten in der Kaiserslauterer Fruchthalle mit 15 zu 13 oder 14 Stimmen die pfälzischen Kantonaldelegierten für die Einsetzung einer provisorischen Regierung[31]. In die fünfköpfige Revolutionsregierung wurde mit den zweitmeisten Stimmen August Culmann gewählt, ferner – ebenfalls in Abwesenheit – Friedrich Schüler und Georg Friedrich Kolb. Alle drei waren Mitglieder der Frankfurter Nationalversammlung. In Voraussicht ihrer zu erwartenden Ablehnung wählten die Kantonalvertreter sogleich mit den Radikalen Theodor Greiner, Peter Fries und Nikolaus Schmitt Ersatzleute, die von Anfang an mitwirkten.

Aufgrund einer Proklamation vom 18. Mai wurden alle Amtshandlungen der provisorischen Regierung *im Namen des pfälzischen Volkes* durchgeführt. Außerdem wurde noch am gleichen Tag zwecks militärischer Vereinigung und staatsrechtlicher Gleichstellung mit der badischen Revolutionsregierung ein Staatsvertrag geschlossen[32].

Erst nach dem Ausschluß der pfälzischen Abgeordneten aus dem Landtag in München proklamierte am 27. Mai die provisorische Regierung, die ihren Sitz von Speyer nach Kaiserslautern verlegt hatte, offiziell die Lostrennung der Pfalz von Bayern und veranlaßte die Entfernung der bayerischen Wappen in der Rheinpfalz. Die Aktivitäten der pfälzischen Revolutionäre konzentrierten sich verstärkt auf die Mobilisierung einer Volkswehr, die angesichts der herannahenden preußischen Truppen unter enormem Zeitdruck stand[33].

Im Amtsblatt der provisorischen Regierung Nr. 12, nach dem 8. Juni erschienen, heißt es bezüglich der Mitwirkung von Kolb, Schüler und Culmann in der provisorischen Regierung: *Die in die provisorische Regierung gewählten Bürger Schüler und Kolb haben nach längerem Zögern erklärt, die auf sie gefallene Wahl nicht annehmen zu wollen und der Bürger Culmann, der bereits angenommen hatte und in die provisorische Regierung eingetreten war, hat seine*

29 Anklag-Akte (wie Anm. 1), S. 24.
30 Verteidigungsschrift (wie Anm. 2), fol. 40.
31 Siehe zur Wahl der Kantonalvertreter und zur Versammlung R. M. SCHNEIDER (wie Anm. 10), S. 97–103.
32 Siehe zur Arbeitsweise und Einschätzung des Wirkens der provisorischen Regierung ebd., S. 105–108.
33 Siehe dazu ebd., S. 109–115.

*Annahme wieder zurückgewonnen*[34]. Diese offizielle Bekanntmachung, an deren Wahrheitsgehalt nicht zu zweifeln ist, steht im Widerspruch zu Culmanns Behauptung, *in die provisorische Regierung nicht eingetreten* zu sein[35]. Hinsichtlich der kontroversen Darstellung sandte Culmann von Cannstatt an Georg Friedrich Kolb, Redakteur der Speyerer Zeitung, eine Erklärung, die auf den 2. Juli 1849 datiert ist. Er stellte Kolb frei, diese zu publizieren oder es zu unterlassen, *je nachdem er glaube, daß sie Schaden bringen könne oder nicht*. Darin heißt es: *Es war, ich glaube am 22. Mai Nachmittags, daß ich mit der damals offen ausgesprochenen Absicht in den Pfalzkreis kam, dem Rufe meiner Mitbürger Folge zu leisten und in die provisorische Regierung einzutreten. Bei Fassung dieses Entschlusses hatte ich übrigens vorausgesetzt, daß weder zur Zeit der Konstituirung der provisorischen Regierung, noch später durch diese selbst die Lostrennung der Pfalz von Bayern beabsichtigt oder gar ausgesprochen worden sey. Schon Tags darauf (also am 23. Mai) erhielt ich aber Kenntniß der beiden Beschlüsse jener Regierung, die Vornahme der öffentlichen Akten »Namens des pfälzischen Volkes« und die Vereidigung der Beamten auf die provisorische Regierung betreffend. Ich glaubte in denselben den Ausspruch jener Trennung, die Entfernung von dem Boden der Reichsverfassung und die Betretung des Weges einer speziellen Revolution gegen Bayern wahrnehmen zu müssen. Abgesehen davon, daß nach meiner Anschauung der politischen Verhältnisse, ich mit der letzteren überall nicht einverstanden seyn konnte, erkannte ich noch bei dem Widerstreben der Beamten, Bürger- und Kantonalausschüsse die Unmöglichkeit der Ausführung eines solchen Unternehmens, und überzeugte mich, daß schon der bloße Versuch desselben zu terroristischen, meinen Gefühlen widerstreitenden Maßregeln und mit dem Unglücke und Verderben meines Landes endigen müsse. Trotz aller frühern Erklärungen konnte ich mich also nicht verpflichtet erachten durch Eintritt in die provisorische Regierung diese Revolution zu meinem Miteigenthum zu machen und die Verantwortlichkeit der Folgen derselben meinen Mitbürgern gegenüber, zu übernehmen. Nachdem ich darum noch durch eine zweitägige Beobachtung in der Nähe der provisorischen Regierung die volle Ueberzeugung gewonnen hatte, daß es außer meinen Kräften lag, irgend eine wesentliche Aenderung in dem allgemeinen Gang der Verhältnisse zu bewirken, habe ich mich entfernt, von Ludwigshafen aus der provisorischen Regierung meine Ablehnung angezeigt und seitdem mich von der pfälzischen Bewegung abgewendet*[36].

Die Anklage wertete die Behauptung Culmanns, erst am 23. Mai Kenntnis – wie sie es bezeichnete – *von der hochverrätherischen Tendenz der provisorischen Regierung* erhalten zu haben, *als offenbare Unwahrheit*[37].

### *Mission Culmanns nach Paris*

Die Behauptung Culmanns, sich endgültig *von der pfälzischen Bewegung* abgewandt zu haben, wie er zu Schluß seines Briefes angab, zog die königliche General-Staatsprokuratur in Zweifel. Sie schloß nämlich nicht aus, daß Culmann nach Paris reiste, um die französische Republik um Beistand zu bewegen. Denn ihr lag eine von Nikolaus Schmitt geschriebene

34 Anklag-Akte (wie Anm. 1), S. 54.
35 Verteidigungsschrift (wie Anm. 2), fol. 39r.
36 Anklag-Akte (wie Anm. 1), S. 68.
37 Ebd., S. 68.

Bevollmächtigung der provisorischen Regierung vor[38]: *Die provisorische Regierung der Rheinpfalz ertheilt ihrem Mitgliede, dem Bürger Culmann aus Zweibrücken Vollmacht, sich in der Eigenschaft als Regierungsbevollmächtigter nach Paris zu begeben, um mit der Regierung der französischen Republik in Unterhandlung zu treten, die Anerkennung der diesseitigen Regierung zu betreiben, die Hülfe der Republik Frankreich nachzusuchen, ihre Intervention selbst mit Waffengewalt zu erwirken, Schutz- und Trutzbündnisse abzuschließen, kurz, jede Handlung vorzunehmen, die er im Interesse der diesseitigen Regierung erachtet, mit dem Versprechen vollkommenster Genehmigung.*

August Culmann mit einer solchen Mission zu betrauen, lag nahe, war doch sein ältester Bruder Jakob Friedrich als Abgeordneter des Départements Bas-Rhin bis zu seinem Tode am 5. April 1849 Mitglied der französischen Nationalversammlung, und damit waren Kontakte vorhanden[39].

In der »Beilage zum Mainzer Journal« wird die Gesandtschaftstätigkeit Culmanns insofern aufgewertet, als nach deren Verlautbarungen dieser nicht nur im Auftrage der pfälzischen, sondern auch der badischen Regierung Kontakte mit führenden französischen Linken knüpfen sollte: *Mannheim 26. Mai. (...) Wir erhalten heute aus Speyer die Nachricht, daß Bürger Cullmann als Gesandter der Rheinpfalz und Baden nach Paris abgegangen ist. Die Bürger Didier und Karl Blind sind, wie man meldet, demselben als ›Gesandtschaftssecretäre‹ beigegeben worden; Ersterer von rheinbayrischer, Letzterer von badischer Seite. Heute ist Karl Blind mit Arnold Ruge hier durchpassirt, um sich über Speyer und Metz nach Paris zu begeben*[40].

Das »Plauderstübchen«, Beiblatt zum Boten für Stadt und Land, dementierte in seiner 40. Ausgabe vom 31. Mai diese Meldung. Culmann habe auch *die Function eines Bevollmächtigten der pfälzischen und badischen Regierung in Paris* abgelehnt. Daher sei an seiner Stelle *Parlamentsmitglied Schütz aus Mainz ... nach Paris abgegangen.*

Am 13. Juni kam es in Paris zu gewalttätigen Auseinandersetzungen zwischen Montagne-Abgeordneten unter Führung Ledru-Rollins und regierungstreuen Truppen, in deren Verlauf nachweisbar der zuletzt genannte »Gesandtschaftssekretär« Karl Blind verhaftet wurde. Daß aber auch August Culmann *im Zusammenhang mit dem Aufstandsversuch in Paris* das gleiche Schicksal erlitten haben soll, wie Imma Melzer in ihrer Dissertation über *pfälzische Emigranten in Frankreich* behauptet, muß jedoch als reine Spekulation bezeichnet werden[41].

Gegen eine Inhaftierung spricht allein schon die Tatsache, daß Culmann – wie bereits erwähnt – am 2. Juli von Cannstatt seinen Speyerer Redakteur anschrieb, um die Gründe seines Rücktrittes aus der provisorischen Regierung darzulegen. Bis zur Auflösung des Rumpfparlamentes am 22. Juni 1849 nahm er noch fortan an dessen Sitzungen teil.

38 Ebd., S. 68f.

39 K. BAUMANN, Volkserhebung und Konspiration in der pfälzischen Bewegung von 1848/49, S. 311f., in: Mitteilungen des Historischen Vereins der Pfalz. Bd. 68 (1970), S. 292–317.

40 ›Beilage zum Mainzer Journal‹ Nr. 128 vom 30. Mai 1849.

41 I. MELZER, Pfälzische Emigranten in Frankreich während und nach der Revolution von 1848/49, Teil 1, S. 419, in: Francia Bd. 12 (1984), S. 372–424.

*Europäisch-demokratischer Ausschuß*

Auf den 17. Mai datiert ist ein Schreiben, in welchem der neue *europäisch-demokratische Ausschuß*, der vom Frankfurter Zentralausschuß gebildet wurde, zu *eine(r) geheime(n) deutschen Konferenz* am 28. Mai in Karlsruhe deutsche, französische und polnische Demokraten einlud. *Anzeige* erging allerdings nur an solche Vereine, die *unsrer rein demokratisch-sozialen Sache huldigen.* Zu dieser Geheimaktion sah man sich aufgrund der Gefährdung *unsere(r) heilige(n) Sache … durch die starke Offenheit* veranlaßt[42]. Als Präsident unterschrieb diese Einladung August Culmann, beglaubigt war dieser Aufruf ferner unter anderem von dem Franzosen Levreux, Abgesandter Ledru-Rollins.

*Schlußbemerkung*

Dieser Appell, der nur schwer in den historischen Kontext einzuordnen ist, wie auch die vermeintliche Gesandtschaft Culmanns nach Paris sind als Indizien für eine in die Pfalz importierte internationale Konspiration aufgeführt worden[43]. Ohne auf diese doch wohl als abwegig erscheinende Interpretation näher einzugehen, muß konstatiert werden, daß dabei auf jeden Fall die Rolle Culmanns überschätzt wurde. Faktum ist, daß ihm aus revolutionären Kreisen in der Pfalz großes Vertrauen geschenkt und er deshalb sowohl in den Landesausschuß als auch in den Landesverteidigungsausschuß gewählt wurde. Er hätte ohne Zweifel zu einer Leitfigur des pfälzischen Aufstandes werden können.

Die Gründe seiner Verweigerung sind heute kaum mehr zu klären, stritten sich doch schon seine Zeitgenossen hinsichtlich der Beurteilung seiner Persönlichkeit und seines Wirkens. So warf ihm Christian Zinn schlichtweg Opportunismus vor: *Culmann, unstreitig nach Schüler der talentvollste von Allen, spielte den feinen Politiker. Er trat in den Landesvertheidigungs-Ausschuß sowie in die provisorische Regierung, hielt jedoch nur so lange stand, als noch ein guter Erfolg möglich war, und war sogleich verschwunden als die Sache anfing, eine andere Wendung zu nehmen*[44].

Diese Meinung wird auch durch die Verteidigungsschrift gestützt, die in verschiedenen Passagen – wie zum Beispiel in den Distanzierungen von sämtlichen *Partheimanifestitationen* des »Klubbs Donnersberg« – nicht glaubwürdig wirkt. Unverständlich bleibt ohnehin, warum er in dieser Verteidigungsschrift, im sicheren Exil ohne materielle Existenznöte geschrieben, zuvor artikulierte politische Positionen, die ihn als gemäßigten Republikaner ausweisen, abstritt oder verschwieg und sich wiederholt der bayerischen Krone »anbiederte«. Andererseits muß aber auch angesichts mehrmaliger nachweisbarer Verweigerungen von revolutionären Aktivitäten das Todesurteil in Frage gestellt werden.

Ferdinand Fenner von Fenneberg, der für kurze Zeit als Oberbefehlshaber der pfälzischen Volkswehr fungierte, betonte seinerseits die Redlichkeit wie auch die Weitsichtigkeit Culmanns: *Culmann, Advokat beim Appellhof in Zweibrücken, Parlamentsmitglied und Abge-*

42 F. X. Vollmer, Der Traum von der Freiheit. Vormärz und 48er Revolution in Süddeutschland in zeitgenössischen Bildern. Stuttgart 1983, S. 302f.

43 K. Baumann (wie Anm. 39), S. 311–313.

44 C. Zinn, Die Erhebung in der Rheinpfalz und die pfälzische Volkswehr in Baden. Straßburg 1850, S. 14.

*ordneter in München, Mitglied des Landesausschusses, ist der hervorragendste Charakter der Rheinpfalz. Umfassendes Wissen, große politische Bildung und Begabung vereint mit scharfem Geiste, der alle ihm der Beachtung würdig scheinende Vorkommnisse mit einer unerbittlichen Logik bis zu den äußersten Konsequenzen verfolgte, war er … vielleicht der Einzige, der sich über Gegenwart wie Zukunft der Bewegung sowie die vielgerühmte politische Durchbildung des Pfälzer Volkes keine Illusionen machte*[45].

45 F. von Fenneberg, Zur Geschichte der rheinpfälzischen Revolution und des badischen Aufstandes. Zürich 1849, S. 15f.

# Die Verfassungsbewegung von 1849: Voraussetzungen und Verlauf des revolutionären Aufstandes im saarpfälzischen Raum

VON MARTIN BAUS

Die Jahre 1848 und 1849 markieren für die moderne demokratische Gesellschaft wesentliche historische Eckdaten. Beginnend mit der Märzrevolution, schien die anfänglich rasante Entwicklung unaufhaltsam und direkt in politische Freiheit und deutsche Einheit zu münden.

Allgemeine Wahlen führten bereits im Mai zu einem gesamtdeutschen Parlament: Die Paulskirche in Frankfurt, der Tagungsort der verfassunggebenden Nationalversammlung, steht heute gleichsam als Ausgangspunkt wie als Symbol für die zweifelsohne langwierige Etablierung der parlamentarischen Demokratie und die Formulierung der Grundrechte auf deutschem Boden. Dies ist festzuhalten, obwohl die Paulskirche an den Machtansprüchen der alten Gewalten und auch an sich selbst scheiterte. Die Unfähigkeit des Parlamentes, die eigenen Beschlüsse nachhaltig zu verteidigen, führte im späten Frühjahr 1849 zu neuerlichen Aufständen, die dieses Mal den demokratischen Errungenschaften galten. Im Mai und im Juni war unter anderem auch die Pfalz Schauplatz von Ereignissen, die als Pfälzer Revolution in die Annalen eingingen[1].

Am 27. März 1849 verabschiedete die Nationalversammlung in der Frankfurter Paulskirche jenen Katalog elementarer Grundrechte, die nach wie vor nichts von ihren Inhalten verloren haben. Die Freiheit der Meinungsäußerung, die Glaubens- und Gewissensfreiheit und nicht zuletzt auch die Unverletzlichkeit des Eigentums wurden als Bestandteile der Verfassung verankert. Von langer Dauer war die Geltung dieser Verfassung gleichwohl nicht. Da es der preußische König ablehnte, gemäß dem Gesetzestext als ›Kaiser der Deutschen‹ zu fungieren, scheiterte das gesamte Verfassungswerk und damit auch ein deutscher Nationalstaat.

Auch die bayerische Regierung erkannte im Gegensatz zu 28 anderen deutschen Einzelstaaten weder die Beschlüsse des Paulskirchenparlamentes noch die Reichsverfassung an. Am 28. April lehnte Bayern deren Annahme ab. In der Pfalz, deren Abgeordnete sowohl in Frankfurt als auch im Münchener Landtag relativ kompromißlos auf eine entschieden demokratische Verfassung hingearbeitet und als überzeugte Demokraten auf die Anerkennung der Verfassung gedrängt hatten, stieß diese Haltung Bayerns auf heftige Proteste, die sich zunehmend auf einen offenen Aufruhr gegen die Krone hin entwickelten.

1 Zur Geschichte der pfälzischen Revolution: O. FLEISCHMANN, Geschichte des pfälzischen Aufstandes im Jahre 1849, Kaiserslautern 1899. H. RENNER, Die pfälzische Bewegung in den Jahren 1848/49 und ihre Voraussetzungen (Diss.), Marburg 1955. R. M. SCHNEIDER, Landesausschuß und provisorische Regierung in Kaiserslautern, in: Jahrbuch zur Geschichte von Stadt und Landkreis Kaiserslautern, Bd. 22/23, Otterbach 1986, S. 91–117.

Zur Durchsetzung der Reichsverfassung wurde am 2. Mai 1849 in Kaiserslautern ein Landesverteidigungsausschuß eingesetzt. In der Hauptsache Parlamentarier wurden in dieses Gremium bestellt: Martin Reichard, Nikolaus Schmitt, August Ferdinand Culmann und Friedrich Schüler gehörten der entschiedenen Linken in der Frankfurter Paulskirche – dem »Klubb Donnersberg«[2] – an, während Theodor Greiner, Philipp Hepp und August Hannitz Mitglieder des bayerischen Landtages waren[3]. Das erklärtermaßen vordringliche Ziel des Ausschusses war es, die bayerische Regierung zur Anerkennung der Reichsverfassung zu zwingen und gleichzeitig Vorsorge zu treffen, um dem absehbaren militärischen Gegenschlag Widerstand leisten zu können. Am 17. Mai 1849 trat dann die »Provisorische Regierung der Pfalz« an seine Stelle; »Rheinbayern« hatte sich nunmehr von Bayern abgetrennt, hatte sich zum unabhängigen und selbständigen Staat erklärt.

### *Volksvereine und Petitionen als Instrumente demokratischer Willensbildung und politischer Teilnahme*

Teilnahmslos, desinteressiert, inaktiv und sogar ablehnend, so wird die Einstellung der Bevölkerung der Unabhängigskeitsbewegung gegenüber gemeinhin in der älteren Geschichtsschreibung ganz obrigkeitshörig und damit tendenziös im Sinne des wilhelminischen Zeitgeistes dargestellt[4]. Unkritisch werden darin die Anschuldigungen der Zweibrücker Anklagekammer übernommen, geradezu verächtlich werden die regionalen Bemühungen um Demokratie skizziert, ohne die rasch um sich greifende Politisierung der Gesellschaft zu berücksichtigen, eine Politisierung, die ihren Ursprung auch im Streben nach politischer Freiheit hatte und nicht erst in den 1849er Maitagen einsetzte.

Unstrittig steht fest, daß die Pfalz in der Folge der Märzrevolution ein Zentrum der liberaldemokratischen Bewegung darstellte[5]. Bereits am 9. April 1848 hatte sich in Kaiserslautern mit dem »Pfälzischen Volks- und Vaterlandsverein« eine Dachorganisation der liberaldemokratischen Vereine der Pfalz gegründet. Ihm schlossen sich nach und nach bereits bestehende Vereine an, allenthalben wurden neue Volksvereine aus der Taufe gehoben. Neben der Aufstellung der Kandidatenlisten zunächst für die konstituierende Nationalversammlung und später auch für den Münchener Landtag beschäftigten sich die Vereine nicht nur mit Fragen politischer, sondern auch und vor allem mit Problemstellungen wirtschaftlicher und sozialer Art.

Am 4. März 1849 schloß sich der Kreisausschuß des Pfälzischen Volksvereins, der zu diesem Zeitpunkt etwa 130–140 Zweigvereine mit rund 15000 Mitgliedern zählte, dem Zentralmärzverein an. Mitte April waren es bereits 173 Zweigvereine mit bis zu 16000,

2 M. SCHWARZ, Biographisches Handbuch der Reichstage, Hannover 1965, S. 35f. A. RÖSLER VON OELS, Parlamentskalender. Hg. im Auftrage des Märzvereins, Frankfurt 1849.

3 M. SCHNEIDER (wie Anm. 1), S. 94.

4 So O. FLEISCHMANN (wie Anm. 1). H. LOUIS u. J. GEIBERT, Chronik von Oberbexbach und Frankenholz, Homburg 1910. K. FRANZ, Die Bexbacher Revolution, in: Südwestdeutsche Heimatblätter, Bd. 3, 1930/31, S. 22f.

5 M. WETTENGEL, Das liberale und demokratische Vereinswesen in der Pfalz während der Revolution von 1848/49, in: Jahrbuch zur Geschichte von Stadt und Landkreis Kaiserslautern, Bd. 22/23, Otterbach 1986, S. 73.

möglicherweise sogar 18000 Mitgliedern[6]. Der Raum Zweibrücken-Homburg-Blieskastel stellte mit fast 50 Volksvereinen gleichsam eine »Verdichtungszone«[7] des demokratischen Vereinswesens dar. In nahezu allen Orten, ja sogar kleinsten Dörfern hatten sich derartige Vereine gebildet. In folgenden, heute zum Saarpfalz-Kreis gehörenden Ortschaften bestanden Volksvereine: Alschbach, Altstadt (mit Limbach 160 Mitglieder zählend), Biesingen, Bliesdalheim, Breitfurt, Böckweiler, Blieskastel, Bierbach, Blickweiler, Einöd, Erbach, Gersheim, Homburg (145 Mitglieder), Herbitzheim, Kirkel-Neuhäusel, Limbach, Lautzkirchen, Mimbach, Niederwürzbach, Ommersheim, Ormesheim, Reinheim, Schwarzenacker, Webenheim, Wolfersheim. Daneben gab es auch in folgenden benachbarten, noch heute pfälzischen Orten weitere Vereine: Althornbach, Battweiler, Breitenbach, Bubenhausen, Contwig, Ernstweiler, Gries, Hengstbach, Ixheim, Landstuhl, Mauschbach, Mittelbach, Neuhornbach, Niederauerbach, Rimschweiler, Sand, Schönenberg, Waldmohr, Wattweiler, Zweibrücken (mit 700 Mitgliedern)[8].

Ihren Ausdruck fanden die Aktivitäten der Volksvereine, die in ihrer Eigenschaft als Diskussionsforen politischer Themen geradezu Vorläufercharakter der späteren demokratischen Parteien, ja vielleicht sogar der heutigen Bürgerinitiativen hatten, in den Petitionen, die sie an die Adresse der Paulskirchenversammlung richteten.

Große Sorge bereitete in der gesamten Pfalz etwa die vermeintliche Neigung der Nationalversammlung, eine derartige Gewerbeordnung einzuführen, mit der die bestehende Gewerbefreiheit französischer Prägung aufgehoben werden könnte. Der für den Wahlbezirk Homburg in die Paulskirche abgeordnete Zweibrücker Advokat Gustav Gulden reichte am 20. Januar 1849 im Namen der Volksvereine von Altstadt, Homburg, Limbach und Niederbexbach eine mit der »Neustadter Erklärung« übereinstimmende Petition ein, in der die Notwendigkeit, ja die Unverzichtbarkeit der bestehenden Gewerbefreiheit begründet wird: *Alles physische und moralische Leben gedeihet nur in der Freiheit und durch die Freiheit, verkümmert und verkrüppelt dagegen durch Hemmungen und Zwang, oder erlangt dadurch höchstens einen unnatürlichen, verkünstelten Zustand. – So kann von Preßfreiheit keine Rede sein bei Censur, werde dieselbe auch auf die liberalste Weise gehandhabt; so nicht von Religionsfreiheit, ist diese an starre Dogmen oder Diktate von Oben gebunden; so nicht von Versammlungs- und Vereinsrecht, ist dieses der Polizei unterstellt; so nicht von Gewerbefreiheit, wird diese durch althergebrachte Hemmungen, seien sie auch im modernsten Gewande, beengt. …*

*Mit Erstaunen, ja mit gerechter Entrüstung mußten die Bewohner der Pfalz vernehmen, daß man in dem betreffenden Ausschusse der Nationalversammlung damit umgehe, statt der, wie alle Freiheiten, wohlthätigen Gewerbefreiheit, unter dem Aushängeschild einer Gewerbe-*

6 Ebd., S. 77f., auch F. Fenner von Fenneberg, Zur Geschichte der rheinpfälzischen Revolution und des badischen Aufstandes, Zürich 1849, S. 29.

7 M. Wettengel (wie Anm. 5), S. 83.

8 »Verzeichnis der Vereine in Deutschland, welche sich bis zum 31. März 1849 dem Central-März-Verein angeschlossen haben«; lithographierte Vervielfältigung, Hess. HSTA Wiesbaden, Abt. 5, Nr. 268, abgedruckt bei M. Wettengel (wie Anm. 5), S. 86ff. Hierzu auch: R. Moldenhauer, Die aus den zum heutigen Saarland gehörenden Bezirksämtern der ehemaligen bayerischen Pfalz, den heute saarländischen Orten des Fürstentums Birkenfeld und des Landkreises Trier ergangenen Petitionen an die deutsche Nationalversammlung 1848/49, in: Zeitschrift für die Geschichte der Saargegend, Bd. 22, 1974, S. 158–223, und F. Wigard (Hg.), Stenographischer Bericht über die Verhandlungen der deutschen const. Nationalversammlung zu Frankfurt, 9 Bde., Frankfurt 1848–49.

*ordnung, das veraltete Zunftwesen in modernem Gewande und selbst da wieder einzuführen, wo gesetzlich Gewerbefreiheit seit zwei Generationen besteht«*[9].

Aber auch über die politische Entwicklung, speziell die Bestimmungen der Reichsverfassung, die zunehmend Gestalt annahmen, wurde an der Basis intensiv diskutiert. In den Petitionen an die Paulskirche wurde eine nicht gering zu schätzende Möglichkeit gesehen, selbst auf die politische Willensbildung Einfluß geltend machen zu können.

Zudem müssen die Petitionen auch als Beleg neu errungener Freiheiten, als Ausdruck neu einzuübender demokratischer Spielregeln angesehen werden. Man hatte jetzt das Recht, seine Meinung frei zu äußern, seine politischen Interessen frei zu artikulieren, ohne Repressalien befürchten zu müssen. Und ebenfalls nicht gering zu schätzen ist die allenthalben verbreitete Sorge, daß die Frankfurter Nationalversammlung die Errungenschaften der Märzrevolution an die alten Gewalten verraten könnte – eine sicherlich nicht unberechtigte Befürchtung, die immer wieder hinreichend Anlaß zu Petitionen gab. So etwa formulierten die Volksvereine in Altstadt, Limbach und Blieskastel im März 1849 eine nachdrückliche Erklärung an die Adresse der Paulskirche, in der sie die Durchsetzung des zwar schon feststehenden, aber noch nicht endgültig verabschiedeten Wahlgesetzes einforderten:

*Volksvertreter!*
*Ihr habt in der ersten Lesung des Wahlgesetzes beschlossen, daß jeder ohne Rücksicht auf Stand, Vermögen oder Steuerzahlung berechtigt sein solle, seine Stimme bei der Wahl der Abgeordneten zum deutschen Volkshause abzugeben:*

*Ihr habt ferner beschlossen, daß durch Stimmzettel, nicht durch öffentliche Abgabe der Stimme zu Protokoll, abgestimmt werden solle;*

*Wir fordern Euch auf, bei diesen Beschlüssen zu beharren. Allgemeines Stimmrecht, direkte Wahl, geheime Abgabe der Stimmzettel sind die notwendigen Garantien einer freien vor unberechtigtem Einflusse gesicherten Wahl der Volksvertreter.*

*Hätten wir auch gewünscht, daß das zurückgelegte 21. Jahr zur aktiven und passiven Wahl berechtige, daß ein unglückseliger Fehltritt nicht auf immer von der staatsbürgerlichen Vollberechtigung ausschließe, so erkennen wir doch den wesentlichen Fortschritt, den das deutsche Volk durch das Wahlgesetz begonnen hat.*

*Fahrt in dieser Weise fort, dann wird auch das Volk zu Euch stehen in der Stunde der Gefahr.*

*Blieskastel, den 27. März 1849.* *Die Mitglieder des März- und Volksvereins*[10]

Die Sorge um die demokratischen Errungenschaften und die zunehmenden politischen Raumgewinne der alten Gewalten veranlaßten wohl auch den Homburger Volksverein, als er Ende April 1849, also kurz vor dem Beginn der Pfälzischen Reichsverfassungskampagne, über den Trierer »Donnersberg«-Abgeordneten Ludwig Simon eine Petition einreichte: … *Das Volk erkennt keiner deutschen Regierung das Recht zu, sich dem von sich rechtmäßig beschlossenen und verkündeten Willen der Nation zu widersetzen und erklärt solches Sinnen als Verrat am Vaterland. Sollte aber die unbedingte Durchführung der Verfassung durch die*

9 R. MOLDENHAUER (wie Anm. 8), S. 203, Petition Nr. 5845 bzw. 6221.
10 Ebd., S. 204f., Petition Nr. 7457.

*Fürsten nicht zu erreichen seyn, so erklären wir, daß es einzig und allein die Nationalversammlung ist, welche über die nächsten Geschicke Deutschlands Anordnung zu treffen und rechtsgiltige, alle bindende Beschlüsse zu fassen hat. Wir protestieren daher feierlich gegen jede Vereinbarung mit den Fürsten, wodurch diesen ein Recht der Mitbeschlußfassung eingeräumt und der Grundsatz der Volkssouveränität verletzt würde.*

*Der Wille von 45 Millionen muß endlich Herr in Deutschland werden, er erträgt keine Unterordnung mehr unter den Willen 33 hochstehender Personen, deren Anbeter und verderblichen Rathgeber. Seid mutig, stark und einig, ergreift energische Beschlüsse, und die Revolution wird gerettet. Verzaget nicht, das ganze Volk steht hinter Euch und ist zur Ausführung Eurer Beschlüsse bereit*[11].

Insgesamt 49mal wandten sich Gemeinden und Volksvereine aus dem Bezirksamt Homburg mit Eingaben an die verfassunggebende Reichsversammlung, wobei oftmals derselbe Text von mehreren Vereinen oder Ortschaften gleichzeitig unterzeichnet wurde. Zentrale Themen der Petitionen sind die Gewährleistung der Gewerbefreiheit, aber auch Forderungen nach Religionsfreiheit oder Trennung von Kirche und Schule sowie in der Hauptsache die nachhaltige Forderung nach konsequenter Formulierung und Praktizierung einer entschieden demokratischen Reichsverfassung[12].

Im Spektrum der Themen zeigen sich auch keine wesentlichen Unterschiede zu Adressen aus dem Bezirksamt Zweibrücken, in dem von insgesamt 92 Volks- und Märzvereinen, von Gemeinden, aber auch von Bürgern Petitionen nach Frankfurt abgingen[13]. So waren es etwa im Februar 1849 die Einwohner von Blieskastel, Böckweiler, Hornbach und Wolfersheim, die sich dagegen wandten, daß ein Erbkaiser als Oberhaupt eines deutschen Gesamtstaates installiert werden sollte[14].

Wie nachdrücklich die Forderungen nach einer demokratischen Gesellschaftsordnung gerade im preußisch-pfälzischen Grenzgebiet gestellt wurden, verdeutlicht jene Adresse, die – als »Protestation« tituliert – mit Althornbach, Bierbach, Böckweiler, Breitfurt, Contwig, Einöd, Hengstbach, Hornbach, Ixheim, Mauschbach, Mittelbach, Niederwürzbach, Rimschweiler, Wattweiler, Wolfersheim und Zweibrücken nicht weniger als 16 Volksvereine gemeinsam unterzeichneten und über den Zweibrücker Abgeordneten und Geistlichen Franz Tafel am 30. Dezember 1848 zu den Paragraphen 1 bis 3 des Verfassungsentwurfs einreichten:

*An die constituirende deutsche Nationalversammlung …*

*Als die deutsche Nation ihre Vertreter nach Frankfurt sendete, um den Fluch des Bundestages zu lösen, und Deutschland zu einem Bundesstaate, zu einer Großmacht Europa's zu erheben, da erwartete sie nicht weniger, als die Einheit und Freiheit in allen ihren Stämmen und Provinzen.*

*Als in der Nationalversammlung bei der ersten Lesung des Reichsverfassungs-Entwurfes die §§. 1–3 im Kapitel »vom Reiche und der Reichsgewalt« mit imposanter Majorität zum verfassungsmäßigen Beschlusse erhoben worden, da glaubten wir alle Zweifel an dem Zustandekommen der Einheit Deutschlands beseitigt und die Freiheit für alle seine Teile gesichert.*

11 Ebd., S. 205 f., Petition Nr. 7658.
12 Vgl. die Liste der Petitionen bei R. MOLDENHAUER, S. 185 ff.
13 Ebd., S. 192 ff.
14 Ebd., S. 179, Petition Nr. 6947.

*Wie ein Donnerschlag hat uns darum das Programm des neuen Reichsminister-Präsidenten Gagern bezüglich der künftigen Stellung Deutsch-Oestreichs zu Deutschland getroffen, und ein Schrei der Entrüstung geht durch die deutschen Gaue …*

*Wir protestieren als Deutsche dagegen, daß ein jeher deutsches Gebiet von Deutschland getrennt, daß Söhne der deutschen Nation von dem Herzen ihrer Mutter, aus den Armen ihrer deutschen Brüder gerissen, daß ihre Vertreter aus dem deutschen Parlamente, ihrem Stamm- und Familienhause, hinausgestoßen, daß deutsche Stämme auseinander geworfen werden, welche die Natur und die Geschichte unzertrennlich verbunden hat.*

*Wir protestieren als Deutsche dagegen, daß die Größe, daß die Einheit Deutschlands, daß die Nationalität eines deutschen Volksstammes monarchisch-dynastischen Interessen geopfert werde …*

*Das deutsche Volk ist in seiner Nationalversammlung repräsentiert, das deutsche Volk will seinen souveränen Willen durch seine Nationalversammlung ganz und allein zur Geltung gebracht, zum Gesetze erhoben wissen; – es fordert die neue Schöpfung der Einheit und Freiheit Deutschlands, es fordert die Reichsverfassung nur aus ihren Händen*[15].

Die bis dahin zwar konsequent demokratische, aber gleichwohl noch immer gemäßigte politische Stimmung in der Pfalz kippte dann um, als der bayerische König die Annahme der Reichsverfassung verweigerte. Nachdem die Kammer der Abgeordneten dem Antrag des Speyerer Mitglieds Georg Friedrich Kolb, die Reichsverfassung unbedingt anzunehmen, gefolgt war, berief der Monarch den Landtag nicht mehr ein; durch die mehrfache Vertagung verhinderte er die Annahme des Reichsgrundgesetzes[16]. Die Volksvereine als Anhänger einer Verfassung, die nach ihren Vorstellungen sogar weitaus radikaler demokratisch hätte ausfallen müssen, riefen unmittelbar nach der Kammerauflösung zu einer großen Vollversammlung sämtlicher demokratischen Vereine in der Pfalz auf, die dann am 2. Mai in Kaiserslautern mit bis zu 13000 Teilnehmern auf dem Platz vor der Stiftskirche stattfand[17] und in deren Verlauf der »Landesverteidigungsausschuß« institutionalisiert wurde: *Wenn die Regierung zur Rebellion geworden, werden die freien Bürger der Pfalz zu Vollstreckern der Gesetze werden*, hieß es in einer im Verlauf der Versammlung abgegebenen Erklärung[18]. Die Verteilung der Rollen war damit klar: Die bayerische Krone war die Rechtsbrecherin, weil sie die Verfassung ablehnte, die sich das Volk über seine gewählte Vertretung gegeben hatte; das Volk, im speziellen Fall das Pfälzer Volk, hatte deswegen die Pflicht, gegen diesen Rechtsbruch Widerstand zu leisten und »seine« Verfassung zu verteidigen.

## *Agitatoren der pfälzischen Unabhängigskeitsbewegung auf regionaler Ebene: Kötz, Schmolze, König, Bentz und Maurer*

Am 17. Mai 1849 wurde dann die »Provisorische Regierung der Pfalz« proklamiert; sie trat an die Stelle des »Ausschusses für Landesverteidigung und die Durchsetzung der Verfassung«, wie sich das Gremium zwischenzeitlich programmatisch umbenannt hatte. Über die Einset-

15 Ebd., S. 209f. Petition Nr. 5414.

16 H. Renner (wie Anm. 1), S. 119f.; vgl. auch Königlich Bayerisches Amts- und Intelligenzblatt für die Pfalz, Nr. 21 vom 24. 3. 1849, S. 133; Nr. 26 vom 13. 4. 1849, S. 167; Nr. 30 vom 30. 4. 1849, S. 219.

17 R. M. Schneider (wie Anm. 1), S. 93.

18 V. Valentin, Geschichte der deutschen Revolution, Berlin 1930/31, Bd. 2, S. 493.

zung einer »Provisorischen Regierung der Pfalz« hatten Delegierte aus 28 Kantonen der Pfalz zu beschließen. Die Entscheidung zur Installierung fiel indes denkbar knapp: *Soeben hat die pfälzische Volksvertretung mit 15 gegen 13 Stimmen beschlossen, eine aus 5 Mitgliedern bestehende provisorische Regierung zu ernennen. Der Bruch mit der bayrischen Krone ist also ausgesprochen. Baden und die Pfalz sind reichsunmittelbare Schwesterstaaten,* kommentierte ein Kaiserslauterner Journal den Verlauf der Versammlung[19].

In namentlicher Abstimmung hatten auch die Vertreter jener fünf Kantone für die Einsetzung der provisorischen Regierung gestimmt, deren damaliger Zuständigkeitsbereich zumindest teilweise zum heutigen Saarland gehört: Konrad Kötz, Ziegeleibesitzer aus Limbach, der Homburger Kaufmann Friedrich Wilhelm Schmolze, der Blieskasteler Gastwirt Franz Karl König, der Rechtskandidat Jakob Bentz aus Zweibrücken sowie der Hornbacher Drechsler Gottfried Maurer stimmten als Vertreter der Kantone Waldmohr, Homburg, Blieskastel, Zweibrücken und Hornbach für diesen Schritt, der einer Unabhängigkeitserklärung gleichkam und in der Konsequenz dazu führte, daß sich preußische und bayerische Truppenkontingente in Richtung Pfalz bewegten, um die Revolution niederzuschlagen[20]. Kötz, Schmolze, König, Bentz und Maurer gehörten indes auch zu jenen 333 Personen, die in der Folge *wegen bewaffneter Rebellion gegen die bewaffnete Macht, Hoch- und Staatsverraths* angeklagt und verurteilt wurden[21].

### *a) Konrad Kötz*

*Oekonom aus Limbach, 39 Jahre alt, 5 Schuh, 11 Zoll*[22] *groß, von hoher Stirne, schwarzen Haaren und Augenbraunen, braunen Augen, gewöhnlicher Nase, gleichem Munde, schwarzem Barte, breitem Kinn, länglichem Angesichte, gesunder Gesichtsfarbe*[23], so lautet die Personenbeschreibung des Ziegeleibesitzers, der schon seit 1829 an der Kaiserstraße unweit der Brücke über die Blies seinen Betrieb führte[24]. Ihm wurde von der Zweibrücker Anklagebehörde zur Last gelegt, daß er *als Mitglied des Kantonalausschusses zu Waldmohr Beeidigungen, die Eintreibung des Zwangsanlehens, der 25 Prozent Steuern, die Organisation der Volkswehr betrieb, Exekutionszüge in die Gemeinden veranlaßte, Requisitionen aller Art erließ, die Einsetzung der provisorischen Regierung zu feiern befahl.* Über diese Allgemeinplätze hinaus wird der Wortlaut der Anklage dann konkreter: Kötz wird beschuldigt, den Pfarrer von Kübelberg *wegen Renitenz* bedroht, die Salzkasse in Waldmohr weggenommen und dem königlichen Steuereinnehmer befohlen zu haben, *Rechnung zu stellen.*

Außerdem habe er die Grubenkasse in Mittelbexbach beschlagnahmt und *die Steuerkasse allda wegzunehmen* versucht[25]. Konrad Kötz war am 12. Mai 1849 zum Mitglied des

19 »Bote für Stadt und Land«, Kaiserslautern, 17. Mai 1849.

20 Anklag-Akte, errichtet durch den k. General-Staatsprokurator der Pfalz nebst Urtheil der Anklagekammer des k. Appellationsgerichtes der Pfalz in Zweibrücken vom 29. Juni 1850, Teil 1 und 2, Zweibrücken 1850 (nachfolgend zitiert AA I und AA II), hier: AA II, S. 41.

21 Weiterer Text des Titelblattes der AA.

22 Bayr. Längenmaße: 1 Schuh entspricht 0,292 m, 1 Zoll entspricht 2,432 cm.

23 AA I (wie Anm. 20), S. 108.

24 K. Germann, Geschichte von Limbach (ungedrucktes und unpaginiertes Manuskript als Kopie im Besitz des Autors), o. O. und o. J. – Die betr. Örtlichkeit heißt im Volksmund noch heute »Keetze Brick«.

25 AA I (wie Anm. 20), S. 24f.

Kantonalausschusses gewählt worden. Veit Zöller, Gerichtsbote aus Waldmohr[26], hatte die Mitglieder sämtlicher Volksvereine des Kantons zu einer Versammlung nach Waldmohr eingeladen. In deren Rahmen war nun nicht allein der besagte Kantonalausschuß gebildet worden, der Limbacher Unternehmer war auch zum Gesandten des Kantons für die bevorstehende Versammlung in Kaiserslautern bestellt worden. Sämtliche Anordnungen, die der Kantonalausschuß fortan erlassen sollte, wurden den einzelnen Mitgliedern zur Last gelegt, wurden zum Gegenstand der Anklage[27].

Neben zahlreichen öffentlichen Bekanntmachungen, so etwa der Anordnung vom 20. Mai, *die Einsetzung der provisorischen Regierung und ihre Proklamation der versammelten Gemeinde unter Glockengeläute feierlich zu verteidigen und zur pünktlichen Befolgung aller Anordnungen derselben anzuweisen*[28], scheute Kötz auch den persönlichen Einsatz nicht, um die eben erreichte Unabhängigkeit der Pfalz zu verteidigen. Am 25. Mai 1849 machte er gemeinsam mit Zöller und dem *Müller von der Hutschmühle*, Theobald Pfeifer, dem dritten Mitglied des Kantonalausschusses, dem Salzfaktor Emich in Waldmohr seine Aufwartung und forderte von ihm die Übergabe der Salzkasse und Einblick in die Bücher: In der gesamten Pfalz wurden derlei Konfiszierungen durchgeführt, um die finanziellen Mittel für eine schlagkräftigere Ausstattung der Freischaren aufzustocken. Kötz, Zöller und Pfeifer konfiszierten allerdings nicht nur einen nicht näher bezifferten Barbestand, sie stießen bei der Kontrolle der Buchführung auch auf Unregelmäßigkeiten. Emich hatte offenkundig die Einnahmen von 60 verkauften Säcken Salz nicht verbucht. Sie zwangen ihn sodann, den Großteil des unterschlagenen Betrages in Höhe von 612 Gulden auszuhändigen[29].

Vermutlich am gleichen Tag erschienen Zöller, Kötz und Pfeifer beim königlichen Steuereinnehmer in Waldmohr und forderten die Herausgabe seiner Kasse. Dessen Argument, es sei zunächst noch eine genaue Buchführung zu erstellen, erkannten sie an. Zöller war es deswegen vorbehalten, einige Tage danach den Kassenbestand sicherzustellen[30].

Daß Gelder nicht wahl- und rücksichtslos konfisziert wurden, das wurde am 26. Mai 1849 in Bexbach deutlich.

Kötz, Pfeifer und Zöller erschienen beim Einnehmer der kgl. Steinkohlengrube und forderten die Übergabe der Grubenkasse. Darin befanden sich nach den Angaben des Kassenverwalters rund 4000 Gulden, die allerdings zur Zahlung des Mai-Monatslohnes an die Bergarbeiter vorgesehen waren. *Die drei Angeklagten haben jedoch erklärt, daß für die Auslöhnung nöthige Geld wollten sie nicht nehmen …*, heißt es im Anklagetext lapidar weiter[31]. Aus diesem Verhalten ist wohl zu schließen, daß die Mitglieder des Kantonalausschusses den Lohn der Bergarbeiter in Kenntnis deren sozialer Lage unangetastet ließen.

Gleichwohl sprachen die Vertreter der Anklage davon, daß die Bergarbeiter sich gegen die

26 Über Zöller: H. Klein, Veit Zöllers »Verzeichnis der wegen Hochverraths in dem Verwahrungshause zu Zweibrücken verwahrten Personen vom Jahre 1849«, in: Zeitschrift für die Geschichte der Saargegend, Bd. 31, 1983, S. 19–70. Desgl. auch K. Franz (wie Anm. 1).

27 AA II (wie Anm. 20), S. 130f.

28 AA II (wie Anm. 20), S. 131.

29 Ebd. Emich wehrte sich allerdings gegen den Vorwurf der Unterschlagung: »Er hatte wirklich 60 verkaufte Säcke Salz im Werthe von 612 fl. nicht verbucht, um für den Fall eines Umsturzes für seine 600 fl. betragende Caution gesichert zu seyn«.

30 AA II (wie Anm. 20), S. 132.

31 Ebd.

drohende Konfiszierung ihrer Löhne erhoben. Offensichtlich waren sie von der Grubenleitung gegen die Kantonalvertreter mobilisiert worden, denn als Zöller, Kötz und Pfeifer das Grubengelände verließen, hatte sich die Knappschaft dort versammelt, um die Mitnahme der Gelder zu verhindern[32] – wohlgemerkt in Unkenntnis der Tatsache, daß ihre Löhne in keiner Weise betroffen waren. Daß Zöller, Kötz und Pfeifer in der Tat nicht die Absicht hatten, den Verdienst der Bergarbeiter zu beschlagnahmen, ja, daß ihnen möglicherweise sogar der Hintergrund der Mobilisierung verborgen geblieben sein könnte, kann jener Anschuldigung entnommen werden, mit der die Anklage gegen sie schließt. So sprach die Zweibrücker Kammer voller Häme und Spott davon, daß *diese Kassenbeschlagnehmer daher nichts gewonnen haben als die Furcht vor Schlägen*[33].

Nachdrücklich wurde sodann darauf hingewiesen, *daß die Angeklagten sich nicht einmal durch die von den Bergleuten befürchtete handgreifliche Demonstration in ihrem verbrecherischen Eifer wankend machen ließen*, als sie – von der Grube kommend – umgehend die Kasse des königlichen Steuereinnehmers Warth, ebenfalls in Mittelbexbach, konfiszieren wollten[34]. Allein, daß sie ohne Umschweife nach weiteren finanziellen Mitteln Ausschau hielten, läßt den Schluß zu, daß die Vorfälle auf der Grube weit weniger gravierend waren, als es von der Anklage gesehen und geschildert wurde. Offensichtlich trat der Ausschuß wirklich nur in der Absicht auf, sich solcher Gelder zu bemächtigen, die der Staatskasse gehörten und deren Konfiszierung niemandem direkten Schaden zufügten, erst recht nicht den Bergleuten.

Konrad Kötz wurde in allen Punkten der Anklage dennoch für schuldig befunden – wie Zöller und Pfeifer auch. Zum Tode verurteilt, entzog er sich der Vollstreckung schon lange vor der Eröffnung des Verfahrens, unmittelbar nach dem Scheitern des Aufstandes in der Pfalz nämlich, durch die Flucht nach Frankreich. Im Oktober 1851 stellte er sich jedoch dem Zweibrücker Appellationsgericht, das ihn am 6. Januar 1852 von der Anklage des Hochverrats freisprach und seine sofortige Haftentlassung veranlaßte[35].

*b) Friedrich Wilhelm Schmolze*

*... 24 bis 25 Jahre alt, schwacher Statur, schwarzen Haaren und Augenbraunen, niederer Stirne, schwarzen Augen, kleiner Nase, kleinem Munde, schwarzem Barte, kleinem Kinne, ovaler Gesichtsform, blasser Gesichtsfarbe, zuweilen eine Brille tragend*, heißt es in den steckbrieflichen Angaben für den in Homburg ansässigen Kaufmann[36].

Wie Kötz war auch Schmolze als Kantonalvertreter bei jener Versammlung am 17. Mai 1849 in Kaiserslautern zugegen, bei der die Bildung der »Provisorischen Regierung« und die Unabhängigkeit der Pfalz beschlossen wurde, wie Kötz gehörte auch Schmolze zu jener knappen Mehrheit von 15 Befürwortern der Loslösung von Bayern, und wie Kötz wurde Schmolze deswegen auch angeklagt: Ihm werden – neben sechs weiteren Akteuren – *Attentate zum Umsturze und zur Änderung der bestehenden verfassungsmäßigen Staatsregierung*

32 Ebd.
33 Ebd.
34 Ebd.
35 Wochenblatt für den königl.-bayerischen Gerichtsbezirk Zweibrücken (Red. und Hg. Georg Ritter), Zweibrücken, 6. Januar 1852.
36 AA I (wie Anm. 20), S. 106.

*dadurch, daß sie zur Bestellung und zur Wahl der provisorischen Regierung der Pfalz mitwirkten*, zur Last gelegt[37].

Ansonsten gibt sich die Anklagekammer Schmolze gegenüber eher wortkarg. Er gehörte wohl auch zu jenen Kräften der Revolution, die bei allem Idealismus und Wagemut den bisweilen maßlosen Übereifer zu kompensieren suchten.

An den revolutionären Ereignissen in und um Homburg hatte Friedrich Wilhelm Schmolze offensichtlich nur mäßigen Anteil[38]; der Anklage-Text erwähnt ihn nur noch in einem einzigen Zusammenhang. Auf seine persönliche Bürgschaft hin wurde beispielsweise die Ehefrau des Schönenberger Bürgermeisters Weis aus der Haft entlassen. Sie war von dem Homburger Militärkommissär Ehlert am 1. Juni 1849 verhaftet worden, weil sie den vom Kantonalausschuß gesuchten Kübelberger Geistlichen Ebert (nach Ehlert ein *schlechter Pfaffe, Reaktionär, Finsterling* und *Volksverführer*) zur Flucht mit der Kalesche ihres Ehemannes verholfen hatte[39].

*c) Franz Karl König*

Als *leise und sehr schnell sprechend* charakterisiert die Anklagekammer in Zweibrücken den in Blieskastel ansässigen Wirt, der zur Zeit des Verfahrens 44 Jahre alt war. Weitere Merkmale: *5 Schuh, 9 Zoll groß, von blonden Haaren, hoher Stirne, blonden Augenbraunen, graublauen Augen, proportionierter Nase, gewöhnlichem Munde, guten Zähnen, ins rothgelbliche übergehenden Bart, ovalem Kinn, ovalem Gesicht, gesunder Gesichtsfarbe, starkem und untersetztem Körperbau* ...[40].

Die Anklagepunkte gegen König waren im Wortlaut dieselben wie gegen die übrigen Befürworter der »Provisorischen Regierung« und der Unabhängigkeitserklärung am 17. Mai 1849 in Kaiserslautern[41]. Seine Wahl zum Vertreter des Kantons Blieskastel für diese entscheidende Versammlung scheint indes recht überraschend gewesen zu sein.

In der Versammlung der Volksvereine sei er *unberufen, da er nicht Wahlmann war*, aufgetreten. Der Text der Anklage bezeichnet König dabei als *eines der eifrigsten Mitglieder des in Blieskastel bestandenen Volksvereines*. Das vom Vorsitzenden der Versammlung formulierte und geforderte imperative Mandat – König sollte demzufolge kategorisch verpflichtet werden, gegen die Einsetzung der »Provisorischen Regierung« und gegen die Unabhängigkeit der Pfalz zu votieren –, wurde von den Anwesenden mehrheitlich abgelehnt. König selbst erklärte – *schrie und tobte*, heißt es tendenziös in der Anklage – *ein beschränktes oder bedingtes Mandat* nehme er nicht an. In der Konsequenz wurde ihm auch eine unbeschränkte Vollmacht erteilt[42]. König hatte zudem die Funktion des Vorsitzenden des Kantonalausschusses inne und war Mitglied der Rekrutierungskommission. In diesen Ämtern wirft ihm die Anklagekammer auch vor, *eifrig im Interesse der revolutionären Gewalt gewirkt und namentlich Requisitionen zum Vollzuge der Befehle derselben erlassen* zu haben, ohne allerdings diese

37 AA II (wie Anm. 20), S. 261.

38 Über die Vorkommnisse in Homburg (mit allerdings z. T. falschen Datierungen): K. FISCHER, Geschichte, in: 150 Jahre Landkreis Homburg/Saar, Homburg 1968, S. 50–53.

39 AA II (wie Anm. 20), S. 135.

40 AA I (wie Anm. 20), S. 106.

41 AA I (wie Anm. 20), S. 7, 69, 71, 74.

42 AA II (wie Anm. 20), S. 120.

Vorwürfe näher zu spezifizieren[43]. Schließlich habe König am 12. Juni 1849 auch die Sendung eines Eilboten *an den Maire in Frauenberg* veranlaßt. Ziel dieser Mission war es allem Augenschein nach, militärische Unterstützung durch die französische Seite zu erlangen[44].

*d) Jakob Bentz*

Der *Rechtskandidat, gebürtig aus Dackenheim, wohnhaft in Zweibrücken*[45], gehörte zu jenen Kantonalvertretern, die nicht allein für die Einsetzung der provisorischen Regierung und damit für die Unabhängigkeit der Pfalz votierten, er zählt zudem zu jenen fünf Delegierten, die darüber hinaus auch das Wort ergriffen, um nachdrücklich für diesen folgenreichen Schritt zu plädieren[46]. Bentz gehörte außerdem dem Präsidium der Kantonalversammlung in der Fruchthalle als Schriftführer an[47].

In der Tat scheint Bentz in dieser entscheidenden Sitzung eine hervorgehobene Rolle für die knappe Mehrheit zugunsten der Loslösung der Pfalz von Bayern zuzukommen. Konrad Ludwig Diehl, der den Kanton Pirmasens vertrat und auf dessen Antrag hin namentlich über die Einsetzung der provisorischen Regierung abgestimmt wurde[48], vertrat zumindest die Meinung, daß neben ihm selbst Bentz *das hauptsächliche Verdienst an dieser Errungenschaft* zustehe[49].

Umso mehr verwundert die wohlwollende Beschreibung, die Bentz durch die Anklagekammer zuteil wird: … *unbescholten war der Charakter des Ang. Bentz* …, heißt es ausdrücklich, und zu seiner Entlastung wird hinzugefügt, daß er *die ihm angebotene Stelle eines Civilkommissärs* nicht übernommen habe. Zugute gehalten wird ihm außerdem, *zuweilen schwankend gewesen zu seyn, ob er sich ferner am Aufstand betheiligen solle oder nicht, je nachdem Aufregung oder Besonnenheit das Uebergewicht in seinem Gemüthe hatten*[50]. Betrachtet man den ansonsten zumeist eher scharfen, distanziert-verächtlichen Unterton, in dem der Text der Anklagekammer abgefaßt ist, so wäre zu prüfen, welcher Art die Verbindungen und Beziehungen waren, die Bentz (auch als Rechtskandidat) zu den Justizbehörden hatte. In seinen Aktivitäten unterscheidet er sich nämlich in keiner Weise von anderen Angeklagten, die weitaus drastischer charakterisiert werden. So zeichnete er verantwortlich für Rekrutierungen in Mittelbach und Hengstbach, er leitete die Neuwahl des Stadtrates von Zweibrücken im Auftrag der provisorischen Regierung, er bekleidete das Amt des Bürgermeisters in Zweibrücken bis zur Besetzung der Stadt durch die Preußen – keinesfalls aber, wie an anderer Stelle von der Anklagekammer behauptet, bis zum 23. Juni 1849, also bis nach der Niederwerfung des pfälzischen Aufstandes[51] –, er fungierte gleichzeitig als Civilstandsbeamter und war zudem an der Konfiszierung eines Pferdes beteiligt[52].

43 Ebd.
44 AA II (wie Anm. 20), S. 121.
45 AA II (wie Anm. 20), S. 116. Eine eingehende Beschreibung von Bentz findet sich darin nicht.
46 AA II (wie Anm. 20), S. 41. Über die Versammlung berichtet ausführlich die »Neue Speyerer Zeitung«, Nr. 122, 22. 5. 1849.
47 AA II (wie Anm. 20), S. 40.
48 AA II (wie Anm. 20), S. 41.
49 AA II (wie Anm. 20), S. 136.
50 AA II (wie Anm. 20), S. 115.
51 AA II (wie Anm. 20), S. 116.
52 AA I (wie Anm. 20), S. 25 und AA II (wie Anm. 19), S. 115 f.

*e) Gottfried Maurer*

*36 Jahre alt, Drechsler in Hornbach, 5 Schuh, 10 Zoll groß von blonden Haaren, hagerer Statur, hoher Stirne, blauen Augen, gewöhnlichem Munde, langem Kinne, blondem Barte, länglicher Gesichtsform, blasser Farbe*, so wird der Vertreter des Kantons Hornbach beschrieben[53], der wie Bentz nicht allein für die provisorische Regierung stimmte, sondern zuvor dafür auch das Wort ergriff[54]. Im Gegensatz zu dem Zweibrücker Rechtskandidat wird Maurer keine zuvorkommende und a priori entlastende Behandlung durch die Justiz zuteil, im Gegenteil: Er sei *ein höchst übel berüchtigter Mensch*, der auch dem *höchst willfährigen Kantonalausschuß in Hornbach* angehörte. Die Anklage-Akte fährt fort: *... und hat als Anführer des dortigen 1. Aufgebotes, mit dem er ausgezogen und wenigstens bis nach Rinnthal kam, die Waffen gegen den Staat getragen, nachdem er mit dem Abgeordneten Wild*[55] *einen Brief an den Commandanten der französischen Festung Bitsch gesendet hatte, in dem sie diesen ersuchten, dem Kantonalausschuß die Waffen der königlichen Gendarmen auszuliefern, die sich auf franz. Gebiet geflüchtet hätten, da sie Eigenthum des »pfälzischen Staates« seyen und dieser ja mit der franz. Republik verbündet wäre.*

*Der Bote mit Heckerhut, rother Hahnenfeder und rother Binde verkleidet, kam jedoch nur bis zur franz. Grenzwache in Schwaigen, wo ihm der kommandierende Offizier den Brief abnahm und ihn mit dem Bemerken zurückjagte, »daß ein Kerl mit solcher Kleidung gar nicht in die Festung dürfe«. Die Waffen, welche auf Anordnung des Kantonalausschusses in Hornbach durch Private abgeliefert oder in den Wohnungen weggenommen wurden, vertheilte Maurer vor dem Abmarsche an das 1. Aufgebot ...*[56].

Bereits vor, aber auch noch während *der Bewegung* habe sich Maurer *auf's eifrigste angelegen seyn lassen, Volksvereine zu stiften und in Volksversammlungen zum Umsturz der Staatsregierung aufzureizen*. So habe er am 10. und 11. Juni 1849 auf einer Kundgebung in Hornbach dazu aufgerufen, *gegen die Fürsten, die Blutsauger und Feinde des Volkes und deren Söldlinge zu ziehen*[57].

Maurer war aber nicht allein vor Ort unermüdlich für die Unabhängigkeit der Pfalz engagiert, er schreckte selbst vor der Beteiligung am offenen Kampf nicht zurück: So stand er aktiv auf seiten der Freischärler in dem Gefecht bei Rinnthal in der Nähe von Annweiler, dem letzten bewaffneten Aufeinandertreffen mit den preußischen Truppen auf pfälzischem Boden. Am 18. Juni 1849 war die Revolution in der Pfalz damit beendet[58].

53 AA I (wie Anm. 20), S. 107.
54 AA II (wie Anm. 20), S. 141.
55 Karl Friedrich Wild, Kaufmann und Wirt aus Hornbach, war Mitglied des Hornbacher Kantonalausschusses.
56 AA II (wie Anm. 20), S. 118, – Bei ›Schwaigen‹ handelt es sich um das fünf Kilometer von Hornbach in Frankreich gelegene Schweyen.
57 Ebd.
58 H. RENNER (wie Anm. 1), S. 196.

### *Das Ende der pfälzischen Unabhängigkeit*

In der Erwartung, daß die bayerische Krone der pfälzischen Unabhängigkeitsbewegung nicht tatenlos das Feld überlassen werde und die Reaktion in Gestalt eines militärischen Einmarschs jederzeit bevorstehe, standen die Aktivitäten auf der Ebene der einzelnen Kantone und Gemeinden ganz im Zeichen von militärischen Vorbereitungen gegen diesen absehbaren Gegenzug der reaktionären Staatsgewalt. Die Kantonalausschüsse wie die Volksvereine und Gemeinden sahen sich angesichts dieser Entwicklung vor die Aufgabe gestellt, frühzeitig möglichst viele Männer für die Verteidigung zu rekrutieren, sie zu bewaffnen und für ihre Verpflegung zu sorgen. Insofern überrascht es kaum, daß die Anklage-Akte eine Fülle von derartigen Vorfällen anführt, die Kantonalvertretern wie anderen lokalen Aktivisten zur Last gelegt werden[59].

Der Bonner Kunsthistoriker Gottfried Kinkel, der als redegewandter Agitator für die provisorische Regierung die Pfalz bereiste und auf Volksversammlungen in Blieskastel am 3. Juni und in Zweibrücken am 4. Juni für die »Bewegung« warb oder auch die Stimmung und Verteidigungsfähigkeit in den einzelnen Landesteilen erkundete sowie Informationen über preußische Truppenbewegungen im bayerisch-preußischen Grenzbereich – etwa am 5. Juni in St. Ingbert – einholte, berichtete dem Leiter des pfälzischen Generalstabes, Gustav Techow, am 8. Juni[60]: *Nachdem ich hier über St. Wendel Alles erfahren was überhaupt möglich schien, schlug ich mich rechts auf die Chaussee, die von Homburg und Waldmohr nach Cusel führt, wo ich 10 Uhr Abends ankam. Die wichtigste Nachricht, welche diese Reise mir eintrug, ist die, daß Preußen plötzlich die hier seitwärts liegende Grenze auffallend stark besetzt. So ist vorgestern, den 6. des Monats, der ganze Rest des 25. Regiments, angeblich von Elberfeld kommend, in St. Wendel eingerückt und zum Theil nach Wörschweiler (...), Fürth und andere Grenzorte gelegt*[61]. Kinkel beobachtete haarscharf: Von Neunkirchen aus setzte am Mittwoch, 13. Juni, die Niederschlagung der Unabhängigkeitsbewegung ein. Um 8.30 Uhr gab Generalmajor von Webern als Befehlshaber der 2. Division des preußischen Heeres in Wellesweiler die Order zum Vormarsch über die bayerisch-preußische Grenze in Richtung Bexbach und Homburg. Die Truppenkontingente wählten dazu zwei Wegeführungen. Zum einen bewegten sie sich *auf der für den Kohlentransport gut ausgebauten Homburger Chaussee*[62], zum anderen auf der zweisträngigen Eisenbahnstrecke. Die »Ludwigseisenbahn« spielte in diesen letzten Tagen der pfälzischen Revolution eine nicht unbedeutende Rolle. Die Arbeiten zum Bau des Streckenabschnitts zwischen Homburg und Bexbach waren 1847 in Angriff genommen worden; in den Maitagen 1849 stand die zur »Rheinschanze«, dem heutigen Ludwigshafen, führende Linie kurz vor ihrer Vollendung; am 26. August 1849 sollte sie offiziell ihrer Bestimmung übergeben werden[63].

Obwohl die Bahnlinie also noch nicht in Betrieb war, verkehrte doch täglich ein Zug

59 Die Ereignisse in den Kantonen Zweibrücken, Hornbach, Blieskastel, Landstuhl und Waldmohr sind als Bestandteile der Anklage detailliert aufgeführt in AA II (wie Anm. 19), S. 112–136.

60 Über die Mission Kinkels: H. KLEIN, Gottfried Kinkel als Emissär der provisorischen Regierung der Pfalz im Frühjahr 1849 im Westrich, in: Jahrbuch für Westdeutsche Landesgeschichte 8, 1982, S. 107–135.

61 Rheinisch-Westfälische Zeitung vom 6. 9. 1850, abgedruckt bei H. KLEIN (wie Anm. 60), S. 125ff.

62 H. KLEIN (wie Anm. 26), S. 41f.

63 K. FISCHER, Wege – Straßen – Schienen – Wasser, in: 650 Jahre Stadt Homburg, Homburg 1980, S. 99.

zwischen Homburg und Bexbach, zum Transport der Baumaterialien unter anderem. Sich der strategischen Bedeutung dieses Transportmittels voll bewußt, hatte der Homburger Militärkommissär Friedrich Ehlert schon am 10. Juni das Bürgermeisteramt in Bexbach angewiesen, *den Bahnhof bei Annäherung feindlicher Truppen zu zerstören, die Schienen aufzureißen, durch die Sturmglocken sämmtliche Männer der Bürgermeisterei zu sammeln und so dem plötzlichen Vordringen entgegen zu treten*[64].

Die den Bexbacher Bahnhof bewachenden Freischärler waren somit der erste Vorposten gegen die vorrückenden Preußen; sie nutzten die unter Dampf stehende Lokomotive zunächst dazu, die Nachricht über die herannahenden Preußen nach Homburg zu bringen, fuhren dann wieder zurück, um Eisenbahnwaggons und das in Bexbach stationierte Freikorps nach Homburg zu transportieren. Am Ortsausgang geriet der Zug bei dieser Flucht offenbar unter den Beschuß preußischer Ulanen[65].

Die Truppen unter Befehl von Generalmajor von Webern nahmen sodann Bexbach ein. Dabei wurde auch Veit Zöller verhaftet, der von Waldmohr her durch die Sturmglocken alarmiert, in Richtung Mittelbexbach eilte und in Oberbexbach festgehalten wurde. Als Häftling wurde er noch am gleichen Tag dem mit den Preußen eingerückten Regierungskommissär, möglicherweise dem am 27. Mai nach Saarbrücken geflohenen Homburger Landkommissar Chelius[66], vorgeführt. Zöller war somit am 14. Juni die erste der *wegen Hochverraths in dem Verwahrungshause zu Zweibrücken verwahrten Personen*, wie es im Titel der von ihm selbst erstellten Liste von insgesamt 209 namentlich genannten Gefangenen heißt[67].

In Homburg kam es zwischen den preußischen Truppen und den Freischärlern zu einigen kleineren Scharmützeln; so sollen aus Kanonen, die in der Zweibrücker Straße in Position gestellt waren, einige wenige Salven abgegeben worden sein[68]. Das relativ geringe Ausmaß der Auseinandersetzungen in der Region vermag allerdings zu überraschen, zumal die provisorische Regierung in Homburg – neben Kaiserslautern und Mutterstadt – Feldlager hatte errichten lassen. Aktenkundig wurde dabei die führende Rolle des Zweibrücker Malers Carl Heinrich Schmolze, der eine Kompanie Freischärler kommandierte, die sich mehrmals in Homburg aufhielt, namentlich auch während des Einmarsches der Preußen. Schmolze zählt zu jenen aktiven Anhängern der pfälzischen Demokratie- und Unabhängigskeitsbewegung, die sich auch über die politische Motivation ihres Tuns äußerten. Öffentlich und ohne jedwede Rücksichtnahme auf etwaig drohende Repressalien bekannte sich Schmolze nicht allein zur Demokratie oder zur Freiheit der Meinungsäußerung, er stellte sich nachdrücklich auch hinter die Mittel und Methoden der Französischen Revolution: Im Gasthaus Zott, wo sich das Hauptquartier der Kompanie befand, sprach Schmolze etwa *von der Guillotine und Robespierres Zeiten in dem Sinne, als ob alles wieder so kommen müsse, wie damals*[69].

Der Landsturm erwies sich jedoch nicht als fähig, den Preußen in Homburg Paroli zu bieten. Ohne weiteren Widerstand zogen sich die ohnehin nur mangelhaft ausgestatteten Freischärler nach Zweibrücken zurück.

64 AA II (wie Anm. 20), S. 124.
65 K. Franz (wie Anm. 4), S. 23.
66 H. Klein (wie Anm. 26), S. 41.
67 Ebd. S. 58ff.
68 K. Fischer (wie Anm. 38), S. 53 .
69 Ebd., S. 52f.; AA II (wie Anm. 20), S. 125.

In der Tat war ihre Bewaffnung im höchsten Fall als Provisorium anzusehen. Als Beispiel dafür sei die Armierung der Bürgerwehr von Böckweiler genannt. Zwar hatte der Gemeinderat am 14. Mai 1849 entschieden, 40 Gewehre auf Kosten der Gemeindekasse anzuschaffen, gleichwohl wurde dieser Beschluß nicht ausgeführt, zumal im Anschluß lediglich noch die Rede davon war, daß 13 Blusen zur Uniformierung besorgt werden. Die Freiwilligen blieben indes nicht vollends unbewaffnet. Dem örtlichen Hufschmied wurde der Auftrag erteilt, zwölf »Heckerlanzen« herzustellen: Die eisernen Spitzen wurden auf Kiefernstangen gesteckt, so daß daraus eine Art Spieß wurde[70]. Die provisorische Regierung der Pfalz hatte am 25. Mai 1849 *im Namen des pfälzischen Volkes* per Dekret *alle Schmiede der Pfalz aufgefordert, schleunigst eine so große Anzahl Sensen zu fertigen, als ihnen nur immer möglich ist*[71]. Insgesamt war diese Bewaffnung für den Pfälzer Aufstand das bezeichnende Charakteristikum, wie sowohl die schriftlichen Quellen als auch ikonographische Darstellungen belegen: Neben einigen wenigen Feuerwaffen hatten die Freischärler nur Sensen, Wiesenbeile und ähnliche landwirtschaftliche Gerätschaften zur Verfügung – »Waffen«, die für einen Kampf gegen die hochgerüsteten preußischen Truppen kaum tauglich waren.

Der Aufstand der Pfalz für Demokratie und Unabhängigkeit war somit schnell zu Ende. Die Preußen trieben die Aufständischen aus allen Richtungen vor sich her, bis am 23. Juli 1849 mit Rastatt die letzte Festung der Revolutionäre fiel. Bis Ende Oktober arbeiteten im Badischen die preußischen Militärtribunale; standrechtliche Erschießungen, Zuchthaus und Auswanderungen in großer Zahl standen am Ende der Bestrebungen nach Demokratie und politischer Freiheit.

70 F. SCHUNK, Böckweiler. Die Geschichte eines Dorfes in der deutschen Westmark. Zweibrücken 1923, S. 46f.
71 »Bote für Stadt und Land«, Kaiserslautern, 26. Mai 1849.

# »... schätze ich mich glücklich, aus dem Zweibrücker Schlendrian herausgerissen zu sein«
## August Ferdinand Culmann im französischen Exil

VON MARTIN BAUS

*August Culmann, entlassener Anwalt in Zweibrücken, etwa 50 Jahre alt, 5 Schuh, 6 Zoll groß, von schwarzen mit grauen stark melirten Haaren, freier Stirne, braunen Augen, proportionirter Nase, schwächlicher Statur, regelmäßiger Gesichtsform, frischer Gesichtsfarbe* – mit diesen Worten beschrieb die Zweibrücker Anklagekammer August Ferdinand Culmann und führte ihn unter den insgesamt 333 angeklagten Revolutionären exponiert an achter Stelle auf[1]. Wegen *Beteiligung am revolutionären Treiben* war ihm bereits zuvor, am 15. Januar 1850, die Zulassung als Advokat am Appellationsgericht der Pfalz in Zweibrücken entzogen worden[2]. Die Gerichtsverhandlung über die Bemessung des Strafmaßes folgte im April 1851. Zusammen mit weiteren Mitgliedern des Landesverteidigungsausschusses und der am 17. Mai 1849 konstituierten provisorischen Regierung der Pfalz wurde Culmann *wegen Komplotts, Attentats und direkter Provokation durch Reden, Maueranschläge usw. vom Assisenhof in Zweibrücken zur Todesstrafe, auf dem Marktplatz daselbst zu vollziehen, verurteilt ...*[3].

Zum Vollzug des Todesurteils kam es aber nie. Zum Zeitpunkt der Gerichtsverhandlung hielt sich August Ferdinand Culmann längst in Frankreich auf. Offen ist allerdings die Frage, ob er sich der Inhaftierung in der Pfalz ganz gezielt durch eine geplante Flucht entzog oder ob er – in geheimer Mission im Auftrag der pfälzischen provisorischen Regierung – in Paris von den französischen Justizbehörden festgenommen und inhaftiert wurde.

Erhalten ist ein Schreiben, das Culmann als offiziellen Gesandten der Pfalz ausweist. *Die provisorische Regierung der Rheinpfalz ertheilt ihrem Mitgliede, dem Bürger Culmann aus Zweibrücken, Vollmacht, sich in der Eigenschaft als Regierungsbevollmächtigter nach Paris zu begeben, um mit der Regierung der französischen Republik in Unterhandlung zu treten, die*

1 Anklag-Akte, errichtet durch den 2. General-Staatsprokurator der Pfalz, nebst Urtheil der Anklagekammer des k. Appellations-Gerichtes der Pfalz in Zweibrücken vom 29. Juni 1850 in der Untersuchung gegen Martin Reichard, entlassener Notar in Speyer, und 332 Consorten, wegen bewaffneter Rebellion gegen die bewaffnete Macht, Hoch- und Staatsverraths etc., Zweibrücken 1850, Teil 1, S. 106.
2 Königlich Bayerisches Amts- und Intelligenzblatt für die Pfalz, 5. 2. 1850, S. 61; Personalakte August Culmann, LA Speyer, H 2, S. 104.
3 H. Jessen (Hg.), Die deutsche Revolution 1848/49 in Augenzeugenberichten, München 1973, S. 372; weiter heißt es dort: »... auch mit den bereits früher wegen Staats- und Hochverrats daselbst verurteilten Individuen solidarisch in die Kosten; das Gericht verordnete dabei, daß ein Auszug des Urteils binnen 3 Tagen durch den Nachrichter in Zweibrücken, Landau, Frankenthal und Kaiserslautern an einen Pfahl angeschlagen, auch gedruckt und an den vom Gesetz bestimmten Orten angeheftet, ferner, daß das Vermögen der Verurteilten als Vermögen Abwesender betrachtet und verwaltet werde«. Der Protokollband des Assisenprozesses von 1851, der die Aburteilung Culmanns am 19. April miteinschloß, gilt nach Angaben von Joachim Kermann, LA Speyer, als verschollen.

*Anerkennung der diesseitigen Regierung zu betreiben, die Hilfe der Republik Frankreich nachzusuchen, ihre Intervention selbst mit Waffengewalt zu erwirken, Schutz- und Trutzbündnisse abzuschließen …*, heißt es in dem Begleitschreiben, das die Revolutionsregierung ausstellte[4].

Die Abreise nach Paris wurde am 30. Mai 1849 bekanntgegeben; darin wurde Culmann als *Gesandter der Rheinpfalz und Badens* bezeichnet; ihm seien als *Gesandtschaftssecretäre* die Bürger Didier und Karl Blind »beigegeben« worden, *Ersterer von rheinbayerischer, Letzerer von badischer Seite*[5]. Die Meldung wurde aber schon am Tag darauf widerrufen: Culmann habe die *Function eines Bevollmächtigten der pfälzischen und badischen Regierung in Paris* abgelehnt[6].

Gegen die Übernahme dieser Mission spricht vor allem, daß Culmann an den Sitzungen der Nationalversammlung, des seit Ende Mai in Stuttgart tagenden »Rumpfparlamentes«, bis zu dessen gewaltsamer Auflösung am 22. Juni 1849 teilnahm[7]. Außerdem hielt er sich noch Anfang Juli 1849 in Cannstatt bei Stuttgart auf; von dort aus schickte er genau am 2. Juli ein Schreiben an die »Neue Speyerer Zeitung«, in dem er darlegte, aus welchen Beweggründen heraus er seine Berufung in die provisorische Regierung der Pfalz abgelehnt und sich fortan von der »pfälzischen Bewegung« abgewandt habe[8].

Diesen Aufenthaltsort Culmanns völlig außer acht lassend, waren die bayerischen Justizbehörden der festen Überzeugung, Culmann befinde sich in Paris und habe dort tatsächlich im Auftrag der provisorischen Regierung der Pfalz um Unterstützung nachgesucht. Das erste Schreiben des »Generalstaatsprokurators für die Pfalz« an die »königlich bayrische Gesandtschaft« in Paris trägt das Datum des 8. Juli 1849[9]; vermutet wurde seitens der Zweibrücker Generalstaatsanwaltschaft zudem, daß er sich aktiv an jenem Aufstand beteiligt habe, den die französische Linke am 13. Juni 1849 in Paris gegen die Regierung Louis Napoléons organisiert hatte.

Zweifelsohne war das Beglaubigungsschreiben der pfälzischen Revolutonsregierung geeignet, diesem Verdacht Nahrung zu geben, zumal Culmann in der Tat Kontakte zur französischen Linken hatte. Sein ältester Bruder Friedrich Jakob Culmann gehörte bis zu seinem Tod im April 1849 als Abgeordneter des Départements Bas-Rhin der Linken in der Pariser Nationalversammlung an, und mit Joseph Savoye, einem engen Vertrauten von Alexandre-Auguste Ledru-Rollin, dem Wortführer der Linken, hatte Culmann schon seit langem Verbindung: Savoye war wie Culmann von 1830 bis 1832 Advokat am Zweibrücker Appellationsgericht gewesen und hatte damals jenem Kreis progressiver Kräfte in Zweibrücken angehört, die sich aktiv für die Demokratisierung eingesetzt hatten[10]. Bestärkt wurden die

4 LA Speyer, J 1 (OLG Zweibrücken), Nr. 280, fol. 26 und 26 R, Disciplinar-Untersuchung gegen den Advokat-Anwalt August Culmann zu Zweibrücken; hier: Anlagen zum Antrag des k. Staatsprokurators.

5 Beilage zum Mainzer Journal Nr. 128, 30. 5. 1849.

6 Plauderstübchen, Beiblatt zum Boten für Stadt und Land Nr. 40, 31. 5. 1849.

7 Stenographischer Bericht über die Verhandlungen der deutschen constituierenden Nationalversammlung zu Frankfurt am Main, hg. von Franz Wigard, 9 Bände, Frankfurt 1849; hier: Bd. 9, S. 6851, 235. Sitzung am 22. 6. 1849.

8 LA Speyer, J 1 (OLG Zweibrücken), Nr. 280, fol. 21R–23.

9 Bay. HSTA, Bayer. Gesandtschaft Paris 4660, Schreiben vom 8. 7. 1849.

10 Vgl. dazu: K. BAUMANN, Volkserhebung und Konspiration in der pfälzischen Bewegung von 1848/49, in: Mitteilungen des Historischen Vereins der Pfalz, 60. Bd.; Speyer 1970, S. 293–317, sowie I. MELZER,

Ermittlungsbehörden in diesem Vorgehen nicht zuletzt auch durch Zeugenaussagen, nach denen Culmann sich tatsächlich in Paris aufgehalten habe und im Sinne der pfälzischen Revolutionsregierung bei Staatspräsident Louis Napoléon vorstellig werden wollte. Als Zeugen dafür wurden am 22. Oktober 1849 die Schwestern Katharina und Magdalene Seblinger, beide aus Zweibrücken, vernommen. Unabhängig voneinander berichteten sie von einem Brief ihres in Paris lebenden Bruders Vinzenz Seblinger, in dem die Aktivitäten Culmanns angeblich aufgeführt waren: Demnach habe er sich in seiner Mission als pfälzischer Gesandter nicht nur bemüht, beim Staatspräsidenten vorzusprechen, sondern auch bei Ministern. Beide Versuche seien aber gescheitert[11].

Für die bayerischen Ermittlungsbehörden stand es aufgrund dieser Aussagen außer Frage, daß Culmann sich tatsächlich in Paris aufgehalten haben muß. Gestützt auf die vorliegenden Indizien wurden andere Möglichkeiten, seinen Aufenthaltsort betreffend, erst gar nicht mehr in Erwägung gezogen. In mehreren Schreiben wird die Bayerische Gesandtschaft in Paris aufgefordert, Ermittlungen einzuleiten und Informationen über Culmann einzuholen[12].

Die Nachforschungen konzentrierten und beschränkten sich dabei immer wieder allein auf den Verdacht, daß Culmann tatsächlich im Auftrag der Pfalz abgereist war.

Dies wird deutlich aus einem Schreiben, das der bayerische Botschafter in Frankreich, Wendland, an den französischen Justizminister de la Hitte richtete.

Obwohl die bisherigen Ermittlungen ausnahmslos völlig ergebnislos verlaufen waren, bat der Gesandte um *einige Auskünfte über den gewissen Culmann aus Zweibrücken ..., der in Paris aufgefunden sein muß, am Ende des Monats Mai, um die Unterstützung Frankreichs zu beantragen für die provisorische Regierung von Kaiserslautern*[13]. Der Adressat wies das Ansinnen des bayerischen Botschafters aber rundweg zurück. Da es sich auf eine *rein politische Angelegenheit bezieht*, ließ der Justizminister wissen, könne er Nachforschungen über August Culmann grundsätzlich nicht veranlassen[14]. So blieb dem Gesandten nichts anderes übrig, als wenige Tage später, am 26. Dezember 1849, den Ermittlungsbehörden die lapidare Erklärung zu liefern, daß es *nicht gelungen ist, etwas Bestimmtes über den Aufenthalt von Anwalt Culmann in Paris zu erfahren*[15].

Nicht beantwortet ist damit allerdings die Frage, an welchem Ort sich Culmann in der Zeit unmittelbar nach der Niederschlagung der pfälzischen und hernach der badischen Demokratiebewegung aufhielt. Als die pfälzischen Freischärler am 16. Juni 1849 im Annweiler Tal bei Rinnthal von den zahlenmäßig und kriegstechnisch weit überlegenen Militäreinheiten Preußens geschlagen wurden, nahm er an den Sitzungen des »Rumpfparlamentes« in Stuttgart teil. Nach dessen gewaltsamer Auflösung am 22. Juni 1849[16] ist als weiterer Aufenthaltsort am 2. Juli 1849 Cannstadt bei Stuttgart nachgewiesen. Von da an verliert sich nun allerdings die

Pfälzische Emigranten in Frankreich während und nach der Revolution von 1848/49, Teil 1 in: Francia 12, 1984, S. 372–424, Teil 2 in: Francia 13, 1985, S. 369–407.

11 Bay. HSTA, Bayer. Gesandtschaft Paris 9322, Zeugenvernehmungsprotokoll.

12 Ebd., Bayer. Gesandtschaft Paris 4659, Schreiben vom 12. 7. 1849; 4660, Schreiben vom 12. 7. 1849, 9. 10. 1849, 25. 10. 1849; 9332, Schreiben vom 24. 10. 1849, 26. 12. 1849.

13 Ebd., Bayer. Gesandtschaft Paris 9322, Schreiben vom 23. 11. 1849.

14 Ebd., Bayer. Gesandtschaft Paris 9322, Schreiben vom 21. 12. 1849.

15 Ebd., Bayer. Gesandtschaft Paris 9322, Schreiben vom 26. 12. 1849.

16 B. Mann, Das Ende der Deutschen Nationalversammlung im Jahre 1849, in: Historische Zeitschrift 214, 1972, S. 306f.

Spur. Möglicherweise hielt sich Culmann so lange in Baden auf, bis auch dort der demokratisch motivierte Aufstand niedergeschlagen war: Rastatt kapitulierte am 23. Juli 1849[17]. Nicht zu belegen ist indes die wiederholt vorgetragene These, er sei zunächst – eventuell über Friedrichshafen – in die Schweiz geflohen[18].

Der erste Nachweis über seinen Aufenthaltsort kommt aus Frankreich und steht in Zusammenhang mit der Disziplinaruntersuchung, der er sich als am Appellationsgerichtshof zugelassener Advokat aufgrund seines Engagements in der pfälzischen Verfassungskampagne zu unterziehen hatte. Zu den Vorwürfen, die von Staats wegen gegen ihn erhoben wurden[19], äußerte sich Culmann mit einer schriftlich abgefaßten Verteidigung[20]. Geschrieben worden ist dieser Text, der über Culmanns Verteidiger Gustav Gulden[21] in den Verhandlungen des Appellationsgerichtes Verwendung fand[22], am 9. November 1849 im lothringischen Bitsch – in unmittelbarer Nachbarschaft von Zweibrücken also, wo das Disziplinarverfahren gerade stattfand.

Merkwürdigerweise blieb dieser Aufenthaltsort bei den parallel dazu stattfindenden Ermittlungen der Strafverfolgungsinstanzen völlig unbeachtet. Die Weigerung des französischen Justizministers, Nachforschungen über Culmann anzustellen, weil es sich um eine *rein politische Angelegenheit* handelte, hatte indes zur Folge, daß sich die Ermittlungsbehörden nunmehr an den französischen Innenminister wandten. Mit Beginn des Jahres 1850 wurde schließlich die gezielte Fahndung in Frankreich eingeleitet: Am 21. Januar 1850 genau forderte der Innenminister »detailliertere« Personalangaben über den Gesuchten: *Bevor er die Untersuchung weiter betreiben kann, betrachte er es als unabdingbar, die Vornamen, das Alter und die Personenbeschreibung des Dr. Culmann zu kennen*, wurde der bayerische Gesandte in Paris deutlich darauf hingewiesen, daß die Nachforschungen bisher eher dilettantisch betrieben worden sind und nun eine systematische Suche in die Wege geleitet werde[23].

Ende des Jahres stand nun endlich fest, daß sich August Ferdinand Culmann in Metz aufhielt, und mit ihm der ebenfalls gesuchte Friedrich Schüler: Wie Culmann in Bergzabern

17 W. Real, Die Revolution in Baden 1848/49, Stuttgart 1983, S. 170f.

18 So z. B. K. Franz, August Ferdinand Culmann und die Erschließung des Höcherberges für Wirtschaft und Verkehr, in: Die Pfalz am Rhein 18, 1935, S. 85f., A. Stumpfs, Advokat, Parlamentarier, Wirtschaftler, Zum 60. Todestag August Ferdinand Culmanns – Der Gründer der Steinkohlengrube Frankenholz, in: Saarländische Volkszeitung, Nr. 211 vom 12. 9. 1951, N.N., Zweibrücker im Frankfurter Parlament, in: Aus heimatlichen Gauen 6, Nr. 44 vom 11. 11. 1930; mit neuerem Datum auch G. Hildebrandt, Parlamentsopposition auf Linkskurs, Berlin 1975, S. 262.

19 LA Speyer, J 1 (OLG Zweibrücken), Nr. 280, Disciplinar-Untersuchung gegen den Advokat-Anwalt August Culmann zu Zweibrücken, fol. 5–26.

20 Ebd., fol. 33–45.

21 Gustav Gulden, geb. 1808 in Mörzheim/Pfalz, war ein Neffe von August Culmann. Wie dieser war Gulden (ab 1839) Advokat in Zweibrücken und wurde 1848 für den Wahlbezirk Homburg in die Nationalversammlung in der Frankfurter Paulskirche entsandt. Dort gehörte er der gemäßigten Linken, der Fraktion »Westendhall«, an. Schließlich gehörte auch Gulden dem Stuttgarter »Rumpfparlament« an. An der pfälzischen Verfassungsbewegung beteiligte er sich indes nicht; nach deren Niederschlagung nahm er seine Advokatur in Zweibrücken wieder auf. Über ihn: H. Niebour, Die Vertreter der Rheinpfalz in der Frankfurter Nationalversammlung, in: Pfälzische Geschichtsblätter 11, 1910, S. 98f., R. Koch (Hg.), Die Frankfurter Nationalversammlung, Handlexikon, Kelkheim 1989, S. 197.

22 LA Speyer, J 1 (OLG Zweibrücken), Nr. 280, Disciplinar-Untersuchung gegen den Advokat-Anwalt August Culmann zu Zweibrücken, fol. 47–60.

23 Bay. HSTA, Bayer. Gesandtschaft Paris 9322, Schreiben vom 21. 1. 1850.

gebürtig und wie Culmann Advokat am Appellationsgericht in Zweibrücken hatte sich Schüler bereits nach dem Hambacher Fest nach Frankreich geflüchtet und sich in den 1840er Jahren auf sein Gut St. Ruffine in der Nähe von Metz zurückgezogen. Nach der Märzrevolution 1848 trat er als Abgeordneter der Pfalz in der Nationalversammlung wieder in Erscheinung und wurde vom Stuttgarter Rumpfparlament im Juni 1849 in die fünfköpfige Reichsregentschaft berufen. Mit Daniel Pistor hielt sich schließlich ein weiterer Vertreter aus dem Zweibrücker Kreis der demokratischen Opposition in Metz auf. Pistor, 1807 ebenfalls in Bergzabern geboren, hatte sich der Verfolgung nach dem Hambacher Fest durch die Flucht nach Straßburg entzogen. In Metz arbeitete er seit 1841 als Rechtsanwalt und hatte sich insbesondere als Verteidiger in politischen Prozessen einen Namen gemacht[24].

Zwar war zunächst die Rede davon, daß Culmann und Schüler überwacht und interniert werden sollen[25], doch schien sich die Situation der Flüchtlinge nun, nachdem ihr Aufenthaltsort den französischen Behörden bekannt war, zu entspannen. Moderater im Ton wurden auch jene Schreiben aus der Pfalz, mit denen die Ermittlungsbehörden ihre Nachforschungen über Culmann fortsetzten.

Eher vorsichtig fragte etwa das Landkommissariat Zweibrücken im November 1853 an, *ob der Dr. Culmann und seine Kinder, bayerische Flüchtlinge, als naturalisierte Franzosen zu betrachten sind*[26]. August Ferdinand Culmann hatte, wie durch dieses Schreiben offenkundig wird, bereits 1850 den Antrag gestellt, ihm auf Dauer die Niederlassung in Frankreich zu genehmigen. Die amtliche Erlaubnis, den Wohnsitz in Frankreich zu nehmen, stellte die erste Voraussetzung für spätere »Naturalisierung«, die Gewährung der französischen Staatsbürgerschaft, dar. Culmann und seine Angehörigen hielten sich gleichwohl nach wie vor als politische Flüchtlinge in Metz auf. Der Antrag auf Wohnsitznahme war abgelehnt worden; infolgedessen wurde August Culmann, der 1832 geborene Sohn von August Ferdinand Culmann, auch nicht zur Ableistung des Wehrdienstes in Frankreich herangezogen[27].

Wie lebte August Ferdinand Culmann im Exil? Einblicke in seine Situation in Ban-St.Martin nahe Metz[28] geben Briefe, die er an Christian Dingler, den Begründer der Zweibrücker Maschinenfabrik, geschrieben hat. Mit ihm hatte er sich 1848/49 im Vorstand des Zweibrücker Volksvereins für liberal-demokratisches Gedankengut engagiert, mit ihm verband ihn ein besonders freundschaftliches Verhältnis[29]. Selbst nach der Flucht bestanden die intensiven Kontakte zu Christian Dingler weiter.

Offensichtlich hatte Culmann in dieser ersten Phase des Exils mit gesundheitlichen Problemen zu tun. So berichtete er von *Magenleiden*, die ihn 1853 befallen hätten, von denen er Ende 1854 aber wieder genesen war. Das von ihm angewandte Mittel empfahl er Dingler[30],

24 Vgl. dazu: K. Baumann bzw. I. Melzer (wie Anm. 10).

25 Bay. HSTA, Bayer. Gesandtschaft Paris 4667, Schreiben vom 31. 12. 1850 bzw. vom 3. 1. 1851.

26 Ebd., Bayer. Gesandtschaft Paris 5215, Schreiben vom 28. 11. 1853.

27 Ebd.

28 Der Verwaltung von Ban-St. Martin ist laut Mitteilung vom 13. 11. 1991 nichts über den Aufenthalt von August Ferdinand Culmann bekannt.

29 R. Schreiber, Christian W. N. Dingler zwischen Revolution und Reaktion, in: Zweibrücken 600 Jahre Stadt 1352–1952, Festschrift zur 600-Jahr-Feier, hg. vom Historischen Verein Zweibrücken, Zweibrücken 1952, S. 205–218.

30 Brief von August Ferdinand Culmann an Christian Dingler vom 19. Dezember 1854, Nachlaß Dingler im Privatbesitz von Hans Ketterl, Landstuhl/Pfalz.

der ebenfalls an einer Magenerkrankung litt: *Kein Exzeß, welcher Art er sein mag. Enthaltung von allem Essen und Trinken zwischen den regelmäßigen Mahlzeiten, und dabei eine leicht verdauliche, aber kräftige Nahrung, bestehend hauptsächlich in gut gebratenem Fleisch und Bordeauxwein, dies habe ich gefunden ist das beste Mittel gegen alle Magenbeschwerden; besser namentlich als alle Bäder. Dadurch, wie insbesondere nach Annahme der französischen Lebensweise, wobei der Milchkaffee verbannt ist und man morgens 9 Uhr ein consistentes Frühstück, bestehend in Fleisch, nimmt, und damit bis fünf Uhr abends herumläuft, habe ich mich jetzt so gefestigt, daß ich mich ungleich wohler fühle, als das vor sieben Jahren der Fall war*, schrieb er im September 1856 an Dingler, dessen Erkrankung sich inzwischen verschlimmert hatte[31].

In Ban-St. Martin beschäftigte sich Culmann mit Finanzgeschäften, beobachtete die Vorgänge an den internationalen Börsen, investierte in Aktien, spekulierte gemeinsam und in Absprache mit Dingler. In den Briefen nahmen die Beratungen über derartige Transaktionen breiten Raum ein: *Was die anderen Werthschaften betrifft, in welche einzutreten wäre, so ist jeder Rath hierüber sehr sehr schwierig, da dieser nur von den augenblicklichen Kursen im Moment des Ankaufs abhängen kann, sowie von dem größeren oder geringeren Muth, den der Käufer besitzt. Da ich diesen bei Dir voraussetze, Deine Vermögensverhältnisse kenne und namentlich weiß, daß das in der Méditerraneé vakante Kapital bis zu ⅔ in einem Gewinn besteht, so mache ich Dich auf eine Wertschaft aufmerksam, die von der großen Masse zwar als sehr gefährlich betrachtet wird, für alle diejenigen aber, die in dasselbe Vertrauen setzen, zum größten Glück angeschlagen ist. Es ist dies der Crédit mobiliar parisien, der heute noch unter den Méditerraneé steht und nächstes Jahr wieder einen Dividenden von mehr als 200 frs, also noch einmal soviel als Méditerraneé abwerfen wird, abgesehen selbst von denjenigen benefices, welche die Actionnäre durch Subcription aus Wertschaften aller Art au pair erlangen*[32]. Auch zu seinen eigenen Lebensumständen, zu seiner persönlichen Situation als Flüchtling im Jahre 1854 äußerte sich Culmann Dingler gegenüber: *Du siehst, in fremdem Lande lernt man vieles, woran man zu Hause nicht gedacht hat, und in jeder Hinsicht schätze ich mich jetzt glücklich, ... malgré moi aus dem Zweibrücker Schlendrian herausgerissen zu sein*[33]

Knapp zwei Jahre später war von dieser großen Zufriedenheit keine Rede mehr: Zwar stellte ihm die Verwaltung von Ban-St. Martin am 24. September 1856 einen für Frankreich gültigen Flüchtlingsausweis aus[34], doch ließ er zur gleichen Zeit Dingler wissen, daß er den Ort verlassen wolle – der Aufenthalt dort sei ihm jetzt *von allen Seiten entblößt*, zu einsam also. Er trug sich mit dem Gedanken, nach Zürich umzuziehen, *wo ich unter mehreren Verwandten noch so viele Freunde und Bekannte finde*. Die Umzugspläne schienen schon sehr weit gediehen, der Wohnortwechsel schien unmittelbar bevorzustehen, zumal Culmann fest damit rechnete, höchstens noch bis Ende Oktober in Frankreich zu bleiben[35]. Tatsächlich ließ er sich zunächst in der Nähe von Bitsch nieder. Dort hatte er am 2. Februar 1857 das Gut Heiligenbrunnen zwischen Kleinrederchingen (Petit-Réderching) und Enchenberg erwor-

31 Ebd., Brief vom 12. 9. 1856 – Dingler starb 1858, vermutlich an Magenkrebs.

32 Ebd.

33 Ebd., Brief vom 19. 12. 1854.

34 AD Bas-Rhin, Strasbourg, 3 M 431.

35 Brief von August Ferdinand Culmann an Christian Dingler vom 12. 9. 1856, Sammlung Ketterl, Landstuhl.

ben[36]. Am 20. Juli 1857 zog er dann nach Straßburg um[37]. Dort studierte sein Sohn August Pharmazie. Dieser Wohnungswechsel hatte für Culmann bürokratische Turbulenzen zur Folge, weil er als politischer Flüchtling die französischen Behörden nicht um eine entsprechende Genehmigung ersucht hatte.

Am 10. November 1857 wurden sie auf den Umzug aufmerksam; das französische Innenministerium forderte die Präfektur des Départements Bas-Rhin umgehend auf, von Culmann eine Erklärung zu seinem Verhalten einzuholen und bat gleichzeitig um Informationen über sein Verhalten und seine Kontakte[38].

Unmittelbar darauf wurde August Ferdinand Culmann in seiner Wohnung in der Rue de la Gare 9 vernommen[39].

Das Vernehmungsprotokoll zitiert die Begründung Culmanns: *Ich habe meinen bisherigen Aufenthaltsort deswegen ohne Genehmigung verlassen, weil ich diese Formalität für nicht notwendig hielt, und ich bin nach Straßburg gezogen, um bei meinem Sohn leben zu können, der in dieser Stadt Pharmazie studiert und auch, weil es einfacher ist für mich, von Zeit zu Zeit das 100 Hektar große Gehöft zu besuchen, das ich in den Gemeinden Heidenberg und Oem (Moselle) erworben habe.*

*Ich wohne in der »Rue de la gare 9«, wo ich 2000 francs Miete bezahle. Im vergangenen September habe ich auf der Straßburger Präfektur einen Antrag gestellt und im Gegenzug die Aufenthaltsgenehmigung erhalten. Ich bin der Bruder jenes Herrn Culmann, der Artillerieoberst und Abgeordneter des Départements Bas-Rhin war*[40]. Im Untersuchungsbericht an den französischen Innenminister wird im Anschluß an die Wiedergabe von Culmanns Aussage festgestellt, daß dieser *sehr zurückgezogen lebt und keine Besuche empfängt*. Es sprächen keinerlei Gründe dafür, Culmanns Wohnsitznahme in Straßburg abzulehnen. Falls der Innenminister gegen die Anwesenheit *dieses Fremden* in Straßburg nichts einzuwenden habe, werde man ihm die Aufenthaltsgenehmigung ausstellen[41].

Von Straßburg aus begann August Culmann nun auch, die Gründung der Frankenholzer Grube in die Wege zu leiten. Zusammen mit Christian Dingler faßte er das Projekt, für das er 1845 die Konzession erhalten hatte, wieder ins Auge. Allerdings stießen sie zunächst auf das Problem, daß sich nicht genügend Gesellschafter fanden. In den Briefen von Culmann an Dingler war zudem viel von Zweifeln die Rede, ob denn wohl neuerliche Bohrversuche mit Erfolg gekrönt sein würden.

Nicht zuletzt deswegen trugen sich beide zeitweise auch mit dem Gedanken, die Konzession für das Frankenholzer Grubenfeld zum Verkauf anzubieten[42]. Culmanns Bemühungen, aus dem Exil heraus das Bergwerksprojekt zu realisieren, hatten schließlich aber doch Erfolg.

36 Notarielle Beurkundung vom 2.2.1857; AD Moselle, Metz.

37 Eintragung im Register de la Population 1850–1870, AM Strasbourg.

38 AD Bas-Rhin, Strasbourg, 3 M 431, Schreiben vom 10. bzw. 13.11.1857.

39 Heute laut Mitteilung des AM Strasbourg vom 16.8.1991 »Rue du Marché 9«.

40 AD Bas-Rhin, Strasbourg, 3 M 431, Schreiben vom 16.11.1857. Bei dem genannten Gehöft »in den Gemeinden Heidenberg und Oem (Moselle)« handelt es sich aller Wahrscheinlichkeit nach um einen Übertragungsfehler des Protokollanten; Culmann selbst schreibt in Briefen an Dingler (u.a. 23.5.1858) von Heiligenbrunnen. Orte mit Namen Heidenberg und Oem konnten nicht nachgewiesen werden.

41 Ebd., Schreiben vom 21.11.1857.

42 Briefe von August Ferdinand Culmann an Christian Dingler vom 9.4.1858 bzw. 23.5.1858, Sammlung Ketterl, Landstuhl.

1865 wurde im lothringischen Forbach die »Frankenholzer Bergwerksgesellschaft« gegründet[43]. Als deren Präsident hatte Culmann zu diesem Zeitpunkt im übrigen nicht mehr den Status eines politischen Flüchtlings: Am 9. September 1861 war er durch eine kaiserliche Verfügung, die vom französischen Geheimdienst und dem Justizministerium gegengezeichnet wurde, französischer Staatsangehöriger geworden[44].

Parallel zu dieser Einbürgerung ging auch eine Entspannung der Beziehungen zu den deutschen Ermittlungsbehörden einher. Obwohl er als zum Tode Verurteilter offiziell noch immer auf den Fahndungslisten der politischen Polizei stand[45], wurden ihm *durch allerhöchste Entschließung* am 4. Juli 1863 ein zweimonatiger Kuraufenthalt in Baden-Baden gestattet[46]. Die Generalamnestie des bayerischen Königs Ludwig II. vom 10. Juli 1865[47] für die Akteure der Revolution machte schließlich eine gefahrlose Rückkehr nach Bayern möglich, gleichwohl blieb August Culmann zunächst in Straßburg. Später ließ er sich in Forbach nieder, wo sein älterer Sohn August eine Apotheke betrieb und sein jüngerer Sohn Friedrich Notar war[48]. Selbst als Forbach mit der Annektierung Elsaß-Lothringens 1871 dem Deutschen Kaiserreich angegliedert wurde, behielt er seine französische Staatsangehörigkeit.

Noch 1884, als auf Frankenholz bereits Kohle gefördert wurde und der weitere Aufbau des Bergwerks forciert wurde, hieß es über August Ferdinand Culmann: *Il habite en ce moment encore la Bavière rhénane, mais comme Français, ayant repris la nationalité dans laquelle il était né*[49].

43 A. F. Culmann, Denkschrift über das Frankenholzer Kohlenbergwerk, Straßburg 1867, S. 1.
44 Bulletin des lois de l'Empire français, XI. série, Deuxième Semestre de 1861, Paris 1862, S. 950.
45 Anzeiger für die politische Polizei Deutschlands auf die Zeit vom 1. 1. 1848 bis zur Gegenwart, Dresden 1856, S. 93, 99, 186–188, 194, 240 und 243.
46 LA Speyer, J 1 (OLG Zweibrücken), Nr. 297, fol. 2R.
47 »Gesetz, die Ertheilung einer Amnestie wegen der im Jahre 1849 verübten politischen Verbrechen und Vergehen betr.«, in: Königlich Bayerisches Kreis-Amtsblatt der Pfalz, Nr. 49 vom 8. 8. 1865, S. 1079f.
48 E. Gummi, Chronik der Bergzaberner Linie der Familie Culmann, Strassburg 1898, S. 9 bzw. 13.
49 Ch. Staehling, Histoire contemporaire de Strasbourg et de l'Alsace 1830–1852, Nice 1884, S. 348.

# Valmy versus Leipzig
## Culmann und die 50-Jahr-Feier der Leipziger Völkerschlacht

VON WOLFGANG MÜLLER

Die von der Fürsten-Koalition gewonnene Völkerschlacht bei Leipzig war ein *Sieg der entschiedensten und gewaltthätigsten Reaction … über das Revolutionsprinzip*. Daher kann *das deutsche Volk nicht der Sieger bei Leipzig gewesen sein … Die Rheinländer sind nicht gewöhnt, einem kurzsichtigen und engherzigen Nationalgefühl zu lieb, das, wie man fest glauben soll, sich nur mit Franzosenhaß nähren will, solche Siege zu feiern*[1].

Diese kritische Bewertung der Leipziger Völkerschlacht und die dazu kontrastierende positive Bilanz der Errungenschaften der Französischen Revolution markieren den Spannungsbogen einer Broschüre, die der damals fast 60jährige, im Straßburger Exil lebende August Ferdinand Culmann im November 1863 unter dem Titel »Die Nichtbetheiligung der rheinischen Städte am Leipziger Feste vom 18. October« verfaßt hat.

Da sich die historische Forschung zuletzt verstärkt den politischen Festen des 19. und 20. Jahrhunderts zuwendet[2], versteht sich die folgende Miszelle auch als regionalgeschichtlicher Mosaikstein zur Rezeption des 50jährigen Völkerschlacht-Jubiläums, acht Jahre vor der durch Blut und Eisen und den Sieg Preußen-Deutschlands gegen den französischen »Erbfeind« vollzogenen Bismarckschen Reichsgründung und 50 Jahre vor der Errichtung des monumentalen Völkerschlachtdenkmals und den imposanten Jahrhundertfeiern, die 1913 am Vorabend des Ersten Weltkrieges die Befreiungskriege zum nationalen Mythos verklärten[3].

Im Zentrum der Analyse steht zunächst Culmanns kaum bekannte, zwar keine aktuelle politische Positionsbeschreibung bietende, aber doch in der historischen Retrospektive seine unverhohlene Sympathie zu den Ideen von 1789 und sein positives Bild der Französischen Revolution um so deutlicher spiegelnde Schrift, ehe dann in einigen Streiflichtern das Umfeld der Leipziger Feiern und die Reaktion der linksrheinischen Städte beleuchtet werden[4].

Mit seiner elf Seiten umfassenden, bei G. Silbermann am Straßburger Thomasplatz 3 gedruckten und auf den 12. November 1863 datierten Broschüre hat August Ferdinand Culmann die Nicht-Teilnahme der rheinischen Städte am Leipziger Völkerschlacht-Jubiläum

1 Vgl. A. F. Culmann, Die Nichtbetheiligung der rheinischen Städte am Leipziger Feste vom 18. October, Straßburg 1863, S. 10.

2 D. Düding, P. Friedemann, P. Münch (Hrsg.), Öffentliche Festkultur. Politische Feste in Deutschland von der Aufklärung bis zum Ersten Weltkrieg, Reinbek 1988.

3 W. Siemann, Krieg und Frieden in historischen Gedenkfeiern des Jahres 1913, in: D. Düding, P. Friedemanmn, P. Münch (wie Anm. 2), S. 298–319.

4 Zum allgemeinen Umfeld Universitätsbibliothek und Deutsche Bücherei Leipzig (Hrsg.), Die Völkerschlacht bei Leipzig. Eine bibliographische Übersicht, Leipzig 1963.

verteidigt. Er bezog damit Stellung gegen *leichtfertige* Vorwürfe in der zeitgenössischen deutschen Presse, die rheinischen Städte hätten *nur aus Furcht vor Frankreich die Einladung zu jenem Feste zurückgewiesen*[5]. Wahrscheinlich wendet sich Culmann direkt gegen den *Rückblick auf die Jubelfeier der Völkerschlacht bei Leipzig*, der im »Deutschen Museum«, der von Robert Prutz herausgegebenen »Zeitschrift für Literatur, Kunst und öffentliches Leben«, erschienen war. Denn dort war nicht nur die *Mißgunst und das Übelwollen* der preußischen Behörden und Militärs, sondern auch *die Befangenheit und Kurzsichtigkeit einzelner städtischer Behörden* gegenüber der Feier heftig kritisiert worden[6]. Die rheinischen Städte seien *noch nicht frei von particularistischen Regungen*, ihr Patriotismus weise *noch immer seine schwachen Stellen* auf und man habe die Teilnahme am Leipziger Jubelfest aus Gründen versagt, *in denen politische Verbitterung mit engherzigem Pfahlbürgertum und ängstlicher Rücksichtnahme auf den ›mächtigen Nachbarstaat im Westen‹ sich zu einem höchst widerwärtigen Ganzen vereinigten*[7].

Gegen dieses Verdikt bezog der am Schluß mit *gewesener Advokat in Zweybrücken und Mitglied der National-Versammlung in Frankfurt*[8] unterzeichnende Culmann Position. Zunächst hatte er seinen »Artikel« einer nicht näher bezeichneten liberalen rheinischen Zeitung – möglicherweise der »Kölnischen Zeitung«? – angeboten. Da aber die Redaktion den Vorwurf *französischer Propaganda fürchtete* und eine Publikation ablehnte, legte der im Straßburger Exil weilende Autor den Beitrag *dem hiesigen Publikum vor, damit dasselbe aus dem Inhalte erkenne, welche geschichtlichen Thatsachen und Erörterungen eine schriftliche Ausarbeitung nicht enthalten darf, wenn sie heute in der deutschen Presse Aufnahme finden soll*[9].

Während Culmann einleitend seine Freude über die Nicht-Teilnahme der meisten südwestdeutschen, sächsischen und auf dem linken Rheinufer gelegenen Städte bekundet, betrachtet er *die eigene Geschichte*, das *Andenken an ihre Väter*, die *Pflicht des Dankes für die von Frankreich erhaltenen Wohlthaten* sowie den *politischen Charakter der Schlacht von Leipzig selbst*[10] als die vier entscheidenden Motive für das Fernbleiben der rheinischen Kommunen. Nachdem er rückschauend als Negativfolie das Panorama der verkrusteten und zersplitterten Feudalherrschaften des Ancien Régime mit ihrer Abgabenlast, *Laune und Willkühr* gezeichnet hat, beschwört er die die Welt des Alten Reiches zertrümmernden Errungenschaften der Französischen Revolution, die *die Rheinländer aus dieser traurigen, jammervollen Lage … wie durch Zauberschlag erlöste*[11]. Denn die Feudalherren wurden vertrieben, ihre Schlösser verbrannt, *alle Schranken zwischen den verschiedenen Territorien sammt den Wildzäunen eingerissen, alle Feudallasten … ohne Entschädigung vernichtet*, Zünfte, Korporationen und die Privilegien von Adel und Geistlichkeit aufgehoben und sowohl *die unbedingte abgabenlose Freizügigkeit vom Rheine bis zu den Pyrenäen* als auch

5 Vgl. A. F. Culmann (wie Anm. 1), S. 3 (Vorwort).
6 Ein Rückblick auf die Jubelfeier der Völkerschlacht bei Leizig, in: Deutsches Museum. Zeitschrift für Literatur, Kunst und öffentliches Leben 1863, Jg. 13,2, Nr. 46, S. 713–719. Zitat S. 714 und S. 718.
7 Ebd., S. 718.
8 A. F. Culmann (wie Anm. 1), S. 11.
9 Ebd., S. 3 (Vorwort). Nähere Angaben zur Genese und Rezeption der Broschüre fehlen.
10 Ebd., S. 4. Dort auch alle folgenden Zitate.
11 Ebd., S. 5. Dort auch alle folgenden Zitate.

*das große Prinzip der vollen Gleichberechtigung jedes Staatsbürgers vor dem Gesetze proclamiert.* Auf dem *von allen mittelalterlichen Lasten und Instituten gereinigten Boden hat sodann der geniale Geist Napoleons des I. den schönen Bau des französischen Civilrechtes und aller derjenigen Institutionen aufgeführt, die, in ihrem großen Ganzen, heute noch dem jenseitigen Deutschland als Muster zur Nachahmung dastehen, und damit nicht blos das alte Frankreich, sondern auch die Rheinlande dotiert.*

Culmann hebt aber nicht nur die Bedeutung der napoleonischen Gesetze und die fortdauernde Tradition der rheinischen Institutionen[12] hervor. Vielmehr verweist er ferner auf die positive Resonanz der Französichen Revolution im linksrheinischen Deutschland und erinnert beispielsweise an das Gesuch der Gebiete um Kandel und seiner damals pfalz-zweibrückischen Heimatstadt Bergzabern, 1793 in die Franken-Republik aufgenommen zu werden[13].

Gerade die *von Frankreich erhaltenen Wohlthaten* begünstigten die engen emotionalen Bindungen zwischen dem linksrheinischen Deutschland und Frankreich, dem man sich *nicht gezwungener Weise, vielmehr von ganzem Herzen* anschloß[14] und dem man *mit Freuden alle die schweren Opfer an Menschen und Geld* brachte, die *zum Schutze jener herrlichen Errungenschaften* und zur Abwehr der aus Culmanns Sicht vor allem durch die englische Aristokratie und das englische Geld geförderten Fürsten-Koalitionen notwendig waren[15]. Deshalb hätten die Rheinländer wie die Polen nicht nur bei Leipzig, sondern auch in den folgenden Schlachten dem von Culmann als Vollender der Revolution charakterisierten Napoleon die Treue gehalten, zumal er ja *mit so kräftigem Arme die großen Interessen der demokratischen Revolution von 1789 dem Auslande gegenüber repräsentirt hatte.*

Bilden die Französische Revolution und die Ideen von 1789 zunächst den Kontrast zur Welt des Ancien Régime, so stellt der Autor in den folgenden Passagen die Schlacht bei Valmy den kriegerischen Auseinandersetzungen bei Leipzig gegenüber. Zwar hätten durchaus ursprünglich Valmy als Befreiungssieg und Leipzig als *Befreiung von so vielen Kriegsdrangsalen und als Genugthuung für das so schwer verletzte Nationalgefühl*[16] gefeiert werden können. Aber die *momentane Genugthuung eines Nationalgefühls* oder die *Befreiung von temporären Kriegsdrangsalen* entscheiden keineswegs *über den politischen Charakter einer Schlacht.* Maßgebliches Kriterium sind vielmehr *die großen Folgen, welche eine Schlacht im Hinblick auf den socialen Fortschritt und auf die freiheitliche Entwicklung der Völker zurückgelassen hat,* wobei diese Folgen zugleich *die wahre Person des Siegers* und *dessen letzte Absichten* verdeutlichen. In dieser Perspektive symbolisiert Valmy den *Sieg des wahren Fortschrittes,* den *Ausgangspunkt der ganzen jetzigen Civilisation* und das für Europa *glück-*

12 Zu den rheinischen Institutionen zuletzt unter anderem H.-J. Becker. Die bayerische Rheinpfalz und das rheinische Recht, in: E. Wadle (Hrsg.), Siebenpfeiffer und seine Zeit im Blickfeld der Rechtsgeschichte (Schriften der Siebenpfeiffer-Stiftung Bd. 1), Sigmaringen 1991, S. 19–31.

13 Zur Bergzaberner Republik H. G. Haasis, Gebt der Freiheit Flügel. Die Zeit der deutschen Jakobiner 1789–1805, Bd. 1. Reinbek 1988, S. 133ff. Zur Südpfalz außerdem meinen Beitrag W. Müller, Munizipalrevolution und Stadtrevolte. Die Auswirkungen der Französischen Revolution in der französischen Festungsstadt Landau und dem pfalz-zweibrückischen Vogteisitz Annweiler, in: K. O. von Aretin, K. Härter, Revolution und konservatives Beharren. Das Alte Reich und die Französische Revolution, Mainz 1990, S. 95–104.

14 A. F. Culmann (wie Anm. 1), S. 5. Dort auch alle folgenden Zitate.

15 Ebd., S. 6. Dort auch alle folgenden Zitate.

16 Ebd., S. 7. Dort auch alle folgenden Zitate.

*lichste Ereigniß ... seit Jahrhunderten*, da infolge des französischen Sieges *der große Revolutionsgedanke von 1789* in allen Ländern zwischen Rhein, Alpen und Pyrenäen zum Durchbruch kam und eine alle Völker Europas durchdringende *moralische Kraft* gewann[17].

Demgegenüber folgte auf Leipzig die restaurative, das göttliche Recht predigende und daher *jede freiheitliche Entwicklung der Völker ... gewaltsam* unterdrückende Heilige Allianz. Während die Kongresse von Laibach und Verona 1822 und 1823 *alle Freiheiten und konstitutionellen Rechte der Italiener und Spanier der Autokratie* opferten, beseitigte man in Frankreich die napoleonische Dynastie als vermeintlich *alleinige Ursache aller Kriegsdrangsale*[18], stellte die Bourbonen-Herrschaft mit den Privilegien für Adel und Geistlichkeit wieder her und tilgte *den Revolutionsgedanken von 1789 auf dem Herde seiner Entstehung selbst bis zur letzten Wurzel aus ...*

Gleichfalls negativ sieht Culmann die Folgen für die deutschen Völker, nennt in diesem Zusammenhang die Institutionen der Restaurationsära vom Deutschen Bundestag bis zur Mainzer Zentraluntersuchungskommission und erinnert an die Karlsbader Beschlüsse ebenso wie an *alle jene politischen Verfolgungen, unter welchen nicht blos die deutsche Jugend, sondern die gesammte deutsche Intelligenz bis zum Jahre 1830 so schwer zu leiden hatte.* Daher könne *das deutsche Volk nicht die Erniedrigung Seiner selbst mit eigener Siegershand ins Buch der Geschichte geschrieben, nicht den übrigen Völkern von Europa jene so verhaßten Dynastien aufgedrungen, am allerwenigsten den Gedanken der Bildung der Heiligen Allianz gefaßt und selbst ins Werk gesetzt haben* und somit *auch nicht der Sieger bei Leipzig gewesen sein*[19].

Während der Autor überraschenderweise den chronologischen Bogen seiner Betrachtung der Restaurationszeit nur bis 1830 spannt und weder die Repressionen des Vormärz noch die dunklen Jahre nach der gescheiterten Revolution von 1848/49[20] einblendet, fällt er sein bereits eingangs zitiertes Gesamturteil über die Leipziger Völkerschlacht als Sieg der reaktionären Fürsten-Koalition über die Revolution von 1789. Da sich die deutschen Fürsten bei der 50-Jahr-Feier nicht *des Lachens enthalten könnten*, endet Culmanns Schrift mit dem ironisch-pointierten Vorschlag, *in Zukunft die Feier des 18. Oktober* dem durch Leipzig wieder restaurierten *Churfürsten von Hessen allein (zu) überlassen*[21] oder *jedes Jahr ... sämmtliche, durch die Schlacht von Leipzig restaurierte Fürsten ... vom Papste ... bis zum Herzog von Modena ... zur gemeinschaftlichen Feier des denkwürdigen Tages* nach Hessen-Cassel einzuladen.

Zwar konnten insgesamt weder die Entstehungsgeschichte näher erhellende Entwürfe noch Zeugnisse zur Rezeption der Culmannschen Schrift ermittelt werden. Aber vermutlich hat der Autor auch Kritik der zeitgenössischen französischen Presse an den Leipziger Feierlichkeiten verarbeitet, zumal etwa Mitte Oktober 1863 in der »Opinion nationale« gefragt wurde: *Wer hat Deutschland aus seiner langen Betäubung geweckt? Wer es in die*

17 Ebd., S. 8. Dort auch alle folgenden Zitate.
18 Ebd., S. 9. Dort auch alle folgenden Zitate.
19 Ebd., S. 10. Dort auch alle folgenden Zitate.
20 Vgl. H. ZIEGLER, Die Jahre der Reaktion in der Pfalz (1849–1853) nach der Mairevolution von 1849 (Veröffentlichung der Pfälzischen Gesellschaft zur Förderung der Wissenschaften in Speyer Bd. 75), Speyer 1985.
21 A. F. CULMANN (wie Anm. 1), S. 11. Dort auch alle folgenden Zitate.

*Freiheit eingeweiht, wenn nicht Frankreich! Ihr flucht der gallischen Race, pflanzt Euren Kindern blinden Haß gegen sie ein, ruft jeden Tag Euer Delenda Carthago, feiert für uns verletzende Erinnerungsfeste und vergeßt, daß Ihr von den Wohlthaten Frankreichs lebt! 1789 mästeten sich über 200 Junker von Gottes Gnaden von der Frucht Eurer Arbeit; die Feudalität erstickte Euch, Euer Land war in's Unendliche zertheilt! Wer hat Euch von diesem Joch befreit? Wer Euch aus Eurer Erniedrigung herausgerissen? Wer Euch den Weg zur Einheit gebahnt? Frankreich war es mit dem Schwerte Napoleon's ... War es nicht wiederum Frankreich, das in seinem Aufschwunge 1830 Eure Regierungen zwang, bei Euch ein constitutionelles Leben einzuführen? War es nicht die Sturmglocke von 1848, die Euch dazu brachte, neue Principien aufzustellen, welche eines Tages die deutsche Nation regieren werden! Laßt darum Euren alten Haß und Euer ungerechtes Mißtrauen! Ihr habt etwas Besseres zu thun, als die Schlacht von Leipzig zu feiern ...*[22].

Jedenfalls ordnet sich Culmann durch sein flammendes Bekenntnis zu Freiheit, Gleichheit und Brüderlichkeit und seine überaus positive Wertung der Errungenschaften der Französischen Revolution in die im linksrheinischen Deutschland geradezu typische revolutionäre Traditionslinie von 1789 über 1832 und 1848/49 ein[23], verschweigt dabei aber die schon von den Zeitgenossen wahrgenommenen Widersprüche der Revolution und der napoleonischen Politik. Inwiefern Culmanns euphorisches Revolutionsbild für die Eliten im linksrheinischen Deutschland repräsentativ war, welcher Stellenwert und welche Funktion dort in Publizistik und Öffentlichkeit den Ideen von 1789 und der Napoleon-Nostalgie der Veteranen noch zwischen 1848 und 1870 zukam oder welches Image der Revolution und der bis 1815 dauernden französischen Herrschaft in der kollektiven Erinnerung haftete, wird nur durch weitere vergleichende Analysen zu klären bleiben[24].

Während nämlich Culmann als Kontrast zum Leipziger Jubiläum die Erinnerung an die Französische Revolution beschwört, präsentieren die im linksrheinischen Deutschland beheimateten Gazetten und Kommunalbehörden nüchternere Stellungnahmen. So informierte beispielsweise die »Zweibrücker Zeitung« ihre Leser erstmals durch eine vom 15. September 1863 datierte Meldung über die vom Berliner und Leipziger Magistrat an 107 deutsche Landes- und Bezirkshauptstädte ausgesprochene Einladung zur »Leipziger Schlachtfeier«. Da *die fünfzigjährige Wiederkehr des ruhmvollsten Tages der deutschen Geschichte nur durch ein allgemeines nationales Fest in einer seiner Bedeutung würdigen Weise gefeiert werden könne* und *die glorreichen Thaten der Väter ... den durch Jahrhunderte getrennten und einander entfremdeten Stämmen des deutschen Volkes das Bewußtseyn ihrer Einheit, das Gefühl der Kraft und Herrlichkeit der deutschen Nation wiedergegeben haben, solle das deutsche Volk wenigstens die großen Gedenktage seiner gesammelten Kraft nicht blos in einzelnen Kreisen*

22 Pfälzer Zeitung vom 20. 10. 1863, Nr. 245 »Frankreich«.

23 Vgl. dazu etwa F. DUMONT, Von Mainz nach Hambach? Kontinuität und Wandel im Lebensweg rheinischer und pfälzischer Jakobiner, in: V. RÖDEL (Hrsg.), Die Französische Revolution und die Oberrheinlande (1789–1798), Sigmaringen 1991, S. 205ff.

24 Zu den Konsequenzen und Bewertungen der Revolution etwa die Beiträge des Sammelbandes R. DUFRAISSE (Hrsg.), Revolution und Gegenrevolution 1789–1830 (Schriften des Historischen Kollegs Bd. 19), München 1991 oder H.-W. HERRMANN, Auswirkungen der Revolution, in: Katalog Die Französische Revoluton an der Saar. Ausstellung des Landesarchivs Saarbrücken im Auftrag der Regierung des Saarlandes zum zweihundertjährigen Gedenken an den Ausbruch der Französischen Revolution, St. Ingbert 1989, S. 230ff.

*feiern* und *am 18. und 19. Oktober d(ieses) J(ahre)s auf dem Leipziger Schlachtfelde ein Volksfest im höchsten Sinne des Wortes … veranstalten.* Ein aus Bevollmächtigten der beteiligten Städte gebildetes und sich am Nachmittag des 23. September im Leipziger Rathaus versammelndes Zentralkomitee werde das endgültige Festprogramm erstellen und durch einen permanenten Ausschuß die weiteren organisatorischen Vorbereitungen treffen[25].

Ein Blick nach Köln, das wie Trier, Aachen, Koblenz und Speyer zu den unmittelbar eingeladenen Städten zählte, vermittelt übrigens recht informative Aufschlüsse über Reaktionen und Entscheidungsprozesse zum Leipziger Festprojekt. Im Zeichen des preußischen Verfassungskonflikts hatte die größte Stadt auf dem linken Rheinufer 1863 die in den Vormärz reichende Tradition der Abgeordneten-Feste neu belebt und mit den Abgeordneten der Provinzen Rheinland und Westfalen und dem Präsidenten und Vizepräsidenten das erste Kölner Abgeordnetenfest mit Bankett, Abendkonzert und Rheinfahrt gefeiert. Außerdem waren die kommunalpolitischen Diskussionen noch im Sommer von den Kontroversen um das Dombaufest beherrscht, bis schließlich eine liberale Mehrheit in der Stadtverordneten-Versammlung am 20. Juli die erbetenen Zuschüsse verweigert hatte[26].

Wohl verteilte der Magistrat weisungsgemäß die Berlin-Leipziger Einladungen an die benachbarten Bürgermeistereien von Bonn über Königswinter, Gummersbach und Münstereifel bis Zülpich, Deutz und Mülheim, und die Kölner Stadtverordneten-Versammlung überwies die Angelegenheit an eine Kommission, in der *sich die Ansichten für und gegen die beabsichtigte gemeinsame Feier entgegenstanden.* Auch wenn man *von keiner Seite die Wichtigkeit und Bedeutung der Tage, in welchen die Freiheit Deutschlands wiedergewonnen wurde* verkannte, sah man *dennoch … keine hinreichende Veranlassung zu einer so ausgedachten gemeinsamen Feier … Denn die Tage erinnerten daran, daß noch an denselben Deutsche gegen Deutsche gekämpft* hätten, sich *seitdem die Uneinigkeit der deutschen Stämme … fortgesetzt habe bis in die jüngsten Tage, die damaligen Hoffnungen auf Einigkeit und Freiheit vereitelt wurden,* und *es sich wenig geziehme, Frankreich gegenüber die Tage seiner Niederlage zu rühmen.* Ohnehin *wolle die französische Nation mit der deutschen in keinem feindseligen Verhältnisse stehen* und wünsche nicht wieder den in den Leipziger Tagen *durch das Streben eines Eroberers* eingenommenen Standpunkt. In dem an den Berliner Magistrat gerichteten Schreiben wollte Oberbürgermeister Alexander Bachem außerdem das Fehlen Kölner Abgeordneter bei der Vorversammlung *nicht als eine Ablehnung* betrachtet sehen und bat um weitere Informationen über das Ergebnis der Vorversammlung sowie das Festprogramm, weil *dessen Inhalt* bei der Beschlußfassung der Stadtverordneten-Versammlung *entscheidend sein* werde[27].

Am 25. September versandte dann der Leipziger Festausschuß die Festordnung, die unter anderem auch eine Einladung an *sämmtliche deutsche Veteranen, welche in den verbündeten*

25 Zweibrücker Zeitung vom 22. 9. 1863 Nr. 214 »Sachsen«.

26 T. PARENT, Die Kölner Abgeordnetenfeste im preußischen Verfassungskonflikt, in: D. DÜDING, P. FRIEDEMANN, P. MÜNCH (wie Anm. 2), S. 259–277.

27 Historisches Archiv der Stadt Köln (HAStK) Abt. 7 Nr. 6 Fasz. 8 Acta des Ober-Bürgermeister-Amts zu Köln, Feier des 50-jährigen Erinnerungstages der Schlacht bei Leipzig (18. Oktober 1863). Ich danke an dieser Stelle meiner Kollegin, Frau Stadtarchivrätin z. A. Dr. Letha Böhringer, für den Hinweis auf diese Akte und dem Historischen Archiv der Stadt Köln für die rasche Verfilmung. Akten-Nr. 6239 vom 21. 9. 1863, Konzept.

*Heeren an der Leipziger Schlacht Theil genommen haben*, beinhaltete[28]. Das Programm sah unter anderem Festgottesdienste, ein Tedeum, Konzerte mit vaterländischen Liedern, eine Theatervorführung, Oktoberfeuer auf dem Schlachtfeld, die Grundsteinlegung zu einem Nationaldenkmal sowie Festbankett und Fackelzug vor[29].

Während der Kölner Magistrat die Drucksachen an die Redaktionen der lokalen Zeitungen, den Vorstand des »Vereins der Freiwilligen aus den Jahren 1813–1815« und an 32 benachbarte Bürgermeisterämter übermittelte, suchte der Berliner Magistrat durch den ausdrücklichen Hinweis auf das Protokoll der Vorversammlung die Kölner Kollegen zu überzeugen, *daß der Feier jede feindselige Demonstration gegen Frankreich fernliegt.*

Ferner erinnerte man an die Einladung für die Veteranen, deren damals gehegtes Haßgefühl gegen den Feind *durch die Zeit getilgt* sei und bemühte sich, die übrigen politischen Argumente gegen die Festlichkeit zu entkräften. Gerade eine *gemeinsame Feier einer großen nationalen Erinnerung* offenbare *das Nationalgefühl aller deutschen Stämme*, durchbreche *die Schranken des staatlichen und provincialen Partikularismus* und stärke *Muth und Ausdauer* auf dem durchaus noch weiten Weg *zu einer in den Institutionen Deutschlands ausgeprägten Einheit.* Schließlich appellierte man an den Lokalpatriotismus und pries Köln als *größte Stadt an Deutschlands schönstem Strome, in der deutsche Kunst sich ihr herrlichstes Denkmal errichtet hat.* Allerdings sollte sich die diplomatisch so geschickt formulierte Hoffnung, wonach *das alte ehrwürdige Cöln diesem deutschen Städte-Bund nicht fehlen wird*, nicht erfüllen[30].

In seiner Replik bezog sich Oberbürgermeister Bachem auf den mit 13 gegen 8 Stimmen am 1. Oktober 1863 gefaßten Beschluß der Stadtverordneten-Versammlung, nicht an der Leipziger Jubelfeier teilzunehmen und stattdessen den cirka 15 Kölner Veteranen der Befreiungskriege eine lebenslange Pension zu bewilligen[31].

Für dieses negative Votum waren politische und finanzielle Motive ausschlaggebend. Denn die Mehrheit der Stadtverordneten munterte nämlich *die neuen Verhältnisse Preußens und Deutschlands zu einer Feier wenig* auf, und die Verpflichtung zur Übernahme noch nicht einmal annäherungsweise bestimmbarer Teilnahmekosten erschien bedenklich[32]. Da in der Stadt auch keine »besondere Feier des Tages der Leipziger Schlacht« erfolgte, stellte die Aktien-Gesellschaft Flora die Vorbereitungen für ihr Gartenfest mit Gasbeleuchtung ebenfalls ein[33].

Wie die Stadt Köln lehnten die übrigen rheinischen Städte eine Teilnahme an den Leipziger Feierlichkeiten ab. Zwar hatte Mülheim ursprünglich beabsichtigt, den Stadtverordneten Priel, einen Kaufmann, als Deputierten nach Leipzig zu entsenden. Wegen *pekuniärer Rücksichten*

28 Ebd. Gedruckte »Bekanntmachung« und »An die Veteranen der Leipziger Schlacht« vom 29. September 1863 und das Begleitschreiben A 6481 vom 25. 9. 1863. Pr(aesentatum) 30. 9. 1863.

29 Vgl. dazu Programme, Festgesänge und Schlachtlieder für die Jubelfeier der Leipziger Völkerschlacht, Leipzig 1863. Ich danke Frau Ursula Walter, Stadtgeschichtliches Museum Leipzig, für die Zusendung dieser Quelle.

30 HAStK Abt. 7 Nr. 6 Fasz. 8 (wie Anm. 27), Schreiben des Berliner Magistrats vom 29. 9. 1863.

31 Ebd., Konzept-Schreiben an den Leipziger und Berliner Magistrat vom 2. Oktober 1863. Außerdem Kölnische Zeitung 2. Blatt vom 3. 10. 1863 »Kölner Local-Nachrichten«.

32 HAStK Abt. 7 Nr. 6 Fasz. 8, Schreiben von Oberbürgermeister Bachem an Elberfeld vom 2. 10. 1863, Antwort auf Nr. 6501.

33 Ebd., Nr. 6517 und 6629.

*unter Würdigung der übelen Finanzlage der Stadt* ließ sich jedoch der zusätzlich von Landrat Graf Nesselrode als Aufsichtsbehörde beanstandete Ratsbeschluß nicht realisieren[34]. Ebenfalls mit finanziellen Motiven begründete Krefeld seine Absage, Bonn, Aachen, Koblenz[35], Deutz und Speyer lehnten *eine Beteiligung ... einfach* ab[36], und die Stadtverordneten-Versammlung Rastenburgs forderte sogar von Leipzig *Ersatz für die ausgelegten Portokosten von 4 Silbergroschen für den aufdringlichen Brief*[37]. In Neustadt an der Haardt verweigerte der Stadtrat übrigens eine lokale Feier und das Abschießen städtischer Böller, während auf der Maxburg, der Tagungsstätte des Hambacher Festes, von Unbekannten eine schwarze Fahne mit dem Uhland-Vers »18. October 1863 – Wenn heut' ein Geist herniederstiege?!« gehißt worden war[38].

Weil *viele der bedeutendsten Städte Deutschlands* wie Köln *ihre Theilnahme geradezu abgesagt* hatten, dokumentierte sich in der zeitgenössischen Presse der *keineswegs allgemeine Anklang* der projektierten Jubelfeier[39]. Wegen der *traurigsten Erinnerungen* an die Völkerschlacht waren die sächsischen Städte *über den Takt der Leipziger durchaus nicht erbaut* und beklagten die von Berlin und nicht von Wien ausgehende Einladung sowie den Ausschluß der sächsischen Invaliden, die ja auf Seiten der ehemaligen Rheinbundstaaten mit Napoleon gefochten hatten[40].

Vor dem Hintergrund der aktuellen Diskussion um klein- oder großdeutsche Politik wertete man in Süddeutschland das Leipziger Fest vor allem als eindeutig preußisch-norddeutsche Veranstaltung, von der sich die bayerischen Städte *mit Rücksicht auf die trostlos negative Haltung Preußens* fernhalten würden[41]. Ebenso kritisierte die in Speyer erscheinende »Pfälzer Zeitung« die *großpreußische, also nichtdeutsche* Orientierung der Feier und wollte mit dem Leipziger »Adler« wissen, warum eigentlich Berlin *ein deutsches Fest auf sächsischem Boden* anordne. Man attackierte die Ausschaltung Wiens, der Rheinbund-Veteranen und der Landbevölkerung und fragte, wie *ein paar Stadträte und Stadtverordnete im schwarzen Frack und weißer Krawatte mit theils englisch, theils französisch gestalteten Cylindern* die deutsche Nation darstellen könnten. So sei *das Berlin-Leipziger-Fest mehr ein großpreußischer Städtetag als ein deutsches Volksfest*[42].

34 Ebd., Nr. 6450 und 6562.
35 Ich danke an dieser Stelle der Saarbrücker Doktorandin Frau Anke Faust für den Hinweis, daß im Stadtarchiv Koblenz keine einschlägigen Akten zum Völkerschlacht-Jubiläum vorhanden sind.
36 Die Absage von Deutz in HAStK Abt. 7 Nr. 6 Fasz. 8 Nr. 6741. Für Speyer StA Speyer Ratsprotokoll 1. 10. 1863 Tagesordnungspunkt 2. Ich danke an dieser Stelle Frau Menrath, Stadtarchiv Speyer, für die freundliche Mitteilung vom 29. 1. 1992 und die Zusendung des Protokoll-Auszuges.
37 Kölnische Zeitung vom 11. 10. 1863 aus der »Kreuz-Zeitung« übernommenes Zitat.
38 Pfälzer Zeitung vom 20. 10. 1863 Nr. 245 »Neustadt 18. October«. Ferner von 1896 *Gesuch des Deutschen Patriotenbundes zur Errichtung eines Völkerschlacht-Denkmals bei Leipzig an den hochgeehrten Magistrat zu Neustadt*, der dafür 20,– DM bewilligte. Freundlicher Hinweis von Herrn Stadtarchivar Claus Peter Westrich vom 1. 6. 1992. Zur Hambach-Rezeption im Kaiserreich E. SCHNEIDER, Der fünfzigste Jahrestag des Hambacher Festes 1882 und das Verbot der Jubiläumsfeier im Spiegel der Kaiserslauterer Presse, in: Jahrbuch zur Geschichte von Stadt und Landkreis Kaiserslautern 1980/81, Jg. 18/19, S. 565–596.
39 Ebd., 7. 10. 1863 Nr. 234 »Leipzig«.
40 Ebd.
41 Ebd., 15. 10. 1863 Nr. 241 »Würzburg«. Zitat aus dem »Würzburger Stadt- und Landbote«.
42 Ebd. 14. 10. 1863 Nr. 240 »Deutschland. Vom Rhein«. Ich danke an dieser Stelle der Pfälzischen Landesbibliothek Speyer für die Bereitstellung der Mikrofilme und die Anfertigung der Reproduktionen.

Unter diesen kritischen Vorzeichen fand das 50jährige Jubiläum der Leipziger Völkerschlacht schließlich nicht die anfangs erhoffte Resonanz. Nur 92 preußische, 26 sächsische und 89 sonstige, überwiegend norddeutsche Städte hatten Deputierte zu den Feierlichkeiten entsandt[43]. Als einzige Stadt aus dem linksrheinischen Deutschland beteiligte sich Kaiserslautern, das immerhin im Mai 1849 während der Reichsverfassungskampagne Sitz der pfälzischen Revolutionsregierung gewesen und bis 1855 mit bayerischer Strafbesatzung belegt war und noch lange im Ruf eines »Demokratennestes« stand. Wenn auch das »Kaiserslauterer Wochenblatt« das lokal gefeierte *Befreiungsjubiläum bestehend aus Freudenfest und Bankett nicht gerade als gelungen* ansah, hatte der Stadtrat *mit großer Majorität* beschlossen, das Ratsmitglied Louis Goerg als städtischen Deputierten nach Leipzig zu entsenden und sowohl Reisekosten als auch den Anteil an den Gesamtkosten *durch die Stadtkasse zu übernehmen*[44].

Indem der »Grenzbote« in seiner Rückschau auf die Leipziger Festivitäten die *Zerrissenheit im großen Vaterlande* bedauerte und über *die kleinen, bösen Schlammvulkane der feudalen Presse*, die Lauheit der Hansestädte, die *ungerechtfertigte Parteienleidenschaft* im Süden, die rheinische *Scheu vor dem Mißfallen der 1813 Besiegten* und die *philiströsen Erinnerungen* in Sachsen klagte[45], so hatte der Autor die unterschiedlich motivierten Absagen der verschiedenen Regionen bilanziert. Culmanns Broschüre und seine überaus positiven Erinnerungen an die Französische Revolution bildeten demnach nur eine Facette in einem breiten Spektrum.

43 Verzeichniß der bei der 50-jährigen Feier der Völkerschlacht am 17., 18., 19. Oktober 1863 in Leipzig anwesenden städtischen Deputierten, Leipzig 1863. Ich danke Frau Ursula Walter, Stadtgeschichtliches Museum Leipzig, für die Zusendung dieser Quelle.

44 Vgl. dazu Bezirksgruppe Kaiserslautern des Historischen Vereins der Pfalz (Hrsg.), Pfälzische Revolution 1848/49 (Jahrbuch zur Geschichte von Stadt und Landkreis Kaiserslautern Bd. 22/23), Otterbach 1984/85. Zur städtischen Führungsschicht nach 1848/49 meinen Beitrag: W. Müller, Von Adam Weber zu Carl Hohle. Kaiserslauterer Bürgermeister zwischen 1850 und 1870, in: Jahrbuch zur Geschichte von Stadt und Landkreis Kaiserslautern 1988/89, Jg. 26/27, S. 13–16. Stadtarchiv Kaiserslautern Stadt-Tagebuch Kaiserslautern 1854–1874, S. 23. Rats-Protokoll 1863 fol. 74. Zur Person Goergs, dessen Name im Leipziger Verzeichnis der Deputierten als »Georg« verschrieben ist, die Miszelle H. Friedel, Bürgermeister Louis Goerg, in: Heimatkalender Stadt und Landkreis Kaiserslautern 1978, Kaiserslautern 1978, S. 161–163.

45 Vgl. dazu Tagebuchblätter vom Leipziger Fest, in: Grenzboten 1863, S. 161–173. Zitate S. 161.

# Die Grube Frankenholz – eine Gründung August Ferdinand Culmanns

VON RAINER SLOTTA

Das Königreich Bayern übernahm am 1. Mai 1816 das königlich-bayerische Gebiet auf dem linken Rheinufer, die spätere bayerische Rheinpfalz. Damit erhielt Bayern wichtige Lagerstätten, deren Rohstoffe vor allem für die Kalkbrennerei von Bedeutung waren: Bis zum Inkrafttreten des bayerischen Berggesetzes am 1. Juli 1869 sind 13 Steinkohlenkonzessionen erteilt worden[1].

Die Gründung der Grube Frankenholz als bergwirtschaftlich bedeutendste Steinkohlen-Privatgrube Südwestdeutschlands verlief außerordentlich schwierig und nahm von den ersten Anfängen im Jahre 1816 bis zum Beginn der Teufarbeiten am Schacht 1 im Jahre 1879 über 60 Jahre in Anspruch. Bockhardt vermerkt zu Recht, daß *in keinem Grubenfeld der Pfalz ... Versuchsarbeiten so lange Zeit hindurch und mit so bedeutenden Geldopfern ausgeführt (worden sind) wie im Felde der Grube Frankenholz.*

Um so höher ist die Beharrlichkeit der Zechengründer zu bewerten, die nicht aufgaben, ihre Vorstellungen zu verwirklichen; August Ferdinand Culmann hatte entscheidenden Anteil an dieser Entwicklung[2].

Nachdem die bayerische Landesadministration am 23. Juli 1816[3] durch ein Reskript den Auftrag erteilt hatte, auf der Gemarkung Mittelbexbach in der Nähe des Frankenholzer Hofes Schürfarbeiten nach Steinkohlenlagerstätten durchzuführen, nahmen sich der Bergverwalter Konrad Weiss von der Steinkohlengrube Maximilian bei Altenkirchen, der evangelische Pfarrer Friedrich Euler in Altenkirchen und der Gerichtsbote Karl Dümmler aus Waldmohr dieser Angelegenheit an. Am 12. November 1816 teilte die königlich-bayerische Regierung den Antragstellern mit, daß man ihren Antrag prüfen wolle[4]; am 7. Februar 1818 forderte die Kammer der Finanzen der königlichen Regierung des Rheinkreises die Oberberginspektion auf, *einen Plan über Umfang und die Grenzen der Grube bei Mittelbexbach baldmöglichst anher vorzulegen, um nach Bestellung derselben auf das vorliegende Gesuch* zu verfügen[5].

1 W. Rosenberger, Beschreibung rheinland-pfälzischer Bergamtsbezirke, Bd. 3: Bergamtsbezirk Bad Kreuznach, Bad Marienberg 1971, S. 81.

2 A. Bockhardt, Der Steinkohlenbergbau der Pfalz während der Jahre 1821–1880 (bearb. v. W. Rosenberger), Bad Kreuznach 1974, S. 61–69; M. Baus, August Ferdinand Culmann. Vortrag zum 100. Todestag am 13. September 1991, Bexbach-Frankenholz, Bürgerzentrum, St. Ingbert 1991.

3 A. Bockhardt (wie Anm. 2), S. 43. Nach E. Nesseler (Die Steinkohlengrube Frankenholz, Maschinenschrift-Manuskript, o. O. und o. J.), S. 1 am 23. Februar 1816.

4 E. Nesseler (wie Anm. 3), S. 1.

5 Ebd., S. 1.

Erst ein Erlaß der bayerischen Regierung vom 15. Oktober 1825, von der Regierung des Rheinkreises am 4. November 1825 verkündet[6], setzte die Grenzen des Grubenfeldes der auf den Gemarkungen Ober- und Mittelbexbach gelegenen staatlichen Steinkohlengrube Mittelbexbach fest: Die Grube erhielt eine Berechtsame von 383 ha Größe. Damit wurde der Weg für die Antragsteller Weiss, Euler und Dümmler frei: Als Ansatzpunkt für einen Schürfschacht wählte Weiss ein Wiesenterrain bei Oberbexbach aus, am 22. Februar 1829 konnten durch Bergamtmann Simon bei einer vorgenommenen Untersuchung in einem kleinen Versuchsschacht von 9 Lachter Teufe – das sind rund 18 m Tiefe – drei Flözteile mit Mächtigkeiten zwischen 12 und 18 Zoll festgestellt werden. Damit war der Nachweis von Steinkohlenvorkommen im Feld der späteren Grube Frankenholz grundsätzlich erbracht worden, doch genügte dieser nicht zum Nachweis der Bauwürdigkeit. Zudem zeigte die königlich-bayerische Regierung kein gesteigertes Interesse, neben ihrer Steinkohlengrube Mittelbexbach ein Konkurrenzunternehmen zu konzessionieren[7].

Die Versuchsarbeiten von Weiss, Euler und Konsorten wurden indessen mit großer Hartnäckigkeit betrieben. Am 1. Juli 1829 suchte Weiss bei der Regierung des Rheinkreises um die Erlaubnis nach, im Walddistrikt Klemmloch – das heißt auf der Gemarkung des Frankenholzer Hofes – nach Steinkohlen schürfen zu dürfen, da die bislang durchgeführten Schürfarbeiten keine befriedigenden Resultate geliefert hätten und die angetroffenen Flöze nicht bauwürdig seien[8]. Die jetzt eingeleiteten Arbeiten zeitigten offenbar bessere Ergebnisse, denn am 13. Juli 1829 wurde ein bauwürdiges Flöz angetroffen, und am 26. August richteten die Unternehmer ein Gesuch zur Erlangung einer Konzession an die Regierung, um eine Steinkohlengrube – genannt »am Frankenholz« – eröffnen zu dürfen[9]; das erbetene Grubenfeld besaß eine Fläche von 547 ha[10].

Die Regierung zögerte die Ausstellung der Konzessionsurkunde weiterhin hinaus; im Verlauf von 17 Monaten richteten Weiss, Euler und Dümmler noch drei weitere Eingaben an die Regierung, bis diese am 3. Mai 1831 das Gesuch vom 26. August 1829 im Amtsblatt veröffentlichte, um gegebenenfalls Einsprüche Dritter in Erfahrung zu bringen[11]. Obwohl keine Einsprüche eingelegt wurden, unterblieb die Ausstellung der Konzessionsurkunde auch weiterhin. Daraufhin wurde Euler am 7. Juni 1831 bei der Regierung vorstellig, jedoch erfolglos. Die Regierung forderte zwar vom Bergamt Kaiserslautern und dem zuständigen Forstamt Berichte an, doch wurden diese wohl nicht abgeliefert. Die Unternehmer Weiss, Euler und Dümmler setzten inzwischen ihre Versuchsarbeiten fort[12].

Erst im Jahre 1842 nahm die Angelegenheit für die Gewerken eine günstigere Entwicklung. Bergamtmann Günther vom Bergamt St. Ingbert erstattete im Auftrag der Regierung und des königlich-bayerischen Finanzministeriums am 25. November 1842 und am 23. Januar 1843 zwei Berichte, in denen er unter anderen ausführte, daß die Regierung jetzt erst die Konzes-

6 Ebd., S. 1.
7 Ebd., S. 1f.
8 Ebd., S. 2.
9 Ebd., S. 2.
10 Ebd., S. 2.
11 Ebd., S. 3.
12 Ebd., S. 3f.

sion erteilen könne, weil man bislang an der Bauwürdigkeit der Lagerstätte gezweifelt habe[13]. Da Weiss, Euler und Konsorten jetzt aber ein weiteres Flöz mit einer Mächtigkeit von einem halben Meter und weitere Flöze hatten nachweisen können, würde einem geregelten Betrieb nichts mehr entgegenstehen. Günther setzte sich dann noch mit dem Verhältnis der Grube zu der bereits bestehenden staatlichen Grube Mittelbexbach und mit der Frage auseinander, ob eventuell die im Feld der neu aufzuschließenden Grube zusitzenden Grubenwässer die Grube Mittelbexbach beeinträchtigen und ob die Ausdehnung des staatlichen Betriebes von der neuen Grube gestört werden könne. Er verneinte beide Fragen, berichtete dann aber noch, daß er davon abraten würde, den Gewerken Weiss, Euler und Dümmler die Konzession abzukaufen, da diese bereits rund 17000 Gulden in die Erschließung des Feldes investiert hatten, die Bauwürdigkeit der Flöze überschätzten und der Erfolg des Frankenholzer Werkes durchaus fragwürdig sei[14].

Die langwierigen Gründungsschwierigkeiten der Frankenholzer Grube brachten auch in personeller Hinsicht Veränderungen im Kreis der Gewerken mit sich. Der Bergverwalter Weiss war bereits 1831 verstorben; seine Witwe und sein Sohn traten an seine Stelle[15]. Im Jahre 1844 trat dann August Ferdinand Culmann in die Geschichte der Grube Frankenholz ein. Zusammen mit dem Advokatsanwalt Karl Ludwig Golsen aus Zweibrücken schloß er am 18. August 1844 einen Vertrag mit den Gewerken Friedrich David Euler, Philipp Schlemmer (Bürgermeister), dem Gerichtsboten Karl Dümmler (alle wohnhaft im Waldmohr), Karl Weiss (aus Altenkirchen) und Konrad Hierthes (aus Limbach), in dem sie in die Gesellschaft eintraten und die Hälfte der 32 Stämme (Anteile) übernahmen. Golsen und Culmann verpflichteten sich, die Summe von 15000 Gulden an die bisherigen Unternehmer zu zahlen, sobald die Konzession zur Betreibung des Bergwerks erteilt worden sei, und weiterhin 5000 Gulden bei Bedarf in Raten von 300 Gulden quasi als Betriebskapital einzubringen[16]. Offenbar unter der Ägide von Golsen und Culmann wurden die Bemühungen zur Erlangung der Konzession jetzt verstärkt: Nach einem erneuten Gesuch der Gewerkschaft am 4. September 1844 forderte die Regierung vom Bergamt St. Ingbert nochmals ein Gutachten mit der Fragestellung, ob in dem begehrten Grubenfeld ein bauwürdiger Betrieb aufgenommen werden könne und ob die Vorrichtungsarbeiten im Streichen des aufgefundenen Flözes soweit ausgeführt seien, daß sich über die Bauwürdigkeit ein richtiges Urteil fällen lasse[17]. Der geforderte gutachterliche Bericht erfolgte am 4. Mai 1845[18]; er befaßt sich ausführlich mit den Lagerstättenverhältnissen und kommt zu dem Schluß, daß man den Unternehmern die Konzession ausstellen solle, *umsomehr als dieselben mehr getan haben, als bis jetzt andern Konzessions-Begehrern angesonnen worden ist.* Am 5. September 1845 erteilte die Regierung daraufhin dem Pfarrer Friedrich Euler und Konsorten die Konzession zum Betriebe eines Steinkohlenbergwerkes am Frankenholz, Kanton Waldmohr, Landkommissariat Homburg. Das Grubenfeld besaß eine Größe von 5,5 km$^2$ und war somit verhältnismäßig klein[19].

13 Ebd., S. 4.
14 Ebd., S. 5f.
15 Ebd., S. 7.
16 Ebd., S. 7–10.
17 Ebd., S. 10, M. Baus (wie Anm. 2), S. 13.
18 E. Nesseler (wie Anm. 3), S. 10f.
19 Ebd., S. 11f. Vgl. den Wortlaut der Konzessionsurkunde im Anhang 2.

Nach Bockhardts Auflistung der während der Jahre 1825 bis 1845 und 1848 durchgeführten Arbeiten bestanden diese aus zwei Schürfschächten von geringer Teufe, zwei Stollen, einem am Klemmlochbach abgeteuften Schacht mit einem Gesenk und mehreren Querschlägen sowie einem Bohrloch I. In dem einen Stollen (bezeichnet »B«) und dem zweiten Schurfschächtchen erreichte man ein etwa 10 cm mächtiges Flöz, in dem Schacht und den davon ausgehenden Querschlägen konnte man indessen mehrere Flöze oder Flöztrümer von 50 cm bis 70 cm Mächtigkeit nachweisen, die allerdings nicht aushielten, sondern nach kurzer Erstreckung sowohl in söhliger als auch in saigerer Richtung abgeschnitten wurden.

Die letzten Versuchsarbeiten am Klemmlochbach waren mit so großen finanziellen Aufwendungen verknüpft, daß die damaligen Besitzer der Grube die Arbeiten nicht weiter fortsetzen konnten: Deshalb beschränkten sie sich auf Versuchsarbeiten von untergeordneter Bedeutung, setzten diese aber fort, wohl um den bergamtlichen Aufforderungen zum Betrieb der Grube zu genügen[20].

Die Schürf- und Ausrichtungsarbeiten wurden offenbar im Laufe des Jahres 1848 eingestellt; die Gründe lagen – wie oben erwähnt – in der starken Zertrümerung der Lagerstätte sowie in den politischen Ereignissen. Obwohl keine gesicherten Aussagen in den vorhandenen Quellen vorliegen, scheint die Flucht von Culmann, der die treibende Kraft der Bergwerksgesellschaft geworden war, jede weitere Aktivität zur Aufschließung der Lagerstätte zunächst verhindert zu haben[21]. Culmann hat aber auch während der Zeit seines Exils in Straßburg die Hoffnung auf eine Wiederaufnahme seiner Bemühungen im Frankenholzer Gebiet niemals aufgegeben: Seine Studien im Fach Geologie und französischem Bergrecht sprechen diesbezüglich eine deutliche Sprache[22].

Am 15. Juni 1862 fand in Forbach – Culmann war inzwischen französischer Staatsbürger geworden und wohnte dort[23] – eine Generalversammlung der Frankenholzer Bergwerksgesellschaft statt, die sich mit der Neufassung der Statuten und der Wiederaufnahme und der Fortsetzung der Schürfarbeiten befaßte. Culmanns Vorschläge zu den Statuten wurden angenommen, die »Frankenholzer Bergwerksgesellschaft« gegründet. Die Teilhaber an dieser Gesellschaft waren vorwiegend Verwandte und Bekannte Culmanns: August Ferdinand Culmann im Namen seiner Gattin Emilie Fröhlich, Bergverwalter Karl Weiss aus Altenkirchen, Ernst Dümmler aus Homburg, August Fröhlich aus Edenkoben, Konrad Hierthes aus Limbach, Friedrich Umpfelbach aus New Orleans, Julius Dingler aus Zweibrücken (auch im Namen des verstorbenen Christian Dingler), Philipp Blum aus Zweibrücken und Friedrich Culmann aus Algier als Neffe August Ferdinand Culmanns[24]. August Culmann wurde am Schluß der Versammlung zum Direktor der Bergwerksgesellschaft, Karl Weiss zum Bergverwalter, Konrad Hierthes zum Rechnungsführer und August Fröhlich zum Repräsentanten der

20 A. Bockhardt (wie Anm. 2), S. 62.

21 M. Baus (wie Anm. 2), S. 13.

22 Ebd., S. 14; A. F. Culmann, Die Bergbau-Systeme von Europa und der dem Bayerischen Landtag vorgelegte Bergwerks-Gesetzentwurf, Straßburg 1867; A. F. Culmann, Denkschrift über das Frankenholzer Kohlenbergwerk, insbesondere die Vernichtung der Abgrenzung des bisherigen und die Bildung eines neuen Grubenbezirkes für den Betrieb desselben betreffend, Straßburg 1867.

23 M. Baus (wie Anm. 2), S. 13.

24 E. Nesseler (wie Anm. 3), S. 14. FS Die Steinkohlengrube Frankenholz (Pfalz). Zur Erinnerung an das 25jährige Bestehen der Grube und die 100ste Wiederkehr des Geburtstages ihres Begründers August Ferdinand Culmann am 1. August 1904, Homburg 1904, S. 4 (Festschrift, im folgenden FS).

Grube bestellt[25]. Fröhlich stellte sein Amt in der Generalversammlung am 5. Januar 1868 zur Verfügung, worauf Julius Dingler zum Repräsentanten bestellt wurde[26].

In diesem Zusammenhang soll auf die Rechtsform des Bergwerks-Unternehmens eingegangen werden. Da der Gewinnungsbetrieb in den 1860er Jahren nicht regulär aufgenommen werden konnte, waren für das Unternehmen fast keine Teilhaber zu finden; selbst Fachleute standen dem Vorhaben skeptisch gegenüber. So sah sich der Begründer auf den Verwandten- und nächsten Bekanntenkreis angewiesen, um das Unternehmen lebensfähig zu erhalten: Es handelt sich war quasi um ein Familienunternehmen[27]. Culmann gab der Gesellschaft unter dem Namen »Frankenholzer Kohlenbergwerks-Gesellschaft« mit Sitz in Zweibrücken die Form einer in 32 Stämme (= Anteile) unterteilten Zivilgesellschaft im Sinne des damals in der Pfalz geltenden französischen Code Civil, an deren Spitze ein Verwaltungsrat stand. Den Vorsitz der Gesellschaft hatte Culmann bis zu seinem Tod im Jahre 1891 inne. Das Anlagekapital belief sich auf 6 Millionen Mark, das nach der Umwandlung der Anlageform in 3000 auf den Namen der Inhaber lautende Stämme zerfiel. Außerdem nahm die Gesellschaft nach und nach noch 2 Millionen Mark Obligationen auf, die aber 1908 bereits auf nicht ganz 1,25 Millionen Mark abgetragen worden waren. Die Leitung des Werks lag in Händen eines Generaldirektors, dem ein Handelsdirektor zur Seite stand[28].

Was die bergmännischen Arbeiten anbetrifft, so trieb man anfangs der 1860er Jahre im oberen Bereich des Klemmlochtales und am westlichen Abhang der Frankenholzer Höhe, wo die Gebirgsschichten regelmäßiger zu Tage traten, einen Versuchsstollen, der ein regelmäßig gelagertes, rund 30 cm mächtiges Flöz aufschloß, das sich indessen als nicht bauwürdig erwies. Daraufhin wurde nicht weit vom Stollen ein Bohrloch angesetzt und 38 m tief niedergebracht. Ein Flözvorkommen konnte im Bohrloch zwar nicht nachgewiesen werden, doch lösten die in großer Menge austretenden Kohlenwasserstoffgase, die man bereits aus den Steinkohlenpartien im Saarrevier her kannte, Hoffnungen aus. Die nächsten Jahre brachten keine weiteren Arbeiten mit sich, doch ließen die vorhandenen Aufschlüsse in aller Deutlichkeit erkennen, daß ein lohnender Bergbau – zunächst mag noch Stollenbau in Aussicht genommen worden sein – nur durch einen Tiefbau gewährleistet werden konnte, der allerdings ein bedeutend größeres Grubenfeld erfordern würde.

Vor diesem Hintergrund ist Culmanns »Denkschrift über das Frankenholzer Kohlenbergwerk, insbesondere die Vernichtung der Abgrenzung des bisherigen und die Bildung eines neuen Grubenbezirkes für den Betrieb desselben betreffend«, die er im Dezember 1867 abschloß, zu verstehen. Culmann und der Frankenholzer Bergwerks-Gesellschaft erschienen die nur 5,5 km$^2$ große Berechtsame als für einen Tiefbau nicht ausreichend. Seinen Bemühungen gelang es schließlich, daß alle an das Frankenholzer Grubenfeld nördlich und östlich markscheidenden Felder, die einen integrierenden Bestandteil des staatlichen Mittelbexbacher Grubenfeldes bildeten, von diesem Bergwerk durch Entscheidung der königlich-bayerischen Regierung vom 23. Januar 1867 losgetrennt und freigegeben wurden. Nach der Freigabe der

25 E. Nesseler (wie Anm. 3), S. 16.

26 Ebd., S. 16f.

27 A. Goergen, Der private Kohlenbergbau an der Saar. Eine Studie aus der Bergwirtschaft an der Saar bis zum Frieden von Versailles 1919, Phil.-Diss. Heidelberg 1920, Manuskript, S. 58.

28 J. Kluding, Die geschichtliche Entwicklung des Steinkohlenbergbaues in der Pfalz bis 1920, Diss. Würzburg 1923, Manuskript, S. 191.

Felder wurde einem Gesuch um Erweiterung der Frankenholzer Konzession vom 7. Oktober 1869 – wenn auch nicht in vollem Umfang – am 22. Juli 1870 aufgrund des neuen bayerischen Berggesetzes für die Gesellschaft in befriedigender Weise stattgegeben[29]. Diese Erweiterung des Grubenfeldes betrug 253 ha, so daß die Berechtsame des Bergwerks Frankenholz damit 8 km$^2$ umfaßte. Diese Berechtsamserweiterung gab dem Unternehmen eine breitere, bessere Grundlage und war fast allein auf die Initiativen Culmanns zurückzuführen, wobei allerdings erschwerend hinzutrat, daß dieser während der Abwicklung dieses Vorgangs seinen Wohnsitz im Ausland hatte. Zur weiteren Untersuchung wurde jetzt vom Klemmlochtal aus der über 800 m lange Klemmlochstollen vorgetrieben, der beim späteren Schacht I in rund 95 m Teufe an diesem vorbeiführte. Man traf etwa 200 m davon ein kleines Flöz an, das aber ebenfalls nicht bauwürdig war[30].

Bis zur Generalversammlung der Bergwerks-Gesellschaft am 23. April 1870 wurden keine weiteren Schürfversuche durchgeführt. Man nahm aber das Abteufen eines Schachtes in Aussicht und beauftragte den Grubenvorstand, eine Summe in Höhe von 16000 fr. von den Gesellschaftsmitgliedern einzufordern. Zum Grubenvorstand wurde neben August Culmann der Lehrer K. Ruffing ernannt, der in Mittelbexbach wohnte und sein Haus als Sitz des Grubenvorstandes zur Verfügung stellte[31]. Ruffing war für die Ausführung der Arbeiten am Ort verantwortlich, Culmann befaßte sich damit, finanzkräftige Unternehmer für das Projekt zu gewinnen[32].

Offenbar sollten die Arbeiten jetzt konkrete Züge annehmen. Die Generalversammlung vom 17. April 1871 ermächtigte Culmann, weiteres Kapital in Höhe von 80000 fr. einzuziehen und den Obersteiger Abel als Aufsichtsbeamten einzustellen. Der zunehmende Geldbedarf und die Erkenntnis, daß die Gesellschaft einen juristisch geschulten Vorstand haben müsse, führten zur Berufung des Bergzaberner Notars Ludwig Pasquay zum Repräsentanten der Gesellschaft unter Beseitigung des im Vorjahr eingesetzten Grubenvorstandes. Ein Verwaltungsrat – bestehend aus den Mitgliedern August Culmann, Michael Simon, Julius Dingler und Ludwig Pasquay – wurde von der Generalversammlung am 16. April 1873 bestellt[33]. Immer noch gehörten aber sieben der acht Aktionäre zur näheren Verwandtschaft Culmanns[34].

Die bergmännischen Arbeiten der Jahre 1870 bis 1872 bestanden zunächst im Abteufen eines Schachtes auf der Oberbexbacher Gemarkung, der im Buntsandstein bis in 27 m Teufe niedergebracht worden war. 1871 wurde ein größerer Schacht von 4 m Länge und 2 m Breite an dem von Oberbexbach führenden Weg begonnen, wobei die Gesellschaft eine 10 PS starke Dampfmaschine zur Wasserhaltung einsetzte. Ende 1872 erzwangen die starken Wasserzuflüsse eine Aufgabe der Arbeiten in 62 m Teufe[35].

Dennoch hielt die Frankenholzer Bergwerks-Gesellschaft daran fest, vor dem Abteufen

29 Klg. Bayerisches Kreis-Amtsblatt der Pfalz, Nr. 63, 31. Juli 1870, S. 1247.
30 Adreßbuch für die Westpfalz 1911/1912, S. 59f.
31 E. Nesseler (wie Anm. 3), S. 18.
32 M. Baus (wie Anm. 2), S. 15; LA Saarbrücken, N 4, Nr. 1: Ausfertigung einer Grubenvorstands-Ernennung für die Frankenholzer Kohlenbergwerks-Gesellschaft; E. Nesseler (wie Anm. 3), S. 17.
33 E. Nesseler (wie Anm. 3), S. 19f.
34 M. Baus (wie Anm. 2), S. 15; E. Nesseler (wie Anm. 3), S. 20.
35 A. Bockhardt (wie Anm. 2), S. 62.

des definitiven Förderschachtes weitere Tiefbohrungen durchzuführen; man übertrug einem Unternehmer Hellmann die Ausführung, der im August 1877 die letztlich entscheidenden Arbeiten aufnahm. Als Ansatzpunkt wählte man die Höhe des Sattels über dem Ende des Stollens A. Die Bohrarbeiten erwiesen sich als sehr schwierig und erzwangen eine Unterbrechung vom 3. Dezember 1877 bis zum 7. März 1878. Erst in 60 m Teufe wurden die Schichten sandig bis konglomeratartig, die Stollensohle wurde am 13. November 1877 in 92 m Teufe erreicht, die Arbeiten wurden anschließend bei 180,25 m Teufe eingestellt. Der Durchmesser des Bohrloches, das später den Ansatzpunkt für den Schacht I bildete, betrug oben 25 cm und nahm mit der Teufe auf 17 cm ab. Dieser Bohrversuch brachte auch nicht die erhofften Aufschlüsse über die Lagerungsverhältnisse des Gebirges[36].

In der Generalversammlung vom 16. September 1878 wurden deshalb Stimmen laut, das gesamte Unternehmen aufzugeben oder die Arbeiten zu sistieren. Culmann gelang es jedoch, diese Bedenken zu zerstreuen und neue Versuchsarbeiten zu beschließen. Kleine Kapitalien wurden bewilligt. Im Klemmlochtal sollte ein neues Bohrloch III niedergestoßen werden. Culmann hatte bereits die nötigen Verhandlungen geführt und entsprechende Verträge geschlossen. Durch einen Kaufvertrag mit dem Unternehmen de Wendel hatte er eine 16 PS starke Dampfmaschine sowie alle notwendigen Bohrgerätschaften zum Preis von 6000 Mark erworben. Den bisherigen Bohrmeister der gleichen Firma konnte er abwerben. Am 24. Oktober 1878 setzten die Arbeiten am 42 cm weiten Bohrloch ein, bei 64,7 m, 99,5 m und 115 m Teufe durchstieß man Konglomerate, bei 125,3 m erbohrte man Steinkohlen, ebenso bei 133 m, 139 m und 158 m. Starker Nachfall und große Wasserzuflüsse zwangen zur Einstellung der Bohrung am 4. März 1879 in 214 m Teufe, doch konnte dieses Bohrloch den Nachweis der Existenz der Redener Flözgruppe liefern[37].

Die Generalversammlung vom 21. April 1879 diskutierte daraufhin, ob man nicht noch ein oder zwei weitere Bohrlöcher an höher gelegenen Punkten niederbringen solle, um die Lagerungsverhältnisse besser erkunden zu können. Die Versammlung beschloß dann aber mit großer Mehrheit zum Schachtbau überzugehen[38]. Dem Verwaltungsrat überließ man die Ausführung der Arbeiten unter Hinzuziehung von bergsachverständigen Personen. Die Ausfertigung der Teufplanungen der Schächte übertrug man dem Ingenieur Simon aus Großrosseln, während die Schachtteufarbeiten unter die Oberleitung des Ingenieurs Combe aus Kleinrosseln gestellt wurden[39]. Als Ansatzpunkt für den Schacht wählte man das Bohrloch II, das Teufen sollte zugleich von über Tage als auch durch Hochbrechen aus dem Klemmlochstollen erfolgen. Um das notwendige Material zum Ausmauern des Schachtes zu erhalten, wurde bereits im November 1879 von 12 bis 15 Arbeitern ein Steinbruch angelegt, ein Schienenstrang zur Schachtbaustelle hergestellt und auch mit dem Brennen geeigneter Ziegelsteine begonnen[40].

Bevor der Schachtbau eingeleitet werden konnte, beschloß die Generalversammlung vom 21. April 1879 einstimmig, daß anstelle der bestehenden 32 Stämme 2000 Stämme gebildet werden sollten, von denen 1920 Stämme den Gesellschaftern im Verhältnis von 60 Stämmen je

36 Adreßbuch (wie Anm. 30), S. 60f.; F. Kluding (wie Anm. 28), S. 222.
37 E. Nesseler (wie Anm. 3), S. 40.
38 Ebd., S. 41.
39 Ebd., S. 41.
40 Ebd., S. 41.

altem Stamm zugewiesen und die übrigen 80 Stämme einem Reservefond zugeteilt wurden. Der Gedanke, die bestehende Gesellschaft in eine Aktiengesellschaft umzuwandeln, wurde indessen aufgegeben: Vielmehr kam der Verwaltungsrat in seiner Sitzung vom 23. August 1879 zum Ergebnis, daß die Gesellschaft als Zivilgesellschaft mit Sitz in Zweibrücken weiterbestehen solle. Die nächste Verwaltungsratssitzung vom 22. September 1879 legte das Grundkapital der Gesellschaft auf 1,2 Millionen Mark fest, die in 3000 Stämme zu jeweils 400 M eingeteilt wurden. 2000 Stämme repräsentierten den Wert der Konzession, 1000 Stämme dienten zur Inbetriebnahme des Unternehmens[41].

Im August 1879 erfolgte der erste Spatenstich zum Abteufen des Schachtes I[42]. Bis zu 7 m Teufe förderte man die anfallenden Erdmassen aus dem 4 m großen, runden Schacht mit einem Handhaspel, später wurde die beim Niederbringen des Bohrloches III verwendete Lokomobile zur Förderung umgerüstet. Die Wasserlösung und Wetterführung wurden durch das offengehaltene Bohrloch II gewährleistet, das im Zentrum der Schachtscheibe stand.

Der untere Teil des Schachtes, das heißt das Hochbrechen aus dem 95 m Teufe einbringenden Klemmlochstollen, wurde durch Einstriche in zwei Abteilungen untergliedert: In der größeren Abteilung blieben die hereingebrochenen Berge liegen und dienten den Teufarbeitern als Bühne, die kleinere Abteilung enthielt zwei durch Querbolzen und Verschalung voneinander getrennte Trums, von denen das eine zur Fahrung, das andere zur Bergeförderung benutzt wurde. Der Schacht wurde provisorisch mit Achteckzimmerung aus Rundhölzern und anschließend mit Mauerung versehen[43]. Im April 1880 kam der Schacht mit dem Stollen zum Durchschlag[44], nach erfolgter Ausmauerung des Schachtes und des Anschlagortes auf der Stollensohle wurde die Schachtscheibe durch Einstriche und Verschalung in eine Förderabteilung mit zwei Trums von jeweils 1 m und 1,5 m Breite zur Aufnahme eines Gestells für einen Förderwagen und in eine Fahr- und Pumpenabteilung getrennt[45].

Am 22./23. August 1881 konnte ein erstes Kohlenflöz von 33 cm Mächtigkeit und am 28. August das Flöz »Willkomm« von 90 cm Mächtigkeit aufgeschlossen werden. Auf letzterem wurde am 8. September 1881 eine Grundstrecke (= 184 m Schachtteufe) angeschlagen, Ende Oktober errichtete die Saarbrücker Maschinenbaufirma Erhard und Sehmer ein 14 m hohes Fördergerüst über dem Schacht.

Nachdem die Schachtarbeiten fortgesetzt, die Grundstrecke auf dem Flöz »Willkomm« fortgetrieben und im Umbruchsort Wettertüren und -lutten eingebaut waren, begann am 16. Dezember 1881 nachts um 12 Uhr die Förderung der ersten Steinkohlen aus der Grube Frankenholz. Ende des Jahes 1881 setzte man die liegende Zwillingsfördermaschine der Firma Dingler – mit Ventilsteuerung, 550 mm Zylinderdurchmesser, 1100 mm Hub, Seiltrommeln von 3000 mm Durchmesser, 1 t Nutzlast – in regelmäßigen Betrieb. Die Dampferzeugung besorgten zwei Kessel von jeweils 36 $m^2$ Heizfläche. Das Weiterteufen des Schachtes erfolgte im September 1881; die dritte Sohle wurde in 237 m Teufe angesetzt. Im November 1882 besaß der Schacht eine Teufe von 308 m: In 294 m Teufe schlug man die vierte Sohle an. Anschließend stornierte man die Teufarbeiten bis Ende 1887 und widmete sich den Aus- und

41 E. NESSELER (wie Anm. 3), S. 21–25; J. KLUDING (wie Anm. 28), S. 191.
42 LA Speyer, Best. N 1, fol. 1.
43 A. BOCKHARDT (wie Anm. 2), S. 64 f.
44 Adreßbuch (wie Anm. 30), S. 61.
45 A. BOCKHARDT (wie Anm. 2), S. 65.

Vorrichtungs- sowie den Gewinnungsarbeiten. Der Schachtausbau erfolgte durch eiserne Tübbinge von 4 m lichter Weite[46].

Da jede Bergwerksanlage auch seinerzeit aufgrund bergbehördlicher Verfügung über wenigstens zwei fahrbare Ausgänge verfügen mußte, und die Gasausbrüche aus den Steinkohlenpartien der Grube Frankenholz spätestens seit den Versuchsbohrungen der 1860er Jahre bekannt waren, setzte man im Juli 1882 40 m nordwestlich vom Schacht 1 den 4,2 m im Durchschnitt weiten, runden Schacht 2 an; er erhielt einen eisernen Ausbau und hatte Ende 1885 eine Teufe von über 300 m erreicht. Er erhielt nach einer Planungsumstellung ein zweietagiges Fördergestell für zwei Förderwagen, nachdem er bis zum Sommer 1890 als Wetter- und Wasserhaltungsschacht gedient hatte. Im Fördermaschinenhaus stellte man eine Verbund-Fördermaschine mit 950 mm bzw. 1300 mm Zylinderdurchmesser, 1800 mm Hub, 7000 mm Trommeldurchmesser und einer Nutzleistung von 3000 kg aus 600 m Teufe auf. Die Produktenförderung setzte am 9. März 1891 von der dritten Sohle ein, 1892 hatte der Schacht die fünfte Sohle erreicht, von der aus von Oktober 1892 an gefördert werden konnte. Im Jahre 1904 hatte der Schacht 2 eine Gesamtteufe von 525 m (= achte Sohle) erreicht[47].

Mit dem Erreichen der fünften Sohle des Schachtes 2 war der erste Ausbau der Grube Frankenholz beendet. August Ferdinand Culmann war bis zum Jahre 1891 Präsident des Verwaltungsrates und Generaldirektor: Er erlebte noch die erste Entwicklungsphase »seiner« Grube, deren Förderung im Jahre 1890 bereits rund 55000 t betrug und eine Belegschaftszahl von 435 besaß. Im Jahre 1873 hatte Culmann den Frankenholzer Knappschaftsverein ins Leben gerufen, der sich die Fürsorge für die Bergleute und ihre Familien zum Ziel gesetzt hatte und die beiden Zweige »Krankenkasse« und »Pensionskasse« umfaßte. Die dazu benötigten Mittel wurden aus den Beiträgen der Mitglieder und aus Zuschüssen des Bergwerksbesitzers erbracht. Nach Culmanns Tod am 13. September 1891 übernahm sein Sohn August die Leitung der Steinkohlengrube und behielt dieses Amt bis zum Jahre 1902[48].

Die im Norden des Grubenfeldes anstehenden Vorkommen führten zur Aufschließung des Frankenholzer Nordfeldes; das Teufen des rund 1500 m entfernt gelegenen Schachtes 3 setzte am 1. Juli 1896 ein. Dieser Schacht erhielt mit 5 m lichter Weite bereits einen größeren Durchmesser, nachdem sich die geringen Weiten der beiden Schächte auf der »alten Anlage« als hinderlich für die Förderung großer Kohlenmengen herausgestellt hatten. Der neue Schacht 3 wurde in Mauerung gesetzt und gleichzeitig zur Förderung und zur Wetterführung eingerichtet. Ende 1899 hatte er eine Teufe von 518 m erreicht, Anfang April 1900 erfolgte der Durchschlag mit der alten Anlage, von wo aus im Flöz I von der vierten Sohle aus eine einfallende Strecke bis zum Durchschlag auf dem Niveau der 1. Fördersohle von Schacht 3 (= siebte Sohle der »alten Anlage«) aufgefahren wurde. Weitere Durchschläge mit Grubenbauen der »alten Anlage« folgten; um 1904 besaß der Schacht 3 eine Gesamtteufe von 610 m. Im Jahre 1900 stattete man den Schacht mit einer Zwillingsfördermaschine mit 950 mm Zylinderdurchmesser, 1800 mm Hub und einer Koepe-Treibscheibe von 8000 mm Durchmes-

46 LA Speyer, Best. N 1, fol. 3; FS 1904 (wie Anm. 24), S. 10.
47 FS 1904 (wie Anm. 24), S. 10f.
48 W. Jost, 100 Jahre Grube Frankenholz, in: Saarheimat 1980, Jg. 24, H. 12, S. 284f.; W. Jost, Festvortrag zu der Hundertjahrfeier der Grube Frankenholz am 10. 11. 1979, Manuskript, S. 5.

ser aus; mit dieser Maschine konnte 4,4 t (= acht Förderwagen) auf vieretagigen Körben aus 1000 m Teufe gehoben werden[49].

Die Festschrift des Jahres 1904 gibt einen guten Überblick über die bis dahin entstandenen Betriebsanlagen. Danach dienten die beiden Schächte 2 und 3 als einziehende Schächte, der Schacht 1 (und das Wettertrum des Schachtes 3) als ausziehender Schacht. Ein 1895 erbauter Pelzer-Ventilator und ein 1901 in Betrieb genommener Rateau-Lüfter – letzterer wurde von einer Zwillingsdampfmaschine von maximal 400 PS Leistung angetrieben – versorgten das Grubengebäude mit Frischwettern. Da die Grube Frankenholz eine schlagwetterreiche Grube war, mußte 1910 ein weiterer 375 PS starker Rateau-Lüfter aufgestellt werden; ein weiterer Pelzer-Ventilator stand 1904 noch am Schacht 3. Um der Explosionsgefahr der Schlagwetter unter Tage zu begegnen, wurden wiederholt Bohrversuche unternommen, um die Gasmengen abzusaugen: Als man im Jahre 1908 im äußersten Westen des Grubenfeldes reiche Schlagwettermengen angefahren hatte, saugte man die Gase aus 500 m Teufe ab und nutzte diese als Heizgase für zwei Dampfkessel. Diese Problemlösung fand im deutschen Steinkohlenbergbau weite Beachtung[50].

Zur Erzeugung von Druckluft standen auf der Schachtanlage 1/2 ein Zwillingskompressor sowie drei Einzylinderkompressoren (Baujahre 1891 bzw. 1893); sie versorgten die Grube mit Druckluft in einer Größenordnung von 10 $m^3$/min bei 5 atm Druck. Am Schacht 3 stand ein weiterer Kompressor mit einer Leistung von 50 $m^3$/min[51].

An die 1902 errichtete Zentralkondensation waren alle Aggregate der Schachtanlage 1/2 angeschlossen; sie war für 15 t Dampf/h ausgelegt worden. Zur Versorgung der Grube mit elektrischer Energie hatte man am Schacht 3 eine elektrische Zentrale errichtet (1903), in der eine Verbunddampfmaschine (400 mm bzw. 650 mm Zylinderdurchmesser, 800 mm Hub, 100 U/min) einen 175 kW leistenden Generator antrieb. Weiterhin stand dort ein 44 kW leistender Drehstromgenerator, der von einer liegenden Einzylinderdampfmaschine angetrieben wurde. Die hier erzeugte elektrische Energie versorgte zunächst nur die Grube, seit 1911 auch die Gemeinden Oberbexbach und Höchen[52].

Ein besonderes Problem stellten der Transport der Förderkohle und die Aufbereitung dar, da die Grube über keinen Bahnanschluß verfügte. Deshalb wurde die Förderung mit Hilfe einer Drahtseilbahn zur Bahnstation Bexbach transportiert, während alle anderen Materialien mit der Achse über die stark ansteigende Straße vom Bahnhof Bexbach zur Grube gebracht werden mußten. Eine erste, vier Kilometer lange Drahtseilbahn wurde im Jahre 1886 von der renommierten Leipziger Firma Bleichert & Co. errichtet und blieb bis zum 20. Dezember 1896 in Betrieb.

Diese noch in Holz errichtete Seilbahn wurde im Sommer 1896 durch eine vollkommen als Eisenkonstruktion erbaute Seilbahn der Kölner Firma Pohlig ersetzt. Sie war 3800 m lang und verfügte über ein Gefälle von 140 m.

Zunächst wurden die Förderwagen der Grube selbst angehängt, seit November 1900 erfolgte eine Umladung der Förderkohle in 550 kg fassende Seilbahnwagen. Die am Schacht 3 geförderte Kohle wurde über einen 1400 m langen Seilbahnstrang zum Schacht 2 transportiert;

49 FS 1904 (wie Anm. 24), S. 10f.

50 Ebd., S. 11; J. Kluding (wie Anm. 28), S. 224f.; Adreßbuch (wie Anm. 30), S. 62ff.

51 FS 1904 (wie Anm. 24), S. 11f.

52 Ebd., S. 12.

80 t/h konnten auf diese Weise zur Aufbereitung geliefert werden, Bunkeranlagen an den Schächten dienten als Puffer. Bis 1954 arbeitete die Seilbahn; anschließend wurde sie demontiert[53].

Die zur Grube gehörende Aufbereitungsanlage wurde 1895/96 am Bahnhof Bexbach errichtet und bestand aus Separation und Kohlenwäsche; Lieferant war die Dortmunder Firma Schüchtermann & Kremer. 700 t konnten innerhalb von zehn Stunden durchgesetzt werden. 1910/1911 erbaute man eine Drahtseilbahn mit automatischer Entladung zum Transport der Wasch- und Klaubeberge auf die benachbarte Halde[54].

Zur Erzeugung des für die Maschinen benötigten Dampfes waren auf der alten Anlage 14 Zweiflammrohrkessel in zwei Kesselhäusern vorhanden, am Schacht 3 elf Kessel (davon fünf mit Dampfüberhitzung). Die Kohlenwäsche verfügte über vier Zweiflammrohrkessel[55].

Da der Schacht 2, der bis 1906 als Förderschacht gedient hatte, schadhaft geworden war, wurde der Schacht 1 zum Hauptförderschacht umgebaut: Dabei erweiterte man die Schachtscheibe von 4 m auf 4,2 m und setzte den Schacht vollkommen in Eisenbeton. Er wurde gleichzeitig auf 525 m Teufe weitergeteuft (= achte Sohle) und erhielt eine Koepe-Fördermaschine; eine gleiche Maschine wurde am Schacht 3 aufgestellt[56].

Ein besonderes Problem stellte die stark gestörte Lagerstätte dar: Die starke Zertrümerung der Steinkohlenvorkommen bedeutete für die Grube Frankenholz, daß man sich intensiv um eine Vergrößerung des Grubenfeldes bemühen mußte: Vor diesem Hintergrund sind die Aktivitäten zu erklären, die zum Erwerb weiterer markscheidender Feldteile führten.

Zunächst versuchte man Teile des Feldes der Grube Consolidirtes Nordfeld im Osten der Frankenholzer Berechtsame zu erwerben. Dieses Bergwerk war im Jahre 1889 an Louis Rosenthal aufgrund eines Fundes im Breitenbacher Flöz verliehen worden. Mit westfälischem Kapital war dort eine außerordentlich großzügige Bergwerksanlage mit zwei sehr tiefen Schächten entstanden: Der Fortuna-Schacht erreichte 616 m Teufe, der Wilhelmine-Schacht sogar 846 m Teufe. Aufgrund der schwierigen Lagerstättenverhältnisse konnte niemals rentabel gefördert werden. Der Bergwerksbetrieb wurde daraufhin am 1. Januar 1905[57] eingestellt, die Berechtsame ging in Teilen am 2. Dezember 1909 in den Besitz der Grube Frankenholz über[58], nachdem diese schon zuvor fast das gesamte Inventar sowie den weitaus größten Teil der Belegschaft übernommen hatte[59].

53 Ebd., S. 13; J. KLUDING (wie Anm. 28), S. 225f.; Ausführlich zur Drahtseilbahn M. BARTH, Bahnstation Frankenholz war greifbar nahe. Pläne einer Industriebahn aus dem Jahre 1895, in: Höcherberg-Nachrichten 1992, Nr. 12 (19. März 1992), S. 30, und Nr. 13 (26. März 1992), S. 26f.; K. HOPPSTÄDTER, Stadt Bexbach. Ein Heimatbuch, Bexbach 1971, S. 442f.

54 FS 1904 (wie Anm. 24), S. 14; J. KLUDING (wie Anm. 28), S. 226.

55 FS 1904 (wie Anm. 24), S. 14.

56 F. MERKEL, Die Entwicklung des Kohlenbergbaus auf dem Höcherberg, in: Saarbrücker Zeitung vom 5. Februar 1931, Nr. 35 (LA Saarbrücken, Best. Bergwerksdirektion Saarbrücken, Nr. 2496, S. 294).

57 Nach A. GOERGEN (wie Anm. 27), S. 60, am 18. Januar 1905.

58 LA Saarbrücken, Best. Bergwerksdirektion Saarbrücken, Nr. 2335, S. 51 (danach am 25. Februar 1910).

59 LA Saarbrücken, Best. Bergwerksdirektion Saarbrücken, Nr. 2496, S. 205f. Zur Grube ›Consolidirtes Nordfeld‹ vgl. Ch. MISSY/R. OHM, Höchen einst und jetzt, Bexbach 1987, S. 38–47; A. LEPPLA,, Das Bohrloch bei Dittweiler am Höcher Berg, in: Zeitschrift für praktische Geologie 1901, Jg. 9, S. 417ff.; J. KLUDING, Zur Geschichte des Saar-Bergbaus. Steinkohlenbergwerk ›Consolidirtes Nordfeld‹. Eine Fehlinvestition mit den tiefsten Schächten an der preußisch-bayerischen Landesgrenze 1889–1904, in:

Zum gleichen Zeitpunkt ging auch das Steinkohlenfeld Dietrich Reinhardzeche in den Besitz der Grube Frankenholz über[60].

Die Grube Frankenholz hatte Zeit ihres Bestehens unter den erheblichen Gasaustritten im Grubengebäude zu leiden. Bereits 1884 forderte ein Unglück sechs Tote auf der vierten Sohle, 1893 mußten 14 Bergleute auf der fünften Sohle ihr Leben lassen, 1897 hatte man sogar 48 Leben auf der achten Sohle zu beklagen: zahlreiche kleine und größere Brände bereiteten zum Teil erhebliche Schwierigkeiten bei der Bekämpfung. 1914 brach ein größerer Grubenbrand aus, der bis 1917 nicht beherrscht werden konnte: Er griff auf den Schacht 2 über, so daß dieser in Teilen zu Bruch ging und bis zur fünften Sohle verfüllt werden mußte. Die Schachtteile bis zur achten Sohle gingen damals verloren[61].

Die Aufwärtsentwicklung des Bergwerks Frankenholz und die steigende Förderung, die – wie im gesamten Steinkohlenbergbau jener Jahre vor dem Ersten Weltkrieg – vorwiegend nur durch den Einsatz größerer Belegschaften erreicht werden konnten, hatten auch für das Dorf Frankenholz und seine Umgebung unmittelbare Folgen. Die steigende Belegschaft mußte mit Wohnraum versorgt werden, die Infrastruktur des Ortes veränderte sich. Noch im Jahre 1875 zählte man in Frankenholz nur 179 Einwohner, 1905 waren es bereits 1744; während 1880 auf der Grube nur 33 Mann angelegt waren, standen 1913 bereits 1974 Bergleute in Lohn und Brot. Die Ortschaft entwickelte sich aus einer agrarischen Struktur heraus zu einer Bergbau-Siedlung. Die aus der näheren und weiteren Entfernung zuwandernden Bergleute fanden zum Teil in neu erbauten Schlafhäusern eine Unterkunft[62].

Die Grube Frankenholz blieb bis zum Ende des Ersten Weltkrieges eine Privatgrube mit ausgeprägt »patriarchalischem Charakter«. August Ferdinand Culmann als Gründer der Grube, darauf sein Sohn August (von 1891 bis 1902) und später dessen Schwiegersohn A. Guntz, der die Werksleitung erst 1935 abgab, schufen ein Unternehmen, das sich in Vielem von anderen Bergwerksgesellschaften unterschied. Dies lag nicht nur in der langen, auf die Person Culmanns zugeschnittenen Entstehungsgeschichte der Grube begründet, nicht nur in den schwierigen Lagerstättenverhältnissen mit den besonderen Sicherheitsproblemen der Ausgasungen, sondern auch in der fehlenden Finanzbasis. Diese fehlenden Finanz- und Investitionsmittel führten dazu, daß der Zustand der Betriebsanlagen durchaus kritisch betrachtet worden ist und daß auch erhebliche Spannungen zwischen der Grubenleitung und der Belegschaft hinsichtlich der Arbeitslöhne bestanden. Eine tarifliche Regelung der Arbeitslöhne bestand bei der Privatgrube Frankenholz bis zum Ende des Ersten Weltkriegs nicht: Die Werksleitung hatte bei der Gestaltung des Lohngefüges vollkommen freie Hand. Entsprechend geringer fielen die Entlohnungen gegenüber den Gruben St. Ingbert und Bexbach aus. So betrug der durchschnittliche Hauerlohn auf den drei Gruben

Saarbrücker Zeitung-Heimatblätter, Saarbrücken 1977, Nr. 168; P. Gaffga, Grube Nordfeld: Normalspurige Kohlenschleppbahn und schmalspurige Seilbahn (Sonderdruck); F. Merkel (wie Anm. 56).

60 LA Saarbrücken, Best. Bergwerksdirektion Saarbrücken, Nr. 2496, S. 208.

61 J. Kluding (wie Anm. 28), S. 223; LA Saarbrücken, Best. Bergwerksdirektion Saarbrücken, Nr. 2496, S. 2 und S. 307; zu den Unglücken vgl. Der Kompaß 1893, Jg. 8, S. 117; Bergarbeiter-Zeitung 1908, Jg. 48, S. 4 (dort werden 53 Tote genannt).

62 LA Saarbrücken, Best. Bergwerksdirektion Saarbrücken, Nr. 2496, S. 307; Zum Siedlungswesen und zum Bau von Wohnheimen vgl. LA Speyer, Best. N 1, Fol. 1 ff.

| | St. Ingbert | Bexbach | Frankenholz |
|---|---|---|---|
| 1910 | 5,48 Mark | 5,10 Mark | 4,43 Mark |
| 1911 | 5,44 | 5,02 | 4,57 |
| 1912 | 5,43 | 5,18 | 4,57 |
| 1913 | 5,65 | 5,43 | 4,69 |
| 1918 | 12,38 | 12,87 | 11,66 |
| 1919 | 21,65 | 22,62 | 18,31 |

Der Hauerlohn lag somit im Jahre 1919 gegenüber dem der Grube St. Ingbert um 15,4 Prozent, im Vergleich zu den Löhnen auf der Grube Bexbach sogar um 19 Prozent niedriger.

Diese schlechtere Lohnzahlung führte die Frankenholzer Verwaltung darauf zurück, daß die Gestehungskosten wegen der schlechten Lagerstättenverhältnisse höher lagen als auf den anderen Gruben. Deshalb wanderten zahlreiche Bergleute von der Grube Frankenholz ab, die Fluktuation soll erheblich gewesen sein, konnte aber insgesamt die Aufwärtsentwicklung des Bergwerks nicht beeinträchtigen.

Die Lohnpolitik der Grube erhielt erst zu dem Zeitpunkt eine Wendung, als nach dem Ende des Weltkrieges aufgrund der inzwischen stark ausgebauten gewerkschaftlichen Organisation für das gesamte Saarrevier ein einheitlicher Tarif geschaffen wurde. Die Grube Frankenholz sah sich nunmehr gezwungen, ihre Löhne den anderen Gruben anzupassen. Erst zu Beginn des Jahres 1932 entstanden insofern Schwierigkeiten, als die Grube die vereinbarten Löhne nicht mehr zahlen konnte und niedrigere Lohnzahlungen vornahm, um eine Schließung der Grube zu verhindern. Diese Regelung wurde 1935 wieder aufgehoben[63].

Die weitere Entwicklung der Grube Frankenholz nach dem Ausbruch des Ersten Weltkrieges soll nur kursorisch abgehandelt werden. Zu Beginn des Krieges befanden sich von den 3000 Anteilen des Unternehmens 1254 in französischem Besitz, weitere in deutschem bzw. französischem Besitz mit französischer oder Schweizer Nutznießung.

Nach der Bundesratsverfassung vom 26. November 1914 wurde die Beteiligung französischer Staatsangehöriger an der Bergwerksgesellschaft Frankenholz unter Zwangsverwaltung auf Kosten der Beteiligten gestellt. Aufgrund einer weiteren Verordnung des Bundesrates vom 22. Oktober 1917 wurde dann die Liquidation der französischen Bergwerksanteile angeordnet.

Nach dem Kriegsende und dem Versailler Frieden mußten die französischen Teilhaber entschädigt werden, der französische Staat wurde Eigentümer aller Gruben an der Saar und auch der Grube Frankenholz[64]. Dieser schloß mit Datum vom 22. Oktober 1919 einen vorläufigen Pachtvertrag mit der alten Bergwerksgesellschaft bürgerlichen Rechts, die bald darauf in Liquidation ging. An ihre Stelle trat die französische Société Anonyme des Mines de Frankenholz, nachdem der französische Staat die Grube am 17. Januar 1920 wieder übernommen hatte[65].

63 LA Saarbrücken, Best. Bergwerksdirektion Saarbrücken, Nr. 2495, 20ff.
64 J. Kluding (wie Anm. 28), S. 192.
65 LA Saarbrücken, Best. Bergwerksdirektion Saarbrücken, Nr. 2335, S. 41.

Der Pachtvertrag mit der neuen Aktiengesellschaft wurde mit Datum vom 30. Oktober 1920 mit einer Laufzeit von 99 Jahren (vom 1. Januar 1921 an gerechnet) abgeschlossen. Danach verpachtete der französische Staat der Bergwerksgesellschaft eine Berechtsame, die aus der alten Frankenholzer Konzession auf bayerischem Territorium, dem Teil der Konzession Nordfeld, der im Saargebiet lag, und dem auf ehemals preußischem Gebiet liegenden Münchwieser Grubenfeld bestand. Die neue Frankenholzer Konzession umfaßte danach 1496 ha. Dieses Münchwieser Feld war für die Grube Frankenholz von großer Bedeutung, da die bisher gebauten Feldesteile im alten bayerischen Gebiet weitgehend ausgekohlt waren[66].

Nach einer Bewertung der Grube Frankenholz durch den St. Ingberter Oberbergrat Feuchter bestand das Bergwerk im Jahre 1920 – also bei Übernahme des Bergwerks durch die französische Aktiengesellschaft – aus zwei selbständigen Betriebsanlagen, der sogenannten Alten und der Neuen Anlage.

Jede Anlage besaß einen Förderschacht (Schacht 1 bzw. Schacht 3), beide waren einziehend. Als ausziehender Wetterschacht diente der Schacht 3 beiden Anlagen gemeinsam. Die mittlere Leistung der Dampffördermaschinen belief sich auf 1000 PS, 560 PS und 1000 PS, der Schacht 3 verfügte noch über eine Nebenförderung mit elektrischem Antrieb und einer Leistung von 45 PS. Am Schacht 2 – dem Wetterschacht – standen zwei Rateau-Ventilatoren mit 6000 und 4500 $m^3$/min mittlerer Leistung, letzterer diente als Reserve. Am Schacht 3 bestand der Pelzer-Ventilator aus dem Jahre 1890 mit seiner mittleren Leistung von 2000 $m^3$/min noch immer. In den Schächten 1 und 3 war die achte Sohle (= 525,2 m bzw. 583,6 m) die Hauptfördersohle, die neunte Sohle mit 95 m seigerem Sohlenstand befand sich in der Vorrichtung.

Zur Wasserhaltung nutzte man eine doppeltwirkende Plungerpumpe mit elektrischem Antrieb und einer Leistung von 15 $m^3$/h; sie war auf der achten Sohle am Schacht 3 aufgestellt worden. Der Wasserzufluß lag bei 125 l/min und wurde als auffallend gering beurteilt. Die auf der Alten Anlage bestehende Kesselanlage bestand aus 14 Kesseln, auf der Neuen Anlage aus zehn Kesseln. Die Kompressorenanlagen lieferten 6000 $m^3$/h auf der Alten und 3000 $m^3$/h auf der Neuen Anlage. Eine Abdampfturbine mit gekoppeltem Drehstromgenerator von 350 kW Leistung befand sich auf der Alten Anlage, zwei Drehstromgeneratoren mit 215 und 54 PS Leistung auf der Schachtanlage 3/4.

Die Grube Frankenholz hatte damals 22 bauwürdige Flöze mit zusammen 24,6 m Kohlenmächtigkeit aufgeschlossen, die alle der Flammkohlenpartie entstammten. Die Flöze waren sattelförmig gelagert und fielen mit 8° nach Nordosten in der Sattelachse ein, mit 15 bis 20° auf dem Nordflügel. Der südliche Flügel war durch den mit 45° gegen Norden einfallenden Frankenholzer Hauptsprung verworfen. Auch sonst zeigten sich die Flözpartien vielfach gestört. Besonders hebt der Bericht die starke Ausgasung hervor: Der $CH_4$-Gehalt im austretenden Wetterstrom schwankte zwischen 0,7 und 0,9 Prozent, der $CO_2$-Gehalt zwi-

66 LA Saarbrücken, Best. Bergwerksdirektion Saarbrücken, Nr. 2496, S. 192–204 sowie S. 218. Bereits 1920 konnte danach aus dem Pachtfeld Münchwies gefördert werden (LA Sbr., 2496, S. 217ff.), 1927 wurden die Grenzen verändert (vgl. ebd.). Bohrungen bei Fürth, Wiebelskirchen und Ottweiler sollten die geologischen Verhältnisse erkunden (LA Sbr., 2496, S. 220ff.). 1925 bemühte sich das Bergwerk um eine Erweiterung der Berechtsame und beauftragte den Geologen Rudolf Drumm mit der Erstellung eines Gutachtens über die geologischen Beschaffenheiten des Grubenfeldes Breitenbach (LA Sbr., 2496, S. 295–306).

schen 0,2 und 0,3 Prozent. Auch auf die Neigung zur Kohlenstaub-Entwicklung und auf die Brandgefahren wurde ausdrücklich hingewiesen. Der Wert der Bergwerksanlagen wurde mit 6,035 Millionen Goldmark und 200000 Papiermark beziffert[67].

Unter der französischen Ägide wurde der Betrieb erfolgreich fortgeführt. Ein nicht datierter, aber wohl 1935 entstandener Bericht (»Grube Frankenholz in der Wirtschaftsgeschichte der Westpfalz«) gibt wichtige Hinweise zu den wirtschaftlichen und finanziellen Verhältnissen des Bergwerks während der Jahre nach dem Ersten Weltkrieg bis 1935. Danach hatte die französische Aktiengesellschaft die Grube in relativ heruntergekommenem Zustand übernommen; mit Sparsamkeit auf der einen Seite, mit gezielten Investitionen vor allem im maschinellen Bereich auf der anderen Seite gelang es indesssen, durchweg Gewinne zu erwirtschaften, die zum Teil reinvestiert wurden. Auf einen Ausbau der Grube – zum Beispiel durch eine Kokerei – verzichtete man, da die politischen Verhältnisse als ungeklärt betrachtet und eine Wiedereingliederung des Saargebietes in das Deutsche Reich als möglich betrachtet wurden. Immerhin verlangte der Aufbau und der Betrieb der Grube von den Aktionären eine Aufstockung des Betriebskapitals von 750000 Franken auf 9 Millionen Franken. 1922 teufte das Bergwerk nahe beim Schacht 3 den Schacht 4 mit 5,5 m Durchmesser ab, der bis auf 767,6 m Teufe niedergebracht wurde. Nach Inbetriebnahme dieses Schachtes erreichte die Grube im Jahre 1930 mit knapp 500000 t die größte Förderung ihrer Geschichte, 2800 Mann waren auf dem Bergwerk angelegt. Die Planungen der Grube sahen einen Ausbau des Bergwerks auf eine Förderung von 600000 t/Jahr vor; die Weltwirtschaftskrise verhinderte indessen die Realisierung[68], ein Rückgang der Förderung und Massenentlassungen waren die Folge[69]. Im Jahre 1932 schloß die Société Anonyme des Mines de Frankenholz mit dem französischen Staat einen neuen Vertrag, demzufolge das Unternehmen durch die Gesellschaft als reine Betriebsgesellschaft für Rechnung des französischen Staates geführt wurde[70].

1935 kam die Grube Frankenholz nach der Rückgliederung des Saargebietes in das Deutsche Reich in Staatsbesitz und wurde Teil der Saargruben AG. Da die Gruben St. Ingbert, Bexbach und Wellesweiler Förderschwierigkeiten hatten, kam der Grube Frankenholz in diesem pfälzischen Teil des Saarreviers besondere Bedeutung zu. Die noch bestehenden territorialen Probleme hinsichtlich der Berechtsame (Pachtfeld Münchwies) wurden schnell gelöst, 1937 bis 1939 teufte man in diesem Feldesteil den Schacht Frankenholz 5 (= Hangard) als Wetterschacht ab. Der 1938 ins Auge gefaßte Schacht Frankenholz 6 erreichte indessen lediglich eine Teufe von 14,8 m. Eine schwere Schlagwetterexplosion, die 1941 41 Bergleuten das Leben kostete und bis 1946 den Betrieb zum Erliegen brachte, verhinderte eine weitere günstige Entwicklung[71].

Nach dem Ende des Zweiten Weltkrieges übernahm der französische Staat erneut die Verwaltung der Saar-Gruben, zunächst als Militärverwaltung (»Mission Française des Mines de la Sarre«), seit 1947 als Treuhandverwaltung (»Régie des Mines«). 1954 kam es zur Gründung der Saarbergwerke als französisch-saarländischem Unternehmen, das bis zur

67 LA Saarbrücken, Best. Bergwerksdirektion Saarbrücken, Nr. 2335, S. 27–32.
68 W. Jost (wie Anm. 48), S. 286.
69 LA Saarbrücken, Best. Bergwerksdirektion Saarbrücken, Nr. 2496, S. 328 ff. (vgl. Anhang 3).
70 LA Saarbrücken, Best. Bergwerksdirektion Saarbrücken, Nr. 2495, S. 17 ff. und S. 90.
71 Ebd., S. 17 ff.

erneuten Rückgliederung des Saarlandes an die Bundesrepublik Deutschland im Jahre 1957 die Gruben an der Saar verwaltete[72].

Die französische Grubenverwaltung beauftragte den Bergwerksdirektor Jules Baumann mit der Leitung der Gruben Frankenholz und Kohlwald (bei Neunkirchen). Unter seiner Leitung entstand am Standort der ehemaligen Grube Bexbach eine neue Schachtanlage (St. Barbara), die am 8. Juli 1954 die Förderung aufnahm. Zu diesem Zeitpunkt stellte die Grube Frankenholz die Förderung als selbständige Grube ein: Seither förderte man die in ihrem Feld noch anstehende Kohle über den neuen Schacht St. Barbara, so daß die fast 70 Jahre lang betriebene Drahtseilbahn abgeworfen und demontiert werden konnte. Als die Grube St. Barbara am 30. April 1959 stillgelegt wurde, erlosch der Bergbau im Feld der ehemaligen Grube Frankenholz endgültig: Die Schächte wurden verfüllt oder zur Methanabsaugung hergerichtet – aus dem Schacht Frankenholz 5 werden jährlich rund 12 Millionen $m^3$ bezogen –, die Tagesanlagen teils geschleift, teils anderer Funktion übergeben. Insgesamt hat die Grube Frankenholz in den acht Jahrzehnten ihres Bestehens rund 15 Millionen t Steinkohle geliefert[73].

Ohne Zweifel hat der Frankenholzer Bergbau das Ortsbild der Gemeinde jahrzehntelang entscheidend geprägt. Die dominierende Stellung des Bergbaus im wirtschaftlichen Leben der Kommune ging mit der Stillegung des Bergwerks verloren, die Tagesanlagen wurden entweder abgebrochen, umgenutzt oder verfielen im Laufe der Jahre. Die Wohngebäude der Grube dienen weiterhin Wohnzwecken und haben ihr Äußeres mehr oder weniger verändert. Ein kurzer Blick auf die überkommenen Tagesanlagen soll den Bestand und den Erhaltungszustand schildern.

Die *Schachtanlage Frankenholz 1/2* liegt unmittelbar westlich der Ortschaft an einem Knick der Hauptstraße: Dort sind auch zahlreiche Werkswohnungen angelegt worden. Von der Hauptstraße zweigt ein Zufahrtsweg zum ehemaligen Zechengelände ab. Kaue, Lohnbüro und Verwaltungsgebäude lagen von Norden nach Süden am Hang gestaffelt untereinander. Weiter westlich und von diesen drei Gebäuden durch eine Werksstraße getrennt erhoben sich die Bauten der Lampenkaue, des Fördermaschinenhauses 1, des Magazins und der Schachthalle über dem Schacht 1.

Noch weiter westlich waren die zentrale Maschinenhalle mit dem Kesselhaus und dem Fördermaschinenhaus 2, das alte Zechenhaus neben dem Schacht 2, eine Schreinerei, eine Schmiede und der große Komplex der Werkstätten angeordnet. Am westlichen Ende des Zechenplatzes erhoben sich Umspannanlagen sowie Schuppen und Magazine.

Das gesamte Zechengelände wurde überragt von der großen, neuen Kaue oberhalb der zentralen Maschinenhalle; in diesem ehemaligen Zechengebäude haben sich heute ein Supermarkt und Geschäfte eingerichtet.

Nach der Stillegung der Grube Frankenholz sind nahezu alle Betriebsgebäude abgebrochen worden. Die Fördergerüste sind inzwischen demontiert, auch die Nachfolgeindustrie, die die ehemaligen Tagesanlagen noch genutzt hatte, ist mittlerweise aus den Gebäuden ausgezogen, so daß die noch erhaltenen Anlagen ein Bild der Verwüstung bieten. Das zentrale,

72 W. Jost (wie Anm. 48), S. 286 ff.; R. Slotta, Technische Denkmäler des Bergbaus auf den Bergwerken und Schachtanlagen der Saarbergwerke AG, Saarbrücken. Erfassung, Bewertung und Vorschläge zur Sicherung, Manuskript, Bochum 1987, S. 91 ff.

73 Ebd.

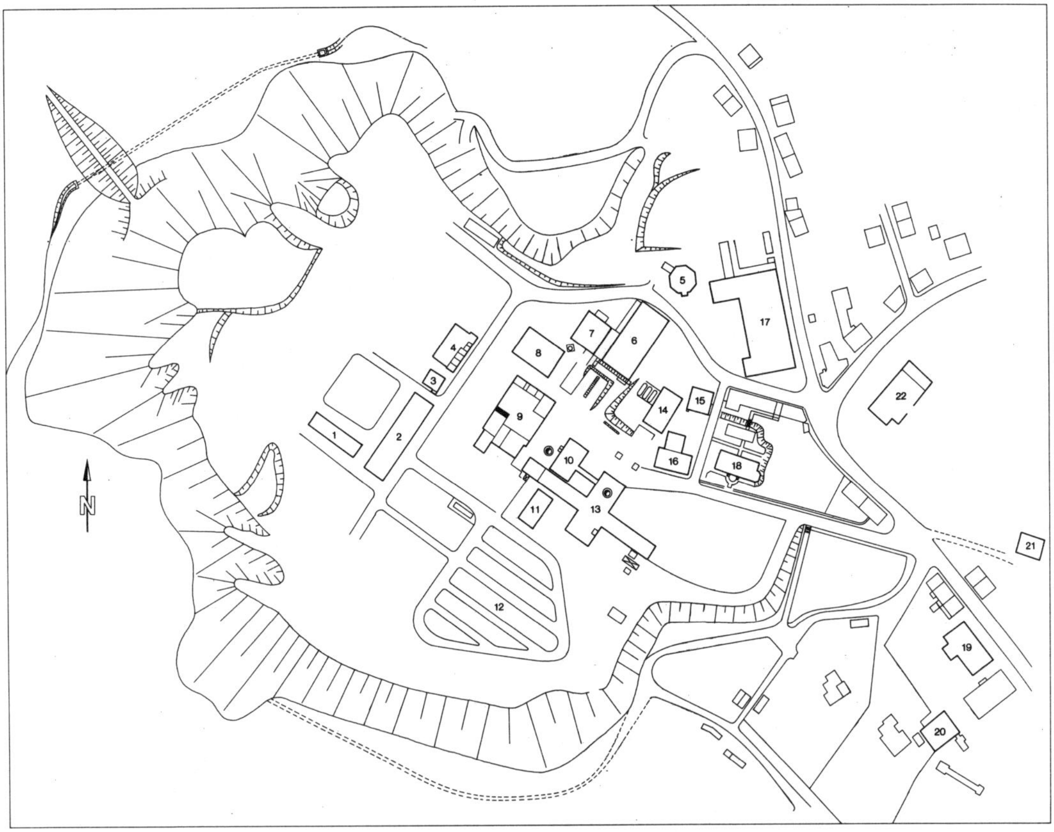


2a
Schachtanlage Frankenholz 1/2 im Januar 1951
1 Seil- und Rohschuppen / 2 Eisen- und Zementlager / 3 Transformatorenhaus / 4 Schaltanlage
5 Kühlturm / 6 Maschinenhaus / 7 Kesselhaus / 8 Schmiede / 9 Werkstätten / 10 Zechenhaus
11 Schreinerei und Sägewerk / 12 Holzplatz / 13 Bunker und Wäsche, Verladung / 14 Fördermaschinenhaus / 15 Lampenkaue / 16 Wohnhaus / 17 Kaue / 18 Werksschule / 19 Werkschule / 20 Werksgasthaus
21 Apotheke St. Barbara / 22 Autohalle

1922/23 erbaute Maschinenhaus – ursprünglich ein großes Gebäude aus Kalksandstein und Stahlbeton mit Kielbogendecke, mit 14 Rechteckfenstern auf der Längs- und fünf Achsen auf den Schmalseiten, einer Lisenengliederung am Außenbau und einer Kranbahn auf Pilastern im Innenraum – steht leer und wird wohl demnächst vollkommen ruiniert sein. Auch vom Zementwerk im Westen des ehemaligen Zechenplatzes existieren nur noch insignifikante Baulichkeiten.

Einziges Gebäude, das die Erinnerung an die Schachtanlage Frankenholz 1/2 noch aufrechterhalten könnte, ist die ehemalige Kaue. Dieser weitläufige Baukörper besteht aus einem zentralen, grob Nord-Süd-ausgerichteten Trakt mit schmaleren Anbauten im Norden und Süden. Der zentrale Mitteltrakt besitzt auf seiner Schmalseite drei große Rechteckfenster, elf bzw. 16 auf den Längsseiten. Der längere, nördliche Anbau ist zweigeschossig aufgeführt und mit drei bzw. fünf Fenstern versehen, der kürzere Anbau im Süden mit drei bzw. sieben Fenstern und Türöffnungen. Der ehemals roh belassene Ziegelbau ist inzwischen hell verputzt worden, Flachdächer bzw. flache Pultdächer schließen den Baukörper ab.

Ein Hinweisschild auf die ursprüngliche Funktion des Großmarktes wäre sicherlich sinnvoll. Eine besondere Bedeutung in architektonischer Hinsicht besitzt das Gebäude nicht.

Die *Schachtanlage Frankenholz 3/4* befand sich westlich der Ortschaft Höchen in unmittelbarer Nachbarschaft des heutigen Sportplatzes. Nördlich der weithin sichtbaren Bergehalde wurde auf dem Gelände des ehemaligen Holzplatzes ein Reitplatz eingerichtet. Die beiden Schächte liegen auf diesem Gelände. Westlich der zum Sportplatz führenden Straße befinden sich die Betriebsgebäude der ehemaligen Lampenstube, der Fördermaschinenhäuser und einer Lagerhalle, während östlich der Straße und nördlich des Sportplatzes die Berglehrwerkstatt (nebst Fahrradschuppen) angelegt worden ist. An der Stelle des heute bestehenden Sportlerheims befand sich ehemals ein Schwimmbassin der Belegschaft, das mit dem Warmwasser aus dem Kompressorenhaus beheizt wurde. Eine kleine Siedlung umgab die Schachtanlage.

Nach der Einstellung der Förderung auf der Schachtanlage Frankenholz 3/4 sind zahlreiche Gebäude abgebrochen worden, so daß auch hier nur noch unwesentliche Teile der Tagesanlagen bestehen. Umfangmäßig größtes erhaltenes Gebäude ist die ehemalige, 1904 erbaute *Lehrwerkstatt*.

Der verputze Backsteinbau erhebt sich über reckteckigem Grundriß. Sechs Sheddächer schließen den Bau ab, Korbbogenfenster und Rundfenster belichten das Innere, ein Gesims aus rotem Backstein in Gestalt eines »Deutschen Bandes« trennt die Fensteröffnungen voneinander. Das Gebäude wird heute als Reitstall genutzt.

Der ehemalige Fahrradschuppen hat sich als langgestreckter, eingeschossiger Bau mit Satteldachabschluß erhalten; er dient Wohnzwecken und wird als Schützenhaus genutzt. Die Architektur ist einfach und ohne Besonderheiten.

Die ehemalige Badekaue ist vollständig umgestaltet worden und zum Teil in einen Wohnhausneubau inkorporiert worden. Der eingeschossige Backsteinbau ist weiß geschlämmt worden, das Satteldach flach ausgebildet, die Fenster besitzen zum Teil noch die originale Rahmung.

Das Fördermaschinenhaus am Schacht 4 ist ein Stahlskelettbau mit Backsteinfüllung und Satteldachabschluß gewesen: Es ist zu einem Wohnhaus umgestaltet worden, doch ist seine Herkunft als Industriebau noch ersichtlich.

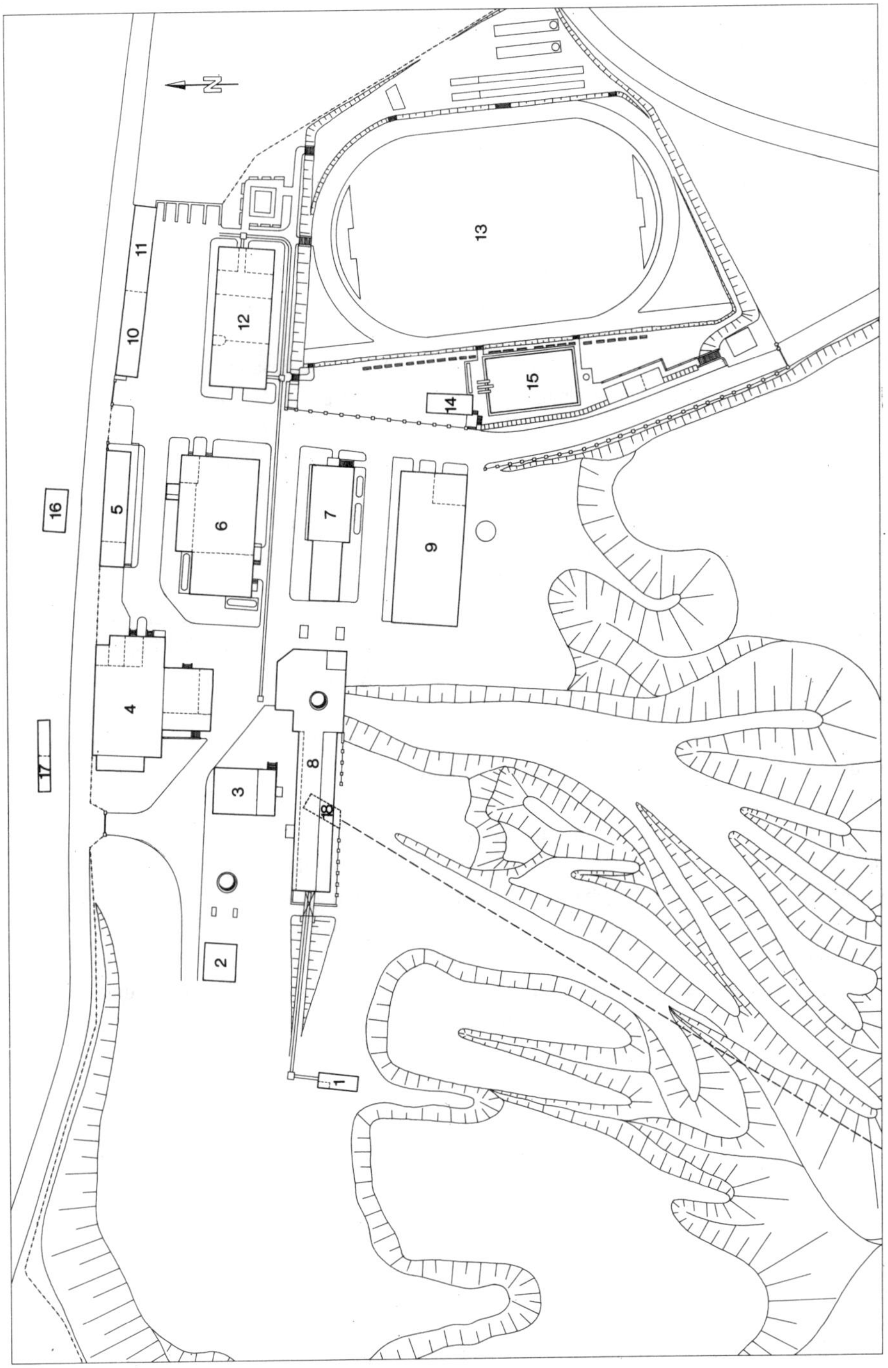


Schachtanlage Frankenholz 3/4 im Februar 1948
1 Sägewerk / 2 Fördermaschinenhaus am Schacht 4 / 3 Grubenlüfter / 4 Kaue mit Zechenhaus / 5 Lampenkaue / 6 Maschinenhaus / 7 Fördermaschinenhaus am Schacht 3 / 8 Schachthalle / 9 Kesselhaus / 10 Fahrradkaue / 11 Eisenlager / 12 Berglehrwerkstatt / 13 Sportplatz / 14 Werkschule
15 Schwimmbecken / 16 Transformatorenhaus / 17 Wohnhaus / 18 Seilbahnstation

Die beiden Schächte sind durch Betonplatten abgedeckt, Grundmauern von den übrigen Gebäuden stehen zum Teil noch an. Weithin sichtbares Denkmal der Schachtanlage ist die zum Teil bewachsene Bergehalde.

Die Aufbereitung am Bahnhof Bexbach existiert ebenfalls nicht mehr; auf dem Gelände hat die Firma Viessmann Heiztechnik eine Fabrikationsstätte errichtet, Substruktionen ohne Aussagekraft sind noch vorhanden. Die weithin sichtbare Bergehalde am Bahnhof Bexbach stammt aus den Abgängen der Kohlenaufbereitung der Grube Frankenholz. Die erwähnte Seilbahn ist abgebrochen worden.

Die Nebenschachtanlage Hangard hat niemals eine größere Bebauung erfahren. Neben dem Fördermaschinenhaus, der Schachthalle mit dem Fördergerüst und einem Werkstattgebäude bestand am Schacht noch eine Gasabsauganlage.

Nach der Stillegung der Schachtanlage arbeitet lediglich die Gasabsauganlage noch weiter, während das Fördergerüst, die Schachthalle und das Werkstattgebäude abgebrochen worden sind. Das Fördermaschinenhaus besteht als schmuckloser Stahlfachwerkbau mit Backsteinfüllung und Satteldach noch weiter, doch ist die Fördermaschine demontiert worden.

Zusammenfassend muß festgestellt werden, daß sich vom ehemaligen Baubestand der Grube Frankenholz mit seinen drei Schachtanlagen heute keine Bauteile mit wirklich signifikanter Bedeutung für den Denkmälerbestand des Saar-Bergbaus erhalten haben. Die Tagesanlagen sind so weitreichend geschleift, abgebrochen oder verändert worden, daß Eindrücke oder Erinnerungen an den ehemals umgehenden Bergbau nur anhand historischer Foto- und Bildunterlagen gewonnen werden können. Dies ist um so bedauerlicher, als die Tagesanlagen in der Zeit zwischen den beiden Weltkriegen durchaus als Musterbeispiele für gepflegte und aufwendig ausgestattete Bergwerksanlagen anzusehen sind: Die Anlage von Sportstätten für die Belegschaft bei der Schachtanlage Frankenholz 3/4 ist in diesem Zusammenhang zu sehen, der auch aus der damals herrschenden Ideologie erklärbar wird.

Einziges »Großgebäude« des Frankenholzer Bergbaus ist neben der Lehrwerkstatt am Schacht 3 das ehemalige Kauengebäude am Schacht 1: Ihm merkt man die montanistische Vergangenheit aber kaum noch an, ein entsprechendes Hinweisschild sucht man vergebens. So tritt die Grube Frankenholz durch gebaute Technische Denkmäler nicht mehr in Erscheinung, wohl aber durch ihre hochaufragenden, zum Teil schon bewachsenen Halden, die als landschaftsprägende und weithin sichtbare Denkmäler gepflegt und erhalten bleiben sollten: Sie sind die Zeugen der jahrzehntelangen Arbeit der Frankenholzer Bergleute und diese Halden sollten unserer Generation Verpflichtung sein, diese Fazette der Geschichte des Saarbergbaus für uns und nachkommende Generationen zu bewahren.

## ANHANG 1

*Förderzahlen der Grube Frankenholz (in t)*

| | | | | | | | |
|---|---|---|---|---|---|---|---|
| 1881 | 65 | 1902 | 267 775 | | 1922 | 296 540 | |
| 1882 | 533 | 1903 | 283 959 | | 1923 | 219 406 | |
| 1883 | 826 | 1904 | 302 984 | | 1924 | 363 967 | |
| 1884 | 3 351 | 1905 | 390 338 a) | | 1925 | 364 740 | 264 740 b) |
| 1885 | 10 859 | 1906 | 397 132 a) | | 1926 | 360 018 | |
| 1886 | 17 587 | 1907 | 398 398 a) | | 1927 | 420 070 | 402 070 b) |
| 1887 | 37 050 | 1908 | 395 411 a) | | 1928 | 444 922 | |
| 1888 | 47 162 | 1909 | 387 799 a) | | 1929 | 483 901 | |
| 1889 | 45 972 | 1910 | 321 000 | | 1930 | 484 228 | |
| 1890 | 55 524 | 1911 | 390 859 a) | | 1931 | 444 921 | 436 525 b) |
| 1891 | 82 130 | 1912 | | 333 520 b) | 1932 | 382 056 | |
| 1892 | 83 406 | 1913 | 341 170 | | 1933 | 381 925 | |
| 1893 | 132 833 | 1914 | | 280 271 b) | 1934 | 525 831 c) | |
| 1894 | 163 199 | 1915 | | 212 509 b) | 1935 | 416 641 c) | |
| 1895 | 223 674 | 1916 | 202 355 | | 1948 | | 321 536 d) |
| 1896 | 201 747 | 1917 | 205 757 | | 1949 | | 341 532 d) |
| 1897 | 208 373 | 1918 | | 224 425 b) | 1950 | | 393 297 d) |
| 1898 | 205 897 | 1919 | 233 468 | 222 943 b) | 1951 | | 404 670 d) |
| 1899 | 223 087 | 1920 | 261 826 | 211 560 b) | 1952 | | 453 892 d) |
| 1900 | 247 884 | 1921 | 238 703 | 238 307 b) | 1953 | | 360 012 d) |
| 1901 | 297 019 | | | | | | |

Nach LA Sbr. Best. Bergwerksdirektion Saarbrücken, Nr. 2495, S. 19; LA Speyer, Best. N 1, Fol. 1–25.
a) Zahlen aus: Saarbrücker Bergmannskalender; Bezug: Rohförderung
b) Zahlen aus: Saarbrücker Bergmannskalender (1935); Bezug: Nettoförderung
c) Zahlen aus: Dt. Bergbau-Jahrbuch; Bezug: Rohförderung
d) Zahlen aus: Geschäftsberichte der Régie des Mines; Bezug: Nettoförderung

## ANHANG 2

Die Konzessionsurkunde besaß nach Nesseler folgenden Wortlaut: *Vermöge allerhöchsten Reskriptes vom 28. Juli laufenden Jahres ist dem Pfarrer Friedrich Euler zu Waldmohr und Konsorten die Konzession zum Betriebe eines Steinkohlenbergwerkes am Frankenholz, Kanton Waldmohr, Landkommissariat Homburg, allergnädigst erteilt worden. Das konzedierte Grubenfeld erstreckt sich über eine Oberfläche von 5 qkm 47 ha auf den Gemarkungen vom Frankenholzer Hof, von Oberbexbach und Höchen in obigem Kanton und Landkommissariat. Gegen Osten wird es begrenzt durch die bei Höchen vorbeiführende sogenannte St. Wendeler Strasse, der sogenannten hohen Strasse, bis zu dem vom Websweilerhof nach Oberbexbach führenden Weg. Gegen Süden durch den letzteren Weg bis zu dem durch Oberbexbach führenden Bächlein. Gegen Westen durch letzteres Bächlein aufwärts bis zu den Gemarkungssteinen zwischen Oberbexbach und Frankenholzerhof, bezeichnet im Plan mit Nr. 1, 2, 3, 4 und 5.*

*Endlich gegen Norden von dem Stein Nr. 5 bis zu jenem Nr. 6 neben der hohen Strasse und Anfangspunkt.*

*Die Konzessionsbedingungen sind:*

Art. 1. *Die Gewerkschaft ist verbunden, einen eigenen, vollkommen ausgebildeten Betriebsbeamten aufzustellen, dessen Bestätigung der Regierung vorbehalten bleibt.*

Art. 2. *Es darf kein Steiger ohne vorherige Prüfung und Bestätigung der Regierung angenommen werden.*

Art. 3. *Es dürfen weder Schächte, noch Stollen, noch Strecken, noch andere Arbeiten in Betrieb gesetzt werden, ohne dass selbe vom Bergamt bestimmt worden sind, überhaupt muss der Betrieb dieses Werkes so vom Bergamt überwacht werden wie der Ärarialbergbau.*

Art. 4. *Alle markscheiderischen Arbeiten dürfen nur allein vom Markscheider des Bergamtes aufgenommen werden.*

Art. 5. *Sämtliche Grubenanlagen und Grubenarbeiten sind 6 Lachter von der Grenze des Ärarialgrubenfeldes fernzuhalten und namentlich ist auch jeder Abbau in dieser Entfernung einzustellen.*

Art. 6. *Die Gewerkschaft ist verbunden, binnen 3 Monaten Grund-, Kreuz- und Seigerriss vom ganzen Grubenbau, dann alljährlich im Laufe des 1. Quartals die Nachträge über die vorgerückten Grubenbauten dem Bergamte vorzulegen, und diesem Amte jedes Jahr bis zum 15. Oktober die Berechnung des vorjährigen steuerbaren Reinertrages einzusenden.*

Art. 7. *Der Grubenbau muss nicht nur ununterbrochen fortgesetzt, sondern auch nach einem regelmässigen, vom Bergamt zu bestimmenden Betriebsplan geführt werden.*

Art. 8. *Im Falle einer beabsichtigten Verzichtleistung auf gegenwärtige Konzession muss 3 Monate vor Einstellung des Betriebes die Anzeige bei der Kgl. Regierung erstattet werden.*

Art. 9. *Ohne vorher bei unterfertigter Stelle eingeholte Genehmigung darf das Werk weder im ganzen noch teilweise veräußert oder überhaupt abgetreten werden*

Art. 10. *Die gesetzlich bestimmten Abgaben müssen alljährlich rechtzeitig an die Staatskasse abgetragen werden.*

Art. 11. *Den Oberflächenbesitzern muss nach den Bestimmungen des Art. 53 des Gesetzes vom 21. April 1810 für den ihren Grundstücken durch den Bergbau zugehenden Schaden Ersatz geleistet werden.*

*Speyer, den 5. September 1845*

Nach E. Nesseler (wie Anm. 3), S. 11f.

## ANHANG 3

Man ist in der glücklichen Lage, einen Bericht über den Zustand des Bergwerks Frankenholz aus dem Jahre 1930 zu besitzen. Verfasser ist Fritz Antes, der als Steiger lange Zeit auf dem Bergwerk gearbeitet und den Bericht für die Preußische Bergwerksverwaltung verfaßt hat. Es heißt dort: *Die Grube Frankenholz im pfälzischen Teil des Saargebietes an der alten preuss. bayer. Grenze gelegen, hat zwei für sich getrennte Anlagen.*

*Schacht 1–2 in der Gemarkung der Gemeinde Oberbexbach-Frankenholz und Schacht 3–4 in der Gemarkung Höchen gelegen. Die Separation und Kohlenwäsche für beide Anlagen steht gegenüber dem Bahnhof Mittelbexbach und ist durch Drahtseilbahn mit den Anlagen verbunden. Die Konzessionsgrenze der Grube wurde am 12. 10. 1928 neu festgelegt ... Schacht 1 ist Förderschacht und schließt bis zur neunten Tiefbausohle auf. Er hat Koepeförderung, Förderkörbe mit 4 Etagen für je zwei hintereinanderstehende Wagen. Der Ausbau des Schachtes ist Beton und in gutem Zustande. Schacht 2 ist Wetterschacht und nur bis zur fünften Sohle abgeteuft. Er ist ebenfalls zur Förderung eingerichtet, wird aber nur sehr wenig befahren. Ausbau U-Eisen und Holzverpfählung. Sein Zustand ist nicht besonders gut. In unmittelbarer Nähe des Wetterschachtes ist von der fünften Tiefbausohle die achte durch einen Blindschacht verbunden, Ausbau Beton.*

*Fördersohle ist die neunte Sohle, die siebente und achte sind Wettersohlen. Die zehnte Sohle befindet sich in der Vorrichtung und ist durch einen Blindschacht von der neunten Sohle aus gelöst ... Die Anlage hat in der neunten nur einen Hauptquerschlag, der in der nordwestlichen Richtung verläuft.*

*Die Anlage (Schacht 3–4) hat ebenfalls zwei Schächte.*

*Schacht 3 ist Förderschacht, Schacht 4 Wetterschacht.*

*Der Förderschacht geht bis zur zehnten Sohle, ist ausgebaut bis zur achten Sohle in Mauerwerk, von da bis zur zehnten Sohle Beton. Von der siebenten Sohle aufwärts hat der Schacht einige sehr druckhafte Stellen, die dauernde Reparatur erfordern. Schacht 4 ist bis zur neunten Sohle abgeteuft, und steht ganz in Beton, ist aber zur Fahrung und Förderung nicht eingerichtet.*

*Schacht 3 hat ebenfalls Koepeförderung und dieselben Förderkörbe wie Schacht 1. Außerdem hat Schacht 3 noch eine Nebenförderung von der zehnten zur neunten und achten Sohle mit einem elektrischen Haspel auf der siebenten Sohle. Fördersohle ist auch bei dieser Anlage ebenfalls die neunte. Die zehnte ist in Vorrichtung, Wettersohle ist die achte.*

*Vom Schacht 3 aus sind in der neunten Sohle aufgefahren zwei Querschläge. Der eine verläuft parallel zum Hauptquerschlag vom Schacht 1 in nördlicher Richtung und löst die Flöze 2, 1 und Hangendes. Der zweite Querschlag ist in südwestlicher Richtung aufgefahren und endet an der südlichen Faltung. Eine Richtstrecke von 500 m Länge bildet in westlicher Richtung seine Fortsetzung. Von dieser Richtstrecke sind die Flöze 6 bis 20 durch Abteilungsquerschläge gelöst. Die Querschläge beider Anlagen und die Richtstrecke Schacht 3 sind in verhältnismäßig gutem Zustande. Zum größten Teile zweispurig und in Eisen ausgebaut. Der Querschlag Schacht 1 hat Seilbahnförderung mit elektrischem Antrieb, während der südliche Querschlag und die Richtstrecke von Schacht 3 je eine Seilbahn mit Preßluftantrieb haben. In den Abteilungsquerschlägen geht Pferdeförderung, desgl. in dem einspurigen nördlichen Querschlag von Schacht 3, der nur eine geringe Förderung hat.*

*Da die Wetterschächte beider Anlagen nur etwa 50 m von den Förderschächten entfernt sind, ist die Wetterführung eine rückläufige. Die Anlagen sind durch zwei Durchschläge miteinander verbunden, der eine liegt auf der achten Sohle in Flöz 1, der zweite auf der 1/2 10. Sohle in Flöz 25. Der Durchschlag in der achten Sohle ist als Hauptfluchtweg gedacht.*

*Teufen der einzelnen Schächte:*

| *Schacht 1* | | *Schacht 3* | |
|---|---|---|---|
| *7. Sohle* | *446 m* | *7. Sohle* | *501 m* |
| *8. Sohle* | *519 m* | *8. Sohle* | *583 m* |
| *9. Sohle* | *616 m* | *9. Sohle* | *677 m* |
| *10. Sohle* | *700 m* | *10. Sohle* | *770 m* |

*Die Grube hat 16 abbauwürdige Flöze mit einer Mächtigkeit von 0,60 bis zu 3 m mit einem Einfallen von 20 bis 30 Grad. Die Kohle ist von mittlerer Güte und wird zum größten Teil an Gaswerke abgesetzt. Beide Anlagen zusammen haben eine Tagesförderung von 2100 bis 2200 t mit einer Belegschaft von rund 2500 Mann. Etwa 60 Prozent der geförderten Kohle wird im preußischen Teile und der Rest von 40 Prozent im bayer. Teile des Abbaufeldes gewonnen.*

*Die Kopfleistung unter Tage beträgt rund 950 kg. Die Anlage Schacht 3 hat im Januar 1930 1000 kg erreicht.*

*Die Leistung (wird) sich auf diesem Stand halten lassen.*

*Die technischen Beamten sind allgemein der Ansicht, daß durch Modernisierung und Rationalisierung die Leistung gesteigert werden kann. Z. B. durch Beschleunigung der Seilfahrt, durch Etagenförderung, moderne Schachtförderung über und unter Tage (das unregelmäßige Ansteigen der Hauptförderstrecken macht sich bei dem Seilbahnbetrieb nachteilig bemerkbar. Der Seilverschleiß ist sehr groß. Der leidet stark unter Standwagenmangel).*

*Rutschenstöße sind keine im Betrieb. Sie werden sich für die Frankenholzer unregelmäßigen geologischen Verhältnisse kaum eignen. Abbauhämmer sind allgemein eingeführt. Der Ausbau in den Abbaubetrieben ist systematischer Holzausbau, der nur in seltenen Fällen wiedergewonnen wird. Für eine Anzahl Flöze mit gutem Hangenden könnte wandernder eiserner Ausbau mit Erfolg eingeführt werden*

(LA Sbr., Best. Bergwerksdirektion Saarbrücken, Nr. 2496, S. 267–269).

Ich danke Frau Dr. Evelyn Kroker M. A., Bochum, Herrn Prof. Dr. Hans-Walter Herrmann, Saarbrücken, Herrn Martin Baus, Homburg, Herrn Christoph Missy, Höchen, und Herrn Gerhard Schneider, Saarbrücken, für ihre freundlich gewährte Hilfe und Unterstützung.

# Bergarbeiter auf Grube Frankenholz

VON HANS-WERNER KRICK

## *Quellenlage und Fragestellungen*

Sozialgeschichte hat Konjunktur, Themen aus dem Lebens- und Arbeitsbereich sind gefragt. Persönliche Schicksale, insbesondere die der »kleinen und einfachen Leute«, die ohne weiteres unsere Vorfahren gewesen sein könnten, finden zunehmend Interesse. Leicht läßt sich ein Regal füllen mit Untersuchungen beispielsweise über die Lebens- und Arbeitswelt der Bergleute, über ihre Familienverhältnisse, ihre Wohnbedingungen. Wir wissen vieles über die Entwicklung ihrer Versicherungs- und Versorgungskassen, über ihre Uniformen, Lampen, Werkzeuge, über unternehmerische Wohnungsbau- und Sozialpolitik, über aufgepfropfte und eigenständig entstandene »Bergarbeiter-Kultur«.

Doch die Bergarbeiterwelt hat sich verändert. Die Arbeits- und Entlohnungsbedingungen haben einen grundlegenden Wandel erfahren. Aus Hauern und Schleppern sind Bergmechaniker geworden, Bergmannsdörfer oder Prämienhauskolonien sind zu Stadtteilen oder modernen Ortschaften gewachsen oder umgebaut worden. Schlafhäuser stehen leer, wurden abgerissen oder umgenutzt. Doch auch die Randerscheinungen, »Bergmannsbauern« und »Bergmannskühe«, gehören nicht mehr zur Alltagserfahrung der Gegenwart. Sie haben ihren Platz allenfalls noch in den Erinnerungen der »Alten« oder in »Bergmannsgeschichten«.

Der Bergbau hat auch an der Saar seine prägende Stellung verloren, ist aus der Saarpfalz völlig verschwunden und uns fremd geworden; fast eine Welt, die es neu zu entdecken gilt. Gut drei Generationen drückte die Grube Frankenholz dem Höcherberg ihren Stempel auf. Von ihrer wirtschaftlichen Entwicklung war die Region abhängig, mit ihr wuchs die kleine Ortschaft Frankenholz zu einer zahlenmäßig großen Gemeinde.

Seit einer Generation wird am Höcherberg keine Kohle mehr abgebaut. Von den Übertage-Anlagen ist fast nichts mehr erhalten. Nur Sachkundige erkennen noch auf den ersten Blick Reste des Bergbaus: begrünte Halden, Geländeveränderungen, Gebäudereste. Es sind aber nicht nur die Betriebsstätten verschwunden, auch die Erinnerungen sind verloren gegangen. Bestenfalls bis zur Völkerbundszeit sind noch Arbeits- und Lebensschicksale präzise zu erfragen.

Wie das Leben der Grubenarbeiter vor der Jahrhundertwende im ersten Vierteljahrhundert dieses Bergbaubetriebs aussah, ob es einen »typischen Frankenholzer Bergmanns-Alltag« gab, ist bislang nur bruchstückhaft rekonstruierbar. Während die Lebens- und Arbeitswelt der Saarbergleute auf den preußischen Staatsgruben an der Saar recht gut aufgearbeitet ist, fehlen entsprechende Untersuchungen für die großen bayerischen Gruben in der Region. Dies gilt sowohl für die Staatsbetriebe in St. Ingbert und Mittelbexbach als auch für die private Grube Frankenholz, ganz zu schweigen von der »Sandgrube« Gewerkschaft Consolidirtes Nordfeld, die eher Schlagzeilen als Umsatz machte.

Die spärlichen Fundstücke, aus denen bislang die Situation auf Grube Frankenholz zusammengesetzt werden kann, stammen aus den verschiedensten »Grabungen«: Statistiken, Jahresberichte der Gewerbeaufsichtsbeamten, Geschäftsberichte, Behördenkorrespondenz, Gerichts- und Polizeiakten, Pressenotizen, zeitgenössische und aktuelle Fachliteratur: Versatzstücke und Einzelszenen, die sich eher für einen Bilderbogen mit Kommentierung eignen, der die Phantasie der Betrachtenden anregt, sich ein Bild, eine Vorstellung vom Bergarbeiterleben auf Grube Frankenholz zu machen.

Ein Drehbuch wäre leichter geschrieben, ein Dokumentarfilm hinterließe vielleicht deutlichere Eindrücke und konkretere Vorstellungen als ein geschriebener Beitrag.

Es soll dennoch versucht werden, aus einem unvollständigen Satz vorwiegend wirtschaftsgeschichtlicher Daten ein anschauliches Bild vom Frankenholzer Bergarbeiterleben im ausgehenden 19. Jahrhundert zu skizzieren, an dessen Rändern auch Szenen aus Mittelbexbach, St. Ingbert, Heinitz und Grube König sichtbar werden und für zusätzlichen Kontrast sorgen.

Schwerpunkte der Darstellung werden die Arbeitszeiten und Arbeitsbedingungen sein, insbesondere die Löhne, die für die bergmännische Tätigkeit gezahlt wurden. Dabei soll nicht nur der Frage nachgegangen werden, wieviel wurde verdient, sondern auch untersucht werden, was konnte von diesem Lohn bezahlt werden. Konnte der Bergmann, der auf Grube Frankenholz im 19. Jahrhundert arbeitete, mit dem Geld, das er dort verdiente, seine Familie ausreichend ernähren und ihr eine menschenwürdige Wohnung finanzieren?

Lohn ist nicht nur Bargeld. Es gehören auch die Vergünstigungen dazu, die mit dem Arbeitsplatz verbunden waren. Für den Saarbergbau sind dies insbesondere die Knappschaftsversicherung und die »Wohlfahrtsleistungen« der Unternehmer, vor allem hinsichtlich der Organisation und »Unterstützung« von »Consum-Vereinen« und der Ausweisung von Mitteln für den Bau von Werkswohnungen und die Unterstützung von Beschäftigten beim Bau von eigenen Häusern.

Um das Bild abzurunden, werden zwei Exkurse unternommen: Zum einen eine eher skizzenhafte Beschreibung der soziologisch-demographischen Entwicklung des Höcherberglandes, speziell der Siedlung Frankenholz und der Einflüsse des Bergbaus, insbesondere der Culmannschen Privatgrube, auf diese Veränderungen[1].

Der zweite Exkurs gilt der großen Streikzeit zwischen 1889 und 1893 und den Niederschlägen, die diese Ereignisse auf Grube Frankenholz fanden. Dabei wird auch die Frage berührt, ob von den »Frankenholzer-Ereignissen« eventuell direkte Verbindungslinien zu den Rechtsschutzvereinen im Saarrevier verlaufen.

Es bleibt dann abschließend zu untersuchen, ob es die gesichteten Quellen erlauben, eine »typische Frankenholzer Seite« des Bergmannslebens zu rekonstruieren, das bis zur Jahrhundertwende repräsentativ für die Belegschaft der Privatgrube ist.

1 Diese Ergebnisse müssen zwangsläufig unvollständig und oberflächlich bleiben, da nähere Untersuchungen nicht vorliegen und auch im Rahmen des Dokumentationsvorhabens nicht in Angriff genommen wurden.

Der gewählte Zeitraum – 1879 bis 1903 – ist gewiß willkürlich gewählt. Er orientiert sich ebenso wie die vorliegende Dokumentation, die aus Anlaß der Wiederkehr des 100. Todestages August Ferdinand Culmanns vorgelegt wurde, an einem »internen« Datum, dem 25jährigen Betriebsjubiläum der Frankenholzer Bergwerksgesellschaft.

## *Die wirtschaftlichen und sittlichen Verhältnisse der Arbeitnehmer*

### *Arbeiterklassen, Lohnentwicklung, Arbeitsart und -zeit*

Auch als Privatbetrieb unterstand Grube Frankenholz der staatlichen Bergaufsicht. Diese machte nicht nur Auflagen bezüglich Arbeitssicherheit, Abbaumethoden und gesetzlicher Unfall- und Invaliditätsversicherung, sondern ließ sich auch jährlich Bericht erstatten über die Situation des Betriebes und der Belegschaft. In Einzelfällen griffen staatliche Behörden – Bergamt oder Bezirksamt – auch in die Gestaltung der Löhne und Arbeitsbedingungen ein. Rechtskräftig wurden deren Bemühungen jedoch erst, wenn die ausgehandelten Verträge die Unterschrift des zeichnungsberechtigten Frankenholzer Bergwerkdirektors trugen. Nicht zuletzt aufgrund dieser Interessen- und Kompetenzverflechtung entsprach die Lohnstruktur auf Grube Frankenholz der der bayerischen und preußischen Staatsgruben.

Generell gab es noch das Zwei-Klassen-System auf den Gruben, nämlich Arbeiter und Beamte, die durchaus auch »Privat-Beamte« sein konnten. Diese Beamten werden im folgenden vernachlässigt, obgleich sie geeignete Kompetenzen besaßen, um den Arbeitsalltag und die Lebensbedingungen der ihnen unterstellten Bergleute entscheidend zu beeinflussen. Im Verhältnis zur Belegschaft bildeten sie nur eine kleine Randgruppe, sind also zahlenmäßig nicht repräsentativ. In den offiziellen Geschäftsberichten tauchen sie meist nicht auf, weder als Lohnempfänger noch als handelnde Personen, so daß es ohnehin sehr schwierig würde, Aussagen über ihren Arbeitsalltag und Lebenskontext zu machen. Es soll jedoch angemerkt werden, daß die Beamten zu den privilegierten und begüterten Beschäftigten gehörten. Sie verdienten deutlich mehr als die qualifiziertesten Arbeiter im Kohlenabbau und genossen zudem eine Fülle von Privilegien, unter anderem das der freien oder zu symbolischen Preisen überlassenen Dienstwohnung.

Frauen wurden im Grubenbetrieb an der Saar vor dem Ersten Weltkrieg nicht beschäftigt, von vereinzelten »Putzjobs« abgesehen, die vorwiegend an Witwen oder Ehefrauen von Berginvaliden vergeben wurden.

Bei den Arbeitern wurde unterschieden in Arbeiter *unter Tage, über Tage* und *Jugendliche Arbeiter.*

Jugendliche Arbeiter, Jungen im Alter von 14 bis 16 Jahren, waren im 19. Jahrhundert in Bexbach, St. Ingbert und Frankenholz beschäftigt, allerdings ausschließlich über Tage und verstärkt seit den 1890er Jahren, als in den Separationsanlagen, Kohlenwäschen und auf den Halden neue Arbeitsplätze entstanden. Für die etwa 30 bis 50 jugendlichen Arbeitskräfte in Frankenholz galten eigene Lohnsätze und Arbeitszeiten. Wie alle Übertage-Arbeiter wurden sie nicht im Akkord bezahlt, sondern nach der Anzahl der verfahrenen Schichten. Entsprechend der Arbeitszeitregelung von 1893 wurden diese Jungen in zwei Schichten eingesetzt[2].

2 LA Speyer, Best. N 1, Fol. 224.

Die Frühschicht begann morgens um 6 Uhr und endete um 12 Uhr, die »Mittagsschicht« dauerte von 10 Uhr bis 16 Uhr. In den Vorjahren mußten sie mit drei Pausen von insgesamt zwei Stunden von 6 Uhr bis 18 Uhr arbeiten[3]. Diese Arbeitszeitverkürzung wurde auf den anderen bayerischen Gruben nicht oder erst zeitversetzt nachvollzogen. In St. Ingbert beispielsweise wurden »halbe Schichten« für Jugendliche erst ab 1900 eingeführt, wobei noch immer Zwölf-Stunden-Schichten erlaubt waren[4]. Die Jugendlichen wurden, auch unter Berücksichtigung der kürzeren Arbeitszeit, mit etwa 60 Pfennig Schichtlohn deutlich schlechter entlohnt als die erwachsenen Übertagearbeiter, die zwei bis fünf mal soviel verdienten. Sie waren bei der Knappschaftskasse versichert, allerdings zu einem Sondertarif, der mit 1,50 M je Monat deutlich unter dem Satz der erwachsenen Arbeiter lag, denen 3,50 M berechnet wurden[5].

Neben den Beamten und jugendlichen Arbeitern werden auch die »Arbeiter über Tage« im folgenden nicht berücksichtigt. Dies hat im wesentlichen drei Gründe: Zum einen betrug ihr Anteil an der Belegschaft nur etwa ein Fünftel bis ein Viertel, zum anderen war das Lohngefüge – bedingt durch die Vielzahl der zu verrichtenden Tätigkeiten – so differenziert, daß sich keine allgemein gültigen Aussagen über die persönlichen Verhältnisse dieser Menschen machen lassen und drittens und letztens verrichteten sie Tätigkeiten, die zwar auf der Grube unverzichtbar, aber nicht »typisch bergmännisch« waren. Solche Leute hätten also auch in fast jedem anderen Großbetrieb beschäftigt werden können. Neben *Hilfsarbeitern* und *Handlangern*, in den Geschäftsberichten meist als *sonstige Tagearbeiter* geführt, gab es gelernte Handwerker aus traditionellen Berufen: Zimmerer, Schmiede, Maurer. Daneben gab es auch schon eine Anzahl moderner Berufsbilder, entstanden aus den neuen technischen Anforderungen, die Großbetriebe verlangten. Es waren dies in erster Linie Maschinisten und Kesselwärter, die für die im Tiefbau unentbehrlichen Dampfmaschinen und Kompressorenanlagen zuständig waren, nach der Jahrhundertwende auch Elektriker für die neue Energiequelle Strom.

Generell waren die Facharbeiter-Löhne über Tage geringer als die Hauerlöhne unter Tage. Doch verdienten die Spezialisten in den neuen Berufen im Einzelfalle pro Schicht mehr als die Hauer, die allerdings kürzere Arbeitszeiten hatten. Insgesamt stand im Übertage-Betrieb der Lohn in direkter Relation zur beruflichen Qualifikation, so daß für die Masse der dort Beschäftigten deutlich geringere Löhne als im unmittelbaren Kohlenabbau zu Grunde gelegt werden können[6].

Gearbeitet wurde über Tage in zwei Schichten rund um die Uhr, wobei die Nachtschicht deutlich geringer besetzt war als die Tagschicht, die von morgens 6 Uhr bis abends 18 Uhr dauerte. Die Pausensirene ertönte dreimal pro Schicht, so daß von 8 bis 8.30 Uhr, von 12 bis 13 Uhr und von 16 bis 16.30 Uhr die Arbeit ruhte. Entsprechendes gilt für die Nachtschicht. Die Nettoarbeitszeit für erwachsene Arbeiter betrug demnach zehn Stunden. Ausgenommen

3 LA Speyer, Best. N 1, Fol. 12.
4 LA Speyer, Best. N 1, Fol. 21.
5 LA Speyer, Best. N 1, Fol. 14,15,16.
6 Beispiele für Entlohnungen: LA Speyer, Best. N 1, Fol. 24: 1903: UT: Hauer 4,10 M, Schlepper II 2,87 M, ÜT: Maschinisten 3,55 M, Sonstige 2,60 M. – LA Speyer, Best. N 1, Fol. 17: 1896: UT: Hauer 3,53 M, Schlepper II 2,51 M, ÜT: Schlosser 3–4,00 M, Maurer 3,50 M, Lampenputzer 2,20 M.

von dieser Regelung war das Kesselpersonal, das rund um die Uhr im Acht-Stunden-Takt arbeitete[7].

Die zahlenmäßig stärkste Gruppe von Arbeitern waren die eigentlichen Bergleute. Sie hatten unter Tage unmittelbar mit dem Abbau der Kohlen zu tun, und sorgten dafür, daß die gebrochenen Kohlenstücke zu den Förderpunkten gelangten, um ans Tageslicht gefördert zu werden[8].

Sie arbeiteten in Gruppen, sogenannten Kameradschaften oder Compagnien, und wurden nach einem speziellen Akkordsystem bezahlt, dem Gedinge. Das Gedinge, der Lohn, der für eine bestimmte Abbauleistung vom Grubenbesitzer gezahlt wurde, war keineswegs einheitlich geregelt, sondern unterlag der freien Verhandlung zwischen Kameradschaft und Grubeneigner. In Frankenholz wurden noch 1889 Gedinge versteigert, das heißt, die Kameradschaft, die am wenigsten forderte, bekam den Arbeitsauftrag für eine bestimmte Strecke. Die geforderten Geldmengen bezogen sich in der Regel auf die Tonne geförderte Kohle. Für besondere Gefahren oder Abbauerschwernisse gab es mengenbezogene Zuschläge, die sogenannten Hilfsgedinge. Über Tage wurden die von den Kameradschaften gekennzeichneten Wagen gewogen und notiert. Für unreine Förderung, also wenn taubes Gestein unter den Kohlen war, gab es Strafen und Abschläge[9].

Diese Art der Lohnberechnung hatte zwei Schwachstellen, die immer wieder zu Reibereien und Streitigkeiten führten: Über Tage hatten die Mannschaften keinen Einblick in die Wiegepraktiken und Beurteilungskriterien, nach denen die »Reinheit« der Förderung beurteilt wurden. Probleme gab es insbesondere dann, wenn Wagen »genullt«, also aus der unmittelbaren Lohnberechnung herausgenommen wurden.

Zum anderen handelten die Kameradschaften, die sich aus Hauern, Lehrhauern und Schleppern zusammensetzten, untereinander aus, nach welchem Schlüssel der Gruppenakkord intern aufgeteilt wurde. Unter diesen Umständen kam dem Partiemann, dem bis 1902 der gesamte Gruppenlohn zur Verteilung ausgezahlt wurde, eine enorme Vertrauens-, aber auch Machtposition zu[10].

Geld gab's zweimal monatlich auf Grube Frankenholz. Am Monatsanfang eine Abschlagzahlung, um den 20. jeden Monats wurde die Schlußzahlung ausgehändigt[11]. Seit 1903 lag auf der Zahlstelle für jeden Arbeiter eine eigene Lohntüte.

Zum Jahresende, wenn die Gesamtergebnisse vorlagen, errechnete der Betrieb noch eine Sonderzahlung, in der auch die Summe der im Jahresverlauf von den Bergleuten gezahlten Strafgelder für unreine Förderung und die Produktionsüberschüsse, die durch »Ungenauigkeiten beim Wiegen« entstanden waren, teilweise wieder auf die Belegschaft umgelegt wurden.

7 LA Speyer, Best. N 1, Fol. 224.

8 Zur Arbeitsorganisation unter Tage, zur Ausbildung, zum Gedingsystem etc: E. MÜLLER, Die Arbeitsverhältnisse auf den staatlichen Gruben vom Jahre 1816 bis zum Jahre 1903, Saarbrücken 1904; Horst STEFFENS, Autorität und Revolte, Alltagsleben und Streikverhalten der Bergarbeiter an der Saar im 19. Jahrhundert, Weingarten 1987. Interessant auch die verschiedenen Arbeitsordnungen und Instructionen, die von den jeweiligen Grubenverwaltungen erlassen wurden.

9 Zum Beispiel Arbeitsordnung und Disciplinar-Reglement für die Bergleute der königl. bayer. Grube St. Ingbert, St. Ingbert 1877, § 26 Disciplinar-Reglement.

10 LA Speyer, Best. N 1, Fol. 24.

11 LA Speyer, Best. N 1, Fol. 25.

*Frankenholzer Löhne im Vergleich mit Mittelbexbach und St. Ingbert*

Nach diesen Vorbemerkungen zur Arbeitszeit, Beschäftigungsart und Lohnauszahlung sollen nun die »Frankenholzer Bergleute« im Mittelpunkt stehen. Aus dem Bericht über die Arbeitsorganisation auf Grube Frankenholz erfahren wir, daß unter Tage in drei Schichten rund um die Uhr gearbeitet wurde. Verlesen wurde um 6.00, 15.00 und 21.00 Uhr, die Seilfahrt zum Schichtende begann jeweils acht Stunden später. Da eine halbstündige Pause gestattet war, betrug die Nettoarbeitszeit 7½ Stunden. Abgebaut wurde nur in der Früh- und Mittagsschicht. Zwei Drittel der Männer, die mit der »eigentlichen Kohlengewinnung« beschäftigt waren, fuhren zur Frühschicht ein. Die Nachtschicht führte im Normalfall Reparaturen oder Vorrichtungsarbeiten aus. Wenn gesprengt wurde, geschah dies nach offiziellen Verlautbarungen stets in der Nachtschicht, nachdem die *Mittagsschicht vollständig ausgefahren* war. Die Produktenförderung, also das Befördern von Kohlen, Bergen und Material, geschah schichtübergreifend in zwei Etappen, von 7 Uhr bis 15 Uhr kontinuierlich und von 16.30 Uhr bis 24 Uhr mit Unterbrechungen. Schachtreparaturen und Wasserförderung wurden von der Nachtschicht besorgt, die etwa ein Sechstel der Gesamtbelegschaft ausmachte[12].

Lohn war im 19. Jahrhundert keine Größe, die es den Lebenshaltungskosten und Bedürfnissen der Arbeiter anzupassen galt, sondern eher ein Geldbetrag, den der Arbeitgeber bereit war zu zahlen, wenn dafür bestimmte Arbeitsleistungen erbracht wurden. Tarifverträge gab es zu dieser Zeit im Saarbergbau nicht. Ein einheitlicher Tarifvertrag für die Staatsgruben an der Saar, dem sich auch die Frankenholzer Bergwerksgesellschaft anschließen mußte, konnte von den Gewerkschaften erst nach dem Ersten Weltkrieg durchgesetzt werden[13]. Zuvor lagen die Löhne in Frankenholz stets deutlich unter denen, die die Grube St. Ingbert zahlte. Dies gilt auch noch für die Zeit nach 1890, als Frankenholz St. Ingbert im Hinblick auf Fördermenge und Belegschaft deutlich überholt hatte.

Immer noch deutlich, wenn auch nicht ganz so groß blieb die Diskrepanz zu den Löhnen, die auf der vergleichsweise kleinen Grube Mittelbexbach gezahlt wurden.

Doch nicht nur die absolute Höhe des ausgezahlten Lohnes ist von Bedeutung, sondern auch die Bedingungen, unter denen dieses Geld verdient wurde. Auch in dieser Hinsicht macht die Privatgrube Frankenholz in der Frühphase einen ungünstigen Eindruck: Hier wurde unter wesentlich schlechteren und gefährlicheren Bedingungen gearbeitet als in Mittelbexbach und St. Ingbert – und dennoch weniger bezahlt. In Frankenholz wurde aus deutlich größeren Tiefen gefördert, die Anlage war stark mit Methangas durchsetzt, so daß immer wieder schlagende Wetter zu befürchten waren, die auch mehrfach zu größeren Unglücksfällen führten. Risikofaktoren, die St. Ingbert, die bayerische Staatsgrube mit den höchsten Lohnsätzen, nicht aufwies. Das stete Auf und Ab der Lohnbewegung, insbesondere die massiven Einbrüche in den 1890er Jahren, verdeutlicht am besten ein Schaubild.

12 LA Speyer, Best. N 1, Fol. 224.
13 LA Saarbrücken, Dep. LHA Koblenz, Best. 564, Nr. 2495, S. 20.

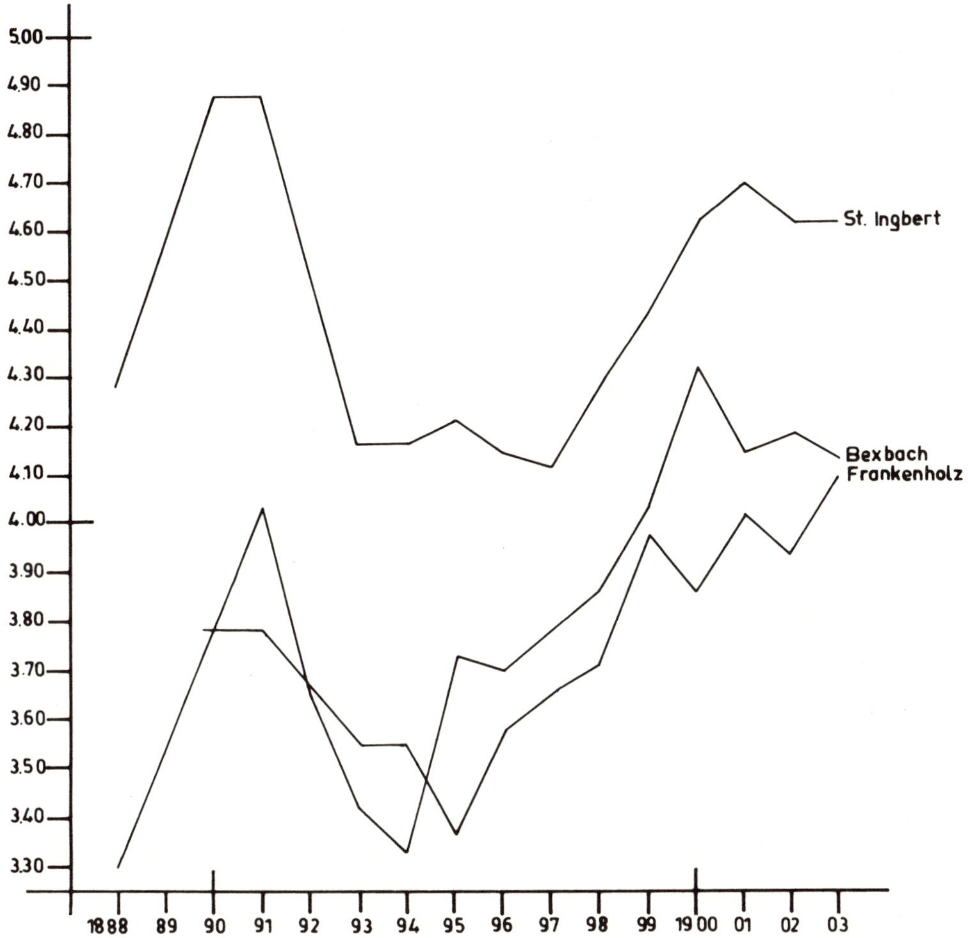


Hauerlöhne St. Ingbert (IGB) – Mittelbexbach (Bex) – Frankenholz (Fholz) im Vergleich

*Hauerlöhne im Vergleich*

Bemerkenswert an dieser Entwicklung ist vor allem, daß es den Arbeitgebern möglich war, bedeutende Lohnabstriche durchzusetzen. Sie begründeten diesen Schritt einerseits mit der schlechten Wirtschaftslage, insbesondere den deutlichen Exporteinbußen auf dem französischen Markt und der sinkenden Nachfrage von Seiten der Eisen- und Stahlwerke[14], andererseits mit dem Argument, daß sich steigende Löhne stets negativ auf die Arbeitswilligkeit und

14 R. Zörner, Die Absatzverhältnisse der Königlichen Saarbrücker Steinkohlengruben in den letzten 20 Jahren (1884–1903), Berlin 1904, S. 6–16. E. Blasberg, Die Steinkohlenversorgung Bayerns, Diesen 1909/10, S. 20f.

somit auch drückend auf die Förderleistung je Mann auswirkten[15]. Gerade die letzte These war sehr beliebt und verbreitet, erfuhr aber auch öffentlichen Widerspruch, unter anderen von Ludwig Nieder, der sich heftig gegen die Anwendung pauschaler Zahlen – zum Beispiel beim Errechnen des Mann-Tonnen-Verhältnisses – wehrte, insbesondere dann, wenn sie offensichtlich dazu dienten, den Bergarbeitern berechtigte Lohnzuwächse zu verwehren[16].

Der Blick auf die Graphik zeigt, daß es nicht nur Konjunktureinbrüche waren, die die Arbeitgeber in den 90er Jahren »zwangen« die Löhne zu kürzen, sondern daß diese auch ihre Machtposition richtig einschätzten und zu nutzen wußten: Nach den Protesten und Streiks 1889 steigen die Löhne auf »Rekordhöhen«. Nach 1891 begannen sie wieder zu fallen. Im Laufe des Jahres 1893 wurde der Bildstocker Rechtsschutzverein für die bergmännische Bevölkerung des Oberbergamtsbezirks Bonn, die erste umfassende und handlungsfähige Interessenvertretung der Bergarbeiter, an der Saar zerschlagen. Zahlreiche andere Interessenvertretungen hatten sich schon früher aufgelöst oder waren in der Bedeutungslosigkeit verschwunden.

Wenn Ludwig Nieder zu Recht dafür plädierte, differenzierte Betrachtungen anzustellen und nicht pauschal zu urteilen, so sollte diese Vorgehensweise auch auf die einzelnen Gruben angewandt werden. Eine Grube diente im 19. Jahrhundert nicht in erster Linie dazu, den Bedarf an Steinkohlen zu sichern, sondern eher dazu, aus dem Bedarf an Steinkohlen ein Geschäft zu machen; sei es für die Staatskasse oder den Privatbetreiber, der eine Abbaukonzession besaß. Im Vergleich zu den »alten« Gruben Mittelbexbach und St. Ingbert, die dem bayerischen Staat als funktionstüchtige Produktionseinheiten zum Nulltarif zugefallen waren und deren weiterer Ausbau im wesentlichen aus den laufenden Überschüssen finanziert werden konnte, begann man 1879 in Frankenholz relativ spät und bei Null. Außer einigen Versuchsbohrungen, dem Klemmlochstollen und einer Abbaukonzession war nichts vorhanden.

Doch binnen kurzer Zeit wurde eine Anlage errichtet, die in nichts den Vergleich mit modernen und leistungsfähigen Anlagen ihrer Zeit zu scheuen brauchte. Dies erforderte natürlich große Kapitalvorlagen. Eine nennenswerte Förderung ist erst ab 1886 zu verzeichnen, doch die Vorarbeiten verschlangen viel Geld; in Relation gesehen deutlich mehr als in Mittelbexbach oder St. Ingbert, wo man rund 70 Jahre Zeit hatte, um nach und nach den Betrieb den erforderlichen Neuerungen anzupassen. Ärgerlich ist in diesem Zusammenhang, daß in den Archiven keine Bilanzen zu finden waren, aus denen die möglichen Reingewinne oder Verluste zu ersehen gewesen wären.

Doch noch zwei andere Faktoren entscheiden über die Rentabilität eines Bergwerkes und damit über die Menge an Geld, die unter anderem für Lohnzahlungen zur Verfügung steht. Es sind dies die Gestehungs- und Transportkosten. Hier spielen regionale Aspekte eine wichtige Rolle – beispielsweise Flözdicke, Gesteinsart und Verkehrsanbindungen – und selbstverständlich die Qualität der abgebauten Steinkohlen, nach der sich die Marktpreise richten.

Über die Gestehungskosten lassen sich nur indirekte Aussagen machen. Von den drei

15 P. G. Quirin, Lohnpolitik und Produktionsergiebigkeit im Preußisch-Fiskalischen Saarkohlenbergbau, o. J. E. Müller, Die Entwicklung der Arbeitsverhältnisse auf den staatlichen Gruben vom Jahre 1816 bis zum Jahre 1903, Saarbrücken 1904.

16 L. Nieder, Die Arbeitsleistung der Saarbergleute in den Kgl. preußischen Steinkohlengruben bei Saarbrücken seit dem Jahre 1888, Stuttgart und Berlin 1909.

pfälzischen Gruben hatte Frankenholz das ungünstigste Mann-Tonnen-Verhältnis, mußte also pro Tonne geförderter und verkaufter Kohle mehr Arbeiter beschäftigen und bezahlen. Die in dieser Hinsicht günstigsten Voraussetzungen herrschten auf der Grube St. Ingbert. Verglichen mit der durchschnittlichen Förderleistung der Ruhrzahlen, wo bereits 1885 ein Viertel aller Anlagen mehr als 100000 t Kohlen pro Jahr förderten, lag Frankenholz im Mann-Tonnen-Verhältnis deutlich zurück, während St. Ingbert seine Werte allmählich angleichen konnte[17]. Die Verkehrsbedingungen können für alle Gruben als vergleichbar betrachtet und somit vernachlässigt werden. St. Ingbert und Mittelbexbach hatten eigene Grubenbahnhöfe, Frankenholz einen direkten Seilbahnanschluß zum Bexbacher Bahnhof. Seit den 1890er Jahren konnten alle drei Gruben gereinigte und sortierte Kohlen anbieten, auch hier also vergleichbare Bedingungen.

Doch die besseren Preise wurden in Frankenholz ausgehandelt. Die wenigen bekannten Zahlen weisen deutliche Preisvorteile aus. Auch hier gilt zu konstatieren: St. Ingbert erzielte geringe Marktpreise, zahlte hohe Löhne und machte dennoch kein Defizit, Frankenholz erzielte die höchsten Marktpreise, zahlte die geringsten Löhne und schüttete seinen Aktionären eine jährliche Dividende von rund 5½ Prozent aus. Mittelbexbach nahm nicht nur im Ortsnamen eine Mittelstellung ein[18].

*Preise und Lebenshaltungskosten*

Auf Grube Frankenholz wurde im Vergleich zu den Nachbargruben unter schwierigeren Bedingungen und für weniger Lohn gearbeitet. Doch bevor wir die Frage stellen, warum überhaupt zu diesen Bedingungen gearbeitet wurde, ist es sinnvoll zu untersuchen, ob das Leben in Frankenholz vielleicht billiger war als anderswo. Denn billigere Lebenshaltungskosten können die absoluten Lohnzahlen, die wir bislang betrachtet haben, unter Umständen deutlich relativieren.

Zunächst die Frage, was mußte mit dem Lohn bestritten werden? Die Kosten für Ernährung, Wohnung, Heizung und Beleuchtung, Kleidung und Knappschaftsversicherung auf jeden Fall, denn sie bildeten das Existenzminimum. Darüber hinaus im realistischen Regelfall die Kosten für Vergnügungen und Genußmittel, das heißt insbesondere die Wirtshauskosten, vor allem wohl die der Männer, im günstigsten Fall auch finanzielle Rücklagen[19]. Es würde zu weit führen, sich an dieser Stelle mit den teilweise fragwürdigen Erhebungsmethoden – insbesondere von Herbig und Brandt – auseinanderzusetzen. Auch deren Vorstellungen über Nahrungsbedarf und -qualität entsprechen nicht mehr den heutigen Erkenntnissen und Bedürfnissen. Doch sie sind für die damalige Zeit repräsentativ.

Von viel größerem Nachteil ist das Fehlen genauer Kostentabellen, so daß momentan nicht zu ermitteln ist, ob die Preise für Wohnung und Grundnahrungsmittel zwischen den

17 Vgl. dazu W. Fischer, Bergbau, Industrie und Handwerk, in: H. Aubin und W. Zorn (Hg.), Handbuch der deutschen Wirtschafts- und Sozialgeschichte, Band 2, Stuttgart 1976, S. 545.

18 Vgl. LA Speyer, Best. N 1 – N 3, Fol. 21–25; J. Kluding, Die geschichtliche Entwicklung des Steinkohlenbergbaues in der Pfalz bis 1920, Würzburg 1923, S. 123–128.

19 Insbesondere K. Pechartscheck, Die Veränderung der Lebenshaltung und ihrer Kosten bei deutschen Bergarbeiterfamilien in den Jahren 1876–1912, o. O., o. J., dort auch im wesentlichen die Erhebungen von Nasse und Herbig. A. v. Brandt, Zur sozialen Entwickelung im Saargebiet, Leipzig 1904, S. 150–162.

einzelnen Ortschaften deutliche Unterschiede aufwiesen. Neben den bereits genannten Untersuchungen stehen uns zwei statistische Reihen zur Verfügung. Im Statistischen Jahrbuch für das Königreich Bayern[20] finden wir die Lebensmittelpreise verschiedener bayerischer Städte – unter anderen von Kaiserslautern – tabellarisch aufgelistet.

In der Belegschaftsstatistik der preußischen Saargruben[21] finden sich wichtige Hinweise auf die Wohn- und indirekt auch Vermögenssituation der Bergarbeiter aus dem Höcherbergland, die auf den Nachbargruben Heinitz und König angelegt waren. Leider fehlt eine vergleichbare Statistik für die Grube Frankenholz, wodurch die Informationen viel von ihrem Wert verlieren.

Wenn wir die Berechnungstabellen von Pechartscheck zu Grunde legen, sehen wir, daß die Lebenshaltungskosten an der Saar immer höher lagen als die Einkünfte eines Familienvaters, der im Bergbau beschäftigt war. Ein Frankenholzer Hauer verdiente im 19. Jahrhundert, vorausgesetzt er war vollbeschäftigt und hatte keine wesentlichen Strafgelder zu zahlen, rund 70 Prozent dessen, was laut Statistik zum Lebensunterhalt einer Durchschnittsfamilie notwendig war. Umgelegt auf die Verteilungssätze des »Warenkorbes«, den das Kaiserliche Statistische Amt zusammenstellte[22], bedeutet dies: Der Verdienst des Haushaltsvorstandes reichte nicht einmal aus, um die erforderlichen Kosten für Nahrung (43,8 Prozent), Kleidung (12,2 Prozent), Wohnung (19,4 Prozent) sowie Heizung und Beleuchtung (4,1 Prozent) zu bezahlen. Noch wesentlich deutlicher zeigt sich der Mangel, wenn wir statt der relativ hohen Hauerlöhne den rechnerischen Durchschnittslohn pro Mann auf Grube Frankenholz zugrunde legen. Der lag oft nur knapp über den Kosten, die bereits für die Nahrungsmittel benötigt wurden[23]. Es mußte also nicht nur gespart, sondern auch deutlich hinzuverdient werden, oder die statistischen Angaben sind nicht auf Frankenholz übertragbar. Dies ist jedoch recht unwahrscheinlich, da selbst Pechartscheck zu dem Ergebnis kam, daß drastisch eingespart und gleichzeitig zugewirtschaftet wurde. Eingespart wurde vor allem an den Nahrungsmitteln, in Menge und Qualität – ein Hinweis, den sogar die offizielle Statistik liefert. In der Einkommensklasse 1201–1660 M pro Jahr werden für Nahrungsmittel 54,6 Prozent des Lohnes ausgegeben, in der Klasse bis 1200 M dagegen 54,2 Prozent. Originalkommentar Pechartscheck: *Die Abweichung bei der Einkommensgruppe 1200–1600 Mark findet ihren Grund möglicherweise darin, daß bei den Einkommen unter 1200 M der Nahrungsbedarf noch nicht völlig gedeckt ist, so daß bei einem etwas höheren Einkommen die Nahrungskosten nicht nur absolut, sondern auch relativ wachsen*[24].

Gespart wurde möglicherweise auch an der Wohnung, sei es, daß Kleinwohnungen trotz steigender Familiengröße beibehalten wurden, sei es, daß sie wegen steigender Familiengröße und stagnierendem Einkommen verkleinert wurden, entweder durch Umzug oder durch Untervermietung.

Doch diese Hypothese muß für Frankenholz noch durch eine Auswertung der Melderegi-

20 K. Statistisches Bureau (Hg.) Statistisches Jahrbuch für das Königreich Bayern, München 1895, 1897, 1898, 1899, 1901, 1903, 1905.

21 Königl. Bergwerksdirektion zu Saarbrücken (Hg.), Die Arbeiterbelegschaft der Kgl. Steinkohlengruben bei Saarbrücken, Saarbrücken 1876, 1886, 1891, 1896, 1901, 1905.

22 Ebd., S. 7.

23 1891: 920,88 M/839 M; 1895: 817,89 M/867 M; 1900: 1051,80 M/912 M; 1904: 1091,90 M/958 M.

24 K. Pechartscheck (wie Anm. 19), S. 6.

ster – beispielsweise im Rahmen einer soziologisch-demographischen Untersuchung – bestätigt werden.

Zuwirtschaften konnte eine Bergmannsfamilie auf dreierlei Art: 1. Zusatzverdienst der erwerbsfähigen Familienmitglieder, das hieß im Regelfall, die Söhne fuhren ebenfalls auf der Grube an oder Frauen und Töchter verdingten sich mangels anderer Beschäftigungs- und Ausbildungsmöglichkeiten zeit- oder saisonweise im Taglohn. 2. Entlastung des Nahrungsbudgets durch Gartenbau und Kleintierhaltung und Zusatzeinkommen durch Verkauf von Produkten aus landwirtschaftlichem Nebenerwerb und Viehhaltung, neben Hühnern und Kaninchen vorwiegend Schweine, Ziegen und Rinder. 3. Untervermietung von Wohnraum oder Schlafstellen.

In Anbetracht der oben beschriebenen Arbeitszeiten kommen für einen nennenswerten Einsatz im landwirtschaftlichen Nebenerwerb Männer bei Vollbeschäftigung kaum in Betracht. Die vielen Nachtarbeiter, die »unter Tage ihr Gimmchen machten«, um dann vom Verlesesaal direkt auf's Feld zu gehen, gab es nicht. Die Belegschaftsstatistik weist dies eindeutig aus. Früher aufstehen half ebenfalls wenig, denn der Anteil derer, die Mittagsschicht fuhren, war mit knapp 25 Prozent der Gesamtbelegschaft ebenfalls relativ gering.

Im Klartext heißt das: Die Mehrzahl aller Männer kam vor 15 Uhr nicht ans Tageslicht. Nur wer im Ort wohnte, hatte eine reelle Chance, vor 16 Uhr auf dem Feld zu sein. In den Sommermonaten blieben dann maximal fünf bis sechs Stunden Tageslicht für den landwirtschaftlichen Nebenerwerb. Wer außerhalb von Frankenholz wohnte, hatte längere Wegzeiten und entsprechend weniger Zeit zur Feldarbeit. Den 500 Männern, für die in den grubeneigenen Schlafhäusern Platz war, blieben einige Stunden am Wochenende. 1904 notierte Bergwerksdirektor Schulte-Mäter: *Die Zahl der von der Belegschaft ernährten Angehörigen beläuft sich auf rund 4000*[25]. Zählen wir dazu die Belegschaft von 1898 Mann, so kommen wir auf eine Summe von fast 6000 Personen, die unmittelbar von der Grube lebten. Frankenholz hatte zu diesem Zeitpunkt etwa 1700 Einwohner, wahrscheinlich einschließlich der Belegschaft der Schlafhäuser, da stets die ortsansässige Bevölkerung erfaßt wurde[26]. Ein deutlicher Hinweis, daß wohl die Mehrzahl aller Grubenbeschäftigten nicht im Ort wohnte, somit also wenig oder keine Zeit hatte, um Zusatzverdienste zu betreiben. Diese Einschätzung teilte auch Schulte-Mäter in seinem Bericht, wenn er anmerkte, *daß recht viele Arbeiter vom Grubenverdienste leben müssen*[27].

Wenn dennoch landwirtschaftlicher Nebenerwerb betrieben wurde, dann verrichteten diese Arbeit wohl in erster Linie die Alten, die Frauen, die erwachsenen unverheirateten Töchter und die Jugendlichen und Kinder; einige dieser Jugendlichen nach sechs Stunden Schicht auf der Grube.

Infolge der fehlenden bayerischen und Frankenholzer Belegschaftsstatistik können wir über die Anzahl der ortsansässigen Bergleute und ihre Möglichkeiten, Nebenerwerbslandwirtschaft oder intensiven Obst- und Gartenbau zu betreiben, wenig sagen. Ein Blick in die preußische Statistik[28] zeigt deutlich, daß die Mehrzahl aller verheirateten Frankenholzer,

25 LA Speyer, Best. N 1, Fol. 25.
26 J. Karbach, Bevölkerungszahlen des Saarlandes 1800–1910. in: Zeitschrift für die Geschichte der Saargegend 34/35, Saarbrücken 1987, S. 245.
27 LA Speyer, Best. N 1, Fol. 25.
28 Siehe Anm. 21.

Bexbacher und Höcher Bergleute, die auf den Gruben Heinitz und König arbeiteten, Hausbesitzer waren. Einige, die kein eigenes Haus hatten, waren immerhin noch *Besitzer von Feld, Wiesen etc.*

Auffällig ist an dieser Statistik des weiteren, daß diese Männer deutlich mehr Rindvieh besaßen als Ziegen und Schweine. Rinderhaltung in dieser Größenordnung läßt auf echten landwirtschaftlichen Nebenerwerb schließen, da beträchtlicher Aufwand für Unterbringung, Versorgung und Futterbeschaffung nötig war. Diese Arbeit konnten nur die Angehörigen erledigen und deren Zahl war recht groß. Auffällig ist, daß in vielen dieser Haushalte auch noch »zu ernährende Väter, Mütter, Großeltern oder Geschwister« lebten. Menschen, die wahrscheinlich über Arbeitskraft und/oder wichtige Erfahrungen verfügten, nicht zu vergessen die Entlastungsfunktion der Alten, die durch Mitversorgung von Haushalt und Kleinkindern die Ehefrau und Mutter für den Zusatzerwerb »freistellten«.

Abschließend soll noch eine andere Möglichkeit angesprochen werden, mit der Bergleute sich zeitweilig Freizeit zum landwirtschaftlichen Nebenerwerb schaffen konnten: *willkürliches feiern*, also eigenmächtiges Fernbleiben von der Schicht. Dafür finden sich immer wieder Belege und Hinweise. Doch muß berücksichtigt werden, daß »feiern« auch immer Reallohnverzicht bedeutete, nämlich Verlust des Schichtlohnes zuzüglich eventueller Strafgelder. Dadurch wurde der mögliche Gewinn entsprechend geschmälert. Noch nach der Jahrhundertwende beklagte Schulte-Mäter die Arbeitsdisziplin, die sehr zu wünschen übrig ließ. Für das Jahr 1900 errechnete er auf Grube Frankenholz 13058 Fehlschichten infolge Krankheit und 16200 Ausfalltage für willkürliches Feiern *oder pro Mann und Monat eine Schicht*[29].

Die Direktion räumte dabei unumwunden ein, daß sie diesen Mißstand nicht ändern konnte, daß die Arbeitnehmer auch mit Straf- und Druckmitteln nicht vom »blauen Montag« abzuhalten waren. *Um das willkürliche feiern herabzudrücken, wurden wohl viele Strafen in Anwendung gebracht, aber eine wirkliche Wirkung übten dieselben nicht aus. Die Anwendung von Strafen erfolgte daher auch nur, um den Arbeitern gegenüber den Schein einer erfolgten Bestrafung aufrecht zu erhalten. Das willkürliche feiern erfolgte besonders stark in den Monaten April bis November, in welchen Monaten die Musiken und Tanzvergnügen, Vereins- und Kirchenfeste stattfinden*[30]. Häufiges feiern, besonders in den in der Landwirtschaft arbeitsintensiven Monaten, ist für Frankenholz belegt, allerdings eher unter dem Aspekt Amusement, Zerstreuung und Ablenkung. Nach Aktenlage war es also nicht durch den Zwang oder Wunsch nach landwirtschaftlicher Zusatzarbeit bedingt. Schulte-Mäter plante diesen Umstand, den er nicht ändern konnte, in seine Arbeitsorganisation ein und erließ eine »Urlaubsregelung« für solche Montage und Dienstage. Unbezahlter Urlaub wohlgemerkt, doch *wenn im gleichen Monat ein willkürliches Feiern nicht erfolgte, unterblieb die Bestrafung*[31]. Ihren Lohnverlust machten die Arbeiter meist durch freiwillige Überschichten wieder wett[32].

In Zeiten der Vollbeschäftigung und der steigenden Nachfrage nach Kohlen boten die Grubenbesitzer dazu reichlich Gelegenheit, mitunter ordneten sie sogar für Donnerstag regelmäßig zwei Stunden Mehrarbeit an[33].

29 LA Speyer, Best. N 1, Fol. 21.
30 Ebd.
31 Ebd.
32 LA Speyer, Best. N 1, Fol. 25.
33 LA Speyer, Best. N 1, Fol. 21.

Die Feststellungen Schulte-Mäters lassen den Schluß zu, daß sich die Mehrzahl der Bergmänner auf Grube Frankenholz nicht sehr intensiv um den zusätzlichen Nebenerwerb gekümmert hat. Wenn die preußischen Zahlen sich aber auf die Privatgrube Frankenholz übertragen lassen, also wenn auch in den Familien dieser Bergmänner Kleintierhaltung, Gartenbau und landwirtschaftlicher Nebenerwerb in nennenswertem Umfang betrieben wurden, dann ist es an der Zeit, am Bild des »tüchtigen Bergmannsbauern« deutliche Korrekturen vorzunehmen. Bei genauerem Hinsehen wird deutlich, daß der Haushaltsvorstand eher als Regisseur auftrat, der die Rollen verteilte und das Drehbuch skizzierte, von seinen Darstellerinnen aber erwartete, daß sie ihren Part eigenständig, fehlerfrei und erfolgreich bewältigten[34]. Untervermietung von Wohnraum an Kost- und Schlafgänger sind für den preußischen Teil des Saarreviers vielfach belegt. Sie waren von Staats wegen geradezu gewollt, wie das von Leopold von Sello initiierte »Prämienhaus-Programm« beweist. Unter bayerischer Regie gab es – zumindest im 19. Jahrhundert – keine vergleichbare Initiative. Daher darf angenommen werden, daß ein solches »Mieterangebot« nur auf privater Basis möglich war. Belege für seine Existenz wurden bislang nicht erbracht. Die im Vergleich zur Gesamtbelegschaft recht hohe Zahl an Schlafhausplätzen in Frankenholz, die auch genutzt wurden, läßt aber den Schluß zu, daß zusätzliche Nebeneinnahmen durch Untervermietung die Ausnahme waren.

Eine Möglichkeit des Arbeitgebers, die Auswirkungen einer geringen Lohnauszahlung zu mindern und damit den Reallohn zu verbessern, waren betriebliche Sozialleistungen, die sich unmittelbar auf die Situation der Beschäftigten auswirkten.

Von der preußischen Grubenverwaltung wissen wir, daß sie ein »soziales Netz« wob, in dem sich die Belegschaft sicher und geborgen fühlen konnte. Wer sich darin befand, hatte sich jedoch gleichzeitig dem Bergfiskus ausgeliefert. Ein Entrinnen war meist mit großen wirtschaftlichen Nachteilen verbunden.

Zu diesen *Wohlfahrtsleistungen* gehörten die Knappschaftsvereine, die Unterstützung bei Krankheit, Invalidität und Pensionierung boten, die *Consumvereine*, über die verbilligte Lebensmittel abgegeben wurden, und ein vielschichtiges Programm zur Beschaffung von Wohnraum in Form von Mannschaftsunterkünften (Schlafhäuser), Mietwohnungen (oft in Kolonien) und Eigenhäusern (Prämienhäuser).

Während für den preußischen Bereich umfangreiches Dokumentationsmaterial und zahlreiche Forschungsarbeiten vorliegen, wurde die Wohlfahrtspolitik der bayerischen Staatsgruben an der Saar bislang kaum aufgearbeitet. Für die Privatgrube Frankenholz liegt bisher keine Arbeit vor.

Erst recht gibt es keine umfassende vergleichende Untersuchung zwischen Privatgruben, preußischen und bayerischen Staatsgruben im Saarrevier. Die »preußischen Ergebnisse« werden stets übertragen. Eine Beschreibung der »wirtschaftlichen und sittlichen Verhältnisse der Arbeiter auf Grube Frankenholz« darf jedoch die betriebliche Wohlfahrtspolitik nicht unberücksichtigt lassen.

Zur Wohnungsfürsorge der Grube Frankenholz wurden neben kleineren Aktenvermerken

34 Vgl. dazu auch: G. ALTENKIRCH, Jeder wußte, wo man ein »Gimmche« machen konnte, in: K.-M. MALLMANN (Hg.) Richtig daheim waren wir nie. Entdeckungsreisen ins Saarrevier 1815–1955, Berlin/Bonn 1987, S. 61–65.

zwei umfassende Bestandsaufnahmen gefunden. Im Herbst 1898 führte das Königreich Bayern auf seinen Gruben eine Erhebung durch. *Gezählt werden diejenigen Wohnungen, welche überhaupt hergestellt und ohne Rücksicht darauf, ob sie z. Zt. bewohnt werden*[35].

Schulte-Mäter meldete: *Die Gesellschaft besitzt 13 Wohnhäuser mit 21 Wohnungen für Beamte. Für den vorübergehenden Aufenthalt der Arbeiter sind 3 Schlafhäuser vorhanden, welche durchschnittlich von 360 Personen benutzt werden*[36]. Ein Blick in die beiliegende Tabelle ergibt, daß in den Schlafhäusern im Herbst 1898 Hochbetrieb herrschte: 393 Betten waren belegt, davon zehn von Jugendlichen. Von den 21 Wohnungen, jeweils von einer Familie bewohnt, waren 19 den Beamten mietfrei überlassen. Eine Beamtenfamilie zählte laut Belegungsverzeichnis vier bis fünf Personen und hatte durchschnittlich zwei Kinder unter 16 Jahren. Von den 1376 Beschäftigten lebten zwar 414 – ein knappes Drittel der Belegschaft – in 16 grubeneigenen Häusern. In den Genuß einer Werkswohnung, die Privatsphäre und Zusammenleben mit der Familie ermöglichte, kam dagegen nur die Minderheit von 21 Beamten. Die meisten von ihnen brauchten für dieses Privileg noch nicht einmal Mietzins zu zahlen.

In den Folgejahren wurden noch mindestens fünf neue Häuser für neun Familien und ein Schlafhaus für 200 Personen errichtet. Die Bestandsaufnahme von 1929 weist sogar vier Häuser *in Mittelbexbach unter der Seilbahn*, gebaut 1896, ausdrücklich als *Arbeiterwohnhaus* aus[37]. Für den Fall, daß diese Häuser auch schon in der 1898er Statistik enthalten sind und keine späteren Erwerbungen darstellen, hat hier nach 1903 eine Nutzungsänderung stattgefunden. Die Festschrift zum 25jährigen Betriebsjubiläum erwähnt nämlich noch *16 Wohnhäuser mit 28 Wohnungen für Beamte und für auswärtige Arbeiter drei Schlafhäuser, welche ca. 450 Mann Unterkunft bieten«*[38].

Einige Zahlen unterstreichen das unternehmerische Selbstverständnis, aus dem diese Wohnungsbaupolitik entsprang: 1885 wurde in Frankenholz ein Wohnhaus für vier Beamte im Ort gebaut, Preis: 30000 Mark. 1888 kostete Schlafhaus Nr. 1 29000 Mark, 1891 wurden für Schlafhaus Nr. 2 36000 Mark investiert. Das Wohnhaus des Bürochefs kostete inclusive Nebengebäuden 1897 knapp die Hälfte: 14500 Mark[39]. Und ein letzter Vergleich: Beim Schlafhaus Nr. 2 wurde *der Speicher … als Schlafraum hergestellt, so daß das ganze Haus nunmehr 200 Mann aufnehmen kann. Das alte Schlafhaus wurde zu Steigerwohnungen umgewandelt*[40].

Trotz ihrer Versicherungen *die Wohnungsverhältnisse der Bergleute aufzubessern und das Bestreben derselben, sich in der Nähe der Grube seßhaft zu machen, nach Möglichkeit zu unterstützen*, unternahm die Frankenholzer Bergwerksgesellschaft keine Initiative, die mit dem preußischen Programm vergleichbar wäre. 1901 gewährte sie aus der Knappschaftskasse Kredite zum Zinssatz von 3¾ Prozent an Beschäftigte, da eine Baugesellschaft in der Nähe Häuser zum Preis von 3700 Mark anbot. Erwartet wurde eine monatliche Rückzahlung von

35 LA Speyer, Best. N 1, Fol. 231.
36 Ebd.
37 LA Saarbrücken, Dep. LHA Koblenz, Best. 564, Nr. 2496, S. 188.
38 Ohne Verf., Die Steinkohlengrube Frankenholz (Pfalz), Homburg 1904, S. 14.
39 LA Saarbrücken, Dep. LHA Koblenz, Best. 564, Nr. 2496, S. 188.
40 LA Speyer, Best. N 1, Fol. 11.

20 bis 30 Mark[41]. Das waren 240 bis 360 Mark pro Jahr und etwa das Doppelte, was für eine zweiräumige Wohnung an Miete gezahlt werden mußte[42]; bei einem Hauerlohn von 1200 Mark, der gerade eben ausreichte, das Nötigste zum Lebensunterhalt zu kaufen. Die Vermutung, daß die Häuser weitgehend unbezahlbar waren, ist keineswegs reine Spekulation. Eine Aktennotiz aus dem Jahre 1904 – drei Jahre später – belegt, daß die Baugesellschaft noch *zahlreiche Wohnungen frei hat*[43]. Grube St. Ingbert, auch nicht mit den Preußen vergleichbar, gewährte ab 1903 immerhin Baudarlehen zu 2 Prozent Zinsen und bereits *3 Bauprämien à 500 Mark schenkungsweise*[44].

Bleiben noch die betriebliche Alters- und Krankenversicherung, die Unterstützungskassen und die *Consumvereine*. Im Krankheits-, Invaliditäts- und Pensionsfalle half der Frankenholzer Knappschaftsverein, die bergmännische Versicherung, staatlich vorgeschrieben und für Frankenholz 1873 gegründet. In ihr waren die Grubenbeschäftigten Zwangsmitglied, ihre Beiträge wurden von der Werksleitung automatisch vom Lohn abgezogen.

Gleichzeitig war auch die Frankenholzer Bergwerksgesellschaft verpflichtet, einen »Arbeitgeberanteil« in die Kasse einzuzahlen. Aufgefüllt wurde der Topf noch durch »Spenden und Zuwendungen« der Unternehmerfamilien, durch Anteile von »Strafgeldern«, die den Arbeitern für »Vergehen« und Mißachtungen der Sicherheitsvorschriften auferlegt wurden und durch »Überschußanteile«, die beim Wiegen der geförderten Kohlen entstanden waren. Da es sich bei der Knappschaftskasse um eine gesetzlich vorgeschriebene Einrichtung handelte, die wie auf allen anderen (bayerischen und preußischen) Bergwerken geführt wurde, brauchen wir an dieser Stelle nicht näher auf Einzelheiten einzugehen. Es soll aber angemerkt werden, daß die Beschäftigten der Grube Frankenholz bereits zehn Jahre vor Einführung der gesetzlichen Krankenversicherung und fast 20 Jahre vor der Einrichtung staatlicher Pensionskassen auf ein zwar bescheidenes, aber im Bedarfsfall funktionierendes Versicherungssystem zurückgreifen konnten, eine Versicherungsleistung, auf die sie sogar einen Rechtsanspruch hatten. Seit 1896 unterhielt der Knappschaftsverein auch ein eigenes Lazarett und hatte mit acht Ärzten Verträge abgeschlossen, damit diese Vereinsmitglieder auf Kassenkosten behandelten.

An freiwilligen Sozialleistungen hatte die Frankenholzer Bergwerksgesellschaft kein Interesse. Mehrfach wies die Betriebsleitung darauf hin, daß sie keine *Consum-Vereine* oder sonstige Unterstützungskassen unterhalte, sondern sich auf die Findigkeit und Selbsthilfe der Belegschaft verließ. Die war zwar nicht in der Lage, aus eigener Kraft einen Konsumverein oder eine vergleichbare Organisation aufzubauen, hatte aber im Einzelfall Mittel und Wege gefunden, Mitglied in einem der Konsumvereine zu werden, die in vielen Dörfern existierten. Erst 1904 wurde auf Anregung des seit 1900 gesetzlich vorgeschriebenen Arbeiterausschusses eine allgemeine Kaffeeküche eingerichtet, die aber scheinbar wenig Resonanz fand.

In den bereits bestehenden Kaffeeküchen der Schlafhäuser wurden nach der Jahrhundertwende auch Mineralwasser und Mittagessen ausgegeben und der Zigarrenverkauf gestattet[45].

41 LA Speyer, Best. N 1, Fol. 22.
42 K. Pechartscheck (wie Anm. 19), S. 82.
43 LA Speyer, Best. N 1, Fol. 25.
44 LA Speyer, Best. N 1, Fol. 24, Hier ist Kluding (Anm. 18) zu präzisieren, der die Gewährung von Bauprämien und Baudarlehen auf »ca 1905« datiert.
45 LA Speyer, Best. N 1, Fol. 25.

Wenn wir abschließend nun die Frage stellen, ob ein Familienvorstand, der als Hauer auf Frankenholz arbeitete, in der Lage war, mit seinem Einkommen eine Familie ausreichend zu ernähren und ihr ein menschenwürdiges Wohnen zu ermöglichen, so müssen wir diese klar verneinen. Bis nach der Jahrhundertwende reichte dazu der Bergmannslohn alleine nicht aus. Diese Feststellung gilt zwar für alle Saargruben, aber für Grube Frankenholz, die im Vergleich die niedrigsten Hauerlöhne zahlte, ganz besonders.

Eine Bergarbeiterfamilie konnte nur überleben, wenn gespart und hinzuverdient wurde. Die Findigkeit und Fähigkeit der Bergmannsfrauen, den Mangel zu verwalten, und ihre Fähigkeit und Bereitschaft, Familie, Haushalt und Nebenerwerb zu koordinieren, dürfen nicht unterschätzt werden. Diese »Tugenden« waren vielfach auch Bestandteil einer Unternehmerstrategie, die gerne und »selbstlos« hauswirtschaftliche Weiterbildung anbot und teilfinanzierte, um diese »natürlichen Anlagen« zum *Wohle des Bergmannsstandes* weiterzuentwickeln[46].

Zum zweiten war der Zusatzverdienst der heranwachsenden Söhne unverzichtbar. Daß soviele von ihnen auf der Grube anfuhren, vom »Vater mit zur Schicht genommen« wurden, entsprach auch finanziellem Kalkül, unter anderem aus der Not geboren.

Im Hinblick auf zusätzliche betriebliche Unterstützung für die Arbeiter glänzte die Frankenholzer Bergwerksverwaltung mit konsequenter Enthaltung. Sie verzichtete sogar auf die Möglichkeit der »goldenen Fessel«. Wie wir später noch sehen werden, war ihre Stellung auf dem örtlichen Arbeitsmarkt so stark und konkurrenzlos, daß sie sich dies scheinbar ohne Nachteile leisten konnte.

Die unverzichtbare Elite, qualifizierte Spitzenkräfte, die durchweg als Beamte geführt wurden, und Familienmitglieder genossen dagegen zahlreiche Pivilegien, die von der Krankenversorgung über Spitzengehälter bis zur mietfreien Dienstwohnung reichten.

### *Frankenholz – Ortschaft und Bergwerk*

*Bexbach im Saarpfalzkreis hat im Norden bei Höchen und Frankenholz Anteil am produktiven Karbon, in den übrigen Ortsteilen Anteil an der offenen Buntsandsteinlandschaft des Bliestals. Der zentrale Ort des Gebietes war Mittelbexbach schon seit Anfang des 19. Jahrhunderts. Er wuchs schnell von etwas über 300 Einwohner (1802) auf das 3,6fache (1875), das 5fache (1895) und das 8fache (1910). Hier wie in den Ortsteilen Oberbexbach, Frankenholz und Höchen verdrängte der Steinkohlenbergbau schon bald die mittelmäßige Landwirtschaft. Höchen: 1895 – 3,3fache, 1810 – 6fache; Oberbexbach und Frankenholz: 1895 – 4,2fache, 1910 – 8,3fache.* So die Zusammenfassung der Bevölkerungsentwicklung am Höcherberg nach J. Karbach[47]. Die bereits angedeutete Schlüsselrolle des Bergbaus für die Entwicklung dieser Region wird vollends deutlich, wenn wir die Zuwachsraten für Oberbexbach und Frankenholz ab 1875 getrennt betrachten und mit der Belegschaftsentwicklung auf Grube Frankenholz kombinieren.

Von den 3796 Menschen, die in diesem Zeitraum als Zuwachs erfaßt wurden, wohnten

46 Vgl. dazu auch: H. Hoherz, ... die Arbeitskraft der Frau zu verwerten, ohne sie der eigenen Haushaltung und der Kindererziehung zu entziehen, in: Saarpfalz, Blätter für Geschichte und Volkskunde, Sonderheft 1991, Homburg 1991, S. 17–28.
47 J. Karbach (wie Anm. 27), Tabelle 1.

1565, das sind 41 Prozent, in Frankenholz. Der kleine Ort ist damit um fast das neunfache binnen 30 Jahren gewachsen. Oberbexbach hat seine Bevölkerung knapp verdoppelt und lediglich 1060 neue Einwohner zu verzeichnen. Auf der Frankenholzer Grube arbeiteten 1904 1898 Bergleute. Als 1881 zum erstenmal Kohlen gefördert wurden, waren es gerade 29 Mann gewesen. Wenn, wie Schulte-Mäter für 1904 notierte, schon damals jeder Bergmann zwei Angehörige zu versorgen hatte, war die Zahl der vom Grubenlohn abhängigen Menschen von 87, das waren 1880 rein rechnerisch ein knappes Drittel der ortsansässigen Bevölkerung, 1905 auf rund 6000 angestiegen. Dies entsprach dem dreieinhalbfachen der ortsansässigen Bevölkerung. Rechnet man die 500 Schlafhausbewohner mit 1000 Angehörigen ab, bleibt immer noch der zweieinhalbfache Wert.

Schon ohne nähere demographische Untersuchung wird offensichtlich, daß der damalige Bexbacher Ortsteil Frankenholz sein quantitatives Wachstum der neuen Grube verdankte. Eine systematische Untersuchung der Bevölkerungsentwicklung könnte zusätzliche interessante Informationen über die Qualität dieses Wachstums liefern. Neben Wanderungsbewegungen ließen sich dann auch Aussagen über Heiratsverhalten, Sterblichkeit und Geburten machen. Ein Vergleich der Alterspyramiden, der Berufsbilder, der Todesursachen mit anderen Orten der Umgebung und den Gesamtergebnissen für die Pfalz, Bayern oder das Deutsche Reich brächte unter Umständen eine Fülle interessanter Details zum Vorschein, die die Beschreibung der »wirtschaftlichen und sittlichen Zustände« der Bevölkerung in Frankenholz dichter werden ließen. Spekulationen könnten in vielen Fällen durch Fakten ersetzt oder bestätigt werden.

Was wir auf jeden Fall feststellen können, ist die Mobilität, die um die Jahrhundertwende notwendig war, um einen Arbeitsplatz zu erhalten. Mobilität bedeutet in unserem Falle, daß etwa ein Viertel der Belegschaft während der Woche in den Frankenholzer Schlafhäusern untergebracht war und nur an Wochenenden und Feiertagen Gelegenheit hatte, am Heimatort oder bei der Familie zu sein.

Mobilität bedeutet auch, daß ein Großteil der Belegschaft, rein rechnerisch etwa die Hälfte, täglich zu Fuß aus anderen – nahegelegenen – Wohnorten an den Arbeitsplatz und zurück marschierte. Über Arbeitswege, Entfernung, Dauer und Wegstrecke wissen wir nichts und sind auf Vermutungen und Anekdoten angewiesen.

Spätestens an dieser Stelle stellt sich die Frage, warum ausgerechnet in Frankenholz soviele Bergleute anfuhren, wo diese Grube doch so schlechte Löhne zahlte und gleichzeitig in der Umgebung ebenfalls besser bezahlte Arbeitsplätze im Bergbau und der Hüttenindustrie geschaffen wurden.

Eine Teilantwort liefert die Bevölkerungsstatistik: Innerhalb der Grenzen des heutigen Saarlandes verdoppelte sich die Bevölkerung zwischen 1875 und 1905 annähernd.

Die Bevölkerungsdichte stieg von 137 Einwohnern je km$^2$ auf 246[48]. Im Deutschen Reich wuchs im Zeitraum 1871 bis 1910 die Bevölkerung im Jahresschnitt um 11,8 Promille, das waren bis zur Jahrhundertwende 15 Millionen Menschen. Im Königreich Bayern belief sich das mittlere Bevölkerungswachstum auf 9 Promille pro Jahr, in der Pfalz erreichte es mit 10,5 Promille den höchsten bayerischen Wert; zum Vergleich die preußische Rheinprovinz mit

48 Ebd.

jährlich 21,9 Promille Zuwachs[49]. Diese Entwicklung lief genau entgegengesetzt zum Trend der ersten Jahrhunderthälfte, wo die Bevölkerung infolge von Hunger, Kriegen, landwirtschaftlichen Produktionskrisen und Auswanderungen rückläufig gewesen war[50].

Doch die Zahl der neugeschaffenen Arbeitsplätze konnte in der zweiten Hälfte des Jahrhunderts die Nachfrage nicht völlig befriedigen, zumal auch Absatzkrisen immer wieder für Beschäftigungsrückgang sorgten[51]. Unter diesem Gesichtspunkt stellte in einer landwirtschaftlich kaum ertragreichen und industriell unterentwickelten Region wie dem Höcherbergland die Arbeitsaufnahme zu mäßigen Tarifen die Alternative zum Wegzug in die industriellen Ballungszentren oder zur Auswanderung in die USA dar.

Denn in den »Konkurrenzbetrieben« des Umlandes war das Angebot an Arbeitskräften im ausgehenden 19. Jahrhundert ebenfalls ausreichend, und die »Familien-Seilschaften« sorgten – im unfreiwilligen Verbund mit den Arbeitgebern? – dafür, daß bei Neueinstellungen in erster Linie die eigene Clientel berücksichtigt wurde[52].

## *Die große Streikzeit 1889–1893*

Die Löhne, die nicht ausreichten, den Lebensunterhalt zu bestreiten, und gleichzeitig auch niedriger waren als auf den Nachbargruben, sowie die fehlenden Wohlfahrtsleistungen der Werksbesitzer werfen die Frage nach Unruhen und Protesten der Belegschaft auf. Unser Augenmerk gilt im folgenden dem Zeitraum 1889 bis 1893, wo zwei große Streikwellen den »Arbeitsfrieden« auf den Saargruben erschütterten.

### *Der »Maistreik« von 1889*

Im Frühjahr des Jahres 1889 herrschte im Deutschen Reich Unzufriedenheit unter der arbeitenden Bevölkerung. Die Arbeitszeiten wurden als zu lang und die Arbeitsbedingungen als zu drückend empfunden. Die Lohnentwicklung blieb hinter der Preissteigerung zurück und das soziale Klima verschärfte sich. Die Zeitungen berichteten von ersten Streiks und Protestaktionen, die bereits um die Jahreswende stattgefunden hatten. Im Saarrevier kam es auf *Grube Friedrichsthal am Gründonnerstag erstmals zu kollektiver Rebellion gegen eine Verlängerung der Schichtzeit. Doch man streikte noch nicht, sondern beschränkte sich auf lautstarken Protest*[53].

Nach Ostern eskalierte die Situation. An der Ruhr streikten am 10. Mai bereits 81 000 Bergarbeiter, das waren 77 Prozent der Ruhrbelegschaft oder 40 Prozent aller preußischen Bergleute. Ihre Forderungen: Eine Arbeitszeit von acht Stunden und eine Lohnerhöhung von 15 Prozent[54].

49 W. Köllmann, Bevölkerungsgeschichte von 1800–1930, in: A. Aubin u. W. Zorn (wie Anm. 17), S. 21.

50 J. Kermann, Wirtschaftliche und soziale Probleme im Rheinkreis (Pfalz) an der Schwelle des Industriezeitalters, in: Rhein-Neckar-Raum an der Schwelle des Industrie-Zeitalters, Mannheim 1984 (= Südwestdeutsche Schriften, Bd. 1), S. 279–311.

51 E. Blasberg (wie Anm. 14), S. 20f.

52 LA Speyer, Best. N 1, Fol. 224.

53 K.-M. Mallmann, Die Anfänge der Arbeiterbewegung an der Saar (1848–1904), Saarbrücken 1981, S. 93.

54 Ebd., S. 100.

Während Kaiser Wilhelm II. auf Drängen seiner Berater am 14. Mai 1889 eine Delegation der Ruhrbergleute empfing, verweigerte in Frankenholz die Belegschaft von Flöz III die Einfahrt zur Frühschicht. Tags zuvor, ein Montag, waren bereits 18 Mann nicht angefahren, was die Direktion noch als »Bummeln« wertete[55]. Die Arbeitsverweigerer trugen Louis Culmann, dem amtierenden Bergwerkdirektor, drei Forderungen vor, über die er mit den Compagniemännern verhandelte:

1. Höheres Gedinge.
2. Vergütung der wegen Mindergewicht oder unreiner Förderung gestrichenen Wagen.
3. An den Samstagen kürzere Schichtzeit.

Wohl um ein Übergreifen der *westphälischen traurigen Ereignisse* zu vermeiden, einigte sich Culmann mit den Delegierten auf folgendes Ergebnis:

1. Erhöhung des Gedinges von 3,30 M auf 3,50 M je Tonne geförderter Kohle.
2. Die »genullten« Wagen werden am Monatsende zur Hälfte den jeweiligen Compagnien gutgeschrieben, statt bislang zum Jahresende mit halbem Wert der Gesamtbelegschaft.
3. Am Wochenende wird die Arbeitszeit um drei Stunden verkürzt. Ausfahrt an Samstagen um 15 Uhr, statt bisher 17 Uhr. Einfahrt montags um 7 Uhr morgens.

Die Frühschicht akzeptierte das Verhandlungsergebnis und nahm die Arbeit auf.

Doch Ruhe war damit nicht eingekehrt. Louis Culmann hatte einen taktischen Fehler begangen und das Verhandlungsergebnis nicht auf die Gesamtbelegschaft übertragen.

Die Quittung bekam er am folgenden Tag, als drei Viertel der Belegschaft von Flöz I die Arbeit verweigerten und die Forderungen vom Vortage wiederholten.

Auch diesmal suchte er eine schnelle Einigung, wollte sich jedoch gleichzeitig ein taktisches Hintertürchen offen lassen. Da die Compagnien die Gedinge ersteigert hatten, war er prinzipiell nicht bereit, diesen Abschluß in Frage zu stellen, sondern bot unter bestimmten Bedingungen ein Hilfsgedinge von 0,20 Mark pro Tonne an.

Im Hinblick auf die Arbeitszeit zeigte er sich weniger nachgiebig als am Vortag und räumte nur eine einstündige Verkürzung am Samstag ein.

Zwar akzeptierten die Partiemänner Culmanns Vorschläge, doch die Mehrheit der Beschäftigten war nicht bereit, das Verhandlungsergebnis anzunehmen. Die Direktion sah »Rädelsführer« am Werk, die die Belegschaft aufwiegelten und angeblich drohten, »den Kameraden die Knochen zu zerschlagen«, wenn diese anfuhren. Da Verhandlungen zu keinem Ergebnis führten, wurden die Aufständischen aufgefordert, das Grubengelände zu verlassen, was sie auch bereitwillig taten.

Unterdessen dürfte die Nachricht von den erneuten Unruhen nach unter Tage gedrungen sein, denn die Belegschaft von Flöz III verlangte bereits um 12 Uhr mittags die Ausfahrt, da »sie genug gearbeitet« habe. Obgleich ihnen Direktion und Obersteiger die Seilfahrt verweigerten, verließen die Mannschaften dennoch die Grube, – über die Leitern im Schacht II.

Als Konsequenz rief Culmann nach der Gendarmerie und stellte am folgenden Tag jeden Arbeiter vor die Konsequenz, entweder zu arbeiten oder sofort das Grubenterrain zu verlassen. *Sollte die ganze Belegschaft sich weigern*, teilte er dem zuständigen Bergamt an diesem Tag mit, *so werde ich sie alle veranlassen, die Grube zu verlassen. 2 Rädelsführer werde ich entlassen.*

55 LA Speyer, Best. N 1, Fol. 235, dort auch die folgenden Zitate.

Etwas moderater ging der Homburger Bezirksamtmann Spöhrer die Situation an, der am *15. abends 10 Uhr die Meldung erhielt*[56]. Tags darauf war er vor Ort, inspizierte die Lage, sprach mit Culmann, stellte fest, daß die Arbeit zwar ruhte, die nicht arbeitenden Bergleute sich aber ganz ordentlich und ruhig betrugen.

Im Wirtshaus traf er keine an, manche *jedoch im Schlafhaus, wo sie sich ruhig ihr Frühstück kochten.* Im Gespräch mit den Bergleuten erfuhr Spöhrer, daß die Arbeitszeit zu lange und der Verdienst zu gering sei; im Durchschnitt nur 1,50 M bis 2 M, in schlechten Zeiten habe der Tagesverdienst auch schon bei 96 Pfennigen gelegen. Angaben, die von denen Culmanns – *fast alle über 3,00 M pro Schicht* – deutlich abweichen.

Auf Spöhrers Vermittlung, der *Verständnis für die Forderungen der Belegschaft* zeigte, kam es am 17. Mai zu einer von beiden Seiten akzeptierten Regelung. Die Löhne wurden für die Gesamtbelegschaft um 12 bis 15 Prozent erhöht, die tägliche Arbeitszeit auf elf Stunden verkürzt und es wurde das »lange Wochenende«, auch vor gesetzlichen Feiertagen, eingeführt. Ebenso wurde auf das *Nullen* der unreinen Wagen verzichtet, zugunsten der vorgenannten Verrechnungsmethoden.

Jedoch erst nachdem Direktor Louis Culmann das schriftlich fixierte Verhandlungsergebnis unterschrieben und veröffentlicht hatte, fuhren die Mannschaften wieder an.

Belege dafür, daß Culmann seine Entlassungsdrohungen wahrgemacht hat, fanden sich ebensowenig wie Hinweise auf die Identität der angeblichen Rädelsführer.

Bergwerkdirektor wie Bezirksamtmann waren bemüht, den Ausstand schnellstens unter Kontrolle zu bringen und zu beenden. Während Culmann in erster Linie wirtschaftliche Nachteile befürchtete, war es Spöhrer *besonders darum zu thun, daß der Streike sich nicht fortsetzte, größeren Umfang und größere Forderungen annehme*[57].

Trotz aller Sympathien, die Bezirksamtmann Spöhrer für die wirtschaftlichen Belange der Belegschaft aufbrachte, rechtfertigte auch er die Frankenholzer Lohnpolitk. *Ich muß übrigens ergänzend beifügen*, schrieb er in seinem Bericht nach Speyer, *daß die Grubengesellschaft die Arbeiter nicht aus Eigennutz kurz hielt, sondern daß die Gesellschaft bisher noch immer Zubuße machen mußte und aus dem Betrieb noch keinen Nutzen gezogen hat*[58].

Ob Spöhrer wohl die offizielle Mitteilung der Frankenholzer Bergwerksgesellschaft vom Vorjahr kannte, in der diese dem Königlichen Bergamt eine Lohntabelle mit folgendem Zusatz übersandte: *… davon Herr Bergwerkdirektor Louis Culmann mit jährlich 5000 M + Prämie 500 M + Naturalbezug 1000 M = 6500 M*[59].

Bei den durchschnittlich zugrunde gelegten 265¼ Arbeitstagen erreichte der Direktor der in Zubuße stehenden Gesellschaft einen Tagesverdienst von 24,50 M, also fast das zehnfache der Untertagearbeiter und das dreifache eines Beamtengehaltes.

Am 17. Mai, als die Arbeit auf Frankenholz wieder aufgenommen wurde, berichtete auch der »Pfälzer Volksbote« von den Arbeitsniederlegungen. Für den Berichterstatter waren die Ereignisse vorauszusehen, einerseits wegen der schlechten Lohn- und Arbeitsbedingungen, zum anderen aber auch wegen des Verhaltens einiger Unterbeamten[60].

56 LA Speyer, Best. H 3, Nr. 1867, Fol. 41, P. 2f., dort auch die folgenden Zitate.
57 LA Speyer, Best. H 3, Nr. 1867, Fol. 41, P. 4.
58 Ebd., P. 3.
59 LA Speyer, Best. N 1, Fol. 224.
60 LA Speyer, Best. H 3, Nr. 1867, Fol. 41.

Hier klingt durch, was auch auf den preußischen Gruben bemängelt wurde: Willkür und Machtmißbrauch einzelner Steiger, denen die Untertage-Belegschaft fast schutzlos ausgeliefert war.

Im Laufe des Sommers kam es zwar erneut zu Unruhen, da die Bergleute erkennen mußten, daß die Mai-Kompromisse im nachhinein weniger brachten, als sie erwartet hatten; Ausschreitungen erfolgten jedoch nicht.

*Die Streikaktion des Rechtsschutzvereins um die Jahreswende 1892/93*

Da im gesamten Revier eine angespannte Atmosphäre herrschte, hatten die Grubenbesitzer eine grenzüberschreitende Absprache getroffen: Keine Anlegung von Arbeitern, die von anderen Gruben entlassen wurden oder dort wegen Unzufriedenheit kündigen wollten[61]. Doch auch ohne diese Absprache hätten die Chancen, auf einer anderen Saargrube anzufahren, schlecht gestanden, denn die Nachfrage übertraf das Angebot an Arbeitsplätzen. So berichtete bereits im Vorfeld des Streiks die Leitung der Grube Mittelbexbach, daß *auf den preußischen Gruben schon seit längerer Zeit die Söhne pfälzischer auf den preußischen Gruben arbeitender Bergleute nicht mehr angenommen werden, weil man dort die eigenen Landeskinder nicht mehr unterbringen kann*[62].

Trotz aller Unzufriedenheit konnte der Rechtsschutzverein hier allem Anschein nach nicht Fuß fassen. Ortsvereine im bayerischen Umfeld sind bislang nur für Brücken, Mittelbexbach, Rohrbach, Neuhäusel, Kirkel und St. Ingbert (zwei) bekannt[63].

Als zur Jahreswende 1892/93 der preußische Rechtsschutzverein einen Massenstreik riskierte, wurde man auch auf Frankenholz wieder nervös. Um Unruhen vorzubeugen, erhöhte Direktor Culmann vorsorglich die Gedinge um 0,20 M je geförderte Tonne und forderte Polizeischutz an, unter anderem zum Schutze seiner Dynamitvorräte und weil ihm zu Ohren gekommen war, daß preußische Streikkommitees mit Gewalt seine Arbeiter in den Streik zwingen wollten[64]. Im benachbarten Bexbach kam es in den folgenden Tagen zu vereinzelten Anschlägen auf Bergleute, die sich dem Streik auf der preußischen Grube König nicht anschließen wollten. Die Bilanz: Prügel, eingeworfene Fensterscheiben und *früh 3½ Uhr ein starker Schuß vor dem Haus des nicht streikenden Bergmannes Nikolaus Stein»*[65].

Sicherheitshalber verbot das Bezirksamt zwei Bergarbeiterversammlungen, die für den 5. Januar in Oberbexbach und Mittelbexbach angemeldet waren und auf denen Vertreter des preußischen Rechtsschutzvereines sprechen wollten[66].

Grube Frankenholz wurde unter Polizeischutz gestellt, obgleich der Bezirksamtmann der Ansicht war, daß *Direktor Culmann für seine Grube von seinen Arbeitern nichts zu befürchten hat, wenn er sie ordentlich bezahlt und behandelt,* und für die Sicherung seines Dynamits habe er gefälligst selber zu sorgen[67].

Als Spöhrer am 9. Januar den Rückzug der Gendarmerie anordnete, kam es zu einem

61 LA Speyer, Best. N 3, Nr. 1867, Fol. 41, P. 54.
62 LA Speyer, Best. N 1, Fol. 224.
63 S. Barmbold, M. Staudt, Die Roten im schwarzen Eck, St. Ingbert 1991, S. 29.
64 LA Speyer, Best. H 3, Nr. 1867, Fol. 41, P. 121.
65 Ebd., P. 126.
66 Ebd., P. 119.
67 Ebd., P. 147.

geharnischten Protest von Seiten Louis Culmanns, der auf Polizeischutz bestand und auch bereit war, die Kosten dafür zu übernehmen[68].

Die Korrespondenz in Sachen Streik 1893 hinterläßt jedoch eher den Eindruck, daß es sich vorrangig um einen Machtkampf handelte zwischen Bezirksamtmann Spöhrer und Bergwerkdirektor Louis Culmann, der *gerne auf Frankenholz den Herren spielen, in die Gemeinde-Angelegenheiten hineinreden und auch einige Mann Gendarmerie zu seinem besonderen Schutz haben* möchte[69]. Die Arbeiterunruhen traten hinter diesem Profilierungsgerangel zurück, zumal es auf Grube Frankenholz ruhig blieb.

Zusammenfassend läßt sich sagen, daß die »große Streikzeit« und die organisierte Arbeiterbewegung Grube Frankenholz bestenfalls gestreift haben. Obwohl allem Anschein nach gute Voraussetzungen gegeben, kam es nicht zu einem gemeinsamen Streik der Belegschaft.

Im Mai 1889 verhandelten lediglich einzelne Belegschaftsteile getrennt mit der Direktion über ihre Vorteile. Gemeinsame Forderungen wurden weder vorgetragen noch im Vorfeld gemeinsam verhandelt oder formuliert.

Obgleich die Frankenholzer Mai-Forderungen wesentlichen Punkten des Bildstocker Protokolls entsprachen, sind keine Verbindungen zum preußischen Rechtsschutzverein zu erkennen.

Als in Bildstock noch beraten wurde, ruhte auf Frankenholz bereits die Arbeit. Trotz dieses »radikalen Schrittes« der Arbeitsverweigerung eskalierte der Konflikt aber nicht, sondern wurde »parlamentarisch« gelöst.

Die schriftliche Erklärung, die Louis Culmann der Belegschaft am 17. Mai ausstellen mußte, belegt Mißtrauen der Belegschaft gegenüber mündlichen Aussagen. Sie war aber von einem Tarifvertrag oder einer Urkunde, die den Besitzstand auf Dauer garantieren kann, weit entfernt. Die Lohnabstriche in den Folgejahren belegen dies deutlich.

Das gleiche gilt für das Selbstbewußtsein der Belegschaft, die nicht in der Lage war, eine tatkräftige und handlungsfähige Interessenvertretung zu organisieren. Im Gegensatz zu zahlreichen Betrieben in der Nachbarschaft, fanden sich für Grube Frankenholz noch nicht einmal Belege dafür, daß überhaupt Versuche stattgefunden haben, solch eine Organisation zu bilden oder den bestehenden Rechtsschutzvereinen beizutreten.

### *Bilanz*

Im Rückblick bleibt festzuhalten, daß das Abteufen der Schachtanlagen und der konsequente Ausbau der Privatgrube, deren Marktstellung trotz aller Produktions- und Standortnachteile stetig verbessert werden konnte, den entscheidenden Anstoß gab zur Entwicklung der Siedlung Frankenholz.

Dabei wurde die Grube wichtigste Arbeitgeberin im bayerischen Umland. Ihr Personalbedarf wuchs stetig und trug entscheidend zur Befriedigung der Nachfrage nach Arbeitsplätzen bei. Diese konkurrenzlose Stellung ermöglichte den Werkseignern eine Lohngestaltung weitgehend nach ihren Vorstellungen. Zentrales Kriterium der Lohnfestsetzung war das Renditeinteresse der Aktionäre und nicht deren Sorge um das Wohlergehen »ihrer« Belegschaft.

68 Ebd., P. 144.
69 Ebd., P. 147.

Ausschließlich vom Bergmannslohn des Familienvaters konnte eine Familie nicht leben. Es waren Zusatzverdienste in bedeutendem Umfang notwendig. Ob diese Fehlbeträge durch in Lohnarbeit stehende Kinder erbracht wurden oder durch landwirtschaftlichen Nebenerwerb der Familie, konnte nicht geklärt werden. Wahrscheinlich ist eine Kombination beider Möglichkeiten: Zusatzverdienst und Nebenerwerb.

Deutlich wurde auch, daß der Mehrheit der Bergmänner für einen landwirtschaftlichen Nebenerwerb nicht ausreichend Zeit zur Verfügung stand, daß die Hauptlast bei Frauen, Töchtern, Kindern oder anderen Angehörigen lag, die im Haushalt lebten.

Eindeutig belegbar ist, daß die Werkseigner von Grube Frankenholz bis nach der Jahrhundertwende kein Interesse hatten, durch flankierende Maßnahmen ihre Lohnausschüttungen wenigstens teilweise aufzubessern.

Die wichtigste Forderung, die – zumindest aus heutiger Sicht – an eine Entlohnung zu stellen ist, daß der Lohnempfänger für sich und seine (Durchschnitts-)Familie ausreichend Nahrung und eine menschenwürdige Wohnung bereitstellen kann, wurde auf Grube Frankenholz noch in weit geringerem Umfang erfüllt als auf den Staatsgruben in der Nachbarschaft.

Die Arbeiterunruhen vom Mai 1889 sind in ihrer Ausdrucksform – Niederlegung der Arbeit, Bestehen auf schriftlicher Fixierung des Verhandlungsergebnisses – bereits ungewöhnlich radikal. Sie sind auch insofern von beachtenswertem Erfolg begleitet, als Culmann, im Gegensatz zu den Vorstehern der preußischen und bayerischen Staatsgruben, die Compagniemänner als Delegierte der Aufständischen als Verhandlungspartner akzeptierte und nicht auf dem traditionellen Instanzenweg bestand, der ausschließlich Verhandlungen mit den Knappschaftsältesten vorsah. Die Anerkennung ihrer eigenen Vertreter als Verhandlungspartner durchzusetzen war den Rechtsschutzvereinen nicht gelungen. Dennoch bildeten die Arbeitsniederlegungen nur rein zeitlich gesehen den Auftakt zur ersten großen Streikwelle.

Verbindungen zu den Rechtsschutzvereinen, direkte wie indirekte, sind nicht zu erkennen. Es darf als sicher angenommen werden, daß die Agitation der Rechtsschutzvereine auf Grube Frankenholz keinen Niederschlag fand. Die zahlreichen Belege für die insgesamt ruhige Lage auf Grube Frankenholz und die Hinweise auf die Bedrohung bayerischer Streikbrecher durch preußische Streikposten im Januar 1893 unterstreichen diese Hypothese.

Die Antwort auf die Frage nach der »typisch Frankenholzer Seite« beschränkt sich demnach auf wenige Punkte: niedrige Löhne, keine nennenswerten *Wohlfahrtsleistungen* der Arbeitgeber, keine Hinweise auf politische oder gewerkschaftliche Organisation der Belegschaft.

Nach dem bisherigen Erkenntnisstand unterscheiden sich die Lebenserfahrungen von Bergleuten, die auf Grube Frankenholz angelegt waren, in vielfacher Hinsicht nur wenig von denen anderer Bergleute.

Abb. 1 August Ferdinand Culmann (um 1850)

Pfarrgasse

1, Präsident u. Richter 2, Staatsprocurator 3. Gerichtsschreiber 4, Geschworne. 5, Die Angeklagten. 6, Zeugen.

◁ Abb. 2 Elternhaus von August Ferdinand Culmann in Bergzabern

Abb. 3 Sitzungssaal des Assisengerichtes im Hotel Schwan in Landau, in dem 1833 der Prozeß gegen die Redner des Hambacher Festes stattfand

Abb. 4 Christian Culmann, Wortführer der gemäßigten Opposition in der Bayerischen Ständeversammlung 1831

◁ Abb. 5 Louise Culmann geb. Frölich (1801–1884); Ehefrau von Christian Culmann und von Friedrich Jakob Culmann

Abb. 6 Friedrich Jakob Culmann (1787–1849), 1848/49 Abgeordneter der äußersten Linken in der französischen Nationalversammlung

Abb. 7 Ludwig Johann Culmann (1798–1885), Bezirksrichter in Landau und im Assisenverfahren 1833 wegen Befangenheit abgelehnt

Abb. 8 Georg Friedrich Kolb (1808–1884), Herausgeber der »Neuen Speyerer Zeitung« und 1848/1849 Mitglied der Paulskirche

Abb. 9 Friedrich Schüler (1791–1873), Wortführer der radikalen Opposition im Bayerischen Landtag 1831, Mitglied der äußersten Linken in der Deutschen Nationalversammlung 1848/1849

Abb. 10 Philipp Jakob Siebenpfeiffer (1789–1845), erster Landcommissär in Homburg und Initiator des Hambacher Festes 1832

Abb. 11 Jakob Bernhard Eisenstuck (1806–1871), Reichskommissar der Frankfurter Zentralgewalt in der Pfalz im Mai 1849

Abb. 12 Tagungsgebäude der Bayerischen Ständeversammlung in München 1831

Abb. 13 Die Paulskirche in Frankfurt, Tagungsgebäude der Deutschen Nationalversammlung 1848/49 ▷

Abb. 14 Christian Wilhelm Nikolaus Dingler (1802–1858), Gründer der Dingler-Maschinenwerke Zweibrücken und Mitbegründer der Grube Frankenholz

Abb. 15 Gut Heiligenbrunnen bei Bitsch, das August Ferdinand Culmann im Exil erwarb und von wo aus er die Gründung der Grube Frankenholz in die Wege leitete

Abb. 16 Schacht I und Schacht II der Grube Frankenholz, die 1879 bzw. 1882, also noch zu Lebzeiten von August Ferdinand Culmann, abgeteuft wurden

Abb. 17 Gesamtansicht der Grube Frankenholz 1890; in den beiden Schächten wurden bis dahin 218 000 Tonnen Kohle gefördert

Abb. 18 Fördermaschinen der Grube Frankenholz, die von den Dingler-Werken in Zweibrücken hergestellt wurden

Abb. 19 Vieretagiger Förderkorb, mit dem auf Schacht III (1896 zur Ausbeutung des Frankenholzer Nordfeldes abgeteuft) 4,4 Tonnen Kohle aus 1000 Metern Tiefe gehoben werden konnten

Abb. 20 Grabmal von Christian Culmann in Zweibrücken(1944 bei einem Bombenangriff zerstört)

Abb. 21 Grab von August Ferdinand Culmann in Frankenholz, in dem auch sein Sohn August Culmann (1832–1902) beerdigt wurde

Abb. 22 August Ferdinand Culmann (um 1890)

# Ortsregister

Aachen 176, 178
Achtelsbach 38
Albersweiler 42, 46
Algier 184
Alschbach 34, 149
Altenglan 39, 45
Altenkirchen 24, 33, 181, 183f.
Altheim 34
Althornbach 149
Altstadt 34, 149f.
Annweiler 37, 39, 45, 47ff., 51f., 63, 158, 165
Aßweiler 34
Augsburg 86

Baden-Baden 170
Ballweiler 34
Bamberg 98
Ban-St. Martin 167f.
Barbelroth 47
Battweiler 149
Baumholder 39, 40, 57
Bayreuth 94
Bebelsheim 34
Beeden 34
Bergzabern 39ff., 47ff., 63f., 92, 118, 126, 173, 186
Berlin 25, 124, 175f., 178
Bern 39
Bexbach (Mittelbexbach) 25, 29ff., 33f., 153ff., 159f., 181ff., 185f., 190ff., 195f., 200, 203, 206ff., 216, 218, 220ff., 225
Bierbach 34, 36, 149, 151
Biesingen 149
Bildstock 212, 226
Billigheim 53
Bingen 49
Birkenfeld 43
Bischweiler 41
Bitsch 42, 119, 158, 166
Blickweiler 34, 108, 149
Bliesdalheim 149
Blieskastel 18ff., 22, 34f., 149ff., 153, 156, 159
Bliesmengen-Bolchen 25, 28, 34
Böckelheim 37
Böckweiler 34, 149, 151, 161
Bonn 159, 176, 178, 212
Breitenbach 33, 149, 191
Breitfurt 34, 149, 151
Bruchmühlbach 24
Brücken 33, 225
Bubenhausen 22, 149

Cannstatt 142f., 164f.
Cleeburg 38
Contwig 28, 149, 151

Dackenheim 157
Dahn 126
Deidesheim 76, 102
Deutz 176, 178
Dietschweiler 20
Dortmund 191
Duisburg 38
Dürkheim 80, 108, 140

Edenkoben 42, 47, 51, 184
Einöd 34, 149, 151
Elberfeld 159
Enchenberg 168
Ensheim 32, 34ff.
Erbach 34, 149
Erfweiler-Ehlingen 34
Ernstweiler 39, 149
Eschringen 34

Forbach 32, 170, 184
Frankenholz 29f., 34, 116, 169f., 181ff.
Frankenholzer Hof 181f., 201
Frankenstein 80
Frankenthal 68, 78, 81, 100, 102, 137
Frankfurt 25, 45, 57, 61, 79f., 118, 121ff., 132, 136ff., 141, 144, 147f., 150f., 172

Frauenberg 157
Friedrichshafen 166
Friedrichsthal 222
Fürth 31
Fürth (im Ostertal) 159

Gaibach 60f.
Gersheim 34, 149
Göttingen 39f., 45f., 58ff., 64, 108
Gräfinthal 28, 32
Gries 149
Großrosseln 187
Grünstadt 119
Gummersbach 176

Haag 39
Habkirchen 24, 34
Hagenau 38
Hambach 22, 61, 76, 78, 81ff., 86, 110, 112, 167, 178
Hanau 47, 100
Hangard 195, 200
Hassel 22, 26, 29, 33
Heidelberg 37f., 48
Heiligenbronn 168
Heinitz 214, 216
Hengstbach 149, 151, 157
Herbitzheim 149
Herborn 39
Höchen 22, 34, 190, 198, 201, 203, 216, 220
Homburg 18ff., 31, 33ff., 57, 76, 78, 94, 149, 151, 153, 155f., 159f., 183f., 201, 224
Hornbach (Neuhornbach) 18, 22, 29, 37, 46, 79, 87, 149, 151, 153, 158
Hunspach 55
Hütschenhausen 23
Hutschmühle 154

Ixheim 22, 32, 149, 151

Jena 61

Kaiserslautern 18, 24, 30, 35ff., 40, 56, 61, 65, 76, 80, 107, 119, 122, 125, 137, 139ff., 148, 152ff., 160, 165, 179, 182
Kandel 49, 173
Karlsbad 174
Karlsruhe 144
Kempten 98
Kirchheimbolanden 60, 102, 120
Kirkel-Neuhäusel 34, 36, 38, 149, 225
Kirrberg 19, 34
Kleinblittersdorf 19
Kleinottweiler 34
Kleinrosseln 187
Koblenz 28, 176, 178
Kohlwald 196
Köln 172, 176ff., 190
Königswinter 176
Konken 38
Konstanz 140
Krefeld 178
Kreuznach 42
Kübelberg 153, 156
Kusel 28, 35, 39, 45f., 140, 159

Laibach 174
Landau 40f., 49f., 53, 57f., 61, 82, 85f., 88ff., 98, 107, 110, 114, 118, 126f., 132, 140
Landshut 97
Landstuhl 18ff., 22f., 26, 35, 80, 149
Lauterecken 79, 126
Lautzkirchen 22, 149
Lebach 31
Leipzig 171ff., 190
Limbach 18, 20, 34, 149f., 153f., 183f.
Louisenthal 31
Ludwigshafen 140, 142, 159

Mailand 32
Mainz 19, 49, 143
Malmö 121, 123
Mannheim 143
Marburg 39
Mariannenthal 32
Mauschbach 149, 151
Meisenheim 48
Metz 40, 143, 166f.
Mimbach 18, 149
Mittelbach 149, 151, 157
Mittelbexbach (s. Bexbach)
Modena 174
Mörzheim 40, 43, 57
Moskau 42
Mülheim 176f.
München 18, 21, 24, 66, 68, 70, 72, 76ff., 86ff., 94ff., 97, 99f., 100, 104, 118, 120, 136, 141, 145, 147f.
Münchweiler 41
Münchwies 194f.
Münstereifel 176
Mutterstadt 160

Neualtheim 34
Neuhornbach (s. Hornbach)
Neunkirchen 33, 159, 196
Neustadt 37, 69, 76, 78, 81, 119, 139f., 149, 178

Neuwied 58
New Orleans 184
Niederauerbach 149
Niederbexbach 34, 149
Niederbronn 79
Niederkirchen 38, 41
Niederwürzbach 19, 34, 149, 151
Nimes 47
Nürnberg 31, 95, 98

Oberbexbach 34, 160, 182, 186, 190, 201, 203, 220f., 225
Oberwürzbach 33
Odessa 32
Offenbach (bei Landau) 40
Oggersheim 76
Ommersheim 29, 149
Ormesheim 149

Paris 40, 52, 54f., 92, 117, 142ff., 163ff.
Peppenkum 34
Pétit-Rederching 168
Pirmasens 76, 157

Quirnbach 28

Rastatt 161, 166
Rastenburg 178
Reden 187
Regensburg 97
Reichenbach 23
Reinheim 34, 149
Rentrisch 30
Rhodt 42f.
Rieschweiler 39
Rimschweiler 149, 151
Rinnthal 158, 165
Rittershof 22, 26f.
Rohrbach 34, 225
Rott 38

Saarbrücken 33, 42f., 188
Sand 20, 149
Schaidt 108
Schnappach 31
Schönenberg 149, 156
Schwalbach 30
Schwarzenacker 32, 149
Schweyen 87, 158
Sembach 82, 95, 98, 110
Sessenheim 38
Soultz sous forêts 40, 57
Speyer 18f., 37, 41, 43, 48f., 55f., 66ff., 70, 74, 77f., 81, 87, 91, 95, 101, 114f., 119, 122, 126, 137, 139, 141ff., 152, 164, 176, 178, 202, 224
Sponheim 43
St. Ingbert 19, 21, 25, 27, 29ff., 115ff., 119, 182f., 192f., 206ff., 225
St. Petersburg 32
St. Ruffine 167
St. Wendel 78, 159
Steinbach 25, 33
Steintal 57
Steinwenden 22f.
Straßburg 40, 42, 49, 57f., 64, 92, 167, 169, 170ff., 184
Stuttgart 164f., 167

Thaleischweiler 119
Trier 19, 28, 150, 176
Trippstadt 43

Ulmet 38f.

Valmy 49, 171, 173
Verona 174
Versailles 193

Waal 117
Wadgassen 32
Waldmohr 18f., 149, 153f., 159f., 181, 183, 201
Walsheim 34
Wattweiler 149, 151
Webenheim 149
Websweilerhof 201
Weißenburg 41, 49f., 52, 58f., 63f.
Wellesweiler 159, 195
Wien 25, 32, 121f., 178
Wiesbach 20
Wilgartswiesen 46
Wittersheim 34
Wolfersheim 149, 151
Wolfersweiler 38f.
Wolfstein 43
Wörrstadt 140
Wörschweiler 159
Wörth 50
Würzburg 52, 60f., 94f., 98, 109

Zülpich 176
Zürich 41, 58
Zweibrücken 18f. 22ff., 31ff., 35ff., 45, 47ff., 57ff., 61, 63ff., 68, 76ff., 86ff., 94, 107f., 112, 114, 117, 119f., 122, 127, 135, 137, 141, 143f., 148f., 151, 153, 155ff., 163ff., 172, 175, 183ff., 188

# Personenregister


Abel, Obersteiger 186
Abel J.H. 39
Adt 32, 35
Alwens 139
Andrian 79
Antes 203
Antz 43
Armansperg 97
von Auerswald 121
Aulenbach 23

Baader 95
Bachem 176f.
Baumann 196
Becker J.Ph. 78
Behr 60
Bentz 152f., 157
Benzino 35
Bickes 59
Birnbaum 68
Bismarck 171
Blaise 42
Blaul 91
Bleichert 190
Blind 143, 164
Blum R. 121
Blum P. 184
Bockhardt 181
Boie 46
Böll L. 58
Böll C. 41, 58
Böll J. 58
Botta 88
Brandt 213
Breitenbach 115
Brendel 60
Brogino 87, 96, 101f.
Bruckner 54

Chelius 160
Closen 46, 72, 74, 87, 96, 103
Collmar 58
Colmar 19
Combe 187
Coremanns 95
Cotta 94
Crollius 45
Cucumus 60
Cullmann Daniel 42
Cullmann Johann Daniel 42
Cullmann Maria Elisabetha 42, 43
Culmann Adam 37
Culmann Amalie 64
Culmann August 167, 169f., 189, 192
Culmann Carl Theodor 41, 57f.
Culmann Caroline Louise 40
Culmann Christian 21, 23, 57f., 63ff., 93ff.
Culmann Christmann 37
Culmann Friedrich 170
Culmann Friedrich 184
Culmann Friedrich Jakob 40, 57, 64, 92, 143, 164, 169
Culmann Friedrich Wilhelm 41
Culmann Hans 38
Culmann Henriette 47, 64
Culmann Jakob Friedrich 39, 46
Culmann Johann 37
Culmann Johann Abraham 39
Culmann Johann Casimir Marcus 39
Culmann Johann Christian 39, 46
Culmann Johann Heinrich 37
Culmann Johann Philipp 38
Culmann Johann Philipp 39
Culmann Johann Sebastian 38f.
Culmann Juliane Henriette Philippine 40, 57, 64
Culmann Karl 41, 58
Culmann Karl Wilhelm 40f., 57f., 64
Culmann Karoline Emilie 58f.
Culmann Luise Caroline 57
Culmann Louis 223ff.
Culmann Louise 64
Culmann Ludwig 37

Culmann Ludwig Johann 41, 58, 64, 82
Culmann Ludwig Friedrich 43
Culmann Ludwig Peter 39
Culmann Marie Amalie 40, 57
Culmann Marie Susanne 39f.
Culmann Michael 37
Culmann Philipp Friedrich Wilhelm 40, 57, 64
Culmann Philipp Friedrich 39, 45
Culmann Philipp Friedrich d. Jüngere 39f., 45ff., 63
Culmann Philipp Theodor 41, 59, 64
Culmann Symon 37

Dalberg 94
Damm 52, 117
de la Hitte 165
de Wendel 187
Dell H.J. 39
Dell H.A. 39
Denis 23, 79
Dentzel 50
Didier 35, 119, 143, 164
Diehl 157
Diepenbrock 140
Dingler Ch. 33, 167ff., 184
Dingler J. 184ff., 188
Döllinger 95
von Droßdick 55
Drumm 23
Dümmler 181ff.

Eberhard 42
Ebert 156
Eberz 87
Ehlert 156, 160
Ehrmann 45
Eichhorn 59
Eifler 78f., 82ff., 89
Eisenmann 61, 71, 75, 95
Eisenstuck 139ff.
Emich 154
Emmerich 39
Erhard 188
Ernst 38
Esebeck 108
Euler 181ff., 201

Faber 48, 51
Fein 76
Fenner von Fenneberg 144
Feuchter 194
Fitting 96, 101
Fitz 80
Foltz 42
Friedrich Wilhelm IV. 131ff.
Friedrich Wilhelm von Preußen 52
Fries 119, 141
Froelich Adam August 43
Froelich August 184f.
Froelich Friedericke Karolina Christiana 42
Froelich Friedrich August 42
Froelich Heinrich Carl Adolph 42
Froelich Johann Daniel 42f.
Froelich Johannes 42f.
Froelich Peter 43
Froelich Emilie 42, 61, 64, 184
Froelich Louise 42, 57, 64, 92

Gabelsberger 88f., 115
von Gagern 85, 139
Geib 20, 78f., 83, 107
Glaser 107
Glaß 121, 127
Goerg 179
Golsen 108, 183
Görres 41, 95, 97, 99f.
Greiner 119, 141, 148
Grimm 39
Grimmer 49
Grosse 76, 78
Gulden G.A. 25, 40, 57, 119, 149, 166
Gulden J.J. 40, 43, 54, 57
Günther 182f.
Guntz 192

Haeberle 23
Hahn 46
von Halberg 108
Hallauer 78
Hänchen 51
Hanitz 39
Hannitz 148
Hatrey 108
Hättiger 42
von Hayden 123
Heck 32
Heim 52
Heintz K.F. 24
Heintz P.C. 18
Heise 59
Hellmann 187
Hellwig 24
Helmes 48, 51
Hepp G.P. 51
Hepp P. 119, 148
Herbig 213

Hertel 39, 59
Hettinger 29
Heydenreich 96, 101
Hierthes 183f.
Hilgard 23, 65, 81, 91
Hochdörfer 61, 70, 78f., 82f., 95, 98, 110ff.
Hoffmann L. 88
Hoffmann J.P. 39
Hoffmann P. 35
Hoffmann, Commissär 50
Hoffmeister 55
Holzschuher 71
Hudlet 107
Hugo 59

Isemann 39

Jackel 19
Jordan 69, 76, 96, 101f.

Kaul 80
Kinkel 159
Klein, Advocat 86
Klein, Landtagsabg. 96, 101f.
Klemp 19
Klick 49
Knöbel 23, 80f., 87
Knorr 32
Koch 53
Kohlhepp 126
Kolb 70, 74, 77f., 79, 81, 90f., 93, 95, 104f., 119, 126, 139, 141f., 152
König 152f., 156f.
Kötz 152ff.
Krämer F. 31
Krämer Ph.H. 21, 27, 30ff.
Krämer S. 27, 30
Krämer W. 117
Kremer 191
Kremp 20
Kulmann Elisabeth 37
Kurtz 24

Ladenburger 80
Lamarche 33
Lang 82
Laurent 88ff.
Lausmann 33
Ledru-Rollin 143f., 164
Leß 46
Levreux 144
von der Leyen E. 29, 35, 116, 118
Lichnowski 121
Lilier 80
Locré 117
Louis Napoléon 164f.
Lucius 49
Ludwig I. 69f., 87, 96f.
Ludwig II. 170
Ludwig XVIII. 54

Martini 138
Maurer G. 152f., 158
Maurer, Staatsrat 68
Maximilian II. 132, 136
Mayer 29
Meyer A. 58
Meyer H.B. 39
Michaelis 39, 46
Molitor 78
von Mosheim 46
Mucho 101
Müller P.D. 18
Müller N.J. 45
Müller, Prof. 46

Näher 43
Napoléon I. 17f., 53ff., 58, 173, 175, 178
Nesselrode 178
Neumann 87ff.
Nickel 79
Nieder 212

Oberlin 53, 57

Pasquay 39, 186
Pechartscheck 214
Petry 107
Pfeifer 154f.
Pfender 58
Piblinger 19
Pistor 78, 167
Planck 46
von Plathner 127
Pohlig 190
Priel 177
Prutz 172

Raquet J.W. 39, 57
Raquet K. 40, 57
Rebmann 18
Reichard M.J. 60, 119, 122, 130, 132, 137f., 148
Reichard G.A. 51
Richard 117
von Ringeis 97
Ritter C.A. 69, 76, 87, 96, 101f.

Ritter G. 82, 88ff., 115
Römmich 49f.
Rosenthal 191
Robespiere 52, 160
Rossi 32
Roth 32
Roth J. 39
Rothaaß 52
von Rotteck 94
Rüb 23
Rudhart 72
Ruffing 186
Ruge 143

Sailer 97
Sartorius 88f.
Savoye 20, 22, 68, 78f., 83, 85, 104, 164
Scharpff Ch. 23, 78, 86
Schelling 97
von Schenk 68f., 73, 75, 94, 96ff.
Schickedanz 96
Schlemmer 183
Schlöffel 138f.
Schmeltzer 52
Schmelzer 45
Schmidt C.W. 60, 119
Schmidt E.F. 138
Schmidt J.C. 39ff.
Schmidt K.P. 45
Schmitt N. 119, 122, 130, 132, 137ff., 148
Schmitt K. 43
Schmolze C.H. 160
Schmolze F.W. 152ff.
Schneider 82
Scholler J.D. 39, 45
Scholler V. 45
Schoppmann 68f., 76, 87, 96, 101f.
von Schrenk 69
Schubert 97
Schuch 48
Schüchtermann 191
Schüler 20ff., 60, 68ff., 73ff., 83, 85, 87, 93, 96, 101f., 105, 122, 126, 130, 132, 137f., 141, 144, 148, 166f.
Schulte-Mäter 215ff., 221
Schultz 82, 101
Schultz G.F.W. 54
Schulz 96
Schütz 138, 143
Schwab 38
Schwarz 33
Schwindel 87
Schwinn 32
Seblinger K. 165
Seblinger M. 165
Seblinger V. 165
Sehmer 188
Sendtner 95
Seuffert 60, 69, 73ff., 87, 98, 101, 103
Siebenpfeiffer 19ff., 55, 67f., 70, 74, 76, 78f., 83, 92ff., 98ff., 109
Silbermann 171
Simon Ludwig 150
Simon Michael 186
Simon, Bergamtmann 182
Simon, Ingenieur 187
von Solms-Laubach 58
Spöhrer 224ff.
Stein 225
Stengel 79
Sternfeld 88, 90
von Stichaner 114f.
Sturm 23
Stürmer 73, 75
Sturtz 107
Sturz 51, 68

Tafel 24f., 141, 151
Techow 159
Tesch 42
Thinnes 20
Thyson (Tison), Fam. 39
Thyson A.M. 47
Thyson F.J. 47
Thyson J.J. 47
Thyson S. 59

Uhland 178
Umbscheiden 126
Umpfelbach A. 57
Umpfelbach F.J. 40, 57, 184

Venedey 76
Verseveaux 39
Vetterlein 73
Viessmann 200
Villeroy 22, 26ff.
von Völderndorf 91
Vopelius C.Ph. 31f.

Wagner 31f.
Wahl 47
Walch 46
Wallerstein 70
Warth 155
Weber, Dekan 23

Weber G. 54ff., 63f.
von Webern 159f.
Wecker 47, 50
Weis 156
Weiss 181ff.
Wendland 165
Wernher 46
Weyland 33
Wild 158
Wilhelm II. 223
Willich 60, 68f., 78, 81, 95f., 100ff., 105
Wirth 21ff., 72, 75f., 78f., 82f., 92, 94, 96, 98f., 103ff., 110
Wolf 43
Wrede 23, 79, 88
Würschmitt 92

Zeiler 88ff.
Zinn 144
Zöller 154f., 160
Zott 160

# Abbildungsnachweis

Siebenpfeiffer-Stiftung, Homburg (Titelbild, Abb. 4, 8, 10, 13) – Sammlung Lore Risch, Landau-Godramstein (Abb. 1) – Martin Albrecht, Bad Bergzabern (Abb. 2) – Stadtarchiv Landau (Abb. 3, 6, 7) – Sammlung Hans Kirsch, Selchenbach (Abb. 5) – Historisches Museum Frankfurt am Main, Foto-Nr. C 25476 (Abb. 9) – Universitätsbibliothek Heidelberg (Abb. 11) – Stadtmuseum München (Abb. 12) – Sammlung Hans Ketterl, Landstuhl (Abb. 14, 20), Stadtarchiv Saargemünd (Abb. 15, Repro: Martin Baus, Siebenpfeiffer-Stiftung, Homburg) – Sammlung Christoph Missy, Höchen (Abb. 16, 18, 19) – Stadtarchiv Bexbach (Abb. 17, 22) – Martin Baus, Siebenpfeiffer-Stiftung, Homburg (Abb. 21) – Universitätsbibliothek Tübingen, Fo XIIa 88.2 (Autograph August Ferdinand Culmann S. 124) – Rainer Slotta, Dt. Bergbau-Museum, Bochum (Pläne der Grube Frankenholz S. 197 und 199) – Birgit Stoll, Saarpfalzkreis, Homburg (Grafik S. 211).

# Verfasserverzeichnis

Silvia Altemoos, Siebenpfeiffer-Stiftung, Homburg
Martin Baus, M.A., Siebenpfeiffer-Stiftung, Homburg
Bernhard Becker, Dr. phil., Siebenpfeiffer-Stiftung, Homburg
Hans-Walter Herrmann, Prof. Dr. phil., Landesarchiv, Saarbrücken
Fritz Jacoby, Dr. phil., Stadtarchiv, Saarbrücken
Hans Kirsch, Selchenbach
Hans-Werner Krick, M.A., Geschichtswerkstatt St. Ingbert im VFG (Verein zur Förderung der Geschichtsarbeit im Saar-Lor-Lux-Raum e.V.)
Alfred Hans Kuby, Dr. phil. h.c., Pfarrer i.R., Edenkoben
Karl Lillig, Dr. jur., Limbach bei Homburg
Wolfgang Müller, Dr. phil., Universitätsarchiv, Saarbrücken
Rainer Slotta, Dr. phil., Deutsches Bergbau-Museum, Bochum
Günther Volz, Oberstudienrat am Staatlichen Gymnasium, Bad Bergzabern